农垦高质量发展的实践与探索

中国农垦经济发展中心 组编

中国农业出版社

北京

图书在版编目（CIP）数据

农垦高质量发展的实践与探索 / 中国农垦经济发展中心组编 . —北京：中国农业出版社，2023.3
ISBN 978-7-109-30526-7

Ⅰ.①农… Ⅱ.①中… Ⅲ.①农垦－农业经济－经济发展－中国－文集 Ⅳ.①F324.1-53

中国国家版本馆 CIP 数据核字（2023）第 046333 号

农垦高质量发展的实践与探索

NONGKEN GAOZHILIANG FAZHAN DE SHIJIAN YU TANSUO

中国农业出版社出版
地址：北京市朝阳区麦子店街 18 号楼
邮编：100125
责任编辑：王庆宁　文字编辑：刘佳玫　赵世元
版式设计：杨　婧　责任校对：吴丽婷
印刷：中农印务有限公司
版次：2023 年 3 月第 1 版
印次：2023 年 3 月北京第 1 次印刷
发行：新华书店北京发行所
开本：787mm×1092mm　1/16
印张：22.5
字数：520 千字
定价：88.00 元

编写委员会

前　言

习近平总书记在党的二十大报告中提出"加快构建新发展格局，着力推动高质量发展"，强调"高质量发展是全面建设社会主义现代化国家的首要任务"，把发展质量摆在更加突出的位置，对推动高质量发展作出战略部署，要求构建高水平社会主义市场经济体制、建设现代化产业体系、全面推进乡村振兴、促进区域协调发展、推进高水平对外开放。这为加快建设现代化经济体系、推动经济实现质的有效提升和量的合理增长指明了方向、提供了遵循。

农垦是国有农业经济的骨干和代表，是推进中国特色新型农业现代化的重要力量。党的十八大以来，特别是2015年《中共中央 国务院关于进一步推进农垦改革发展的意见》发布以来，全国农垦坚持垦区集团化、农场企业化改革方向，着力建设现代农业大基地、大企业、大产业，产业体系、生产体系、经营体系日益完善，资源资产资本整合重组步伐加快，产业链价值链供应链优化升级，土地产出率、劳动生产率和资源利用率明显提高，内生动力、发展活力、整体实力和服务国家战略需要的能力不断增强，实现了从深化改革"过坎"到推进高质量发展"爬坡"的转换。2021年，全国农垦（不含新疆生产建设兵团）企业集团资产总额14 068.8亿元、营业收入7082.3亿元、利润总额244.3亿元，比2015年分别增长82.1%、56.2%、205.4%。与此同时，农垦积极主动融入"三农"工作大局，推进多种形式的垦地合作，增强对周边区域的辐射带动能力。2021年，全国农垦（不含新疆生产建设兵团）现代农业示范基地面积达5 541.9万亩，经营非农垦土地面积297.2万亩，社会化服务收入60.4亿元，分别比2015年增长182.7%、13.3%、296.1%。

为系统总结新时代农垦高质量发展的路径和模式，也为助推农业农村高质量发展提供可复制、可推广的有益借鉴，我们从中国农垦（热作）传媒服务平台资源中精选出近三年发表的92篇文章，汇编成《农垦高质量发展的实践与探索》一书，围绕"改革发展""稳产保供""现代农业""垦地融合·乡村振兴"四个专题，力求全方位、多角度展示农垦改革发展的新举措、新成效、新面貌，展示一二三产融合、龙头企业带动、垦地协同创新等好经验、好做法、好理念。

党的二十大吹响了全面推进乡村振兴、加快建设农业强国的号角，部署了全方位夯实粮食安全根基、建设宜居宜业和美乡村等重大任务，勾画了新时代新征程"三农"工作的宏伟蓝图，农垦系统使命在肩、重任在前。我们要全面学习贯彻党的二十大精神，始终坚持以习近平新时代中国特色社会主义思想为科学指引，提振信心、凝聚合力，攻坚克难、敢做善成，聚焦"国之大者"，持续深化改革，切实强化保障国家粮食安全和重要农产品有效供给的国家队、中国特色新型农业现代化中的示范区、农业对外合作的排头兵、安边固疆的稳定器作用，充分发挥在农业农村现代化建设中的示范引领作用，奋力谱写农垦高质量发展更加绚丽的新华章！

目 录

前言

改 革 发 展

稳　产　保　供

现 代 农 业

垦地融合·乡村振兴

改革发展

　　农垦是国有农业经济的骨干和代表，是推进中国特色新型农业现代化的重要力量。《中共中央 国务院关于进一步推进农垦改革发展的意见》（以下简称《意见》）为农垦事业提出了"改革发展"这一时代命题。

　　改革是动力，发展是目的。党中央高度重视农垦改革发展。习近平总书记在主持中央全面深化改革领导小组第17次会议审定《意见》和两次到黑龙江考察时都强调指出，要深化国有农垦体制改革，加快建设现代农业的大基地、大企业、大产业，全面增强农垦内生动力、发展活力、整体实力，更好发挥农垦在现代农业建设中的骨干作用。

　　新时代，农垦如何持续深化改革，以推进垦区集团化、农场企业化改革为主线，进一步完善高质量发展的体制机制？如何大力推进现代农业高质量发展，在加快建设农业强国的过程中发挥农垦作用？本篇章聚焦全国各垦区改革发展实际，展现农垦推进高质量发展的谋略、格局与担当。

农垦高质量发展的实践与探索[①]

李尚兰　胡从九　王自文

《中共中央 国务院关于实施乡村振兴战略的意见》明确提出，实施质量兴农战略，推动农业由增产导向转向提质导向。《国家质量兴农战略规划（2018—2022 年）》提出，到 2022 年，我国质量兴农制度框架基本建立。《中共中央关于制定国民经济和社会发展第十四个五年规划和二〇三五年远景目标的建议》指出，未来五年我国经济社会发展的指导思想是"以推动高质量发展为主题，以深化供给侧结构性改革为主线"，提高农业质量效益和竞争力。习近平总书记指出："高质量发展，就是能够很好满足人民日益增长的美好生活需要的发展，是体现新发展理念的发展，是创新成为第一动力、协调成为内生特点、绿色成为普遍形态、开放成为必由之路、共享成为根本目的的发展。"

高质量发展是适应需求侧新变化的现实选择，是缓解农业资源环境压力、解决农业瓶颈制约的有效途径，是推进农业大国向农业强国转变的重大战略，是实现农业现代化的必由之路。农垦是农业的国家队，承担着示范、引领现代农业发展的重任。积极探索高质量发展路径具有十分重要的现实意义。

农垦高质量发展实践及成效

（一）发展速度加快

2019 年，全国农垦实现生产总值 7 886 亿元，较 2015 年增加 1 000 亿元，增长 14.52%。据 20 个垦区统计，垦区生产总值年均（2015—2020 年，下同）增长 2.61%，其中增长较快的垦区有：吉林垦区（13.26%）、山东垦区（12.59%）、上海垦区（11.35%）；垦区人均生产总值 56 305 元，较 2015 年增加 7 657 元，增长 15.74%；垦区人均可支配收入 21 213 元，较 2015 年增加 6 586 元，增长 45.03%。据 18 个垦区统计，垦区人均可支配收入年均增长 9.09%，其中增长较快的垦区有：安徽垦区（17.88%）、陕西垦区（15.89%）、山东垦区（13.48%）。据 21 个垦区统计，垦区国有在岗职工职均收入年均增长 9.65%，其中增长较快的垦区有：浙江垦区（27.13%）、山东垦区（25.54%）、陕西垦区（15.89%）。

（二）发展效益增加

农垦企业盈利能力持续提高，2015 年实现利润 162 亿元，2016 年实现利润 172 亿元，2017 年实现利润 223 亿元，2018 年实现利润 182 亿元，2019 年实现利润 212 亿元。2019 年农垦企业经营表现"四增一降"，实现资产总额 11 838.67 亿元，较上年增加 995.37 亿

[①] 本文数据来源：《2019 年中国农垦统计年鉴》。

元，增长 9.18％；实现营业总收入 6 422.37 亿元，较上年增加 307.02 亿元，增长 5.02％；上缴税金 473.59 亿元，较上年增加 33.68 亿元，增长 7.66％；实现利润 212 亿元，较上年增加 29.36 亿元，增长 16.08％。盈利垦区 27 个，其中江苏垦区盈利 58 亿元、上海垦区盈利 51 亿元、北京垦区盈利 44 亿元、天津垦区盈利 10 亿元、广州垦区盈利 10 亿元。社会性负债 364.29 亿元，较上年减少 49.76 亿元，下降 12.02％。

（三）发展基础夯实

"十三五"期间新建高标准农田 1 038.62 万亩，达到 3 554.06 万亩[①]，占比 36.56％。据 19 个垦区统计，垦区高标准农田占耕地面积比例年均增长较快的垦区有：天津垦区（112.11％）、北京垦区（75.99％）、河北垦区（58.95％）。垦区农田有效灌溉率 69.00％，高出全国平均水平 19 个百分点。据 20 个垦区统计，垦区农田有效灌溉面积年均增长 4.79％，其中增长较快的垦区有：辽宁垦区（64.03％）、吉林垦区（7.14％）、甘肃垦区（5.80％）。2019 年粮食产量约 716.8 亿斤[②]，单产 478.47 千克/亩，高出全国平均水平 25.50％。2019 年耕种收综合机械化率 92.02％，较全国高出 22 个百分点。据 18 个垦区统计，垦区耕种收综合机械化率年均增长较快的垦区有：四川垦区（15.63％）、湖南垦区（6.61％）、甘肃垦区（3.71％）。科技进步贡献率 60.81％，较全国高出 1.3％。据 10 个垦区统计，垦区农业科技进步贡献率年均增长较快的垦区有：四川垦区（9.54％）、新疆（农业）垦区（6.07％）、河南垦区（2.31％）。

（四）发展环境优化

一是困扰农垦多年的"双重负担"问题初步解决。2018 年底，全国 1 558 个国有农场（不含新疆兵团）完成办社会职能改革任务，完成率 90.60％。2019 年全国农垦企业办社会职能机构 2 966 个，较 2014 年的 9 400 个减少 6 434 个，企业补助性支出减少 100 亿元以上。二是土地权益得到有效维护。土地确权登记发证面积 4.13 亿亩，确权登记率 96.20％。土地资源资产化资本化扎实推进，农场土地价值凸显，累计 1 000 多万亩农垦土地经评估作价注入农垦企业，金额 1 650 多亿元，农用地抵押担保金额近 40 亿元。三是"边缘化"现象得到根本性改变。据对 1 554 个国有农场的统计，各项规划衔接率达到 83.10％，强农惠农富农政策落实率达到 84.10％，改善民生政策落实率达到 88.10％。

农垦高质量发展探索与创新

（一）坚持绿色发展

2019 年末，农垦系统绿色食品、有机食品农作物种植面积 1 123 千公顷，产量 636 万吨，其中绿色 A 级农作物种植面积 972 千公顷。绿色、有机水果种植面积 57 千公顷，产量 86 万吨。深入推广新技术新模式示范，组织实施农业绿色优质高效技术模式提升行动，在全国建立了 20 个示范点，集成推广了一批适合垦区生产实际的环境友好、品质优良、

---

① 亩为非法定计量单位，1 亩≈666.67 平方米。——编者注
② 斤为非法定计量单位，1 斤＝500 克。——编者注

节本增效的种养新技术、种养循环新模式。棉、油、糖、奶等主要农产品平均单产都达到国内先进水平。强化标准体系建设，组织发布《中国农垦乳业联盟产品标准 生鲜乳》《中国农垦乳业联盟标杆牧场通用要求 奶牛》《农垦粳稻谷》《农垦粳米》《农垦稻谷储运技术规范》《农垦稻米加工技术规范》等团体标准，与高质量发展相适应的农垦农业标准体系框架初步建立。热作标准体系更加健全，累计发布国家标准 57 项、行业标准 393 项、地方标准 400 项，覆盖产前、产中、产后全过程。建成 365 个标准化生产示范园。

黑龙江垦区推行"一控二减三基本"措施，示范面积 1 500 万亩以上，秸秆还田比例 90％以上。江苏垦区创建全国绿色食品原料标准化生产基地，16 家基地通过首批验收，数量占全省的 27％，面积占垦区的 76％；开展休耕试点，新增西瓜轮作 6 万亩；水稻纯氮、农药亩用量分别同比下降 6％和 5％。重庆垦区贯彻落实"生态优先、绿色发展"和"成为山清水秀美丽之地"要求，以新发展理念为引领，实现饲料加工新基地智能化升级。浙江垦区在南山林场、长乐林场发展林下经济产业，原生态种植铁皮石斛、三叶青等浙江道地药材，把资源优势转化为产业优势，把生态优势转化为经济优势，把绿水青山蕴含的生态价值转化为金山银山。安徽垦区所属企业被列入长三角绿色农产品加工重点企业。河北垦区投资超过 13 亿元，开发利用御道口、察北、沽源、康保、青锋等农牧场丰富的风能资源，带动相关产业链延伸。

（二）坚持安全发展

全面升级质量管理，将原来的单一追溯质量管理，向"生产环境优、产品质标高、品牌商誉广、追溯准快灵"的全面质量管理转变，着力推进稻米、乳品、菜籽油、肉类、茶叶等农垦重点优势产业质量升级。质量追溯企业由 2015 年的 343 家增加到了 2019 年的 615 家，追溯面积由 1 600 万亩扩大到 3 300 多万亩。

甘肃垦区亚盛好食邦食品集团有限公司下功夫完善农产品质量追溯体系建设，先后通过了 ISO9001 质量管理体系认证、CQC22000 食品安全管理体系认证、出口有机认证等多项资质认证。江苏垦区建立质量安全数据中心，农产品质量安全控制信息化平台获国家著作版权证书。陕西垦区把生产安全放心农产品作为经营的首要任务，围绕"增品种、提品质、创品牌"目标，建立质量等级评价标准体系和农产品质量安全追溯平台，持续向市场提供优质农产品。浙江垦区积极导入全程质量追溯体系，支持开展"三品一标"认证，大力推行标准化生产，建立完善的农产品质量安全全程控制体系，运用信息化手段促进农产品生产过程透明化，实现质量可追溯、过程可管控、安全有保证，提高品牌的信赖度和忠诚度。广东垦区推进甘蔗标准化管理，实现栽培技术标准化、作业质量指标化、作业规程程序化、农机管理规范化。重庆垦区加强鸡蛋生产全过程控制和实施产品 100％可追溯等措施，其"正大富硒蛋""正大儿童蛋"等功能型鸡蛋在消费者中树立了良好的口碑，供不应求。上海垦区对接山东、海南、江苏等 12 个外延蔬菜生产基地，以大数据分析为依据，探索解决供需平衡难题，用"互联网＋智慧食安"技术，实现市场与基地在食品安全、田间管理、食品追溯的共建共享。辽宁垦区制定《辽宁垦区到 2020 年化肥使用量零增长行动方案》，推进精准施肥、调整化肥使用结构、改进施肥方式、有机肥替代等措施，实现化肥零增长目标。

（三）坚持创新发展

构建农垦主导产业新动能、新机制，推动成立了农垦乳业、种业、节水农业等产业技术联盟，形成共商共建共享、协同促进农垦高质量发展的合力。推动上海、黑龙江、湖北、重庆、宁夏、甘肃等6垦区组建"中垦种业股份有限公司"，推动重庆、陕西农垦组建"中垦乳业股份有限公司"，整合内部资源力量，推进产业优化升级。组织宁夏、河北、内蒙古呼伦贝尔等垦区围绕创新发展节水农业、油菜产业开展一二三产业融合发展试点，形成集技术创新、功能拓展、质效提升、产业融合为一体的发展模式，为产业转型升级、绿色发展、提质增效发挥示范引领作用。

黑龙江垦区北大荒农垦集团有限公司九三分公司（以下简称黑龙江九三分公司）突出打造"中国大豆食品专用原料生产基地"，以农业科技创新为第一驱动力，着力发展大豆精深加工，优质专用大豆种植面积达到200多万亩，每年实验新品种、新技术200余项，农业科技贡献率达70%以上。海南垦区成功研发出"一机多树"割胶机器人，全球首条全乳胶自动化加工生产线投产。江苏垦区华麦5号高产示范田亩产1 467斤，水稻绿色超高产栽培技术攻关田亩产2 118斤，创下省内麦稻单产新纪录。上海垦区光明乳业股份有限公司荣获巴氏奶相关国家发明专利授权6项。重庆垦区采用世界上最先进的配料系统、全自动高精度微量秤、无人值守发货系统等21项新设备和新技术，劳动生产率提升50%以上，成为全国饲料行业智能化、生态化转型发展的示范基地。江苏垦区集成推广规模化高产技术体系，着力推广秸秆全量还田、超高产栽培、小麦精量播种、测土配方施肥、叶龄诊断、土壤深松、高效节水灌溉、病虫害综合防治等技术。广东垦区成立广东农垦热带农业研究有限公司，形成"1个研究院＋5个科研所（中心）＋3个分公司（试验基地）"的科技研发与示范、转化、服务一体的科研推广体系。吉林垦区水稻、玉米节水灌溉面积占40%，玉米免耕播种面积占44%。安徽垦区广泛应用农业物联网技术，实现精确感知、精准操作、精细管理。

（四）坚持融合发展

2019年，农垦经济实现生产总值7 886亿元，其中第一产业增加值1 828亿元，第二产业增加值3 290亿元，第三产业增加值2 767亿元。

安徽垦区拥有水稻、小麦生产基地40余万亩，旗下有倮倮米业、雁湖面业等省级产业化龙头企业，粮食产业发展初步形成了以麦面和稻米为主的全产业链模式。黑龙江九三分公司大豆种植面积200多万亩，占黑龙江农垦的四分之一，占全国农垦的五分之一。全力打造大豆现代农业产业园，聚力优质食用大豆种植和精深加工，大豆产业总产值22.3亿元。北京垦区构建以"一体两翼三平台"为核心的开放型产业生态体系，形成"立足北京，依托京津冀，布局全国，走向国际"的发展格局，提出集团产业"8＋2"发展模式，即乳品、种业、现代农业、油脂、粮食、肉类、水产、副食调料八大板块，文创产业、生物科技两个培育板块。甘肃垦区甘肃亚盛股份有限公司整合14家基地分公司优势农业资源，组建了亚盛好食邦食品集团有限公司，致力于打造专业化的加工和营销平台。广东垦区发展天然橡胶、糖业、粮油、剑麻、畜牧、乳业、农产品物流营销、旅游、房产物业、金融服务等产业，共拥有1家上市公司、4家国家农业产业化重点龙头企业、12家省重点农业龙头企业。江西垦区全面推动"旅游＋"，推进旅游与农业、林业、工业、文化、医药等相关产业深度融合、共融共生。上海垦区筑牢上海的"米袋子、菜篮子、奶瓶子、肉案子"，始终坚持深耕食品主业，大力发展乳业、糖业、肉业、粮油、蔬菜、水产、现代农业、分销零售业。浙江垦区以茶为根，打造农旅融合的"抹茶小镇"，延长茶产业链、价值链，大力发展"一场一品"，积极谋划农场区块功能规划，拓展农业衍生功能。江苏垦区持续构建以现代农业为核心，以医药健康、房地产、金融投资为支撑的"1＋N"新型产业体系，在城郊型农场探索发展农业旅游，拓展农耕体验、旅游观光、休闲度假、教育文化等多种功能。广西垦区确立"一核三新"主导产业定位，推进畜牧全产业链扩张，策划布局屠宰冷链和深加工终端产品项目，打造畜牧养殖领域新桂系"龙头"。河北垦区积极开发特色旅游资源，柏各庄、御道口、南大港3个农场年接待游客达30多万人次。

（五）坚持品牌发展

多方位、多渠道持续宣传推广"中国农垦"公共品牌，发布实施《中国农垦品牌标识管理办法（暂行）》《中国农垦品牌目录管理规程》及相关细则，形成了品牌培育、保护和发展的长效机制。编制了第一批农垦品牌目录，该目录共收录67个企业品牌。第二批农垦品牌目录收录了2个垦区公共品牌，42个企业品牌，61个产品品牌。在7个垦区建设13个中国农垦绿色产品体验中心，"良品生活 源自农垦"的公众形象健康成长，农垦公共品牌影响力日益增强。

安徽垦区有39个农产品获得国家"三品一标"认证，其中无公害农产品4个、有机农产品5个，产品覆盖米、面、茶、酒、肉、鸡蛋、果蔬、龙虾等。黑龙江九三分公司大力实施"品牌强农"战略，"九三"大豆荣获"2018年全国绿色农业十大最具影响力地标品牌"入选"中国百强农产品区域公用品牌最佳品牌故事"。广东垦区培育了"广垦"橡胶，"燕塘"牛奶，"红江"橙，"蜂泉""三环""丰""银月"白砂糖，"雄鸥""华煌"茶叶，"华粮"大米，"黑加宝"黑土猪，"佳鲜农庄""太阳"剑麻纤维等一批有影响力的品牌。江苏垦区江苏苏垦米业公司成为"水韵苏米"区域公用品牌核心企业。江西垦区黄岗山垦殖场投入7 800万元打造"九天旅游"品牌，年接待游客达10万余人次，实现旅游收入5 000余万元，带动了当地众多产业的发展。浙江垦区积极融入区域农产品公共品牌培育，拥有泰顺三杯香茶、绍兴平水日铸茶、金华两头乌猪、余杭大观山猪、苍南马站四季柚等区域特色农产品。黑龙江垦区全力推进"三品一标"工作，绿色食品有效用标企业达137家、产品339个，绿色食品产品申报认证面积738万亩，有机农产品再认证和新申报企业13家、产品36个，认证面积8.18万亩，农产品地理标志登记累计10个，全国绿色食品标准原料基地37个，基地面积1 253.6万亩。

（六）坚持共享发展

一是推进平衡发展。2019年，农垦系统贫困农场实现营业收入179.55亿元、利润4.61亿元，贫困农场年人均纯收入15 292元、职工人均收入24 555元，截至2020年11月，28个垦区共304家贫困农场全部脱贫摘帽。二是着力共享发展。垦区基础设施不断完善，累计改造危房330万套，已形成1 547个农场小城镇，场部集中居住人口732.8万人，城镇化率 51.9%。据 14 个垦区统计，垦区累计改造危房数量年均增长 2.37%，其中，年均增长较快的垦区有：上海垦区（14.25%）、河北垦区（4.84%）、内蒙古垦区（4.33%）。基本养老保险参保率和医疗保险参保率达到 97% 以上。据 21 个垦区统计，基本养老保险参保率年均增长较快的垦区有：新疆（农业）垦区（6.68%）、四川垦区（3.88%）、内蒙古垦区（2.06%）；基本医疗保险参保率年均增长较快的垦区有：新疆（农业）垦区（26.05%）、内蒙古垦区（4.30%）、四川垦区（3.93%）。农垦文化建设深入推进，垦区和谐稳定。三是"走出去"开放发展。在 45 个国家和地区设立 84 家农业企业，累计投资 370 多亿元；境外种植面积达到 165 万亩。

推进农垦高质量发展的路径与思考

（一）面临的形势

1. 就挑战而言。 从国际看，新冠肺炎疫情对世界经济格局产生冲击，全球供应链调整重构、国际产业分工深度演化对我国乡村产业链构建带来较大影响，跨国农业企业在全球范围内配置资源趋势更加明显，国内外农产品市场深度融合速度加快。从国内看，经济发展进入新常态，从高速转向中高速，从规模速度型转向质量效率型，从增量扩能为主转向调整存量、做优增量并举，从主要依靠资源和低成本劳动力等要素投入转向创新驱动。全面贯彻新发展理念，要求创新农业经营方式，加快科技进步，优化结构布局，促进三次产业融合发展，建设现代农业三大体系，发展农业新业态新模式，挖掘农业新功能新价值，促进城乡协调发展。建设资源节约型、环境友好型农业，形成资源利用高效、生态系统稳定、产地环境良好、产品质量安全的现代农业发展格局。从农业看，面临资源条件和生态环境两大"紧箍咒"，农药、化肥、农膜等用量居高难下。大宗农产品价格普遍高于国际市场，主要农产品价格普遍高于到岸价格，农业主要矛盾已经由总量不足转变为结构性矛盾，阶段性供大于求和供给不足并存，农业发展面临由数量导向向质量导向的根本性转变，乡村全面振兴、"保供固安全，畅通促循环"任务艰巨。从农垦看，经济社会发展中依然存在不少短板弱项，表现在以下几个方面：粮食及重要农产品供给保障能力有待提高，主导产业和优势产业需要培育壮大，产业融合拓展深度不够，自主创新能力不足；垦区间、农场间、职工间发展不平衡问题明显；一些农垦集团仍未真正建起以资本为纽带的母子公司体制，行政化管理色彩依然较浓；干部、人才短缺，职工老龄问题突出；民生保障水平还有待进一步提高。

2. 就机遇而言。 从国内外看，全党统筹中华民族伟大复兴战略全局和世界百年未有之大变局，深刻认识我国社会主要矛盾变化带来的新特征新要求，全面开启中国特色社会主义现代化新征程，构建以国内大循环为主体、国际国内双循环相互促进的新发展格局，国内经济长期向好的基本面没有改变。从农业农垦看，一是政策驱动力持续增强，农垦产业发展环境优化。党的十九届五中全会提出，优先发展农业农村，全面推进乡村振兴，坚持把解决好"三农"问题作为全党工作重中之重，全面实施乡村振兴战略，强化以工补农、以城带乡，实施乡村建设行动，加快农业农村现代化，更多的资源要素向农村聚集，"新基建"改善农村信息网络等基础设施，城乡融合发展进程加快。二是农产品市场驱动力增强，农垦产业发展市场空间扩大。农产品消费结构升级加快，市场日益成熟，城乡居民的消费需求呈现个性化、多样化、高品质化特点，休闲观光、健康养生消费渐成趋势。三是农业技术驱动力增强，引领农垦产业转型升级。世界新科技革命浪潮风起云涌，新一轮产业革命和技术革命方兴未艾，生物技术、人工智能在农业中广泛应用，5G、云计算、物联网、区块链等与农业交互联动，新产业新业态新模式不断涌现。四是国有企业改革三年行动，明确进一步发挥国有企业的支撑保障作用，农垦企业做大做强有了新的平台和空间。

（二）发展思路

"十四五"时期是我国在全面建成小康社会、实现第一个百年奋斗目标之后，乘势而上开启全面建设社会主义现代化国家新征程、向第二个百年奋斗目标进军的第一个五年。"十四五"时期农垦将面临内外新的更为复杂多变的形势，机遇和挑战并存，要出色完成国家队、示范区、排头兵、稳定器四大使命任务，需要深刻认清形势，沉着应对，立足发挥优势，厘清发展思路，科学制定发展战略和务实措施，主动担当作为。要以习近平新时代中国特色社会主义思想为统领，坚持以垦区集团化、农场企业化为主线，以加快推进农垦高质量发展为主题，创新农垦现代农业经营体制，促进"一衔接两覆盖"要求落地落实，推动创新驱动发展条件建设，探索农垦融合发展新机制新业态，推进农垦"三场"强基赋能和巩固提升，打造具有国际竞争力的农垦企业集团，不断提升粮食等重要农产品和天然橡胶战略资源供给保障能力，为全面推进乡村振兴战略贡献农垦力量。

（三）对策思考

1. 牢固树立农业高质量发展观。深刻理解和认识高质量发展的内涵，以实现循环发展、友好发展、绿色发展、可持续发展、永续发展，最终实现高质量发展为根本遵循，要使高质量发展理念深入人心，成为行动指南，把高质量发展观与正确的政绩观、业绩观、事业观结合起来，切忌只顾眼前。

2. 以科技创新为动力，加快农业科技创新与应用步伐。什么样的发展都离不开科技的发展，科技进步是实现高质量发展的根本保证。高质量发展要求以一定的投入取得最大的报酬，要求减少资源和生产要素的使用量，要求最大限度地提高资源和要素的利用效率，要求不断提高产品的质量和品质，要求生产活动对环境的最小破坏和最大保护等，这些都必须依靠科学技术的不断进步。

3. 切实转变发展方式。着力推进农业规模化、专业化、园区化、职业化的"新四化"进程。扩大规模，加速要素、产业集聚，提高抗风险能力、经营管理水平和效益。

4. 建立高质量发展的体制机制。高质量发展既是一种经济行为，更是一种社会行为，需要经营主体遵规守约履行社会责任，主动接受社会的监督，在谋求经济利益的同时，与社会利益、生态利益有机结合起来，走互为促进的良性发展之路。

5. 深化改革，强化管理。统筹重要领域的接续改革，把发展作为第一要务，坚定不移贯彻新发展理念，推动质量变革、效率变革、动力变革，使发展成果更好惠及垦区人民。推进资源资产整合，培育具有竞争力、创新力、控制力、影响力和抗风险能力的农垦企业集团，全面提升农垦农业现代化发展水平。立足新发展新阶段、贯彻新发展理念、构建新发展新格局，紧紧抓住政策和市场两大机遇，利用好在农业领域抢得的先机和农垦改革带来的活力两个有利条件，发挥好农垦文化和农垦品牌两大优势，统筹好两个市场、两种资源，不辜负新形势下农垦的历史使命。

（本文发表于 2021 年 2 月）

将"中国农垦"品牌
打造成引领中国现代农业发展的国家名片

李尚兰

推进中国农垦品牌建设，是贯彻落实《中共中央 国务院关于进一步推进农垦改革发展的意见》（以下简称《意见》）文件精神，切实发挥农垦作为国有农业经济骨干的引领作用，加快推动农垦现代农业发展的重要举措。

2014年，"中国农垦"公共品牌建设工作正式启动。经过多年的策划布局和精心培育，"中国农垦"品牌影响力得到较大提升，形成了以"良品生活 源自农垦"为核心的中国农垦品牌价值体系。

峥嵘岁月："艰苦奋斗 勇于开拓"的农垦精神
赋予"中国农垦"品牌深厚的历史底蕴

早期军垦孕育了"中国农垦"品牌。中国农垦事业源自南泥湾大生产运动，"中国农垦"品牌的历史也起源于此。在党中央和毛泽东主席"自己动手、丰衣足食"的号召下，王震同志率领359旅进驻南泥湾，一手拿枪，一手挥镐，在南泥湾开荒造田的同时，大力发展工副业，先后在南泥湾、绥德等地办起纺织厂、被服厂、造纸厂和兵工厂等20多家小型工厂，成立运输队和军民合作社。特别是大光纺织厂生产的产品，花样新、品种多、质量好，除自给外，剩余部分在市场上出售。"大光"牌肥皂、"马兰纸""大光商店"等品牌深受老百姓喜爱。

国营农场的兴起催生了"中国农垦"品牌。新中国成立后，根据中共中央关于中国人民解放军转入生产建设的战略决策，以成建制的人民解放军转业官兵为骨干，吸收大量城镇知识青年、翻身农民和科学技术人员，组成农垦大军，开赴祖国边疆和内地的亘古荒原，披荆斩棘，历经艰辛，开荒造田，创建了一大批国营农场。至1966年，全国共建立了1 940个农场，有职工284万人，耕地4 784万亩，天然橡胶250万亩，年产粮食81亿斤，干胶2.3万吨，基本奠定了新中国农垦的产业格局。国营农场在全国星罗棋布，产品种类日益繁多，如北京农垦南口农场的"燕光"水果、上海农垦的"光明"牛奶等，深度融入了当地老百姓的日常生活中。

农垦改革树起了"中国农垦"品牌。改革开放以来，农垦系统进行了一系列重大改革。1978年，农垦系统国营农场试办农工商联合企业，实行农工商综合经营，打破了国有农场长期单一经营农业的格局。从1983年开始，农垦系统全面改革传统的农业经营制度，建立大农场套小农场的双层经营体制。20世纪90年代初至21世纪初，农垦系统以市场经济为导向，逐步建立和完善现代企业制度，加大对外开放力度，培育壮大了一大批知名企业和名特优产品，树起了"中国农垦"品牌。北大荒①、光明、完达山等品牌在全国范围内享有较高知名度。借力于得天独厚的地理环境和资源禀赋，一些垦区的茶酒饮料、罐头产品、名贵药材等名特优新产品，也如雨后春笋般不断涌现。

现代农垦提升了"中国农垦"品牌。2002年以来，农垦系统加快推行产业化、集团化、股份化改革，不断理顺管理体制，创新经营机制，着力激发农垦内在活力；积极开展企业办社会职能改革、建立健全职工社会保障体系、加大国有土地管理力度、努力化解企业历史性债务，着力优化农垦发展环境；积极实施农业"走出去"战略，充分利用"两个市场、两种资源"。农垦管理体制更加适应市场经济体制要求，企业经营机制更加灵活高效，打造了一批具有市场竞争力的现代农业企业集团。农垦经济持续保持快速增长，自2002年全系统扭亏为盈后，经济增长率连续13年保持在10%以上。农垦企业在走向市场竞争的同时，更加注重品牌的影响和宣传。借助资源整合，农垦品牌不断做强做大。2012年，"北大荒"品牌价值达到365.36亿元，成为亚洲农业第一品牌。

农垦精神赋予了"中国农垦"品牌的深厚底蕴。在创造巨大物质财富的同时，农垦人还创造了"艰苦奋斗、勇于开拓"的农垦精神。农垦精神是对南泥湾精神、军垦精神和北大荒精神等的高度凝聚，历久而弥新，是激励农垦人在各个历史阶段攻坚克难、砥砺奋进的强大精神力量，也赋予了北大荒、广东农垦、首农、天津食品集团、皖垦、海垦集团、云南农垦等"中国农垦"品牌以深厚历史底蕴和独特精神价值。

辉煌成就：新时代"良品生活　源自农垦"
成为"中国农垦"品牌价值追求

农垦事业发展是农垦品牌发展的重要保障。党的十八大以来，习近平总书记就做好"三农"工作发表了一系列重要论述。2015年11月27日，随着《意见》下发，农垦改革发展迎来重大机遇。《意见》明确了新时期农垦的特殊地位和重要作用，确立了"垦区集团化、农场企业化"的改革主线，以及"建设现代农业的大基地、大企业、大产业"的发展方向，要求"全面增强农垦内生动力、发展活力和整体实力"。按照《意见》要求，全国农垦系统加快转变经济发展方式，推进资源资产整合、产业优化升级，推动农垦企业快速发展。目前，农垦已发展成为分布在全国31个省份，拥有35个垦区、1 759个国有农场、1 433万人口、641.97万公顷耕地、5 000多个产业化经营组织的经济社会系统。2018年，农垦粮食产量3 652.80万吨，占全国粮食总产量的5.6%，生产总值突破8 155.46亿元，人均纯收入达18 946元，为推进现代农业建设和实施乡村振兴战略做出了突出贡献。

大企业奠定了"中国农垦"品牌的坚实基础。一批集团化大企业已成为农垦经济的骨干力量，大量有担当的农垦企业已成为行业内的佼佼者，一些有竞争力的农垦品牌也广为社会熟知。首农、光明、北大荒等实力雄厚的集团化企业成为农垦发展的中流砥柱。光明、三元稳居国内乳业前五强，北大荒米业、九三粮油、上海良友、苏垦米业位列国内粮

---

① 全书中提到的品牌名均为简称。——编者注

油行业前 50 强，海胶集团、广垦橡胶在天然橡胶领域稳居前列。畜牧品中的黑永新源、贺兰山、三元金星，加工食品中的王朝、莫高、西夏王、双大，以及水产中的三峡鱼、光合蟹业、辽霸、水王等都发挥着重要影响力。这些品牌构成的矩阵铸就了"中国农垦"品牌建设的坚实基础。

"良品生活 源自农垦"成为"中国农垦"品牌的核心价值追求。农垦有厚重的历史文化积淀，有规模化、组织化程度高的产业基地，还有市场形象良好的产品品牌集群，资源优势集聚、品牌价值突出。2014 年，农垦启动"中国农垦"公共品牌建设，提出了"良品生活 源自农垦"的品牌主张，将自身定位为"中国现代农业的开创者与引领者 安全优质农产品的生产者与供应者 从田间到舌尖的美好生活缔造者"。

为提升"中国农垦"品牌影响力、助推一批农垦优质农产品走向市场，2017 年 6 月 22 日，"中国农垦"公共品牌签约授权首批 11 家企业使用，标志着中国农垦品牌建设进入快车道。2017 年 9 月 22 日，"中国农垦"公共品牌对外发布，农业"国家队"开启品牌新时代。近几年来，通过不断开拓思路、创新举措，中国农垦持续加大品牌影响力的打造力度，已形成了线上主流平台"中国农垦官方旗舰店"、线下主要城市"中国农垦绿色产品体验中心"、国内外知名展会"中国农垦展馆"、特色活动"智慧农垦万里行"四个宣传推介方阵。该方阵全方位宣传"良品生活 源自农垦"品牌价值，使品牌价值得到社会各界越来越多的关注和认可。

政策引领带动农垦系统公共品牌建设发展。2019 年 6 月 28 日，国务院印发《关于促进乡村产业振兴的指导意见》，提出要"培育提升农业品牌。实施农业品牌提升行动，建立农业品牌目录制度"。2019 年 2 月 11 日，农业农村部等七个部门联合印发《国家质量兴农战略规划（2018—2022 年）》，提出"以中国农垦品质为核心打造一批优质农产品品牌，做大做强做优中国农垦公共品牌"。在系列支持措施下，农垦对照自身品牌建设实际，加大对农垦品牌目录建设的研究。2019 年 8 月 27 日，中国农垦经济发展中心发布《中国农垦品牌目录管理规程（试行）》，主要面向集团化垦区启动《中国农垦品牌目录（第一批）》征集工作，并借助第十七届中国国际农产品交易会向社会公开发布，为进一步加强农垦品牌培育、推介和保护提供重要依据和保障。

展望未来："打造农业领域'航母' 引领中国现代农业"
擦亮"中国农垦"品牌国家名片

2016 年 5 月 25 日，习近平总书记考察黑龙江时指出，要深化国有农垦体制改革，以垦区集团化、农场企业化为主线，推动资源资产整合、产业优化升级，建设现代农业大基地、大企业、大产业，努力形成农业领域的"航母"。2018 年 9 月 25 日，习近平总书记视察黑龙江农垦建三江管理局，双手捧起一碗大米意味深长地说："中国粮食，中国饭碗。"这既是总书记对农垦改革发展成绩的肯定，也是对新时代农垦继续发挥示范作用、引领现代农业发展寄予的殷切希望。进入新时代，农垦使命艰巨、责任重大。农垦要发挥好保障国家粮食安全和重要农产品有效供给国家队、中国特色新型农业现代化示范区、农业对外合作排头兵和安边固疆稳定器的重要作用。

推动产业高质量发展促进品牌建设。党的十九大报告指出，"我国经济已由高速增长阶段转向高质量发展阶段"。为更好地服务国家战略需要，农垦将继续积极培育具有雄厚经济实力和国际竞争力的现代农业企业集团；全力打造农业全产业链，推动一二三产业融合发展，推进农业生产全程标准化，建立从田头到餐桌的农产品质量安全追溯体系；大力推进农垦农产品流通网络优化布局，加快发展冷链物流、电子商务、连锁经营等新型流通业态，推进农垦新业态发展，不断推动农垦的新品牌培育。

承担国家战略使命助力品牌发展。农业品牌建设是建设现代农业、转变农业发展方式的迫切需要，是适应社会消费升级的迫切需要，是促进农民增收的迫切需要，是提高农产品国际市场竞争力的迫切需要。作为现代农业"国家队"，农垦还将依托组织化程度高、规模化特征突出、产业体系健全的优势，继续大力推进品牌建设。一方面"强自身"，提升"中国农垦"品牌价值，建立健全品牌培育、保护和发展体系，构建品牌指标评价体系，开展品牌价值评估，促进农垦品牌规范化、标准化建设；同时，进一步挖掘农垦文化，提升品牌的格调和档次，深化品牌内在价值，完善"中国农垦"品牌价值体系。另一方面"强对外"，不断扩大"中国农垦"品牌知名度，充分发挥农垦品牌四大宣传阵地作用，大力提高品牌市场知名度和社会影响力；强化互联网思维，主动对接市场，加强与融媒体、电商等新平台、新业态的合作，建立适应消费升级的宣传推介机制；同时，向数字化运营转型，借助数字化的沟通与经营方式，不断提升品牌溢价能力，努力将"中国农垦"品牌打造成引领中国现代农业发展的国家名片。

（本文发表于 2019 年 12 月）

中国农垦上市公司发展回顾、现状与展望

陈忠毅　郑　适　李红梅　李升鹏　刘慧敏

党的十八大以来，我国多层次资本市场体系日臻完善，基础性制度不断夯实，依法监管持续推动，市场化改革深入推进，有力地支持了实体经济发展和供给侧结构性改革。党的十九大指出，我国经济已由高速增长阶段转向高质量发展阶段，要推动产业结构转型升级，把实体经济做实、做强、做优。上市公司是资本市场的主体和实体经济的骨干，是现代化产业体系的集中代表，是推动经济创新发展、促进产业结构优化、提升经济发展质量的重要力量。因此，促进上市公司高质量发展，是贯彻落实十九大精神、深化供给侧结构性改革、落实新发展理念、构建创新型现代产业体系的必然要求。

中国农垦上市公司是农垦企业的杰出代表，截至 2019 年 12 月，国内农垦上市公司共28家，其中21家在上海证券交易所上市，6家在深圳证券交易所上市，1家在香港证券交易所上市，形成了特色鲜明的"农垦板块"。经过多年发展，中国农垦上市公司的资产规模不断扩大，盈利能力持续增强，社会贡献日益突出，国家战略资源保障能力更加凸显，市场化改革成效斐然。但是，其仍存在总体市值偏低、盈利不强、资产证券化率低、成长动力不足、国际化经营程度不高等问题，值得高度重视。总结利用好农垦上市公司发展经验，对推进相关金融机构及其他社会资本与农垦头部企业对接，积极参与国内外并购重组与资本运作，打造现代农垦企业集团具有重要现实意义。

历　程　回　顾

历经70多年的艰苦奋斗，农垦书写了中国特色农业现代化的恢宏篇章，主要可分为五个历史时期。

一是艰苦奋斗时期（1949—1978年）。新中国成立之初，以成建制的人民解放军转业官兵为骨干，吸收大批知识分子、支边青年组成农垦大军，开始了大规模兴办国有农场的创业历程。社会主义建设时期，农垦系统主要实行高度集中、以行政管理为主的计划经济体制，在屯垦戍边、开荒创业初期充分发挥了"集中力量办大事"的体制优势，为社会主义建设做出突出贡献。1978年，党的十一届三中全会作出把工作重心转移到社会主义现代化建设和实行改革开放的战略决策，为紧跟时代步伐，农垦开启了40余年的改革开放征程。

二是放权让利时期（1979—1991年）。改革开放初期，农垦企业改革重点在于打破传统高度集中封闭管理的计划经济体制，放权让利，调动员工和企业积极性。在垦区管理体制和企业经营机制方面，鼓励垦区企业实行农工商综合经营，一二三产业全面发展。其次，实行财务包干制度，企业独立核算、自负盈亏，以增强企业自我积累、自我发展能

力。再次，企业内部推行厂长、经理负责制，以调动企业经营者积极性。最后，恢复"包、定、奖"生产责任制、实行联产承包责任制并兴办家庭农场，极大激发了农垦职工的积极性，盘活了农垦经济，增强其内生动力和发展活力。在对外开放方面，农垦开始打开大门，引进外资、发展"三资"企业和"三来一补"项目。这一阶段，农垦改革的很多探索和实践走在国有企业改革的前列，具有突破性的重大意义，为后续农垦企业上市奠定坚实基础。

三是集团化改革时期（1992—2001年）。1992年召开的党的十四大，确立了社会主义市场经济体制的伟大目标，农垦坚定市场经济改革方向，在垦区管理体制和企业经营机制方面，从行政化管理体制向集团化和企业化过渡。到2001年，有条件成建制转为企业集团的17个省（自治区、直辖市）级农垦已全部实行集团化改革。为推动劳动、人事、分配"三项制度"改革，集团企业实行"干部聘任制、全员劳动合同制、劳动报酬与绩效挂钩"等制度，转换企业经营机制。此外，实施"三百工程"（百家企业集团、百家良种企业、百家国有农场现代企业制度试点），探索建立现代企业制度，并在此基础上积极推进企业上市。亚盛集团、农发种业、金枫酒业、光明地产、上海梅林、新农开发、伊力特、天润乳业、ST百花、新疆天业、ST中葡、ST中基、正虹科技等13家企业上市。在对外开放方面，继续扩大对外开放，注重"引进来"，特别是引进技术设备和管理理念，积极与国际大公司合资合作，提高经营管理水平，并建立境外企业。

四是农业现代化转型期（2002—2012年）。2002年后，农垦改革以制度建设为核心，以产业化、集团化、股份化为重点，在垦区管理体制和企业经营机制方面，加快对集团母公司和产业化专业公司的公司制改造和资源整合，逐步将国有优质资产集中到主导产业，形成了一批大公司、大集团，提升了农垦经济的核心竞争力。国有农场也在企业化、公司制改造方面进行积极探索，向公司制企业方向发展。在对外开放方面，引进外资技术的同时，加强出口基地建设，积极实施"走出去"战略，逐步形成利用"两个市场、两种资源"的对外开放格局。期间，随着各项改革不断深入，农垦管理体制更加适应市场经济要求，企业经营机制更加灵活高效，越来越多的企业挂牌上市，莫高股份、北大荒、海南橡胶、三元股份、光明乳业、青松建化、新赛股份、冠农股份、天富能源、西部牧业、天康生物、北新路桥、王朝酒业等13家企业纷纷上市。

五是改革快速发展期（2013年至今）。党的十八大以来，农垦在推动企业上市方面持续发力，2014年，广东燕塘乳业上市。2015年，《中共中央 国务院关于进一步推进农垦改革发展的意见》发布，明确提出新时期农垦改革发展要以推进垦区集团化、农场企业化为主线。改革进入快车道，先后在省级层面形成了16个大型现代农业企业集团，在市县层面形成了86家区域集团公司、264家专业化农业产业公司。680多家国有农场改造成集团产业公司的基地分公司、独资子公司或整合重组为专业集团公司。同时，农垦农业对外合作"先行者"和"排头兵"的地位更加突出，各垦区通过海外并购、构建全产业链、建设产业基地、对外援助等多种途径，不断拓宽农业对外合作范围。2017年，江苏省农垦农业发展股份有限公司上市，是全国首家农业全产业链上市公司。2019年，农垦改革"两个三年"任务如期完成，为进一步做强做优做大农垦经济，创造了有利条件。

农垦上市公司现状

总体而言，农垦上市公司脱农化倾向并不严重，但也需要引起高度重视。公司位于北京、新疆、上海、海南、甘肃、黑龙江、广东、江苏、天津、湖南等省份，已逐步成长为具有核心竞争力的代表企业，对全国农垦经济发展起到重要作用。

经过多年发展，农垦上市公司资本规模不断扩大。截至 2019 年底，农垦上市公司市值总规模达 2 170.5 亿元，其中，市值超 100 亿元的公司有北大荒、海南橡胶、光明乳业、苏垦农发、伊力特、天康生物。从地区分布看，新疆拥有 14 家农垦上市公司，总市值约占农垦上市公司总市值的 1/3，充分凸显了新疆承担祖国屯垦戍边历史使命的重要地位。上海光明食品集团在食品供应和全产业链全球化发展方面进行了卓有成效的尝试，为建设具有国际竞争力的现代产业集团奠定了良好基础，集团所属的 4 家上市公司总市值占农垦上市公司总市值的 1/5。黑龙江北大荒农垦集团总公司于 2018 年 12 月 16 日正式挂牌成立，标志着黑龙江农垦从政企合一的管理体制整建制地转入集团化公司管理体制，2020 年 7 月，北大荒农垦集团有限公司挂牌运营，旗下上市公司市值约占农垦上市公司总市值的 1/6。天然橡胶是极为重要的国家战略物资和工业原料，海南橡胶集团在天然橡胶行业扮演重要角色，其市值占农垦上市公司总市值的 1/10。

随着改革不断深入，农垦上市公司业绩稳步提升。截至 2019 年底，上市公司的总资产达 2 768.6 亿元，净资产 1 070.2 亿元，2019 年实现营业收入 1 461.4 亿元，净利润 51.8 亿元。超过一半的农垦上市公司的总资产、净资产、营业收入、净利润均呈持续增长态势，其中，苏垦农发、农发种业、冠农股份、天康生物等 4 家公司营业收入增长率均超过 40%，青松建化、燕塘乳业、ST 百花、金枫酒业、ST 中葡、新农开发、ST 中基 9 家公司净利润均较 2018 年翻倍，展现了良好的发展势头。值得一提的是，上海光明食品集团旗下光明乳业、光明地产和上海梅林 3 家上市公司 2019 年表现亮眼，营业收入均超 200 亿元。创新是企业生存发展的长远动力，2019 年有 23 家农垦上市公司披露其研发费用投入，合计 5.8 亿元，平均研发投入强度（研发投入总额与营业收入总额之比）为 0.4%，其中新疆天业研发投入超过 1 亿元。这些公司将总研发费用的近一半投入到农业领域，竞争力有望进一步提高。但从整体上看，农垦上市公司之间的创新投入力度仍然有较大差距。

积极承担社会责任，农垦上市公司的社会价值日益凸显。作为保障国家粮食安全和重要农产品有效供给的国家队、中国特色新型农业现代化的示范区、农业对外合作的排头兵、安边固疆的稳定器，相对一般上市公司，农垦上市公司需要承担更多社会责任。首先是就业层面，截至 2019 年底，农垦上市公司员工总数超过 13 万人，其中，北大荒、海南橡胶、光明乳业、苏垦农发等 4 家公司员工数均超过 1 万人。上市公司员工总薪酬达 28.3 亿元，北大荒、海南橡胶、光明乳业、苏垦农发、上海梅林、光明地产、北新路桥、天康生物、伊力特等 9 家公司发放员工薪酬均超 1 亿元。其次，在税收方面，2019 年农垦上市公司纳税总额达 18.6 亿元，5 家公司纳税额超 1 亿元。最后，农垦上市公司更加注重环境和产品质量管理。7 家上市公司通过 ISO14001 环境管理体系，12 家通过

ISO9001 质量管理体系，其中海南橡胶、苏垦农发、三元股份、燕塘乳业、ST 中基、王朝酒业等 6 家公司同时通过 ISO14001 环境管理体系和 ISO9001 质量管理体系。

为突出国家粮食安全保障定位，农垦上市公司不断提高自身的战略资源保障水平（公司涉农营业收入占总营业收入比重）。22 家涉农上市公司中，超过一半的公司涉农营业收入所占比重超 90%，共 19 家公司的涉农收入比重超过 50%，其中苏垦农发的营业收入均为涉农营业收入。根据各公司年报披露数据显示，2019 年农垦上市公司主要涉农产品产量如下：粮食总产量 756.2 万吨，棉花 19.1 万吨，油脂 45.7 万吨，糖类 4.8 万吨，生猪 10.3 万头，禽 102.2 万羽，饲料 168.2 万吨，乳制品 267.7 万吨，猪牛羊肉 50.9 万吨，苜蓿草 12.3 万吨，啤酒花 3 685.8 吨，马铃薯 8.3 万吨，番茄制品 16.8 万吨，酒类 1.4 亿升，橡胶制品 11.2 万吨等。可见，农垦上市公司在保障国家粮食安全以及战略资源保障水平的提升中发挥重要稳定器作用。

与上市公司整体比较，农垦上市公司在财务方面仍有较大提升空间。截至 2021 年 3 月，我国农业类上市公司共 164 家，市值均值 51.1 亿元；2019 年营业收入均值 22.4 亿元，营业收入增长率 14.6%，净利润均值 1.1 亿元，净利润增长率 74.3%。10 家农业类农垦上市公司市值均值高于行业平均水平，营业收入和净利润表现较好，但营业收入增长率有待提升；新农开发、ST 中基、天康生物净利润增长率超过 100%；其余公司净利润增长率均为负。国内食品类上市公司共 295 家，市值均值 113.2 亿元，2019 年营业收入均值 28.8 亿元，营业收入增长率 17.1%，净利润均值 2.3 亿元，净利润增长率 78.8%。7 家食品类农垦上市公司中，仅光明乳业市值高于平均水平。7 家公司营业收入整体表现较优，但仅光明乳业和上海梅林净利润高于行业均值。增长率方面，冠农股份营业收入增长率较高，且净利润较 2019 年翻倍，剩余 6 家增长率均低于整体增长率。国内酒类上市公司共 44 家，市值均值 1 217 亿元，2019 年营业收入均值 61 亿元，营业收入增长率 13.3%，净利润均值 19.7 亿元，净利润增长率 18.4%。农垦 5 家酒类上市公司，市值、营业收入和净利润都远低于行业均值，除伊力特外，其他上市公司营业收入增长率均为负，净利润增长率整体表现较好，其中金枫酒业、ST 中葡净利润较上年翻倍。

农垦上市公司资本市场利用率和国际化经营水平也有待提高。上市公司利用资本市场方式多为股票融资、债券融资和并购重组，2019 年，新疆伊力特实业股份有限公司发行可转债融资 8.8 亿元，21 家公司推进并购事宜，资本市场利用水平远低于国内上市公司平均水平。国际化经营方面，仅 4 家公司拥有海外参股控股子公司，其中海南橡胶 17 家、三元股份 2 家、上海梅林 1 家、光明乳业 3 家。2019 年，农发种业、海南橡胶、上海梅林、光明乳业、新疆天业、北新路桥等 6 家公司披露其境外营业收入，共计 198.6 亿元。新冠疫情暴发以来，单边主义、贸易保护主义盛行，给农垦上市公司海外经营带来重大困难与挑战，包括政治风险攀升、准入门槛提高、政策变动风险加剧、监管措施不确定性增强等。农垦上市公司应在重视产品质量的基础上，坚定布局和实施品牌化战略，积极参与行业标准制定，提高在国际合作中的话语权，提升政治风险应对能力，强化国际间区域合作，寻找新的发展机遇。

有 关 建 议

农垦上市公司极大地带动了垦区经济的发展，为提升农垦企业集团整体实力、当地居民生活水平、垦区知名度等做出重要贡献。为适应构建以国内大循环为主体、国内国际双循环相互促进的发展新格局需要，农垦系统应持续推进上市公司板块扩容、质量提升、做优做强。为此，提出以下建议。

一是以改革推动更多农垦企业上市。改革是农垦企业转型升级，实现高质量发展的必由之路，坚持以垦区集团化、农场企业化为主线，推动更多有上市潜力的公司股份制改革，为企业上市储备力量。坚持混合所有制改革，股东资本来源多样化，可实现股权制衡，有利于公司内部形成改革动力，完善公司治理结构。且引进与农垦公司战略契合、优势互补的战略投资者，能促进公司产业结构升级，激发企业家精神和员工积极性，为公司发展及上市注入新的动力。此外，相关农垦集团也可以考虑利用好现有上市公司平台，整合集团内未上市优质资产，通过增发股份及资产注入等方式做大做强上市公司，间接推动农垦资产上市。

二是推进资产证券化。资产证券化是较新的融资方式，其最大优势是将流动性差、风险高的资产包装成市场化、可投资的附息证券，有助于优化公司资产结构、向外转移风险、盘活存量资产、保证资金充足。作为国企，农垦上市公司通过资产证券化可加强财务监管、防止国有资产流失、实现国有资产增值保值、推动混改、健全体制等。但是，国有企业资产证券化模式尚处于探索发展阶段，存在法律体系不健全、会计与税收制度不完善、市场不活跃、管理机制缺乏等问题，需要多方合作解决。对于农垦上市公司而言，要强化资产证券化意识、健全法人治理结构、强化内部审计。公司的持续盈利能力、独立性、募集资金使用、主体资格、信息披露、财务会计与内部控制和规范运转等问题，都是资产证券化道路上无法避开的"关节"点，必须加以厘清、规范。

三是积极推进股权激励。股权激励是完善公司内部治理的长效激励机制，被认为是解决两类代理问题、充分调动被激励人积极性与创造性，促进企业发展的卓有成效的方式。农垦上市公司的股权激励计划应与公司发展战略相结合，根据不同时期、不同发展阶段进行调整。做好细节设计，合理选择激励方式、对象和范围，根据资产规模选择股权激励方式，建立综合评价体系，根据员工综合评价值赋予激励股数，可适当提高高管和核心技术员工的持股比例，并建立科学合理的进入机制、考核机制和退出机制等。此外，实施股权激励，上市公司需优化其内部治理机构，全面分离所有权与经营权，积极完善决策权、监督权，还要从外部加强市场监督，不定时地对公司财务状况进行审计，聘请外部独立董事对公司高管行为进行约束监督，以确保公司股权激励目标的实现。

四是多措并举推动做大做强。首先，农垦上市企业应坚定信心，围绕涉农主业加快发展，对标行业龙头，提升规模实力和盈利能力，做强做优做精主业，提升上市公司市场竞争力和行业引领力。其次，加强资源重组，淘汰效益较差的企业，提高资源的使用效率，通过战略性收购开拓新的市场，扩大生产经营规模，提高上市公司整体实力，为公司长远发展谋篇布局。最后，把握好农垦上市公司政治定位，服务于国家利益与战略大局，做好分内工作，全力确保国家粮食安全与食品安全，避免主业"非农化、非粮化"倾向，发挥好典范引领作用。

五是持续增强创新能力。现代企业竞争力的核心是企业的自主创新能力，农垦上市公司的研发投入水平低于上市公司整体水平，应加大研发投入力度，推动数字农业、食品科学、智能制造等领域的创新，在种源"卡脖子"技术攻关、种质资源保护和利用、生物育种产业化等关键任务项目上主动"揭榜挂帅"，引领行业发展。此外，要完善人才激励机制，加快人才队伍建设，成立科创基金，建立稳定的支持机制，完善创新评价机制，强化创新长效保障机制等。通过理念创新、管理创新、产品创新、技术创新、营销创新，突破自身局限，革除不合时宜的旧制度、旧办法，创造更多适应市场需求的新体制，新举措，促进上市公司更好发展。

六是提升国际化经营水平。充分利用"两个市场、两种资源"，积极推动公司在境外资本市场融资上市，为其发展创造更多机遇，使其更好融入国际市场。加强海外并购，利用海外农业资源扩大生产规模，提升技术、品牌、管理经验等，提高国际竞争力。加强海外投资，充分利用国际农业资源要素市场，建立全球研发、生产、加工和销售网络，实施全球化的产业链布局，建立高效的国际供给体系。此外，农垦上市公司在"走出去"过程中，要注重创新，鼓励与国内外农业科研机构和国际农业组织进行技术合作，加大对动植物种质资源、生物防治技术、智能化农机等的研发，这是在国际市场立足、形成竞争优势的关键。

（本文发表于 2021 年 5 月）

在构建新发展格局中找准农垦定位

李红梅　李升鹏

党的十九届五中全会审议通过的《中共中央关于制定国民经济和社会发展第十四个五年规划和二〇三五年远景目标的建议》指出："加快构建以国内大循环为主体、国内国际双循环相互促进的新发展格局。"构建新发展格局是解决各类"卡脖子"问题和畅通国民经济循环的战略选择。以习近平新时代中国特色社会主义思想为指导，在构建新发展格局中找准农垦定位，更好地发挥农垦在国民经济和社会发展中不可或缺的战略性作用，对服务国家需要、深化垦区集团化和农场企业化改革、推进农垦高质量发展具有重大意义。

形势、优势与挑战

（一）面临的形势

世界面临百年未有之大变局，霸权主义对世界和平与发展构成巨大威胁，地缘政治形势甚为严峻，世界历史进程复杂演进。我国开启全面建设社会主义现代化国家的新征程，以人民为中心的发展思想深入人心，经济社会发展呈现持续向好态势，我国倡导的构建人类命运共同体理念和实践得到绝大多数国家的高度认同。我国经济实力、科技实力、综合国力跃上新台阶。但发展不平衡不充分问题仍然突出。解决好"三农"问题是全党工作的重中之重，粮食安全仍然是当前和今后较长时期的重大课题。党的十九大提出实施乡村振兴战略，国家出台了《中华人民共和国乡村振兴促进法》，为全面实施乡村振兴战略提供了法治保障。我国粮食发展与安全取得了举世瞩目成就，连续 7 年粮食产量稳定在 1.3 万亿斤以上。必须牢牢把握"保供固安全、振兴畅循环"的工作定位。第四次工业革命快速发展，新一代信息科技与农业深度融合发展，农业进入了网络化、数字化、智能化发展新时代，必须为农业现代化插上科技的翅膀。

（二）具备的优势

农垦在以下五个方面具有显著优势。一是农垦土地属于国有土地，有利于资源资产的集约经营，体制上具备独一无二的优势，能够确保完成国家赋予的战略和政治任务。二是农垦在农业技术、全程机械化、农业信息化等方面处于全国领先地位，能够为实现农业农村现代化做出更大贡献。三是农垦三产融合优势显著，培育了一批具有竞争力的现代农业企业集团，为建设农业领域航母奠定了坚实基础。四是农垦生产的高标准、管理的严要求、产品的可追溯、物流的全域化，为确保重要农产品的有效供给提供了必要条件。五是农垦企业积极拓展海外生产和营销市场，在满足合作国需求的基础上，促进了农业国际合作的良好发展，实现了互利共赢，为促进国际国内双循环创造了有利条件。

（三）面临的挑战

主要体现在以下五个方面。一是垦区间发展不平衡，少数农场落后于周边农村，尤其是边境农场建设存在不少短板，推进垦区间共同发展的任务依然艰巨。二是政策支持力度不够，"一衔接、两覆盖"中还存在未衔接、未覆盖的情况，尤其是公益性建设力度需要加大。三是由于农垦管理体制的制度惯性，行政思维仍然存在，农业经营管理体制还不够健全，农垦资源在一定程度上存在"孤岛"现象，制约企业化进程。四是农业科技研发投入占比较低，数字化建设滞后，科技人才短缺，影响农业新技术的集成应用与推广。五是不同垦区间管理体制存在一定差异，分类管理机制有待健全。

地 位 和 作 用

在构建新发展格局中，农垦作为国有农业企业，应发挥不可替代作用，进一步巩固提升农垦的地位。农垦在构建新发展格局中的地位和作用包括：一是突出保障粮食安全的国家队作用，打造具有国际竞争力的农业大航母；二是突出中国特色农业现代化的示范区作用，打造数字智慧农业的创新先导区；三是突出保障重要农产品的有效供给作用，打造高质量发展的绿色引领区；四是突出乡村振兴的先锋队作用，打造垦地协同发展的共享增长极；五是突出农业国际合作的排头兵作用，打造国际农业经济合作的命运共同体；六是突出安边固疆的稳定器作用，打造治国安邦的坚实顶梁柱。准确把握上述六大作用和六大地位，必须坚持有为才有位、有位才有为的基本原则，特别注重作用与地位之间密不可分的相辅相成性，坚持作用地位之间的系统集成和协同效应，相互促进、相互推动。必须做到五个统筹：统筹发展与安全、统筹"两个大局"、统筹国家战略需要和农垦自身发展、统筹垦区集团化农场企业化改革和做大做强主导产业、统筹国内发展和对外开放（含垦区间合作和垦地合作）。

（一）突出农垦保障粮食安全的国家队作用，打造具有国际竞争力的农业大航母

发挥农垦保障粮食安全的国家队作用，把建设国家稳固的大型商品粮生产基地作为发展战略，建设粮食生产大基地、培育粮食生产大企业、形成粮食生产大产业，培育国际大粮商。尤其是粮食总产量大、商品率高的垦区要成为国家在粮食供给上抓得住、调得动、能应急的重要力量，在保障国家粮食安全方面发挥更为重要的作用。坚持农场的国有属性，牢牢把握农场的国家所有、国家所控、国家所用的核心定位，统筹国家战略需要和自身发展，以水稻、小麦、玉米、大豆等为主导产业，夯实基础，高起点建设，推进产业升级，加快技术集成，促进企业增效。对标国际粮商，建设农业领域的航母，全面提升发展能力、市场话语权和国际竞争力，示范引领现代农业发展。

（二）突出农垦新型现代农业的示范区作用，打造数字智慧农业的创新先导区

强信息基础设施建设，实施"宽带农垦、数字经济、智能产业"战略，提升农业数字化水平。推动农垦全部农场接入宽带网络和无线通信网络，全面建成"高速、移动、安全、泛在"的新一代信息基础设施。加强农业物联网技术应用，构建农垦"农业云"服务平台，提高农业信息化、智能化水平。高起点建设农业物联网，加快物联网技术在土壤墒情监测、农作物病虫害防治、节水灌溉、精量播种、精量施肥、设施农业、生态保护等领

21

域的推广和应用。围绕主导产业，以产业基地、骨干企业和重大示范应用为抓手，推进农垦大数据中心和重要农产品全产业链的大数据系统建设，打造数字农业和智能产业先行区。把数字技术和人工智能作为新型尖端工具，推动农垦农业生产要素的革命性创新，推动高质量发展。积极研究区块链和探索元宇宙技术在现代农业领域的应用。

（三）突出保障重要农产品的有效供给作用，打造高质量发展的绿色引领区

立足天然橡胶、糖料、油脂、乳制品、肉类、水果蔬菜、棉花、种子等主导产业以及各垦区的特色优势产业，建设生态农场，做强企业集团。加快建设农业绿色发展引领区，应用科学施肥、安全用药、侧深施肥、精量播种、智能育秧、宽窄行插秧、绿色养殖等生态生产技术与装备，落实化肥农药使用量零增长的部署，科学减少化肥、农药的使用量。更好地发挥农垦节水联盟的作用，推动节水农业发展取得新进展。加快企业节能降耗的技术改造，建设低投入、高产出、低消耗、少排放、能循环、可持续的农垦农产品加工体系。大力发展低碳环保的农业旅游产业和文化事业，打造别具特色的农旅融合增长极。加强农场小城镇生活污水和垃圾无害化处理等基础设施建设。强化绿色发展创新型人才队伍建设。

（四）突出农垦乡村振兴的先锋队作用，打造垦地协同发展的共享增长极

在示范带动周边农村现代农业建设的同时，坚持自愿平等有偿原则，加强与周边乡镇资源、产业等的合作，积极承接周边乡镇土地流转，以及通过代耕代种代收、提供农机和科技服务等方式，走出农场办农场，在农村创建一批新农场，开拓发展新空间，扩大合作规模，提升合作效益，促进共建共享、协同发展、持续发展。以股份制为主要形式，加强农垦企业与民营资本的战略合作，大力引进民营企业的智力资源、技术资源、市场资源和先进的公司治理理念。加强农场与以场带村产业资源的互利共赢整合。积极建设都市中央厨房或绿色智慧大厨房，充分发挥农垦在联结农村小农户和大市场的龙头作用。紧紧围绕国家实施乡村振兴和质量兴农战略，率先实现先进的良种技术、耕作技术、植保技术、仓储加工技术等的集成创新和应用，带动周边农村共同发展。

（五）突出农垦农业国际合作的排头兵作用，打造国际农业经济合作的命运共同体

扎实落实共建"一带一路"倡议，传承弘扬"艰苦奋斗、勇于开拓"的农垦精神，勇于承担援非农业示范园区建设任务，提升东道国农业科技贡献率和农产品供给能力，帮助当地解决粮食安全问题，充分体现农垦企业的国际担当。充分考虑东道国公益性需求，全力践行企业社会责任。要从建立持续的、共赢的、战略性的国际合作关系着眼，切实增强合作伙伴的获得感。应遵守东道国的法律法规，尊重当地文化习俗，构建利益共同体和命运共同体，实现优势互补、互惠互利、合作共赢。把农垦集团化优势与东道国的需求紧密结合，按照跨国经营和现代企业制度的要求，明晰境外企业产权关系，优化资本结构、产权结构和公司法人治理结构，完备境外企业法律手续，以多边和双边政府间农业合作协议为基础，争取东道国的优惠政策，开展农业种植、养殖和农产品加工，高效推进国际农业合作。

（六）突出农垦安边固疆的稳定器作用，打造治国安邦的坚实顶梁柱

以新疆生产建设兵团和有关垦区的边境农场为主体，壮大屯田戍边实力，推动"兵地融合"和垦地协同发展，聚焦边疆地区的社会稳定、民族团结、经济发展和长治久安，履行好中央赋予的各项屯垦戍边职能。在国家支持下，与时俱进，改革创新，发挥优势，加快经济社会事业发展，增强边境农场的综合实力，为国家政治经济安全、边境地区实现长治久安和跨越式发展作出更大贡献。发挥边境农场在维护民族团结、反恐、禁毒、打击境外敌对势力的渗透破坏等方面重要作用。要牢固树立"屯田兴则边疆治，屯田亡则边疆乱"的战略思维，加强国防教育投入，提高职工政治军事素质，提高处置突发事件能力。加强边境农场小城镇建设，吸纳周边农村群众到农场就业、创业和定居。

对 策 与 建 议

（一）深化经营管理体制改革

深化垦区集团化和农场企业化改革，积极培育新型农业经营主体，加快培育区域性农垦企业集团。增强国有农场统一服务能力，提高农业生产经营的集约化、规模化、组织化水平。创新农垦经济发展模式，因地制宜，创新驱动，加强垦地融合发展。创新完善大农场统筹家庭农场的现代农业经营管理体制，立足现代企业制度，完善企业的产权结构、法人治理结构和经营机制。建立健全利益联结机制，推动垦区间合作、垦地合作和国际合作取得新成效。加强顶层设计，积极探索垦区间联合建设中国特色农业大集团的新思路、新路径和新模式。

（二）加大产业发展支持力度

建立集生产、加工、销售于一体的现代产业体系，形成有影响力和明显区域优势的专业化产业集群。在巩固发展粮食生产的基础上，大力发展食品加工业和现代服务业。做强做优热作产业。大力发展二三产业，加快三产融合发展步伐。加强现代农业园区和田园综合体项目建设。加快发展高效农业、设施农业、有机农业和观光农业。以联合联盟联营为主要模式，实施数字农业工程，为农业插上科技的翅膀。培育一批适应市场经济要求的全产业链的职业农工、高端农匠、农业技术专家和企业经营管理人才。

（三）加快现代物流体系建设

实施补链强链工程，统筹布局农垦农产品仓储、物流、营销网络建设，完善设施设备，强化现代信息技术的应用，构建高效的现代化的产业链、供应链和价值链。加强粮食晒场、烘干、仓储等基础设施建设，提升粮食处理、仓储和供应能力。加强粮食、乳制品、天然橡胶、水果等产地和销地批发市场、零售市场、电子商务、连锁经营等的市场营销体系建设，完善物流体系，降低运输成本，提升优质粮食产品和重要农产品的有效供应和战略性保障能力。

（四）支持边境农场做大做强

编制边境农场建设专项规划。支持边境农场粮食、天然橡胶、畜牧业、农产品精深加工、边境贸易、边境旅游产业的发展，加强农田、贸易、旅游基础设施建设，打造一批边境经济强场和旅游名镇。支持边境农场公益性基础设施和公共服务设施建设。加强边境贸易市场和边境贸易园区建设。实施边境生态农场建设工程，实现绿色永续发展。大力发展边境农场旅游业，打造吸引力强、知名度高、综合效益好的知名旅游目的地。设立屯田戍边专项津贴，支持高等院校为边境农场定向培养高素质人才，支持各类专业人才到边境农场挂职锻炼。

（五）完善国际农业合作支持政策

编制农垦境外天然橡胶、粮食、乳业等重点投资领域的专项规划和"一带一路"沿线重点国家的农业资源合作开发规划。以境外粮食、乳制品、天然橡胶、棕榈油、畜牧、物流等产业为合作重点，以绿地投资和并购为主要方式，做强一批境外重大项目。支持农垦境外项目的田间道路、供电、排灌、设施农业等基础设施建设。针对境外项目自产的农产品，增加进口配额，确保产品顺畅返销。国家财政积极为境外重大项目注入资本金。将国内种粮补贴、农业产业园、特色产业集群、绿色发展等支持政策延伸到国际重大农业合作项目。加强优势农产品出口生产基地和优势出口企业集群建设。

（本文发表于 2022 年 5 月）

北大荒集团：矢志不移全面
建成农业领域"航母"

王守聪

推进农垦改革是"十三五"时期党和国家重要战略任务。2015 年以来，北大荒农垦集团有限公司（简称北大荒集团）深入贯彻落实习近平总书记对垦区"特指性"重要讲话和重要指示精神，以"不破楼兰终不还"的精神，破除一系列藩篱和障碍，在 2020 年末全面完成了集行政体制转型、国企改革和公司制改制、事业单位改革于一体的农垦体制改革，并形成了独具特色的改革经验。

北大荒集团完成了一项空前艰难的体制改革

在党中央坚强领导下，在农业农村部、财政部等国家有关部委大力支持下，在黑龙江省委省政府强力推动下，北大荒集团垦区集团化、农场企业化改革主体工程全面完成，取得实质性突破，集中表现为五个"全面完成"。

一是全面完成政府行政职能移交。原农垦总局层面 3 036 项、原管理局层面 26 586 项，以及延伸到农（牧）场的行政权力事项，全部移交属地政府，撤销了全部行政机构。二是全面完成办社会职能改革。对与企业生产经营无关的社会管理和公共服务全部移交属地管理，对可由多元市场主体承办的社会化服务实行"内部分开、管办分离"，对暂不具备移交条件的管理事项由企业集团负责并纳入地方经济社会发展规划，基本实现社企分开。三是全面完成事业单位改革。垦区 1 063 家事业机构分六类全部实施差异化改革，共撤销空壳机构 47 个，完全承担行政职能的 293 个，整建制移交属地管理 155 个，纳入集团按事业单位管理 56 个，按现状管理 308 个，纳入企业集团不再按事业单位管理 204 个，基本实现了事企分开。四是全面完成涉改干部职工安置。安置原农垦总局及各管理局两级机关公务员、参公人员 5 675 人，安置具有完全政府行政职能的事业单位涉改人员 29 333 人。五是全面完成垦区集团化农场企业化改革。先组建黑龙江北大荒农垦集团总公司，进一步改制为北大荒农垦集团有限公司。同步推进直属企业改革改制，将 9 个原农垦管理局整建制改为分子公司，将 113 个农（牧）场整合为 82 个农（牧）场有限公司、26 个农（牧）场分公司。同时，建立健全农垦国有土地的土地规划、耕地保护、执法监察制度体系，农垦国有土地使用权确权登记发证做到"应发尽发"。

随着改革不断深入，深化改革的路径更加清晰，一步一个脚印。2017 年 8 月，省委省政府出台进一步推进黑龙江农垦改革发展的实施意见；2018 年 4 月，省人大常委会废止《黑龙江省垦区条例》；2018 年 12 月，财政部代表国务院对黑龙江北大荒农垦集团总公司履行出资人职责，总公司挂牌成立；2019 年 6 月，完成农垦系统政府行政职能移交；

2019年8月，完成农垦系统公务员、参公人员、具有完全政府行政职能事业单位涉改人员安置；2020年1月，财政部批复《黑龙江北大荒农垦集团总公司公司制改制方案和改制后公司章程》；2020年3月，完成农垦系统社区属地化移交；2020年4月，完成农垦系统社保经办机构移交；2020年5月，完成北大荒农垦集团有限公司工商变更登记；2020年7月，经国务院同意，将北大荒农垦集团有限公司界定为"主业处于关系国家安全、国民经济命脉的重要行业和关键领域，主要承担重大专项任务的商业类国有企业"；2020年9月，财政部明确将北大荒农垦集团有限公司由原来部门二级预算调整为部门一级预算单位，直接纳入财政部预算管理；2020年12月，北大荒农垦集团有限公司不再加挂农垦总局的牌子，标志着农垦体制改革任务全面完成。

农垦体制改革红利初步显现

北大荒集团在抓好改革的同时，着力构建高质量发展体系，以"三大一航母"建设为目标，加快质量变革、效率变革、动力变革，改革红利已初步显现。

一是垦区农业现代化水平持续领先。2020年，北大荒集团粮食生产实现"十七连丰"，增产5.3%，粮食总产量占全省粮食总产量的29%，占全国粮食总产量的3.22%；提供商品粮405.5亿斤，占全省调出量的60%，占全国调出量的20%，可以满足1.6亿城乡居民一年口粮供应。二是构建起北大荒集团"1213"高质量发展工程体系；"1"是以"绿色智慧厨房"为牵引，建设现代农业示范园、现代农业产业园、绿色智慧厨房博览园；"2"是大力推动农用物资统供、农产品统营和数字农服建设，加速推广"双控一服务"模式建设大基地；"1"是以农产品加工为主体，以科技创新和资本运作为两翼，用"一体两翼"模式建设现代农业大企业；"3"是科学布局产地供应库、物流节点库、城市分销库，大力发展交易转化中心，用"三库一中心"模式建设现代农业大产业。三是经济总量和经济效益进一步提高。2020年，北大荒集团经济发展逆势上扬，营业总收入比上年增长15.4%，利润总额比上年增长329.4%。"北大荒"品牌价值达到1 028.36亿元，进入世界品牌500强。四是民生保障水平不断提高。扎实做好"六稳"工作，全面落实"六保"任务，始终保持垦区在新冠疫情期间"零感染"的纪录。2020年，农（牧）场职工家庭人均可支配收入达到27 877元，比2015年增长37.4%，年均增长6.6%，32个国家重点扶持贫困农（牧）场全部脱贫摘帽。

伟大的实践深化了对经济社会发展规律的认识

经过改革洗礼，北大荒人对垦区经济社会发展规律有了更加深刻的认识，形成了科学的方法论。我们总结为"十个必须"。

一是必须坚持根本遵循。北大荒集团之所以发生历史性变革、取得历史性成就，根本原因是所有工作都按照党中央重要讲话和重要指示精神去做，不断提高理解和把握能力。二是必须坚持党的领导。北大荒集团党委团结带领各级党组织通"堵点"、解"难点"、治"痛点"，充分发挥了党组织在改革攻坚中的主导作用、在高质量发展中的主心骨作用。三是必须坚守国家使命。在改革中，党和国家进一步赋予了北大荒集团维护国家粮食安全和重要农产品有效供给、服务国家战略需要的历史使命，发展空间和施展平台空前广阔。四是必须打开思想闸门。自上而下梳理 1 208 个问题，通过思想教育、政策解读、典型示范等方式，从灵魂深处打开枷锁，把"要我改"变成了"我要改"。五是必须紧紧依靠人民。把维护涉改人员自身权益、干部职工合法利益、职工群众劳动收益放在突出位置，通过制度和政策做利益增量，最大化凝聚改革共识。六是必须聚焦重点攻坚。按照顶层设计，制定各项重点任务的路线图、时间表、任务书，抓住主要矛盾和矛盾的主要方面集中优势兵力打歼灭战。七是必须善于典型引路。用公安系统移交带动全部行政职能一次性整体移交，用九三分公司①转变职能带动所有管理局机关转型，用鹤山农场等十多个农场率先开展统供统营带动集团"双控一服务"模式落地生根，用九三集团②等先进经验带动在全集团建立内控制度体系等。八是必须改革发展联动。把"三大一航母"总体蓝图绘制成工笔画，形成"1213"高质量发展工程体系，又针对短板、弱项启动国企改革三年行动。九是必须超前谋篇落子。提前一年半抽调 100 多名干部组成"新体制运行小组"模拟运行，重用了一批想干事、会干事、能把事干成的骨干。十是必须筑牢精神支柱。赋予"北大荒精神"新的时代内涵，注入了改革精神、企业家精神等意志品质。

持续深化农垦改革，全面推动高质量发展

"十三五"期间是黑龙江垦区全面深化农垦体制改革的脱胎换骨时期，北大荒集团取得了农垦体制改革的历史性重大成就，交出了一份可以载入史册的"北大荒答卷"。放眼"十四五"时期，北大荒集团以保障国家粮食安全和重要农产品有效供给为己任，以"倍增计划"为努力方向，决心实现粮食综合保障能力 500 亿斤以上，农地运营面积 5 000 万亩以上，培育 500 亿级企业 2 家、300 亿级企业 2 家、百亿级企业 6 家，进入世界 500 强。为此，北大荒集团更加积极主动深化改革，加快高质量发展，为北大荒"农业航母"行稳致远注入强大动能。

一是坚决完成改革三年行动首要任务。把深入学习贯彻习近平总书记关于国有企业改革发展和党的建设的重要论述作为落实国企改革三年行动的首要任务。二是全面落实改革三年行动总体要求。按照《北大荒集团国企改革三年行动实施方案（2020—2022 年）任务清单》层层落实责任，按时完成任务。三是推进市场化用工及薪酬分配制度改革。持续深化三项制度改革，真正实现集团企业管理人员能上能下、员工能进能出、收入能增能减。四是全面推进主责主业划分及功能界定。完成北大荒集团各分公司、哈尔滨有限公司及农（牧）场主业界定，推动集团所属企业聚焦主责主业，严控非主业投资，减少非主业存量业务经营活动。五是下大力气压缩管理层级，集团直属企业要压减子企业 200 家以上。六是加大土地资源资产化力度，推动垦区土地资源资产化改革早见成效。七是做好行政与办社会职能移交后续工作，确保职能衔接到位、民生保障到位、垦地一体建设到位。

---

① 九三分公司为黑龙江北大荒农垦集团总公司九三分公司的简称。——编者注
② 九三集团为九三粮油工业集团有限公司的简称。——编者注

未来五年，北大荒集团决心建成中国特色新型农业现代化示范区、世界一流的现代农业产业集团、保障国家粮食安全和重要农产品有效供给的大基地、推进"粮头食尾""农头工尾"的排头兵、吸引留住人才的聚集地，用新时代创新发展的传奇故事续写"老兵新传"！

（本文发表于 2021 年 4 月）

以高质量发展实现广东农垦
"十四五"良好开局

冯 彤

2020 年是极不平凡的一年。在遭遇新冠肺炎疫情的情况下，广东省农垦集团公司（简称集团公司）各级干部职工积极贯彻落实习近平总书记重要讲话、重要指示精神，严格落实党委的各项工作部署，疫情防控和生产经营两手抓、两手硬。农垦企业克服疫情，努力确保正常经营，年初部署的各项工作圆满完成，取得了不平凡的业绩。

2021 年是中国共产党成立 100 周年，是第一个百年目标实现之年，是开启社会主义现代化强国新征程的起始之年；2021 年也是广东农垦建垦 70 周年，做好本年度工作意义重大。要继续按照防控疫情和生产经营两手抓、两不误的要求，坚决做好保生产、保供给工作；要继续牢牢贯彻"聚焦主业、稳中求进、防控风险"的工作基调和"市场导向、效益优先、品质至上、绿色发展"的经营理念，聚焦主业持续增强内生动力、发展活力，深化农垦改革和企业精细化管理，努力提升企业治理和经营管理现代化水平，确保垦区经济持续健康发展。重点抓好以下十项工作任务。

抓好产业集团提质增效，提升企业经营效益

推进企业年度生产安排的落实。产业集团是广东农垦经济的中坚力量，占据营业收入八成以上、盈利额六成以上，是集团公司参与市场竞争、保障战略物资和城市安全食品供应的主力军。集团公司各部门要加强统筹协调，各产业集团、二级集团和农场基地要积极配合，组织好天然橡胶、甘蔗、生猪、乳业等产业年度生产计划的安排和落实工作，协调好产供销的关系。要切实理顺产业龙头与产业基地关系，提高各方积极性。各产业集团要立足实际，把现有产业链做精做透。

推进"以效益为中心"经营理念的贯彻落实。将效益类指标摆在突出位置，优化经营考核方案。各产业集团要紧紧围绕主营产业，把控好产品质量，做好客户服务，提升产品毛利率；要推进品牌管理，抓好产品品牌建设，加大宣传提升知名度，积极拓展生鲜、便利、商超等传统渠道及电商等现代渠道，逐步巩固现有市场、拓展新型市场，通过提高市场占有率，发挥垦区品牌经济效益。各企业要做好生产流程标准化改造工作，优化工艺流程，充分挖掘潜力，降低成本。要加大亏损企业减亏扭亏工作，认真分析每项业务的盈利能力，充分发挥国有企业的体制和资金优势，积极开展新业务的拓展和转型，寻找突围方向，对连续三年扭亏无望的业务或企业坚决采取关停并转，减少亏损源。

抓好农场的扭亏增盈，提升农场企业化水平

推进农场产业发展。农场是垦区的基本单元，也是现代农业示范区和带动乡村振兴建设的主战场，农场兴则垦区强。要深入研究、认真谋划好垦区农场产业发展规划，围绕战略资源主业，推动农场坚定不移发展天然橡胶、剑麻产业；围绕城市健康安全食品主业，推动农场发展水果、蔬菜及水产养殖的优势产业；按照"一场一品"思路发展好特色产业，推动农场回归市场经营主体定位。要发挥产业龙头带动作用，特别是广东广垦农业发展有限公司要积极对接农场基地，将市场信息和客户需求反馈到农场基地，指导和帮助农场种植适应市场需求的产品，推动农场的转型升级。

推进国有农场企业化改革。各单位在初步完成二级集团和农场公司制改制工作基础上，推进农场改制后企业机构改革工作、企业法人治理结构完善工作和土地产权变更工作，在更广范围、更宽领域、更深层次建立现代企业制度；要进一步探索和完善产业发展机制和激励机制，实现产业贴身经营，调动各方积极性，实现产业基地经营水平不断提高，农场的内生动力、发展活力和整体实力显著增强。进一步完善"内部分开、管办分离"的社区管理模式，争取属地政府明确农场社区管理职能清单，全面推进农场社区建设与管理规范化。

抓好精细化管理工作，提升企业运营水平

继续推进对标管理。各企业要结合经营实际，确定关键绩效指标，落实好内部对标和外部对标指标，推进垦区企业对标成为常态化工作。各二级集团以农场土地发包率、租费收缴率、亩均承包费为指标，做好农场土地对标管理，着力解决"租金过低、面积过大、租期过长"的"三过"问题以及无合同承包、超合同面积承包等问题，堵塞漏洞，挖掘潜力；以每吨干胶直接生产成本、胶工人均干胶产量为指标，做好橡胶农场对标管理；以甘蔗亩产蔗量、亩均投入为指标，做好甘蔗农场对标管理。各产业集团以加工厂产能利用率、单位制造成本、毛利率为指标，物业类企业以人均管理物业面积、人均创收指标，以及各产业集团结合自身特色，如畜牧的料肉比、PSY 指标（母猪每年可提供断奶仔猪头数），糖业的产糖率指标等，开展对标管理工作。

提升企业信息化管理水平。企业信息化管理是实现传统管理模式向现代化管理模式改造和升级的重要抓手。集团公司要加快信息化建设，积极推进国土资源管理平台、物业管理平台、人力资源管理平台建设，深化财务管理应用，实现人财物核心资源的精细化管理。特别是推进国土资源管理平台建设，实现垦区土地资源数据的实时监控，强化对土地经营和开发利用的监管。要致力于统筹垦区数据资源，开发利用大数据平台，进行数据汇集和数据开发，实现数据共享。大力发展数字农业，瞄准农业产业现代化的主攻方向，以创新驱动农业高质量发展。各产业集团也要加快建立数字化的经营管理平台。

抓好企业创新驱动工作，增强企业发展支撑力

抓好科技创新。科技是企业第一生产力。要落实《关于加强垦区科技创新工作的意

见》精神，进一步完善垦区科技创新体系建设，补齐科技创新基础条件短板，加强科技创新队伍建设，建立健全科技投入长效机制和创新激励机制，加强科技创新管理和考核。要围绕良种繁育、重大疫病及病虫害防控、农作物机械化采收、农产品精深加工、产品等次低等垦区产业发展"卡脖子"问题开展攻关，并通过大力引进或集成、熟化、推广垦区先进适用技术，加快科技成果的转化应用。尤其是结合垦区实际，做好种业发展规划，强化种质资源保护和利用，不断挖掘适合垦区发展的作物及畜禽资源，提升垦区种业发展水平。要加强橡胶产业生产技术管理，通过强化胶工培训、推进割制改革、实施胶园分类管理、发展林下经济等，提高劳动生产率和土地产出率。通过发挥科技的第一生产力作用，提高垦区科技贡献率，增强农垦科研实力和影响力。

抓好产品创新。产品创新是企业的生命线。要坚持以客户为中心，围绕客户需求，加大研发投入比例，稳步推进产业链的延伸拓展，提高产品附加值。要发挥"五小"（小发明、小创造、小革新、小设计、小建议）创新活动、劳模创新工作室、职工创新工作室作用，激发垦区职工工匠精神。广垦橡胶要进一步开发不同品种的低氨浓缩胶乳，拓宽胶乳产品应用范围；抓住"军工装备用胶国产化"机遇，在特种胶研发推广、开拓高端产品技术领域争取突破性进展；推进塑料托盘和机械加工项目建设，向附加值高的下游产业延伸。广垦糖业抓好广丰年产30万吨精炼糖项目和金丰年产1万吨红糖生产线项目，优化产品结构，实现产品多元化。燕塘乳业加快常温冰淇淋等新品研发上市。广垦粮油做好广垦茶油文章，突出"大健康"概念及差异化经营。要充分挖掘垦区军垦文化、知青文化、归侨文化等红色旅游资源，设计红色旅游线路，在部分农场建设成广东党建团建基地。

抓好产业项目工作，增强产业发展后劲

继续推进重点产业项目建设。抓好战略资源产业板块发展，重点是抓好剑麻省级现代农业产业园考核认定和万吨剑麻制品精品加工项目建设工作。抓好现代农业和食品供给产业板块项目建设，重点是按照《广东农垦生猪优势特色产业集群》要求，加快推进22个子项目的顺利实施，推进广垦新好、广垦牧原等在建猪场项目年内竣工投产；推进阳江牧场二期项目、澳新牧场优质乳工程认证以及新澳牧场达产达效，保障原奶稳定供应。抓好扶贫攻坚成果巩固工作。持续加强水标村扶贫产业基地建设，探索"光伏＋农业"农场产业扶贫新模式。稳步推进海外项目建设。海外项目要按照"稳打稳扎，成熟一个，建设一个，见效一个"的原则，积极稳妥推进。做好垦区糖业、剑麻、光伏等海外产业的论证工作，实现海外项目的良性滚动发展。

继续推进资本运作项目工作。集团公司要加强基金管理团队建设，着重研究垦区经济形势、对外并购和资本运作工作，将农业供给侧结构性改革基金农垦子基金用于支撑垦区产业发展。广垦橡胶要落实泰国板块重组后续工作，并加快处理历史遗留问题，全力推进泰国板块重组上市工作。

抓好土地资源管理与开发利用，充分挖掘增效潜力

要充分挖掘土地资源的效益潜力。加强与省市县各级国土空间总体规划的对接，做好

垦区国土空间规划。各单位协调规划编制单位，紧跟地方国土空间规划工作进度，提前研判，主动与地方沟通协商，争取规划的主动权。进一步优化调整生态保护红线、永久基本农田保护线和城镇开发边界，启动编制各农场土地用途管制方案。进一步核实建设用地使用权证、宗地红线等数据，明确测量范围，适时开展建设用地数字化地形图测绘。进一步用好广东农垦国有土地巡查信息系统，及时发现垦区国土资源违法违规行为，并依法处置。贯彻落实国土空间规划"一张图"的相关要求，确保拆旧复垦分步稳慎有序推进。

要统筹计划好垦区土地的开发利用。全力抓好平岗农场、建设农场等留用地开发利用工作；对存量的建设用地、闲置物业要加快开发利用，提高综合利用水平，增加农场效益。要重点做好六联旧改一期、观云大厦、高州华府年内完工，六联旧改二期、铜锣湖二期、高州坡耀、化州项目年内动工，工业园住宅地块完成出让，湛江一机厂旧改项目、阳江留用地完成出让落至项目公司。广州南沙、黄陂、科技中心等旧改项目要抓紧完成前期工作或预定进度。要争取简化垦区农场设施农用地的管理审批程序，降低费用，为下一步发展壮大设施农业规划打下良好基础，充分挖掘农用地增收潜力。

抓好医疗卫生资源整合发展，培育新的增长点

进一步推进医疗资源整合。要打好省农垦中心医院"三甲"医院复评复审攻坚战，确保湛江农垦第三医院顺利通过二级专科医院评审，提升垦区医院资质等级。做好红江、晨光农场职工医院收回工作，全面恢复农垦公立医院运营管理模式，充分发挥医疗集团的龙头带动作用。

进一步推进康养产业发展。要对照《广东农垦"十四五"健康产业发展规划》，积极找好康养产业的切入点，探讨新的产业方向与利润增长点。探索将燕岭湛江翠园酒店改造成养老院。对燕岭颐养院、友好养老院实施提档升级，争创星级养老院。因地制宜遴选基层医院旧有病房、旧建筑予以适老化改造，以医养结合模式发展老年康复科。

抓好风险管理工作，防范企业经营风险

进一步强化审计监督职能。以效益审计为中心，推进审计工作全覆盖，发挥专项审计作用，降低企业经营风险；重点是对土地收益进行专项审计，加强对土地收益的监管。积极开展内控制度评审和风险控制，做好事前及事中的控制，从中寻找疏漏，完善内部控制制度。进一步强化财务管理工作。强化预算管理，做好年度资金统筹安排；加强资金监管，确保资金安全。要重点加强对重大经营风险防控和应收账款追收工作，持续关注贸易业务、套期保值业务、土地承包租赁业务，堵住风险漏洞，避免资金外流。集团财务公司要发挥好资金集中统一管理和低成本融资的作用，为垦区企业提供低成本、优质的金融服务，加强资金风险的管控。

加强法律风险防范。集团公司将出台垦区企业诉讼管理办法及法律服务机构管理办法，规范垦区诉讼管理及法律服务机构选聘工作；垦区各单位要切实重视法律诉讼工作，争取垦区利益最大化。加快推进非正常经营企业出清工作。对列入出清范围的非正常经营企业，各单位要严格按照有关文件要求，对照出清时间表、路线图，落实责任人，确保垦

区非正常经营企业出清工作落到实处，原则上在 2022 年底前要完成出清；暂没列入出清范围的，也要梳理出企业名单，制定出清计划，稳步推进出清工作。

抓好安全绿色发展，确保企业平稳运行

落实企业安全生产主体责任。各单位牢固树立红线意识和底线思维，承担起"促一方发展，保一方平安"责任，严格按照企业安全生产责任清单，抓好安全生产管理，落实安全生产主体责任，有效预防安全生产事故；强化监督检查，提高安全生产监管水平，夯实安全生产基础，继续保持垦区良好的安全生产形势。

落实垦区农产品质量安全主体责任。各生产单位严格生产流程管理，积极推行农产品质量追溯和全面质量管理，做好品控把关，确保产品质量百分百合格；广垦研究院要进一步完善垦区农产品质量安全检测体系，努力提质升级，争取取得对外检测业务资质；加强对重点产品安全检测，严防死守食品安全底线，做到检测全覆盖，确保垦区农产品质量安全。

落实好绿色发展理念。习近平总书记强调："要正确处理好经济发展同生态环境保护的关系……决不以牺牲环境为代价去换取一时的经济增长。"作为农业企业，作为国有企业，更是特别有责任贯彻落实好绿色发展理念。垦区各农场要抓好人居环境综合整治工作，做好垦区土壤与水资源保护，造福垦区后代；各单位要重视环境保护工作，落实主要负责人生产环境保护第一责任，抓好工艺技术升级改造、环保措施落实与设施改造；走生态优先、绿色发展之路，服务于"广东蓝"。

抓好疫情防控工作，确保垦区和谐稳定

必须坚持人民至上、生命至上，坚持强化责任担当，切实落实防控主体责任，始终保持高度警惕，持续健全常态化疫情防控机制，充分发挥基层党组织战斗堡垒作用和党员先锋模范作用，决不让来之不易的疫情防控持续向好形势发生逆转。特别要密切关注国外项目所在地各项疫情政策情况，有效纾解海外员工心理压力和工作压力，积极配合当地政府工作，做好各项防护举措，努力做到零感染、零确诊。

（本文发表于 2021 年 5 月）

全面实施"强核"战略
奋力谱写江苏农垦高质量发展新篇章

魏红军

在大战大考中实现"十三五"圆满收官，
江苏农垦事业进入新发展阶段

2020 年，江苏农垦积极履行政治责任、经济责任、社会责任，坚持"两手抓、两手硬"，有效应对风险挑战明显上升的复杂局面，在大战大考中实现"十三五"圆满收官。回顾"十三五"时期，这是江苏省农垦集团有限公司（以下简称江苏农垦集团）整体经济提升快、改革推进力度大、发展质量效益好、职工群众受益多、党建工作全面从严的时期，垦区各项事业走在全国农垦前列，在江苏农垦改革发展史上写下了浓墨重彩的一笔，交上了一份沉甸甸的"五年成绩单"，也推动江苏农垦事业进入了新发展阶段。

一是改革添动力，江苏农垦集团综合实力大幅提升。5 年来，江苏农垦集团立足农业农村和国有企业的双重属性，统筹谋划、一体推进农垦改革和国企改革，为高质量发展注入强劲动力。农垦改革"两个三年"任务和国企改革"1＋N"配套文件阶段性目标如期完成，农场公司制改革、办社会职能改革、农业经营体制改革、混合所有制改革等都走在全国农垦前列。2020 年营业收入、利润总额分别为 2015 年的 150％、210％，2020 年末资产总额、资产负债率、资产证券化率分别比 2015 年末增长 80％、下降 12.4％、上升近50％，经营发展质量进一步提高。

二是创新赋动能，产业体系优势日益凸显。5 年来，江苏农垦集团坚持创新驱动战略，突出科技创新和体制机制创新，加快形成以创新为引领支撑的产业体系和发展模式。创新全产业链一体化经营的国有农业经营体系，以江苏省农垦农业发展股份有限公司（简称苏垦农发）在主板成功上市为标志，垦区农业现代化取得探索性成功，麦稻产量屡创全省纪录。2020 年现代农业板块营业收入首次突破 100 亿元，其中粮油销售收入突破 60 亿元、经营规模超过 200 万吨，成为长三角区域大粮商。积极探索"谁来种地、怎样种地"的江苏农垦方案，新增外拓基地协议面积 83 万亩、总量达到 182 万亩，已实际种植 23.3万亩。医药板块坚持"创仿结合"，年研发经费超过 20 亿元，新增亿元级产品超过 20 个、30 亿元级产品 1 个，正大天晴稳居全国行业前 20 强、化学制药前 5 强。通宇地产推动转型升级，"十三五"期间累计销售超 100 亿元，稳居中国房地产企业 500 强。

三是民生增潜力，职工群众生活蒸蒸日上。5 年来，江苏农垦集团坚持以人民为中心的发展思想，让职工共享高质量发展红利。垦区实现农业职工"五险一金"全覆盖和养老保险省级统筹，居民人均纯收入明显高于全省平均水平。农场退休老职工在同等享受地方尊老待遇的基础上新增敬老金，职工的获得感、幸福感、安全感进一步提升。江苏农垦集团率先出台垦区环境整治与小城镇提升规划，整合自有资金及财政资金，集中用于农场道路桥梁、生活污水及垃圾处理、厕所改造、绿化亮化等项目建设。精神文明建设成果丰硕，建成全国农垦首个新时代文明实践中心。同时，主动服务全省脱贫攻坚大局，聚焦苏北5市12县，聚力"开发式""造血式"扶贫，先后投入资金3亿多元，助力产业扶贫、光伏扶贫和村企共建，得到社会广泛认可。

四是管理提效率，现代管理体系初步构建。5年来，江苏农垦集团按照现代企业制度，完善公司治理结构，优化组织架构，创新管理模式和管理手段。开展对标管理，制定并实施高质量发展走在前列暨创建一流企业三年行动计划。启动智慧垦区建设，加强管理信息化，提高管理精细化水平。加强风险管控，完善内控体系，推进企业合规管理体系建设，苏垦农发成为全省十家试点单位之一。完善经营管理机制，以参照"双百企业"改革为契机，在23家二级企业推行经理层成员任期制和契约化管理，覆盖面超过60%。优化土地资源管理，"十三五"期间累计投入近4亿元，实施自有资金土地整治项目28个，新增耕地近2万亩。大力推进"僵尸"企业清理，"十三五"期间累计清理低效无效企业52户。稳妥推进垦区退休人员社会化管理，顺利完成6.8万退休职工的人事档案、党员组织关系转移和统筹外待遇规范工作。

五是党建聚力量，红色基因底色更加鲜艳。5年来，江苏农垦集团紧扣新时代党的建设总要求，全面加强党的"五个建设"，以高质量党建引领高质量发展。胜利召开集团第一次党代会。以开展党内集中教育为抓手，扎实推进"两学一做"学习教育常态化制度化和"不忘初心、牢记使命"主题教育常态化长效化。全面从严治党向纵深推进，垦区干部队伍普遍接受了深刻的思想政治洗礼，进一步激发了干事创业的精气神，进一步密切了党群干群关系，进一步巩固发展了良好政治生态。以落实集团"三项机制"和人才新政12条为重点，打造高素质干部人才队伍和新时代产业工人队伍。落实基层党建三年行动计划，实施"强基提质"工程，深入开展"基层支部建设年"，全面开展党建结对共建，充分发挥垦区740多个基层党组织的战斗堡垒作用和1.6万党员的先锋模范作用。

过去5年的成绩，不仅体现在一个个指标数据和一项项具体工作上，更体现在来之不易的发展局面和对新思想新理念的贯彻落实上，这为"十四五"乃至更长时期江苏农垦改革发展打下了坚实基础、指明了路径和方向。

面向现代化新征程，全面实施"强核"战略，奋力谱写江苏农垦高质量发展新篇章

党的十九届五中全会提出，全面建成小康社会、实现第一个百年奋斗目标之后，要乘势而上开启全面建设社会主义国家新征程、向第二个百年奋斗目标进军。面向现代化新征程，机遇和挑战都有了新的发展变化，挑战具有复杂性、全局性，机遇更具有战略性、可塑性，危机并存、危中有机、危可转机。江苏农垦集团要以学习贯彻党的十九届五中全会和习近平总书记视察江苏重要讲话精神为动力，贯彻落实省委省政府部署要求，立足新发展阶段、贯彻新发展理念、融入新发展格局，深化"三个一"体系建设、全面实施"强

核"战略，坚定发展自信，坚持久久为功，奋力谱写高质量发展新篇章。

江苏农垦集团正在编制"十四五"规划。在对今后 5 年乃至更长时期的发展进行系统谋划时，要重点把好几个方面的关系：

一要统筹好"两个建设"的关系，着力打造现代农业航母"江苏号"。江苏农垦集团兼具国有企业和"三农"企业的双重属性，具有分布地域性、产业基础性战略性和社会事业公益性，承担着重要的政治责任、经济责任和社会责任。从江苏农垦集团的"双属三性"出发，江苏农垦集团第一次党代会提出"两个建设"，即一流现代农业企业集团建设和"强优富美兴"新垦区建设。这"两个建设"相互联系、相互支撑、相互促进，统一于、服务于打造现代农业航母"江苏号"这个愿景，与打造现代农业航母"江苏号"是一体两翼的关系，必须统筹推进，不可分离、不可偏废。"两个建设"是管全局、管长远的，必须与时俱进、接续奋斗。2020 年，江苏农垦集团围绕"两个建设"，成功打造区域一流农业企业集团，垦区同步建成高水平小康社会。在开启新征程的重要时点上，要以"两个建设"为行动指南和方向指引，推动江苏农垦集团事业不断迈上新台阶，着力打造国内一流农业企业集团并向国际一流迈进，同时积极推动垦区现代化建设、引领示范农业农村现代化。

二要统筹好核心产业与支撑产业的关系，着力建设一流现代农业企业集团。进入"十四五"期间，江苏农垦集团公司党委正在谋划实施"强核"战略，进一步做大做强做优核心主业。这是牢记江苏农垦初心使命的具体行动，对此必须要有清醒的认识。不能认为农业是弱质产业、微利行业，或是发展农业不如发展其他产业；也不能简单认为只要把农业这一核心产业搞上去，其他产业支撑不重要。我们要登高望远、提高站位，用全面、历史、发展的眼光来审视。纵观江苏农垦改革发展史，农业始终是立身之本、发展之基。从建垦之初农业占绝对比例，到二十世纪八九十年代农、工、商、运、建、服门类齐全，再到进入新世纪以来的"四大支柱""一体两翼""五箭齐发""三足鼎立"，农业的战略核心地位始终没有变，并逐渐形成以现代农业为核心、其他产业为支撑的"1＋X"产业发展格局。这是江苏农垦集团的核心竞争力所在，也是江苏农垦集团经济的韧性和优势所在，必须毫不动摇地坚持和完善现代产业体系，为建设一流现代农业企业集团奠定坚实基础。

三要统筹好产业平台与农场公司的关系，着力建设"强优富美兴"新垦区。国有农场是农垦的根基，也是农垦分布地域性的集中体现。长期以来，场域经济是江苏农垦集团经济发展的重要引擎和基本单元，农场经济强不强、产业优不优，关乎农场振兴和农垦发展的大局。江苏农垦集团推动农场产业发展和农场振兴，一条重要经验就是整合资源。从种业、米业、农服三大龙头整合，到组建苏垦农发上市公司，再到电力服务产业整合，打造了一批产业发展的专业化平台公司。农场公司化改制后，垦区场域经济发展进入新阶段。"强优富美兴"新垦区建设，经济强是前提，产业优、职工富、环境美是形态，场域兴是目的。一方面要整合垦区优势资源、推动产业平台发展壮大，另一方面要构建起产业平台与农场公司的联结机制，让农场职工群众共享产业发展成果。要把农业现代化示范区作为推进农业现代化的重要抓手，以场域为单元开展创建。有条件的农场公司要立足区域产业布局特色，发展农产品产地初加工和精深加工，推进种养加一体化，打造优势特色产业集群，建设国家现代农业产业园，为大基地、大产业、大企业建设提供平台和载体。要继续推动战略性重组和专业化整合，在体制机制创新和组织架构优化等方面，苏垦农发要先行先试，决不能搞成"二机关"，演绎成江苏农垦集团复制品。各农场公司要依托龙头企业创新发展做大做强，吸引各方面人才到农场创业创新，参与农场振兴和现代农业建设。

四要统筹好"三大任务"之间的关系，着力做大做强做优现代农业。"示范区、国家队、排头兵"是省委省政府赋予我们的光荣使命，要求我们切实当好保障粮食安全国家队、农业农村现代化示范区、农业对外合作排头兵。这三大任务是相互支撑的有机整体，要统筹谋划、一体推进。我们要坚守初心使命，切实担负起新时代赋予的职责，聚焦主责主业，积极服务构建新发展格局。特别是要优化产业布局结构，在开展垦地合作的基础上，可以向省外扩展，向国外扩展，输出江苏农垦的经验、理念和技术。进入新的发展阶段，无论是保障重要农产品有效供给，还是推进农业供给侧结构性改革，都需要我们更好地发挥生产优势、规模优势、技术优势和资本优势，更好地掌握全省粮食安全供保的主动权，抢抓"一带一路"交汇点建设、长江经济带发展和长三角一体化发展等多重战略叠加的发展机遇，在"走出垦区、走出江苏、走出国门"中更好发挥"示范区、国家队、排头兵"作用。要完善"谁来种地、怎样种地"的江苏农垦方案，健全专业化社会化服务体系，输出全农服务，承办一家一户办不了、办起来不划算的农事。

五要统筹好改革创新发展的关系，着力增强核心竞争力。习近平总书记强调，"事业发展没有止境，深化改革没有穷期""创新是改革开放的生命"。发展是第一要务，改革创新是第一动力，改革、创新的目的是促进发展，三者相辅相成、相互支撑。今后一个时期，尽管挑战前所未有。但应对好了，机遇同样前所未有。我们仍处于重要的战略机遇期，关键要统筹好改革、创新、发展的关系。江苏农垦创新基础好、改革动力强、实体经济优，完全有条件抓住这关键的几年，让改革在不断创新中提升发展品质，把创新通过改革渗透到垦区经济社会发展的方方面面，实现更多领域的并跑领跑。总体上看，江苏农垦集团经济发展已进入创新引领加速、改革不断深化、发展全面提升的新阶段，我们要以高度的定力办好自己的事，牢牢掌握改革、创新、发展的主动权。坚持以推动高质量发展为主题，以供给侧结构性改革为主线，以改革创新为根本动力，始终坚守实体经济，率先构建起现代化的强劲发展支撑。

六要统筹好安全与发展的关系，着力提升治理体系和治理能力现代化水平。没有安全，发展就无从谈起；没有发展，安全就没有保障。虽然当前和今后的发展任务会很重，但风险挑战无时不有、无处不在，安全始终是发展的首要前提。要时刻绷紧安全发展这根弦，把安全发展贯彻发展各领域和全过程，实现高质量发展和高水平安全的良性互动。要加快构建安全发展体系，在谋划发展的同时精心谋划好安全，始终保持防微杜渐的清醒和如履薄冰的谨慎，做好应对各种风险挑战的准备，既要警惕"黑天鹅"事件，又要防范"灰犀牛"事件。要牢固树立安全生产理念，落实安全生产责任制，把垦区本质安全水平提升到一个新的高度。

七要统筹好党建工作与生产经营的关系，着力凝聚事业发展强大合力。必须坚持和加强党对国有企业的全面领导。建垦近 70 年，无论领导体制、经营机制、产权结构和治理结构如何变化，从建垦初期的"支部建在连队"到现在的"支部建在生产区、居委会、4S店、生产车间"，我们把党组织建在全产业链上、外拓基地上，始终做到经济活动开展到哪里，党组织就建设到哪里。站在新的起点上，我们要传承红色基因，发扬农垦传统，统筹好党建工作与生产经营，续写"融、汇、贯、通"新篇章。要建立垦区国企践行"不忘初心、牢记使命"长效机制，完善党对国有企业领导的各项制度，推动党建工作与生产经营的深度融合。加强农场场域党的全面领导。当前，以提升组织力为重点，坚持以场域为基本单元，统筹设置基层党组织，统一管理党员队伍，通盘使用党建阵地，形成以农场公司党委为核心、企业党组织和社区党组织为基础、基层党组织为结点的区域化党建体系。坚持国企党建服务生产经营不偏离，开展党建工作责任制考核，推动党建考核同年度考核、经营业绩考核相衔接，以集团改革发展成果检验党建成效，为推动高质量发展提供坚强保障。

（本文发表于 2021 年 3 月）

锚定目标　内强外拓
凝心聚力打造现代一流食品企业

甘承会

2022 年是党的二十大召开之年，是全面贯彻落实广西壮族自治区第十二次党代会精神的第一年，也是广西农垦集团打造现代一流食品企业的元年。在这个重要节点，广西农垦集团坚持上下一盘棋，锚定目标，内强外拓，项目为王，凝聚各方力量，全面实施转型升级、强链补链、平台建设、市场开拓、品质品牌"五大攻坚战"，引领广西食品产业提档升级，助力乡村振兴，打造国内领先、具有国际影响力和竞争力的千亿元级一流食品企业。

独辟蹊径　擘画蓝图

2018 年，广西农垦圆满完成了垦区集团化、农场企业化改革，从行政体制转到企业体制运营，实现了革命性重塑。但农场碎片化、产业链条不全、企业规模小散弱等问题仍然存在，制约了广西农垦集团高质量发展。围绕转型后"农垦路在何方"这一重大历史课题，广西农垦集团以习近平新时代中国特色社会主义思想为指引，深入贯彻习近平总书记"三大一航母"重要指示精神，跳出农垦谋农垦、对标先进谋农垦、结合实际谋农垦，通过赴先进垦区调研、聘请专家团队专题研究、举办清华专题研讨班等，统一了思想，达成了共识，创造性提出转型打造一流食品企业这一有别于其他区直企业的差异化发展路径，推动广西农垦在 2018 年从行政体制转到企业体制运营后的"第二次转型"。

这一发展思路得到自治区党委、政府和自治区国资委、农业农业厅的大力支持。广西壮族自治区主席蓝天立专门听取农垦工作汇报，给予高度肯定并作出重要批示；广西壮族自治区第十二次党代会将"打造一批现代食品等富有竞争力的特色农业产业集群"写入大会报告；广西壮族自治区政府年度工作报告明确要求"发挥广西农垦等国有企业助力乡村振兴作用"；广西壮族自治区人大将"支持农垦集团发展"列为今年 9 项调研课题之一；2021 年 12 月广西壮族自治区政府出台了《关于支持广西农垦集团打造现代一流食品企业的实施意见》（桂政办发〔2021〕133 号），给予产业、财税、金融、项目、资源整合等八大支持政策，并建立厅际联席会议和纳入有关厅局绩效考评，农垦战略上升为广西战略。

打造现代一流食品企业、助力乡村振兴，是广西壮族自治区党委、政府赋予广西农垦集团的新定位新使命。"十四五"乃至更长一个时期，广西农垦集团将以满足城乡居民消费升级和中高端食品需求为导向，突出"绿色、健康、养生"特色，大力发展粮油及糖酒、畜禽及水产、果蔬及茶叶、休闲及速食食品、调味及添加食品等 5 大食品产业，带动农业旅游、工业旅游、医疗康养等产业，全力打造一流现代产业体系、一流市场营销体系、一流科技创新体系、一流食品品牌体系、一流经营管理机制，构建"从田间到餐桌"的全产业链体和食品供应体系，建设成为广西食品产业链供应链"链主"企业、食品产业安全发展"排头兵"、城乡居民食品供应和服务保障"主力军"，力争到2025年实现营业收入1 000亿元，进入中国企业500强行列。

重点突破　攻坚克难

为全面落实广西壮族自治区决策部署，迅速搭建一流食品企业"四梁八柱"，广西农垦集团盯准突破口，咬住关键点，全力打好"五大攻坚战"，并成立"五大攻坚战"总指挥部和五个攻坚指挥部，统筹推进打造一流食品企业重点工作。

打好转型升级攻坚战。以全面完成国企改革三年行动目标任务为抓手，强力推动产业体系、组织构架优化整合，加大投入建设科技强企，精准施策强化队伍建设，推动集团战略规划、经营体制、产业体系、科技创新、人才队伍全面转型升级。自治区133号文件印发后，广西农垦集团迅速跟进，加快完善农垦内部配套方案体系，先后印发了《广西农垦集团打造现代一流食品企业实施方案》《广西农垦集团打造现代一流食品企业"五大攻坚战"工作方案》《食品基地建设指导意见》《桂垦良品形象店指导意见》《企业科学分类管理实施方案》《食品工业建设指导意见》等一系列配套文件。特别是2022年3月出台的《广西农垦集团"一盘棋"打造现代一流食品企业优化重组方案》，按照同类项合并、一体化整合的原则，打破常规、大破大立，设立了非独立法人的果蔬、农资、食品营销、城乡服务4个产业事业部，其中3个事业部设在相关二级公司；设立了畜禽水产、交易平台建设2个产业筹备组；将18家农场公司优化重组为13家，原则上全区每个地市一家农场公司，负责开拓本区域食品市场；撤销1家专业集团公司，将1家三级公司升格为二级公司。《优化重组方案》进一步明晰了各二级公司的主业和定位，彻底破解功能定位不够清晰、业务交叉重叠、产业结构同质等问题，对内部产业体系和组织架构再次深度整合，形成分工有序、协同高效的组织体系。

打好强链补链攻坚战。加大力度强链，进一步补强短板，锻造长板，着力发展壮大蔗糖产业，加快做大做强生猪产业，积极做强做优奶牛业，大力做强果蔬支柱，全力提升淀粉产业，加快发展茶叶产业，壮大优势产业，全面做实"内强"基础，增强集团发展主动权。要全力以赴补链，加快培育发展肉牛肉羊水产养殖产业，积极发展粮油及糖酒食品、休闲及速食食品、调味及添加等食品类，迅速完善精深加工、仓储、冷链物流供应链产业链，补齐广西农垦集团食品全产业链、供应链短板弱项。

打好市场开拓攻坚战。加快并购整合大型食品农产品批发市场，大力推进农垦食品进企业、进机关、进学校、进社区，迅速占领广西食品供应主渠道、主市场；加快在区内外重点城市设立专卖店、专柜、直营店、加盟店等销售终端，大力拓展粤港澳大湾区、全国、东盟国家乃至更广阔区域市场；全面拓展线上线下销售渠道，大力发展直供直销、电子商务、加工体验、团餐配送等新业态新模式；积极发展医疗康养、生物农业、生物医药等高端高附加值产业，更好适应消费升级需求。

打好平台建设攻坚战。要加大工作力度，争取广西壮族自治区政府、国资委、商务厅等部门支持，重点打造广西食品交易平台、中国东盟大宗农产品交易中心，为当好食品产业链"链主"提供强大支撑平台。

打好品质品牌攻坚战。加强全链条标准化生产和全过程食品质量安全监管，全面完善"广西农垦""桂垦良品"品牌体系，同步完善品牌管理、宣传推广和权益保护机制，加快推动"广西农垦""桂垦良品"成为广西食品第一品牌。全面提升食品产业发展水平和服务"三农"、助力乡村振兴能力。

内强外拓　项目为王

"坚持内强外拓、有所为有所不为、选准突破口"三大工作原则，是新时期广西农垦发展战略智慧的结晶。其中内强外拓是核心原则，立足内强是基础，是事业始终立于不败之地的根本；奋力外拓是实现营收 1 000 亿元目标的关键。因此，打好"五大攻坚战"，做好内强外拓文章，关键是坚持"项目为王"，坚持以食品产业项目为主，以城乡服务、产业服务项目为辅，全面推进重点项目落地见效。

精准推动，抓好"三个一批"。即落地一批重点项目，今年签约落地山东寿光蔬菜集团、陕西海升集团设施农业等一批外拓项目，加快推进邕之泰屠宰加工及冷链配送基地二期等一批内强精深加工项目；见效一批重点项目，建成伏虎猪场、四塘猪场、龙北猪场以及制糖工业设备升级等一批重点食品生产加工基地，加快推动牛业、螺蛳粉"并购混改"和股权投资等一批对外合作项目见成效；储备一批重点项目，聚焦主业，面向市场，用好专家团队对区外合作项目进行调研论证，滚动储备一批产业项目，成熟一个、立项一个、推进一个，增强发展后劲。

强基固本，抓好外拓项目。加强外拓战略研究，用好"孔雀西南飞"等高层次专家团队，在全国范围内广泛寻找优质合作企业和合作项目，更大力度形成开放发展的良好态势。以十足的精力抓好外拓项目，推动"走出去"发展，"请进来"合作，广交天下伙伴；有序整合并购区内外优质食品资源，加强与发达地区食品企业合作，向全国、东盟乃至更广阔的区域不断开拓市场，奋力开创广西农垦集团开放发展新局面。

统筹联动，"一盘棋"作战。按照"集团总部管面、专业集团管线、农场公司管点"的总格局，"5＋3＋1"产业体系和重大外拓项目由总部统筹、专业集团公司主导，各市区域食品供应和中小外拓项目由所在地二级公司来推进，做到分工有序，各有担当，密切协同，全力推动项目建设和市场开拓。在聚焦食品产业发展的同时，同步推动城乡服务、产业服务两大产业发展。加快推进康养农旅、新能源、建筑业、地产业与食品农业融合发展，择机推进"南宁空港·明阳新城""三月三文旅城""悦桂情歌田园"等重大项目建设，加快规划布局农业旅游、工业旅游、医疗康养产业。加强产业服务基金平台建设，加快建好桂垦国际（香港）公司境外投融资服务和跨境大宗贸易服务平台，筑牢产业投融资和供应链金融服务阵地。加快建设广西农垦集团数字化供应链金融服务平台，提升供业链金融服务能力和水平。

善借外力　奏响合唱

广西农垦集团打造千亿元级现代一流食品企业是一项庞大的系统工程，需要将各项工作放到全区、全国垦区发展大局中来落实和推动，用好政策抓落实，用好资源抓落实，用好外力抓落实，凝聚各方力量来推动目标任务落地见效，奏响打造一流食品企业、助力乡村振兴的大合唱。

借助广西壮族自治区力量，推动各项政策落地。主动向广西壮族自治区党委、人大、政府、政协做好汇报，持续保持一流食品企业打造工作在广西壮族自治区层面的显示度。全力协同广西壮族自治区农业农村厅、国资委落实好打造一流食品企业厅际联席会议制度，协同广西壮族自治区绩效办落实好绩效考评机制，积极主动向各部门沟通汇报争取支持，推动八大支持政策全面落地、早见成效。积极向广西壮族自治区国资委沟通汇报，争取支持和指导，推动区直食品资源整合、重点项目实施、规范经营管理等方面工作取得新的更大成效。目前，广西壮族自治区国资委已将第一批资源广西化工院、广西轻工院划转广西农垦集团。

借助市县力量，营造有利发展环境。主动谋划和推动打造一流食品企业战略与各市县发展战略规划相融合，充分发挥农垦食品产业发展在助力地方经济建设和乡村振兴中的龙头引领作用。积极借助各市县党委、政府力量，推动重点食品产业项目落地和区域食品龙头企业打造，构筑四方共举、全面开花的现代一流食品产业发展大格局。

借助国企力量，构筑共赢发展格局。充分利用区直国有企业的天然联系，在与玉柴集团、柳工集团等企业形成战略合作关系基础上，进一步加强与各区直企业的战略协同，引进区直企业资本、资源助力农垦打造一流食品企业，在生产基地共建、产业资源互补、供应链产业链合作、市场销售协同等各方面形成强有力的合作关系，实现共赢发展。2022年6月下旬，广西农垦集团与广西壮族自治区投资促进局将联合举办广西农垦打造现代一流食品企业高峰论坛暨招商推介会，从更高层次研究谋划推进一流食品企业建设。

奋进新征程，建功新时代。广西农垦集团将紧紧抓住千载难逢的重大机遇，锚定目标，内强外拓，攻坚克难，奋力打造现代一流食品企业，助力全区经济高质量发展和乡村振兴，为建设新时代中国特色社会主义壮美广西贡献农垦力量。

（本文发表于 2022 年 4 月）

实现"双创""双百""双十"目标
推动呼伦贝尔农垦集团稳定健康可持续发展

胡兆民

"十四五"时期是"两个一百年"奋斗目标的历史交汇期,是呼伦贝尔农垦集团有限公司(以下简称集团)走好以"生态优先、绿色发展"为导向的高质量发展新路子的重要战略机遇期。2021年,集团持续推动"垦区集团化、农牧场企业化"改革,在规模化优势的基础上,向数字化、标准化、品牌化、现代化方向努力,全力以赴推动集团稳定、健康、可持续发展,力争实现职工年收入过十万、职工幸福指数提升10%(双十),总产值和营业收入分别过百亿(双百),创国际一流品质、创百年农垦品牌(国内一流品牌)(双创)的战略目标。

持续深化改革,加快建成现代企业集团

认真贯彻落实《国有企业改革三年行动方案》,按既定的时间节点和目标要求推进改革。一是对改革各项工作全面开展自验和评估,逐项列出清单,确保全过程依法合规。二是上半年完成新公司与原公司重组等相关工作。三是对"职工股"处置办法尽快履行相应审定程序,年内实现"职工股"的规范化管理。四是尽快完成物资石油公司深化改革、大兴安岭农垦集团总部机关部门职能改革和食品公司、合适佳公司、夏日公司改革重组工作,同步推进麦福劳公司混改、鑫农商贸公司深化改革工作。五是全面开展农牧场企业化改革土地处置工作,力争按时完成《不动产权证书》变更。六是研究制定适应现代企业发展需要的薪酬管理办法。七是按照《清理低效能企业实施方案》要求,完成35家企业的清理退出工作。八是以投资公司为平台,完成薯业集团等合资企业的深化改革。九是启动集团企业管控体系建设项目,加快构建现代化管理体系。十是开展集团改革纪实编撰工作,做好内业资料搜集归类存档工作。

提升产业化水平,构建新发展格局

做精种植业。推进黑土地保护,争取免耕播种面积215万亩。继续开展油菜新业态创建工作,打造50万亩油菜绿色优质高效生产示范基地。推进"一区、一园、四大体系"建设:"一区"即规划建设现代农业管理区和农业生产核心功能区;"一园"即建设现代农业科技园区;"四大体系"即建设现代农业防灾减灾体系,建设绿色农业监管体系,建设社会化服务体系,建设品种繁育体系。

推进畜牧业转型升级。一是继续推进两个5 000头奶牛场建设工作,积极争取并落实好奶业振兴各项政策。二是抓住"呼伦贝尔市三河牛内蒙古特色农畜产品优势区"被认定

43

为自治区级特色农畜产品优势区这一重大机遇，大力发展三河牛产业。三是推进肉业发展。加强呼伦贝尔羊提纯复壮，推广优质肉用种羊；实施良种肉牛繁育工程，加快良种肉牛的扩群速度。四是启动在哈达图组建呼伦贝尔羊扩繁场工作，发挥优势，培育发展呼伦贝尔羊产业。五是发展三河马产业，探索发展马产业发展综合体。六是完善公管公养养殖场经营模式，聚焦突出问题，形成整改完善提升方案。

做优加工业。一是加快推进食品公司、合适佳公司、夏日公司重组工作。二是积极推进谢尔塔拉奶酪厂扩建工作，提高产能、丰富品种。三是做好麦福劳公司迁址建厂相关筹备工作。四是加快推进夏日公司申报矿山许可证扩容工作，实现增产扩能。五是加快完成新建杂粮加工和成熟蜜加工项目，按计划投入生产。六是要加强对原始设备制造合作方的管控与合作，营造共赢机制。七是加强对产权代表管理，落实参控股企业管理办法，规范对参股企业的监管和服务。八是加强对外合作，优化配置资源，做优做强产业链各环节。

培育旅游产业。今年重点抓好旅游项目规划的对接工作，积极推动旅游产业布局、旅游商品开发工作。重点推进莫日格勒5A景区升级改造南大门落户谢尔塔拉，绰尔河旅游规划纳入柴河景区规划，诺敏河农场承接达尔滨森林公园服务环节，以及扎兰屯与三河的旅游项目前期工作。

做大现代农服业。物资石油公司要稳定巩固成品油销售市场，不断扩大农资经销的影响力，成为呼伦贝尔地区最大的化肥经销企业；要有序推进6个农机服务公司布局建设，培育集团新的经济增长点；要盘活集团24个农场现有仓储能力，补齐仓储设施短板；要抓紧编制《集团粮食产业规划》，完善设施、设备和主体功能，形成完整配套的仓储物流体系。

纵深推进农畜产品质量安全工作。要加大农产品安全风险防控，强化农产品质量品牌创建，提高农产品质量安全能力建设，健全农产品质量安全建设长效机制。深入推进质量兴农、绿色兴农、品牌强农，向绿色发展、质量提升、效益提高等方面发展，形成高质量发展的新格局。

加强品牌体系建设。要积极推进农垦品牌建设，制定品牌发展战略，细化品牌管理体系，加强核心品牌建设，突出产品特点，让优质产品真正走出去，叫响"呼伦贝尔农垦"品牌。同时，要将品牌资产纳入企业资产范畴，规范品牌资产评估、流转和授权等行为，不断提升产品溢价能力，巩固品牌建设成效。

强化市场营销。要深入落实"立足内蒙古，保障呼伦贝尔，服务北上广，辐射黑吉辽"的市场布局定位，强化抱团营销意识，优化营销体系及销售模式，提高营销专业水平，打造一流营销团队，构建线上线下市场渠道一体化营销网络体系。要加强与国内大型农垦企业的对接合作，构建"买农垦、卖农垦"的流通格局。进一步加强粮食销售工作，主要以发展订单为主，与区内外大型粮食加工仓储企业直接对接，形成长期合作贸易伙伴关系。

强化科技创新引领作用

全面落实"科技兴蒙"战略，深入实施"科技兴垦"行动，进一步加强与科研机构和高等院校的合作，建立各类科技研发和技术创新服务平台。充分发挥草牧业工程实验室、草地农业生态系统试验站、草原生态系统国家野外科学观测研究站的作用，进行产品加工新技术、新产品的研发检测，加快品种创新、繁育和推广步伐。围绕奶牛、肉牛、肉羊、饲草、马铃薯等优势特色产业，全力开展关键技术攻关，加大现代种业发展，增强供种能力。

推进管理升级，促进生产要素提质提效

加强资源管理。推进土地数字化、精细化、科学化、智能化管理，做好农牧场公司化后土地资源使用权和经营权管理工作，继续协调相关部门解决土地权属争议。

加强资产管理。做好资产购置、评估、划转、出资、转让等工作，确保国有资产不流失，建立完善资产数据库，依法依规做好集团账外资源资产的回收和处置工作。

加强投资管理。依法履行好对参股企业的出资人职责，及时跟踪掌握集团对外投资状况，做好投资项目后评价工作，积极对接资本市场，多种投融资手段综合运用，向资本化和上市迈进。

加强财务管理。健全完善财务管理制度，加强资金统一管控力度，确保生产经营资金高效运营；继续加大对各单位负债规模管控力度，降低企业债务风险和经营风险；高度重视并做好应收款清收工作，严禁赊销行为；继续加强与银行的合作，提高沟通对接成效。

加强成本管控。牢固树立节本增效意识，提高科学管理水平，通过全面预算推行成本目标管理；同步推进深化改革治本和强化科学管理治标，研究制定符合集团实际、量身定做的成本核算制度办法；大力推广技术和生产方式革新，应用先进技术手段和现代化运营方式，实现节本增效。

加强项目管理。进一步加大消化存量项目的工作力度，做好往年项目的验收工作；从往年的存量资金项目和增量资金项目两个方面入手，全面完成 2021 年确定的重点项目；确保项目领域工作开展的依法合规性；加快推进项目管理平台建设，推行基层单位项目"互检互验"工作；加强项目的争跑力度，力争在"十四五"期间将自筹资金项目比重降至 15%～20% 左右。

加强人力资源管理。以岗位绩效为导向，研究制定相适应的考核体系，建立责任状体系考评台账；启动薪酬和考核模块上线工作，完善人力资源管理平台的各项功能；加强人才建设与培训工作，打造高素质团队；加强团队协作，提高工作效能和效率；继续引进和用好高质量的外援专业团队，为集团的改革经济发展提供全方位、多维度的保障和服务。

强化审计工作。要围绕集团决策部署，对企业经营管理中的重大事项进行审计监督，做到审计工作全覆盖；加大对审计出的问题的整改力度，做好对以前年度审计发现问题的整改落实"回头看"。

做好安全稳定工作。狠抓源头治理，推进"一岗双责"，努力做到新案必结、疑难案件限期化解、历史遗留案件有新突破。认真落实安全生产主体责任，坚决贯彻"三管"责任制，维护好集团安全稳定的良好局面。

推进全面依法依规经营。健全集团两级法务工作机构框架和制度体系，完善法律顾问

制度,大力培养内部法务工作队伍;加强现有诉讼案件管理,依法维护集团合法权益;坚持"老账必须加快还、新账坚决不能欠",切实有效防范化解各类风险。

推进产业数字化

一是加快农垦数据中心建设,启动改造升级二期工程,整合集团现有信息化系统,与数据中心互联互通。二是完成既定的种植业、养殖业、仓储、加工业、农机、油库、项目管理系统等信息化复制推广类任务。三是完成谢尔塔拉灌溉、西旗种羊场信息化建设全面覆盖,拉布大林灌溉系统覆盖至少50%,600万亩耕地卫星估产全面应用覆盖。四是完成创新引领任务,科技公司鄂温克试验站实现信息化全覆盖。

(本文发表于2021年7月)

牢牢把握新发展理念
高质量推进光明食品集团"十四五"规划实施

邵黎明

我国进入新发展阶段，无论是对构建新发展格局、推动经济高质量发展，还是对化解外部风险挑战、打造产业新优势，都提出了全新要求。光明食品集团有限公司（以下简称集团）要适应新要求，勇担新使命，坚持稳中求进、创新驱动，突出高质量发展、提升产业竞争力，深化内部改革，积极应对变局、开拓新局。

新阶段新起点，"十三五"发展奠定了良好基础

2016 年，集团开始实施"十三五"战略规划，提出"再造光明"和"打造实力光明、做强殷实农场"的发展理念，制定了"一体两翼"产业架构和四大战略发展思路，"再造光明"这一条主线贯穿了集团"十三五"改革发展的全过程。到规划期末，集团业务结构、资产结构、财务结构、盈利质量结构、企业组织架构等都发生了根本性变化。

（一）集团"十三五"经营目标基本实现，经济运行质量趋好，抗风险能力进一步增强

一是利润增速快于营收增速，营业收入从 2015 年的 1 475 亿发展到 2020 年的 1 500 亿，但利润总额从 30 亿增长到 50 亿。5 年期间，集团累计压缩高风险、低效贸易业务 200 亿元以上，集团还主动收缩房地产业务，为防海外债务风险，战略性退出了英国维多麦业务。二是食品主业贡献度上升，营收占集团总营收的 90%、利润贡献占集团总利润的 80%。三是经营活动现金净流量明显改善。四是集团整体资产负债率下降 5% 以上。这些目标的实现来之不易，是集团保持定力、不图虚名，咬牙坚持质量优先、坚定不移夯实发展基础的结果。

（二）产业组合得到优化和调整

集团从"十二五"的"9＋2"战略业务单元，调整为"十三五"的"一体两翼"。从结构上看，食品产业链大消费支撑着集团的经营规模和行业地位（高蛋白食品的比重与贡献突出），城市保障服务及资产经营管理板块较多贡献了集团的现金流和资产总额，多元化集团应对行业周期和新冠肺炎疫情等突发事件的优势和韧性进一步显现。此外，集团持续推进"瘦身健体"，多措并举压缩亏损企业和亏损面，推动无效、低效资产处置，资产结构得到优化。

（三）城市主副食品保障供应底板作用不断增强，食品产业更加丰富、产业链更加齐全

"十三五"期间，集团完成与上海良友集团、水产集团的联合重组，新成立光明农牧

科技公司，集团食品产业门类进一步丰富，产业形态更宽，实现了粮面油、肉蛋奶鱼、酒菜糖调味品等食材全品类一揽子供应能力；针对子公司业务综合交叉、品牌业务同业竞争的问题，坚持走专业化、产业一体化整合道路，推动乳业、肉业等上下游产业链的整合，集团食品产业链专业化经营格局进一步理顺；并购新西兰银蕨农场、以色列特鲁瓦、西班牙 ALBO 水产品公司，拥有了稳定的海外优质高蛋白基地，集团食品产业链质量和能级进一步提升；顺应市民高品质生活需求，结合城市厨房战略，与中央厨房龙头企业博海食品集团形成紧密型战略合作，集团食品产业链短板进一步补齐，实现从提供食品基础原材料、半成品到餐饮服务的综合解决方案的能力，服务城市生活消费的手段和场景更多元、渗透力更强。

（四）国际化、信息化等重点专项工作取得不同进展

国际化拓展的海外企业总体经营稳健，经营业绩创历史新高，对集团的营收、利润贡献度进一步上升。在"＋互联网"方面，集团业务板块信息化应用水平有所上升，如光明"随心订"稳步推动转型，抓住上海"5·5购物节"机遇，与集团企业线上线下联动，探索打造生鲜宅配线上消费平台与场景。但相对行业领先者，集团"＋互联网"步伐仍较慢，对业务的增值不够明显。殷实农场建设做了多种模式的探索，但推进不平衡，部分重大项目尚处于建设培育期。

（五）"转型创新"和"协同"方面持续推进，但还有很大潜力

5年来，"一方牵头、多方参与，你中有我、我中有你"的"协同"已成为集团的一种文化，集团内部协同意识和机制显著增强。集团还在花博园、光明田原等重大区域性复杂项目集群建设中探索了统一指挥、各方协同、高效推进的投融资、建设运营机制，为重点区域的大规模集聚开发积累了经验。从创新来看，各业务板块在技术创新、业务创新、模式创新、管理创新包括终端搞活机制创新等方面进行了大量探索。但整体来看，目前主要支撑各业务发展的还是传统业务、业态和产品，新业务、新模式的贡献须不断加大。

（六）组织建设得到强化，文化重塑成效明显

全面加强光明组织体系建设和流程再造，构建总部强、平台优、专业好、农场实、终端活的组织架构。完成集团总部机构改革，总部部室由原来的22个减少到9个，形成"3＋6"总部部门管理体制。探索了海外企业所有权和经营权的分离，将光明国际打造成为香港第二总部，积极防范化解海外经营风险。完成资管、财务等平台中心的构建，实现集团总部对重大资金、重大土地使用、重要资产、重大投资的一体化管理。全面推进盘土地、盘资源、盘资金、盘人才、盘规则的"五盘"工作，为"一体两翼"产业协同发展和商业模式转型创新提供物质保障、人才支持和治理体系支撑。盘土地，调规转性新增100万平方米建筑面积，盘出现金100多亿元；盘资金，财务公司内部银行作用充分显现，可归集资金归集率由2015年的54％提升到85％；盘人才，持续校招，并在加大干部轮岗、年轻干部培养使用方面取得显著成效；通过盘规则，构建光明治理体系的四梁八柱，保证了总部指令畅通，审计、纪检监察、法律等合规体系进一步完善，风险防范意识和手段有了很大进步；坚持数字就是能力、业绩就是尊严、发展就是担当，建立和价值观一致的激励约束机制。"因为光明，所以温暖！"宣传语全新亮相。"员工第一、爱与尊重、崇尚奋

斗"的文化理念进一步深化，光明食品集团有限公司的社会形象得到了公众的进一步认可。

以新发展理念为指引，开启迈向实力光明的新征程

中国的食品产业已经到了一个需要高质量、高水平、高标准发展的阶段，食品企业也进入了一个比创新、比发展健康的阶段。我们的一切工作都必须站在进入新发展阶段来考虑，必须以新发展理念作为发展规划、行动的指导，必须要结合中国农业食品业发展阶段、规律及集团发展基础、优势加快构建新发展格局。

（一）在危中寻机、在变局中开新局，把握好高质量发展目标导向

新冠肺炎疫情是对全球资源的调整和再分配，也加速了中国产业、企业近年来的分化发展态势。疫情让经济被动地加速转型换挡，这为集团"十四五"期间调整战略布局、强化基础能力、服务城市战略提供了新压力和动力。集团及各业务板块在"十四五"规划目标体系设计上要把握以下几点：一是规划目标的安排不仅有一定的增长速度，更重要的是牢牢把握稳中求进、高质量发展的导向，坚持效益优先、增长质量为先，实现更高质量的业务结构与资产配置。二是积极推进供给侧结构性改革，加大技术创新、高蛋白食品供给和服务能力建设及投入，让"光明食品"成为高品质产品和服务的代名词。三是在指标体系中要包含劳动生产率、生产运营效率、管理效率、创新投入等衡量发展质量的指标，并都要明确"十四五"期间的提升目标。四是要注重聚焦资源、产业、区域和品牌，防止资源分散、小而不精不强。

（二）做强核心食品产业链，构建光明业务发展的新优势

1. 在（细分）行业、业态等选择上一定要选好主赛道和主航道。回首上海农垦创业史，一是大白兔奶糖、光明冷饮等在创立之初，无论产品质量、包装还是销售方式都是引领生活潮流的，可以说是那个消费年代的"奢侈品"，赢得消费者的青睐。二是上世纪90年代老一辈农垦人发扬敢闯敢试的围垦精神，走出农场、走进市场，因顺应形势赢得了发展的主动。这种引领行业之先的例子汇聚推动着农垦事业不断前进。迈入新阶段，每一家公司都要根据市场消费趋势，客观分析研判集团所在行业、业态或集团的产品、品牌是不是能引领消费潮流或仍处于消费主流、主增长通道。在新时期大力弘扬农垦创新创业精神，就是要将集团发展引向主赛道，而不是孤芳自赏、被边缘化。无论进行产品、品牌创新，还是渠道、业态创新，一定要寻找到主航道或者说把资源重点配置到主航道上。当前特别要注重数字化应用、新消费品牌及高品质生活相关业态的培育，科学应变、主动求变，寻得好的发展机遇。

2. 强化产业核心功能，构建产业战略新优势。以农业为例，这是光明产业底板中的底板。生鲜产品每天与百姓打交道，方方面面关注度高，与集团的美誉度、城市的融合度密切相关。但当前集团农业产业化水平不高，痛点在资源分散，难点在大品牌缺乏，堵点在产业链缺失。为此要牢固树立抓大产业、大抓产业链的理念，立足资源禀赋锻造长板，瞄准弱项补齐短板，深化拓展创造新板。一是要加快谋划和布局实施一批牵引性强的大项目，推动产业发展实现大提升。统筹花博园、光明田原及东平小镇60平方公里的产业、

资源及完备基础设施优势,高起点、开放式打造光明母港现代种业创新区;花卉、五四两个农场要借助临港新片区的区位及政策优势,以上海鲜花港为基础,以花卉种源研发为引领和特色,打造中国最大的规模化、设施化花卉生产、交易、博览集聚区;在江苏大丰"飞地"农场,以1 000万羽优质蛋禽产业化项目为重点,打造"超级农场"。二是要做成产业链、规模化、品牌化的企业。我们要持续提升产业化、产业链经营能力,不断向消费链靠近,不能只简单销售原字号产品,逐步延长产业链才能提高附加值。要注重提升产业链的科技含量(特别是种源、精深加工环节),并且要具备一定规模。三是要以稻麦、花卉、奶牛、生猪种源为重点,持续加强研发投入,加大海外企业、合作伙伴科研资源、科研成果导入及转化,探索产学研深度融合机制,打造农业食品领域的科技创新高地。四是要加强光明食品标准体系建设,打造值得信赖、有消费黏性的优质农业品牌群。光明产品质量标准应成为行业中标杆,光明产品是最安全放心的、品质最好的,使其成为消费者毫不犹豫的选择。五是要深入实施"沃土工程",全面升级绿色农业生产基础设施、智能化装备设施,营造环境优越的生产场景和生态消费环境,为品牌赋能、加分。

集团其他核心产业要扭住新发展理念不放松,聚焦主责主业,加大在质量发展、效率变革、科技创新等方面的资源投入,进一步提升产业链、供应链现代化水平,提高供给体系对需求的适配性(包括业态、模式、渠道及产品和服务);立足国内消费市场成长、立足把更多海外优质资源拿回来服务中国消费者,加强海内外企业协同,不断提高把握国际规则、市场动向和需求特点的能力,积极锻造国际竞争合作新优势,推动集团经济实现质量更高、效益更好、结构更优、更可持续、更为安全的发展。

(三)加快打造一批光明"新基建",全面提升集团市场竞争能力、服务能力与发展能级

1. 加快推进以数字化为标志的管理重构。以"五位一体"财务管控为目标,搭建财务管理平台,实现财财融合、业财融合,以财务数字化转型触发集团管控全面数字化转型。要加快数字技术、智能技术在核心业务或骨干企业的推广应用,以数字化应用场景开发为牵引,稳步推进业务流程、组织机构、供应链的全方位再造,提升企业的综合服务能力与发展能级。

2. 围绕提升核心产业市场竞争力、内外产业循环重要节点的掌控力,加快优化产业空间布局。一要统筹规划、分步实施,构建一批高品质、高效的生鲜流通枢纽、加工集配中心等资产网络,逐步完善优化集团生鲜食品供应链体系。重点是围绕西郊国际、江杨市场、南郊市场、东郊市场等四大市场群落、三环辐射(良友军工路粮库、外高桥物流园区)、两港基地等的功能优化与能级提升,逐步完善集团整体生鲜供应链的战略布局,打造光明食品大数据、供应链金融,集仓共运,全球优质食材体验展示平台,包括与高蛋白食品产业链、城市厨房终端的转型和仓配体系有机衔接起来,形成开放的供应链生态圈。二要积极推进光明"随心订"数字化经营、蔬菜集团线上线下一体化平台的搭建,以及品牌产品线上渠道的转型拓展。

3. 要注重核心产业发展资本平台的打造和作用的有效发挥。每个核心业务链都要有资本平台的支撑或投融资平台的构建,集聚集团优势,缩短重大项目培育期,迅速奠定行业竞争优势。还要善用资本平台，积极探索产融结合发展模式，用市场的逻辑谋事，用资本的力量干事，通过资本活力催生经济的活力。

（四）深化国资国企改革，激发创新创业活力

要抓紧抓实《国企改革三年行动方案（2020—2022年）》的实施，坚持以改革激发活力动力，全力破除影响和制约企业高质量发展的顽疾，在重大区域和项目开发、资产盘活、能力建设等方面充分发挥集团整体作战兵团的作用。通过产业基金、股权融资、并购重组等多种方式，进一步发挥资本运营促进实体产业发展的价值。要聚焦主业，深化专业化、市场化重组，积极推进"四个无限"的更广、更深实践，鼓励终端搞活、进一步扩大覆盖面。围绕"扁平化、（二级公司）实体化、信息化"，稳步推进组织再造，有效缩减管理层级。同时要持续深化文化重塑，加大力度倡导光明干部价值观，营造风清气正的干事创业氛围，不断提升光明品牌的影响力和企业的美誉度。

（本文发表于2021年7月）

"六招"推动重庆农投
"十四五"高质量发展

成世坤

"十四五"时期，重庆市农业投资集团有限公司（简称重庆农投）将抓住乡村振兴战略实施和成渝双城经济圈建设、重庆"一区两群"协调发展机遇，贯彻落实新发展理念，抢抓产业资源，转变发展方式，夯基立柱，加大投入，推行区域化市场、品质化用户、差异化产品竞争策略，做强做优做大乳肉渔蛋及冷链产业体系，实现营收、利润年均复合增长 11.1％和 11.2％，综合管理、运营水平处于全国同行业前列。重庆农投从六个方面发力，扎实推动经济高质量发展。

做 强 主 业

按照产业链条式发展思路，立足现有基础，着力壮大主业。

一是做强乳业产业链。坚持"片区集约、多个中心、组团发展、联动支持"，大力实施奶源计划，以乳制品加工基地为中心、200公里"鲜半径"辐射范围组团市场，深化运营模式，掌控10万头优质奶牛资源，年产鲜奶50万吨；力争液态乳制品加工和婴幼儿奶粉年产能达到120万吨和2万吨。

二是做强肉业产业链。强力实施肉业全面拓展计划，推进养殖屠宰加工全产业链经营，出栏商品猪200万头；新建智能化屠宰场，年单班屠宰量100万头、单班年深加工5万吨；以德佳公司自有"赖记""赖大侠"品牌为重点，做大重庆小面、调味酱、方便饭、猪肉卤制品四大类加工产品体系。

三是做强生态渔产业链。锚定"水产品综合性供应商"定位，强力推进生态渔业发展计划，年销售生态鱼300万斤；立足生态"三峡鱼"品牌和"渝乐邦"交易服务，建设综合水产品智能化交易市场，新增销售品类、拓展销售渠道，实现年市场交易量20万吨，构建渔业产业链多元化发展新格局。

四是做强蛋业产业链。强力推进蛋业扩展计划，深化与泰国正大集团合资合作，创新商业模式，选址潼南、垫江新建2个100万只智能化蛋鸡健康养殖基地，日新增产能44吨、年新增1.6万吨，改变现有品牌鸡蛋供不应求局面。

五是做强冷链产业链。重点打造"中心仓＋中心库＋中央厨房＋新零售"冷链供应商企业，通过消费者到企业（Customer to Business，C2B）精量商业模式，实现用户加工时间变短、厨房冰箱变小、厨余垃圾变少、能量控制变准的价值需求目标，建成重庆城乡冷链产业体系。

扩 大 投 资

全面落实国家有效投资政策，不断深化战略投资意识，持续提升项目引领能力。

一是重视项目建设。发挥项目"牛鼻子"作用，通过实施系列重大项目，推动产业集群化发展。聚焦重大项目持续投向环保、防疫、饲喂、智能等，策划实施智能车间、数字营销、智慧管理等项目。充分发挥与高校、研究单位产学研协同优势，打造集技术研发、人才培养、成果转化于一体的创新型实验室，策划实施遗传育种、科学养殖、功能型食药产品、厨房工业化方便食品研发等项目，丰富产品品类、提升产品品质。积极争取各级支持，适时介入特色新产业项目。

二是重视融资工作。用活重庆农投融资租赁、小额贷款、基金管理等工具，为主业发展服务。锚定大健康、高端制造、农业和股东业务，专注"3＋X"发展，策划和实施一批有竞争力的项目，推动融资租赁公司专业化发展。发挥基金功能，梳理上市资源，对接多层次资本市场；推动重庆农投所属企业创造条件上市，在资本市场直接融资；通过IPO、重大资产重组等方式，推动优质资产证券化，实现三峡渔业公司新三板挂牌，中垦乳业和农投肉品公司上市取得重大进展。

三是重视合作借力。利用国际国内两个市场、两种资源，积极参与国际国内双循环，融入"一带一路"、长江经济带、西部大开发、成渝地区双城经济圈建设、内陆开放高地协调发展中，加强乳肉渔产业产品加工贸易、股权投资等深度合作；积极参与重庆"一区两群"发展战略，推进乳肉渔等产业种养、加工、营销合作发展。

打 通 堵 点

处理好重庆农投与消费者的关系，找准堵点，强力疏通。

一是建设渠道。进一步细分渠道，巩固传统线下渠道，补齐线上渠道短板，重点提升自有渠道掌控能力。以重庆农投良品有限公司为载体，实现重庆农投内部间渠道共享、相互带货、互利互惠、相得益彰；打通线上线下渠道、自有平台与第三方平台、电脑端与移动端相互链接带货，实现用户一个入口进出；坚持综合施策、良性互动，有序推进社会化营销、事件营销、节日营销、跨界营销、公益营销。坚持从市场占有率提升、营销费用率降低等环节多维度提升各产业、各产品间市场营销效能。

二是强化物流。实施冷链物流网络建设计划，将渝北区举人坝打造成为重庆城乡冷链物流一级节点，璧山区鑫仓基地改造成重庆城乡冷链物流二级节点；重庆农投旗下奶牛牧场、畜禽屠宰场、渔业产地批发市场建成重庆城乡冷链物流三级节点。通过干线支线物流、即时配送、其他产品批发市场、畜禽屠宰场、特色农产品产地仓库，形成集冷链进出口、生鲜加工、冷链配送、仓储、冷链金融于一体，一、二、三级节点互联互通，"铁公水空"多式联运相衔接的冷链物流全产业网，为客户提供一揽子"最后一公里"方案。

补 齐 短 板

直击发展瓶颈，突出工作重点，补短板、强弱项，推动产业规模化、集群化发展。

一是抢抓资源，补齐全产业发展突出短板。实施"走出去"战略，积极获取乳、肉、渔业养殖资源。奶源以满足优质奶牛养殖需求为目标、乳制品和奶粉加工以满足加工能力为目标争取用地。抢抓重庆及周边省市生猪产业养殖资源，满足肉业产业存栏祖代种猪1 500头、父母代种猪8万头用地需求，立足渝北农业园获取屠宰基地搬迁升级用地。千方百计获取市内外大水面养殖资源，满足市场对高端生态鱼产品需求。按建成物流一级冷链节点、二级冷链节点目标争取土地。

二是建好基地，夯实链条式发展产业基础。养殖上，巩固提升华山、天宁牧场两个万头牧场，选择定边及西北地区建设6万头规模牧场、1个3 000头规模有机牧场，新增6万头奶牛。紧盯200万头生猪体系目标，通过市内外新建、改扩建方式，建成原种猪场1个，5 000～10 000头规模存栏父母代种猪场10个以上，年出栏10万头规模商品猪示范场1个。巩固渔业发展基础，获取1万～10万亩规模大水面资源2～3个，获取10万亩以上大水面资源1个。加工上，实施安全放心食品加工拓展计划，通过自建、合资、合作方式，高标准建设农产品加工基地，重点向厨房工业化产品、净菜便捷产品、适配厨房产品、大宗聚餐产品和重庆小面产业化方向拓展延伸，到"十四五"末，重庆农投肉品精深加工比例提高到20%以上。

培 育 动 力

坚持创新发展核心地位，完善体系，强化协同，注重考核引导，让"关键变量"成为高质量发展的"最大增量"。

一是加快创新研发。主动与高等院校、科研院所深度合作，推进产学研协同攻关，开发一批满足消费者需求产品。加快布局一批企业技术中心，建成1个国家级研发创新平台、5个市级研发创新平台。通过组织再造、资源协同、激励机制和产学研合作，建立起一套完整的科技创新管理体系，重点企业研发投入占比不低于1%。围绕制约重庆农投产业高质量发展的关键技术节点，谋划实施一批产品技术攻关工程和智能技术应用工程，重点实施科研攻关课题不少于20项，专利申请不少于100项，推动不少于5个科技成果实现产业化转化。

二是加强人才培养。营造"近悦远来"的人才环境，完善市场化选人用人机制，健全薪酬分配激励制度，加强人才培养梯队建设，培养塑造企业家、复合型管理者、专业人才和优秀员工"四支队伍"。通过上下交流互动、子企业管理层相互交流和内外选拔等，多岗位锤炼人才队伍，改善年龄结构，形成"老、中、青"梯次配置科学和"本职工作精、相关工作通、全局工作懂"技能体系。健全集团公司各级次经理层成员任期制和契约化管理机制。持续深化"四方八能"使用机制，弥补专业技术人才不足短板。

三是加速改革深化。进一步完善现代企业制度，把党的领导融入公司治理各环节，实现制度化、规范化、程序化。引入央企、民企、外资企业等优质战略投资者，积极稳妥深化母子公司混合所有制改革。加强过程监督，发挥内外部监督力量，强力监督决策审批、审计评估、产权交易、职工安置等重点环节，保障职工知情权和参与权。稳妥开展乳肉渔等企业骨干员工持股，建立健全股权流转和退出机制，确保公开透明。按照国有资本向战略性物资储备聚焦要求，推动重庆农投向主导产业领域聚焦，调整和优化产业布局，提升综合竞争力；向产业链关键环节聚焦，提升产业链上下游话语权；向产品研发、市场营销、数字化改造聚焦，提升产业与科研融合、营销体系构建，打造核心竞争力。

重 视 赋 能

借力智能、数字、品牌强大的引力作用，全力为重庆农投高质量发展赋能。

一是数字赋能。坚持"为生活添彩、为经济赋能"目标，围绕重庆建设"智造重镇、智慧名城"任务，推动重庆农投数字化发展、智慧化转型，实现产业链各环节管理数字化、综合应用平台数字化。提档升级以色列阿菲金牧场管理系统，建成中垦定边智慧生态牧场，数字化流程再造乳品生产工艺，打造重庆市天友乳业股份有限公司数字化智能车间和绿色工厂。推进云门山种猪场、合川钱塘场、潼南种猪场等智能升级改造，实施德佳肉食品加工扩能升级，建成中央厨房及猪副产品智慧加工体系和"大厨良选"品牌猪肉数字营销系统，构建肉业全产业链数字化体系。运用智慧物联网提升鱼类防逃逸技术，实现三峡渔业公司从养殖到销售全程智能化。加强冷链数字化体系建设，实现供应链全环节智能调度，打通农产品到消费者间的"最后一公里"。到"十四五"末，建成规模企业迈入网络化和智能化，重点产业全覆盖的农业互联网生态体系。

二是品牌赋能。围绕增强高质量发展竞争能力，建立"农投集团（农投良品）、板块企业（二级品牌）、产品（三级品牌）"三级架构，加强全集团母子品牌体系建设，通过企业、产业间营销协同、资源共享，重点发挥"农投良品"母品牌引领作用，做靓、叫响一批有区域号召力、全国影响力的产品品牌和企业品牌，将"农投良品""淳源""华山牧""三峡鱼""大厨良选""赖大侠"等培育成中国著名商标。加强产业链品牌形象建设，不断巩固提升"天友""华山牧"两大品牌美誉度、知名度、市场占有率。将"大厨良选"培育成西南地区第一安全肉品牌，做实做强生猪一体化运营产业链条。

（本文发表于 2021 年 8 月）

在全省乡村振兴和特色现代农业发展中贡献陕西农垦力量

马青奇

2022 年，是陕西农垦集团有限责任公司（简称陕西农垦）全面贯彻国家粮食安全战略、扎实落实省委省政府重大决策部署、开展全省粮食规模化生产经营的起步之年，陕西农垦将不负重托、不辱使命，围绕粮食生产和重要农产品供应主责，统筹推进抓改革、强管理、惠民生、促发展等各项工作，努力在全省乡村振兴和特色现代农业发展中贡献力量。

举旗定向，担当全省现代农业"国家队"使命

坚定聚焦主责主业和提升产业特色的价值追求，锚定目标、履职尽责、扎实作为。

一是扛起使命大旗。始终心怀"国之大者"，保持战略定力，扎实落实省委省政府决策部署，坚定不移担负起推进规模化粮食生产和支持杨凌改革创新发展两大战略使命。

二是坚持开放合作。把握"政府主推、市场主导、企业主体、农民主力、效益主引"原则，发挥陕西农垦要素资源优势、用好政府职能作用、调动农村农户积极性，推动政企协同、垦地合作、共赢发展。

三是全面提升功能。既要担当责任，把粮食及其他初级农产品生产供给作为企业主责，也要统筹施策，推动特色设施果蔬、现代畜牧生态循环一体优化提升，推动主导产业扩规提质、增产增效，努力在重要农产品稳产保供上贡献农垦力量。

四是培育优化链条。坚持有所为而有所不为，聚力主业方向，建强产业链、优化供应链、提升价值链、构建循环链，推动种养结合、果畜循环、融合整合、协同合作，培育独具特色的优势产业，形成种养加、产供销一体化发展的全产业链体系。

提质创效，发挥现代农业"示范区"功能

聚力做大做强主导产业，健全农业产业生产经营体系，打造乡村全面振兴示范样板，带动区域经济协同发展。

一是抓住重点关键，建设规模化粮食核心示范区。加快粮食规模化"吨粮田"产业示范区建设步伐，最大限度扩面积、千方百计提单产、科学有序延链条、激发活力创效益，全面落实"藏粮于地、藏粮于技"战略。重点推进建设垦区自有的 20 万亩规模化粮食核心示范区，打造 30 万亩种子育繁推一体化基地。以此为基础，稳步推动建设全省 280 万亩粮食核心示范区。

二是提升产业效益，做优特色果蔬。立足规模化特色果蔬产业基础，在精细管理、降

本增效、品牌打造等方面狠下工夫，通过市场化手段推动果蔬产业创出品牌，实现更好的经济效益。

三是完善产业体系，推动现代畜牧产业延链补链强链。依托中垦乳业股份有限公司的基础优势，进一步做优饲草生产、牛粪尿开发利用、肉牛养殖等产业环节，形成产业闭环。同时，加快推动生猪养殖产业投产运营，优化鸵鸟特色养殖，形成较为完善的畜牧产业体系。

四是推进品牌建设，培育优质农产品产销一体化市场。围绕"产销一体化"项目支撑，推动各农场公司做大规模、做优市场、做实效益，形成品牌带动效应，促进各农场公司延伸农产品市场运营、品牌推广环节，实现特色果蔬产品产供销一体化发展。

强筋壮骨，提升陕西农垦治理"现代化"能力

强队伍、重监督、防风险，切实筑牢现代企业治理体系。

一是强化经营管理，全面培优建强人才队伍。注重干部作风建设，着力提升政治能力、调查研究能力、科学决策能力、改革攻坚能力、应急处突能力、群众工作能力、抓落实能力。紧扣经营管理需要，着力培养政治素质硬、专业水平高、履职能力强的总会计师队伍、总法律顾问队伍、总农艺师队伍。

二是筑牢防范壁垒，全面建设现代企业治理体系。提高风险防范意识，依法依规严防法律风险，科学决策确保投资安全，规范运营严控经营损失，做好预案应对突发情况，严格规程杜绝安全事故，秉承绿色理念坚守生态红线，统筹施策维护财务、廉洁纪律、稳定信访等风控管理工作。

三是健全监督环节，全面杜绝违规违纪违法问题发生。发挥陕西农垦纪检、法务、内审部门职能，严格遵照制度设计，落实纪律检查、法务审核、内部审计工作，全面构筑法律、纪律、审计协同联动的内部监督格局。

强弱补短，实现陕西农垦发展"高质量"目标

面对"十四五"时期艰巨的发展任务，陕西农垦将全面激活要素资源，全力推动各项重点工作落地。

一是以改革激活力，持续优化企业经营机制体制，全面调动人力、财力、物力等各类要素资源，建立市场化运营体系。

二是以创新挖潜力，持续实施创新驱动战略。创新管理，履职尽责答好"政治题""能力题""民生题"；创新模式，推动企业整合资源、拓展领域、放大优势；创新产品，聚焦主业做好优品种、提品质、创品牌文章；创新机制，建立与经营实效、业绩和个人收益正相关激励；创新科技，引进应用新技术、新业态，着力实现数字化转型、信息化建设、智能化管理。

三是以政策添动力，持续争取用好各项惠农政策项目支持，重点领悟"要在理念、赢在前期、贵在专业、重在实干"思想，谋好谋多、推好推快高质量项目，促进主导产业快速发展。

四是以管理提能力，持续强化作风建设，推进干部形成"勤、严、快、实、精、细、廉"风气，培养干部树立"前瞻性思维、全面性谋划、战略型布局"理念，坚决杜绝形式主义、官僚主义，确保企业战略规划落实。

五是以经营增实力，持续做实做优经营投资业务，推进落实"两增一控三提高"经营目标，不断提升企业整体经济实力。

六要以品牌扩大影响力，持续推动垦区农产品以规模、品质优势提升品牌知名度，以优势品牌影响力扩大陕西农垦农产品市场服务体系。

统筹兼顾，推进陕西农垦经营"特色化"均衡

明确目标方向，推动所属经营单位发挥优势，心无旁骛谋发展、全力以赴抓落实。

华阴农场要统筹施策，发挥经营管理优势，推动规模化粮食生产的模式机制创新，特色果蔬产业化延伸、科技化提档、效益化显现，做优粮食及特色农产品的产业化经营，消化历史社保挂账和坏账准备专项计提，巩固治亏成果与混合所有制企业治理相兼顾。

沙苑农场要优化提升，发挥市场供应服务优势，推动联合经营规模化粮食生产多点突破，推动设施蔬菜基地建设及垦地合作产销一体化链条完备，推动"安益鲜"农产品都市供应链的品牌推广、市场拓展，推动以生态循环、产销融合、垦地联合为特色的农业现代化示范区建设，推动以美丽农场为标志的综合治理提升。

朝邑农场要着眼长远，发挥区域布局优势，推动灾后现代化农场特色规划建设及修复治理综合恢复工程，推动集土地规模、现代农机、节水控水、科学排涝、土地能力于一体的规模化粮食产业核心示范区建设，推动黄河西岸集生态种植、养殖、休闲、观光、文旅等要素聚集的美丽农场建设，推动垦地合作、政企协同、主体多元的粮食生产对外合作。

大荔农场要追赶超越，发挥现有基础优势，推动一个现代化商品生猪养殖场建成投运，推动一个特色化食用菌产业科技示范项目达产创效，推动一个千亩设施瓜菜基地提质创牌，推动一个万亩规模化粮食产业示范区配套创建，推动一个管理经营市场化改革的脱胎换骨。

冯原牧场要聚焦农垦农场使命担当，在规模化粮食生产垦地合作上求突破；聚焦特殊生态山地优势，多元招商合作辟新径；聚焦农场土地资源，在释放土地产能上创新局。

强党兴垦，注重融合培育"和谐化"管理

以党建为统领，促进经济社会民生协同发展，建设现代和谐美丽垦区。

一是强党建、促融合，推动企业党的建设和经济建设协同发展。发挥党组织的政治统领作用，把方向、管大局、促落实，持续推进党建与经营深度融合，促进经济稳健发展。

二是重民生、促和谐，推动垦区环境设施和职工福祉同步提升。在发展经济的同时，重视民生工程，着力改善垦区环境和提升职工福祉。通过群策群力，共谋发展，努力把陕西农垦事业这块"蛋糕"做大做好、切好分好，让发展的红利更多地惠及广大职工。

三是优环境、促开放，推动政企协同发展和垦地合作实现共赢。深化运用中央、省委

农垦改革发展文件精神，以及规模化粮食生产经营为陕西农垦创造的发展空间，主动对接省、市、县职能部门，争取政策、资金、项目支持，持续融入区域农业农村发展，不断优化农垦外部发展环境，促进垦地合作，助力乡村振兴。

四是育文化、提精神，推动陕西农垦事业接续传承和发展壮大。加大宣传力度，大力弘扬"艰苦奋斗、勇于开拓"的农垦精神，凝聚共识、汇聚力量，激发广大干部职工干事创业的热情，持续推进农垦事业实现高质量稳健发展。

（本文发表于 2022 年 5 月）

深入学习贯彻省第十四次党代会精神
奋力推进甘肃农垦集团高质量发展

张懿笃

甘肃省第十四次党代会是在开启全面建设社会主义现代化新征程的关键时期和喜迎党的二十大胜利召开的重要节点召开的一次重要会议。当前，甘肃省农垦集团有限责任公司（简称甘肃农垦集团）要把学习宣传贯彻省党代会精神作为重要政治任务，坚决扛起政治责任，结合农垦实际，找准方向、明确思路、提出措施，努力推动甘肃农垦集团高质量发展，如期把甘肃农垦集团建成百亿元企业集团。

准确把握党代会明确的发展方向和路径

省第十四次党代会的召开，标志着甘肃开启了新征程上的新起点。报告中诸多关键词和农垦改革发展息息相关，需要我们准确把握、深刻理解。

一是"一核三带"。报告指出，未来五年要着眼甘肃整体发展，立足各地优势，推动构建"一核三带"区域发展格局，牵引带动全省协同联动发展。"三带"瞄准的是甘肃与黄河流域生态保护、高质量发展战略以及更深层次参与共建"一带一路"的有效对接。其中"三带"中的河西走廊经济带着眼河西走廊整体发展，促进生产要素自由流动，统筹推进河西走廊地区生态环境综合治理、基础设施建设、特色高效农业产业发展。甘肃农垦集团大部分企业地处河西地区，在特色高效农业发展、生态环境综合治理上，与地方政府紧密相连、互相影响、互相依存，我们要结合自身优势，充分发挥引领全省现代农业发展"示范器"的定位作用，加强和属地政府的合作，聚焦标准化、规模化主导产业示范带动乡村发展，同时借鉴地方政府的优秀经验，在人居环境治理上努力赶超。

二是"四强"行动。报告强调，未来五年发展的主要抓手是实施强科技、强工业、强省会、强县域"四强"行动，其中强科技行动列于首位，足见其重要性。当前甘肃农垦集团在科技方面仍然处在自主创新能力不强、科技成果转化率低、缺乏核心竞争力的阶段，要实现高质量发展，科技创新是关键。报告指出"持续强化企业创新主体地位，鼓励骨干企业牵头组建创新联合体，支持企业扩大研发投入、建设科研中心。"这为我们企业科技创新的发展前景做出了新研判、明确了新定位、指明了新方向。我们要进一步深入研究，对外持续加强合作，对内完善创新机制，促进创新链与产业链深入融合，为企业高质量发展保驾护航。

三是"三农"工作。报告单设"坚定不移实施乡村振兴战略，扎实推进农业农村现代化"章节，作为今后五年全省农业农村高质量发展的重点任务之一进行系统谋划，明确提出"打造现代寒旱特色农业高地"的发展目标和"促进农业高质高效、乡村宜居宜业、农民富裕富足"的努力方向，为做好全省农业农村工作理清了思路、明晰了路径。当前的农业农村工作已转入全面推进乡村振兴阶段，作为国有农业经济的骨干力量，甘肃农垦集团是全省农业农村的重要组成部分，我们需要深度谋划，抢抓发展机遇，制定发展战略，积极承担农业全面升级、农村全面进步、农民全面发展、城乡全面融合的社会责任，将组织优势、资源优势、体制优势、服务优势转化为领跑优势，加强农田水利和高标准农田建设，持续提升农业机械化水平，努力做推进全省乡村振兴战略实施的"排头兵"。

主动融入全省发展大局谋划农垦高质量发展

作为全省最大的农业企业集团，甘肃农垦集团要深刻领会省第十四次党代会精神的内涵实质，以现代农业持续提升为主题，以企地深度融合发展为基础，全面贯彻落实构建"一核三带"区域发展格局、实施"四强"行动的安排部署，努力打造"五区一融合"发展格局。

一是打造前端种业优势区。利用河西走廊天然隔离条件好、日照充足、昼夜温差大、病虫危害低等优良种子生产地优势，依托亚盛农业研究院、亚盛种业等，在主要粮食作物、特色农产品等方面开展技术攻关，采取外源种质利用同本土化种质资源协同创新发展，精准鉴选适宜推广的自有品种，依托天牧乳业加快牛胚胎试验室的建设，开展活体采卵、体外受精、胚胎生产和销售，使甘肃农垦集团现代制种发展逐步从对外引进向自给自足转变。同时在确保自身供给的前提下，继续稳步扩张，辐射周边农户，打开市场，最终形成优势效应。

二是打造种植养殖示范区。坚持用工业思维发展现代农业，充分发挥管理优势和资源优势，以基层企业为主导，以标准化种植养殖基地为抓手，通过企业自建基地、"企业＋农户""企业＋基地＋农户"的方式，实施规范化管理、产业化经营，形成规模化种植养殖优势区域，使产品质量标准化、品质高端化，示范带动区域农业产业结构优化升级。

三是打造精深加工聚集区。按照甘肃农垦集团"总体规划＋企业具体执行"的思路，培育壮大一批科技创新能力强、精深加工程度深、示范带动机制好、距离种植养殖基地近的农产品精深加工集群，推进加工产业由小到大、层次由粗到精、业态由少到多、布局由散到聚，着力解决农产品"原字头""地头货"的销售问题，提升附加值，推动产业链向中高端延伸。

四是打造统一销售终端区。围绕"一切为了市场转，一切为了营销干"理念，以甘肃农垦集团为主导，对大宗粮食、酒类、肉类、乳制品等农产品的销售划分布局。在集团层面，根据市场分析，充分利用"军民融合""甘味品牌""好食邦""庄园牧场"等销售平台，对农产品销售进行统筹谋划，加强整合力度，避免同质化竞争和资源浪费。在企业层面，注重直销模式和订单模式的扩展，组建精干销售团队，有效降低经营成本。通过"集团打造平台＋企业自主营销"相结合的模式，形成统一销售优势，增强品牌知名度。

五是打造农业科技引领区。围绕产业需求部署推进科技创新工作，科技项目、资金向高产高效技术、加工转化升级、质量环保安全、节能降耗减损、现代仓储物流等方面和亟须的关键技术研发倾斜，全方位支持重点科技项目的研发。进一步加大企业科技创新投入力度，根据产业划分，对不同的企业实施不同的科技投入约束政策，明确企业科技投入占全年营收的比重，以强有力的资金支持助推科技创新工作。深度对接各市州农业、科技等部门，推进产学研结合，借助其人才力量，协同打造技术创新平台。

六是持续加强企地融合发展。甘肃农垦集团从地理位置和要素流动来看，与周边乡村紧密相连、互相影响、互相依存。要进一步加强与属地政府在发展规划、社会服务、产业培育、基础设施建设等方面的沟通对接，在坚决扛牢保障粮食安全政治责任、持续巩固拓展脱贫攻坚成果、全力推动农业高效发展、深入实施乡村建设行动等全面推进乡村振兴战略重点任务上，与属地政府形成"共谋发展，共建共享，多方共赢"的发展态势。

以高质量党建引领农垦高质量发展

省第十四次党代会提出，要坚持全面从严管党治党，不断推进新时代党的建设新的伟大工程。新征程上，要以高质量党建引领农垦高质量发展。

一是始终把党的政治建设摆在首位，切实提升"政治三力"。党的政治建设是党的根本性建设，要坚持以党的政治建设统领管党治党工作，各级党员干部必须始终把党的政治建设摆在首位，深刻把握"两个确立"的决定性意义，自觉加强政治能力锤炼，不断提高政治站位、政治觉悟，增强政治定力、政治担当，善于从政治上把握方向、把握大势、把握全局、审视问题，善于从政治上谋划、部署、推动工作，不断提升政治判断力、政治领悟力、政治执行力。

二是深入学习贯彻习近平新时代中国特色社会主义思想，不断强化理论武装。习近平新时代中国特色社会主义思想是当代中国最鲜活的马克思主义，各级党员干部要一以贯之学懂弄通做实，努力掌握蕴含其中的立场观点方法、道理学理哲理，真正将其作为认识世界分析问题的哲学、指导实践推动工作的科学、修身立德律己律人的"心学"。要以习近平总书记对甘肃重要指示要求为统领，坚持想问题、做决策、办事情都从中找方向、找方法，做习近平新时代中国特色社会主义思想的坚定信仰者和忠实实践者。

三是认真落实新时代好干部标准，打造高素质专业化干部队伍。要不断完善干部选育用管科学工作机制，坚持好干部标准，把政治标准放在首位。要坚持事业为上、以事择人，坚持党的事业第一、人民利益第一，更加精准科学选人用人。要坚持严管和厚爱结合，激励和约束并重，加强干部教育培养和管理监督。着重健全培养选拔优秀年轻干部常态化工作机制，用好各年龄段干部，抓好干部梯队建设。

四是树牢大抓基层鲜明导向，着力建强基层战斗堡垒。作为党的工作的一线堡垒，必须着力增强基层党组织的政治功能和组织力凝聚力，推动基层党组织把握政治方向，夯实政治根基，涵养政治生态，永葆政治本色。必须推动基层党组织同最广大人民群众保持最密切的联系，把党的声音送到千家万户，把党中央重大决策部署和省委省政府的各项要求不折不扣落实下去。要着力解决好职工群众的"急难愁盼"问题，不断巩固党执政的群众基础，增强党建引领治理效能，分类施策、整体提升总部和企业党建工作水平。

五是牢固树立正确政绩观，大力弘扬担当实干作风。高质量发展是干出来的，党员干部是决定性力量，作风是关键性因素。要牢固树立正确政绩观，严格落实中央八项规定及其实施细则精神，驰而不息改进作风，坚决整治形式主义、官僚主义行为，力戒浮躁、保持定力，大力弘扬担当实干作风，把高质量发展的责任牢牢扛在肩上，把求精抓细贯穿工作始终，把能力短板抓紧补齐，拿出"进"的状态，保持"拼"的干劲，真正做到靠作风吃饭、靠能力干事、用数字说话、凭实绩交卷，引导党员干部在新时代弘扬担当实干好作风。

六是坚持全面从严治党，深入推进党风廉政建设和反腐败斗争。要始终保持全面从严治党永远在路上的清醒和坚定，决不能滋生厌倦情绪，保持战略定力，坚持不懈把全面从严治党向纵深推进。坚持严的主基调不动摇，对"四风"问题持续纠治，持续深入整治群众身边腐败和不正之风。坚持"不敢腐、不能腐、不想腐"一体推进方略方针，强化政治监督，上下联动用好内部巡察利剑。完善权力监督体制机制，强化对权力运行的制约和监督。加强对"一把手"和领导班子监督，强化年轻干部教育管理监督，始终保持惩治腐败高压态势。只要不断清除一切损害党的先进性和纯洁性的有害因素，不断清除一切侵蚀党的健康肌体的病原体，建设幸福美丽新农垦的目标就一定能实现。

（本文发表于 2022 年 8 月）

南京农垦集团探索薪酬激励初显成效

朱云生

建设现代企业制度是国有企业改革的方向。国企改革三年行动实施以来，南京农垦产业（集团）有限公司（简称南京农垦集团）坚持党建引领，把稳发展方向，严格落实要求，积极探索与市场接轨、差异化的薪酬激励机制，发挥绩效激励导向作用，不断激发干部员工内生动力、创新活力，企业改革发展取得良好成效。

改 革 动 因

南京农垦集团于 2001 年改制挂牌，为市属国资监管企业南京新农发展集团有限责任公司（简称新农集团）的一级子企业。由于历史原因，南京农垦集团及所属部分企业，存在员工身份多元化、管理体制机制相对落后等问题。

一是离岗托管职工人数较多。在企业改革改制过程中，由于对离岗托管群体退出机制尚不健全，致使冗员处理难度较大，企业内部分配活力不足。

二是职工身份来源多元。部分职工来源于政府部门职能转变和事业单位改制，在一定程度上不利于薪酬管理和绩效考核的协调统一，三项制度改革全面铺开难度较大。

三是激励机制改革创新滞后。受惯性思维影响，"老套路"多、革新少，致使薪酬制度设计缺乏合理性和有效性，激励机制的作用发挥有限，影响人力资本要素流动发挥，不利于国企市场化经营机制的构建。

主 要 做 法

一是强化顶层设计，健全组织保障。研究制定总体方案，成立薪酬激励工作领导小组，构建起集团领导牵头、人事部门负责推进、其他部门协同的工作合力和组织保障体系。加强制度建设，相继制定修订工资总额管理办法、高层次人才管理办法、专项奖励办法、全员绩效考核管理等制度，着力从制度层面支持绩效考核加分向重点任务、重点项目以及核心骨干人才倾斜，保障改革任务落实落地。落实市国资委关于薪酬改革相关要求，将薪酬激励列为改革创新重点项目，以南京农垦集团商贸发展部为改革试点，制定具体实施办法，签订"军令状"，实行"挂图作战"，建立动态跟踪机制不定期督导落实。

二是科学设置指标，严格考核兑现。根据商贸发展部职能定位和年度重点任务，按照可量化、少而精等原则，合理设置部门考核要素，突出营收、利润、风控等关键指标，权重占比超 90%。制定薪酬激励试点工作方案，调整薪酬结构占比，其中个人绩效薪酬在工资收入中的比重超 50%，突出绩效薪酬正向激励作用发挥。同时，将开拓贸易新业态、融入"一带一路"拓展国际贸易、对接长三角一体化战略加强"垦区合作"等特色任务，设置为团队加分项进行专项考核。薪酬兑现方面，设置超目标利润累进奖励办法，按照超利润目标额度的 5%、20% 等阶梯式奖励，最高比例可达 30%，真正实现按劳分配、多劳多得。

三是注重员工成长累积，建立企业和职工"双赢"机制。在注重组织效率提升的同时，更关注职工成长发展，突出专业素养培养提升，有针对性地设计培训计划和培训内容，弥补专业能力短板和实践经验盲区，提高干部职工适应新时代、实现新目标、落实新部署的能力水平。按照干部管理权限和组织关系，对试点团队工作上支持、待遇上保障、心理上关怀，营造干事创业的良好氛围。同时在理解信任基础上，对有想法、善作为、敢担当但偶尔出现非原则性工作失误的员工，倡导宽容失误，为其鼓劲打气。及时总结经验，结合业务类型、拓展所处阶段各异等特点，延伸薪酬激励试点范围，进一步提高改革覆盖面。

初 步 成 效

一是业务效益拓展提升。借助全国农垦优质资源，主动对接国家战略，积极拓展国内外市场做强大宗贸易，促进贸易结构持续优化。目前南京农垦集团商贸业务产品品类包括玉米、肉类、进口杂粮以及预包装食品等 12 大类共 41 个小项。对接广西农垦、安徽农垦、苏酒集团贸易股份有限公司等一批优质产品供应商，开发超亿元级采购客户 2 家，千万级采购客户 3 家，百万级采购客户 6 家，储备意向客户 10 多家。经济效益方面，商贸业务近 3 年营收分别实现 1.78 亿元、3.18 亿元和 5.31 亿元，累计销售利润超 1 600 万元。

二是团队活力持续增强。通过薪酬激励试点，商贸团队活力不断激发，在创造经济效益增量的同时，商贸发展部员工的收入都有较大幅度增长，年平均增幅超 20%，团队士气持续高涨、干劲更足。同时，南京农垦集团以工作实绩为评价指标导向，注重员工成长发展，将更多培训和晋升机会向商贸团队倾斜。近年来，团队 1 人被推选为新农集团后备干部，3 人通过竞聘进入南京农垦集团后备人才库，多人荣获两级集团先进个人表彰，其中 4 名员工均获得不同程度提拔，2 人被确立为入党积极分子。

三是制度体系不断完善。南京农垦集团以薪酬激励机制创新为契机，深化企业内部市场化机制改革，加快推进劳动用工、收入分配等三项制度改革，探索符合新兴业务特点、符合市场规律和企业发展要求的管理体制机制，如在招商部推进薪酬激励改革，在所属企业农垦拾味堂公司探索市场选聘职业经理人制度，建立与市场紧密接轨的薪酬考核和退出机制。通过用制度规范业务和流程，将经营管理理念、风险管控的要求融入制度规定、业务流程，实现靠制度管理企业、靠制度管控风险。

落一子而活全局。下一步，南京农垦集团将继续秉持初心使命，认真总结改革经验，聚焦组织效率和职工能力双提升目标，打造健全企业和职工"双赢"机制，努力破解长期以来存在的机制不够灵活、激励不够到位等改革难题，努力为国有企业三项制度特别是薪酬分配制度改革探索出一条"农垦特色"路径。

（本文发表于 2022 年 7 月）

努力推动兴安农垦集团高质量发展

纪青录

2018 年 8 月 29 日，内蒙古兴安农垦集团有限责任公司（简称兴安农垦集团）正式挂牌，与兴安盟农牧场管理局（现名兴安农垦事业发展中心）实行一套人马、两块牌子，农垦集团框架初步搭建。目前，兴安农垦集团下辖 10 个国有农牧场，施业区总面积 4 150 平方公里，其中耕地 120 万亩、草场 248 万亩、林地 150 万亩。

随着改革的深化，兴安农垦集团充分发挥资源优势、机械化优势、组织化程度高优势等，施行"两田制"管理模式，不断推进规模化集约化经营。2021 年，兴安农垦集团实现地区生产总值 13.04 亿元，同比增长 7.5%，全年实现利润 9 683.2 万元，完成固定资产投资 9.6 亿元，引进招商引资项目投资 3.35 亿元，人均纯收入达到 34 703 元，同比增长 6.5%。

深化农垦改革，进一步理顺体制机制

面对新形势、新任务，兴安农垦集团将认真分析当前存在的短板和不足，进一步明晰功能定位，优化产业布局，实现高质量发展。

要进一步破除体制机制障碍，建立健全灵活高效的经营机制，以深化垦区集团化和农场企业化改革为主线，进一步理顺政企、社企关系，确定兴安农垦集团的市场主体地位，不断提升企业效益和竞争力。

在机制运行层面，要建立和完善以集团公司为核心、以产权为纽带、以产业为支撑、以现代企业制度为保障的体制机制，推进兴安农垦集团与产业龙头企业、农牧场基地建立以资本为纽带的利益连接机制，形成"集团公司＋产业公司＋子公司（农牧场基地）"的运行架构，兴安农垦集团对全资、控股、参股公司履行出资人职责，依法享有资本收益、参与重大决策和选择管理者等权利。

在工资薪酬方面，要借鉴兄弟垦区的成功经验，实行工资薪酬双轨制，即在编人员由盟财政负担公务员、事业编工资，兴安农垦集团制定绩效奖励方案，年底根据企业经济效益发放绩效奖金。

在行政考核层面，要减少并逐步去除兴安农垦集团的行政管理职能，逐步以经济效益和营收为主要指标进行考核。对农垦事业发展中心不再按照旗县市的标准进行管理和考核，可以按照盟直部门的标准进行考核，减轻负担、提高效率，以进一步增强垦区的内生动力和发展活力。

在集团运行层面，机关要加快职能转变，逐步完善功能定位，持续加强投融资、资产营运、市场开拓、决策咨询、审计监督力量，重点进行资产和资本经营，进行战略投资运作，集团班子要把自己定位为经营管理者，以盈利最大化作为主要目标，树立"农垦一盘棋"思想，持续提升对决策的贯彻力和执行力，尽快实现由行政管理型企业到公司制企业集团的转变。

优化产业结构，进一步转变经济增长方式

着力破解产业"小、散、弱"难题，提升兴安农垦集团的整体竞争力。

一是立足资源禀赋，找准各农牧场比较优势，实行"一场一策，一场一特"的发展路径，精准定位以"特"制胜，走出一条差异化发展的路子。比如发挥索伦牧场、阿力得尔牧场湿地、河谷、森林、冰雪等旅游资源丰富独特的优势，围绕"农业＋文旅"的综合发展模式，在一二三产融合发展中做大一产、做强二产、做活三产。

二是以资源资产整合和产业优化升级为主攻方向，加强与地方和优质企业的合作，集聚资源要素推动产业集群发展，构建更高层次更有质量的大产业，进一步优化提升产业链、价值链，有效带动区域资源资产整合和现代农业发展。以延长畜牧产业链为例，可依靠垦区国有土地资源优势，建设畜牧业发展经济园区，打造涵盖牛羊肉加工、皮张加工、绒毛加工、废料加工等四个产业的集群，真正将资源"吃干榨净"。牛羊肉加工方面，依托兴安农垦的畜牧业牛羊存栏量，辐射兴安盟境内现有牛羊存栏进行整合，引进深加工企业打造民族品牌。在园区内建造牛羊屠宰、分割、冷藏、加工、销售一条龙的生产线，全面推行工厂化屠宰，以市场为导向，推动牛羊肉生产。皮张加工方面，依托牛羊屠宰，建造皮张加工生产线，将牛羊皮张制作成各类皮具，如服装、鞋帽、箱包、工艺品等。绒毛加工方面，依托肉羊养殖规模，建设绒毛加工生产线，加工成具有兴安盟民族特色的绒毛产品，如毛线、毛衣、围巾、羊毛衫、羊绒衫、羊毛大衣、羊绒大衣等高档产品以及毡子、地毯、羊剪绒服装服饰等特色产品。废料加工方面，将以上项目所产生的废料垃圾进行分类处理，可作为有机肥厂的原料加工处理成农业肥料。

三是努力实现农垦国有土地资产化资本化运作，推进土地资源资产化进程。借鉴有关垦区的做法经验，以作价出资等形式显化农垦土地资产，将土地作价出资评估后的国有资本金注入农垦集团，从而盘活土地资产，提高农垦控股、参股、融资能力，有效解决资金不足问题。

四是持续推动养殖业上档次、规模化发展，不断推进畜牧养殖业规模扩张和产业升级，通过集中规模饲养、生态循环种养结合模式，探索小型养殖户兼并、重组、托管等方式进行标准化改造升级，加强监督管理实现"规范化养殖"和"出户入园"，减少污染和生产成本，打造高标准高产能的规模化养殖产业，推动效益提升。

五是坚持科技兴农、科技兴牧，积极发展智慧农牧业，建立科学追溯体系。继续深化与各农业研究院所、农业高校的合作，重点从良种培育、栽培技术、新型肥料等农业生产全过程及黑土地保护利用、绿色农业等领域入手，实现节本增效、绿色循环。同时，稳步推进科技示范园区建设，运用现代科学技术与农牧业种养相结合，改造提升传统生产方式，从而实现无人化、自动化、智能化管理，实现农牧生产各个环节可管、可控、可查。

强化垦地融合，进一步推进协同发展

切实在空间规划、土地利用、基础设施建设等方面解决"两张皮"问题，推动垦地一体化发展。

一是要进一步理顺垦地之间的社会治理权责边界，通过制定属地区域内农垦社会职能管理工作规定，采取分类管理模式，按垦区内人口、居民、职工和承包户分类进行社会管理。

二是建立和量化垦区经济发展指标，将垦区社会经济发展指标纳入到旗县市社会经济发展的考核体系，进一步促进垦地一体融合发展。

三是提升垦区公共服务均等化水平，在公共服务和重大基础设施方面，要打破垦区和非垦区的界限，在乡村公共设施、污水处理、医疗、教育等方面，实行垦区居民点和农村统一规划、统一建设和统一运营。农垦企业要主动配合属地政府将垦区公益性基础设施建设项目纳入属地政府规划，通过"一事一议"方式探索划拨。

四是建立垦地共赢的区域开发模式。在项目建设和招商方面树立共赢理念，地方政府将农垦企业作为区域内的市场主体，给予平等的产业投资、招商引资政策，实行同等优化营商环境的举措，利用好农垦企业的市场投资功能，对符合区域产业布局的产业项目，鼓励垦区企业将符合条件的垦区土地资源通过合法方式主动用于旗县市区域内的招商、产业导入和项目建设。

（本文发表于 2022 年 5 月）

传承南泥湾精神　书写新时代辉煌
打造具有国际竞争力的现代食品集团

北京首农食品集团有限公司

1939年冬，在毛泽东同志"自己动手"的号召下，陕甘宁边区开展军民大生产运动。1941年春，八路军三五九旅在王震同志的率领下，进驻一片荒芜之地，开展了轰轰烈烈的南泥湾大生产运动，铸就了传承至今的南泥湾精神。新中国成立后，人民解放军几十万官兵，先后几批成建制地转入生产建设，一手拿枪、一手拿镐，屯垦戍边、兴办国有农场，将南泥湾精神带到新中国农垦事业建设者的队伍里来。作为农垦精神的缔造者，王震将军曾在《当代中国的农垦事业》一书的序中写道："什么是中国农垦创业者的精神呢？我认为，最主要的就是艰苦奋斗、勇于开拓。"这是对农垦精神最明确、最权威的概括。

拥有深厚农垦基因的北京首农食品集团有限公司（简称首农食品集团），自2017年12月由原首农集团、京粮集团、二商集团三家北京市属国企实施联合重组以来，传承着孕育80年的南泥湾精神，以"食安天下、惠泽万家"的使命担当，在全面建设社会主义国家新征程上续写着北京农垦新的时代篇章。

艰苦创业、几经变迁，谱写北京农垦从荒田滩
涂到集团化发展的沧桑巨变史

北京农垦始建于1949年，从最初的国营农场到农工商综合经营，从计划经济到市场经济，一代代农垦人从历史的坎坷中一步步走来，矢志不渝地传承着农垦精神的红色基因，自力更生、艰苦奋斗、无私奉献、开拓进取，在探索中不断赋予农垦精神新的时代内涵。

（一）经历战天斗地、垦荒造田，实现首都副食品生产基地从弱到强的重大转变

1949年1月，北平和平解放，国营农场开始创建。从几个规模很小、土地贫瘠、设备简陋、生产水平极低的农场艰难起步，北京农垦系统广大职工艰苦创业、英勇奋斗，在低洼盐碱、春旱秋涝的土地上战天斗地，开启建设首都农副食品生产基地的奋斗征程。

50年代末期到60年代，北京农垦大规模开发垦荒，创建新场。广大下放干部、城市知识青年进入永定河、温榆河两岸，老爷山、军都山、南口镇等地，在杂草丛生、卵石滚滚、荒山荒滩、洪涝灾害多发的地区建设新场。他们以坚韧不拔的毅力和豪迈的战斗激情，改土治水，改造自然，使荒山荒滩变成了绿洲，使沙荒不毛之地变成稳产高产良田，为改变首都郊区面貌、保证市场农副产品供应作出了贡献。

70年代末到90年代末，北京国营农场踏上农工商综合经营的新征程，实行农工商并举、产供销一体化管理，加快向商品化、市场化、集约化进军的步伐，建成稳定的、规模

化的商品奶、蛋、肉、菜、果、禽、渔和商品粮生产、加工基地，北京农垦进一步发展壮大。

（二）经历场乡合一、政企分开，实现从政企合一向市场主体的重大转折

北京国营农场系统横跨城区和郊区八个区县，遍布于远郊、近郊山水之间。1958 年到 1998 年的 40 年间，北京国营农场一直实行以场带乡、政企合一的管理体制。在计划经济体制下，它把农场的资金、设备、技术优势和农村的土地、劳力、资源优势融为一体，优势互补，取长补短，实现了生产要素的合理组合，在发展区域经济、优化资源配置，走农业产业化道路等方面显示了生命力，推动了场乡经济发展。随着市场经济的建立，场乡体制下国有农场政企不分、双重领导、职能交叉等矛盾越来越突出，影响到农场地区的社会发展。

随着改革的呼声越来越强烈，1998 年 8 月至 1999 年 1 月，在北京市委市政府的领导下，国营农场进行了场乡体制改革，将农村集体经济、户营经济从国营农场分离出去，实现了政企分开，基本解决了北京农垦长期存在的企业办社会、企业养社会的问题，成为农场发展史上的一次重大转折。

1999 年 7 月 1 日，北京市委市政府批准北京市农工商联合总公司更名为北京三元集团有限责任公司（简称三元集团）。至此，符合现代企业制度要求，以国有经济为基干、独立运作于市场、纯粹意义上的企业基本建成，为后来参与市场竞争奠定了坚实的基础。

（三）经历结构调整、重组转制，实现从分散经营向集团化专业化经营的重大跨越

根据场乡体制改革后面临的新形势、新任务，三元集团以结构调整和重组改制双轮驱动，着力培养主导产业，发展优势主业，加快建设符合首都经济内涵要求，具有较强资产控制力、科技创新力、市场竞争力的大型农业企业集团。

三元集团从总体功能定位出发，明确把农业从基础产业升格为主导产业，把以三元、八喜、丘比、荷美尔、百麦等名品牌产品为支撑的食品工业确立为二产的主导产业，把自有土地和社会土地开发经营相结合的房地产开发作为第三产业的主导产业，把全系统原有的几十个产业、行业，有计划、分步骤地进行精减、调整、优化，经济结构实现从"小、散、杂、劣"向专业化、集团化方向转变，管理体制由行政管理体制向母子公司体制转变，经济增长方向由重外延的粗放式向重内涵的集约式转变，组织形式由松散联合向以资产为纽带的紧密联合方向转变。

按照专业化、规模化的要求，三元集团通过市场化措施先后组建了三元食品、金星鸭业、三元种业、三元建设、三元能源五大集团，并对出租车、旅游餐饮、仓储等行业进行重组，着力培养主导产业、发展优势行业。

2003 年 10 月，北京市国有资产监督管理委员会正式挂牌成立，三元集团划归市国资委管理，进入了深化国资国企改革的新时期。

2009 年，三元集团与华都集团、大发畜产公司实施战略重组，组建北京首都农业集团有限公司，企业发展增添了新的力量。至此，北京农垦集团化、专业化的发展格局翻开了新的篇章。

传承创新、再次创业，走出一条双千亿
食品"航母"高质量跨越式发展之路

2017 年 12 月 15 日，北京市委市政府立足强化"四个中心"功能、提升"四个服务"水平，对首农、京粮、二商三家市属国企实施联合重组，组建北京首农食品集团有限公司。重组后的首农食品集团，资产、营收双超千亿，员工近 6 万人，拥有三元食品、京粮控股 2 家上市公司，三元、古船、六必居、王致和、月盛斋等一批中华老字号和知名品牌，成为首都市民名副其实的"菜篮子""米袋子""奶瓶子""肉案子"。首农食品集团担子更重了，责任更大了。如何在北京大都市发展中找准定位、传承创新、转型发展，成为摆在首农食品集团面前的一项重要课题。

先有顶层设计方能谋得未来根基。重组之初，首农食品集团即聘请麦肯锡公司研究制定《集团 2019—2025 年发展战略》（简称"2＋5"战略）。在发展战略中，明确市场化、专业化、资本化、数智化、国际化的"五化"发展方向；明确构建以食品产业为"一体"，以现代服务业和物产经营业为"两翼"，以科技、金融、数据为"三平台"的"一体两翼三平台"开放型产业生态体系；确立"具有国际竞争力、引领健康美好生活的现代食品集团"的企业愿景和到"十四五"末较 2018 年收入利润翻一番、跻身世界 500 强的战略目标。

在发展战略的引领下，首农食品集团以再次创业的信心和决心，加快迈向高质量新阶段。截至 2020 年底，首农食品集团资产总额 1 524 亿元，全年实现营业收入 1 562 亿元，分别比 2017 年底联合重组时增长 46%、33%，实现"三年三连增"。位列中国企业 500 强第 143 位，中国农业产业化龙头企业 100 强第 3 名、品牌影响力第 1 名，走出一条保持"农"的底色、突出"食"的本色、创新"服务"特色的一二三产融合发展之路。

一是厘清核心主业，深化"农食服"三产融合。面对重组初期企业繁多、产业庞杂的状况，首农食品集团从深化子集团（事业部）改革入手，加快同一产业链条上下游企业之间的整合重构，明确种业、现代农业、粮食、油脂、乳业、肉类及水产品、糖酒及副食调味品、物流产业等 8 大产业板块和文创、生物科技 2 个新兴产业板块，形成"8＋2"的核心产业布局，加快"农业＋食品＋服务"的整合与融合。比如，将 5 家分布在玉米深加工、药用辅料等生物产业链上下游的企业进行集并，组建生物科技子集团；将大红门、月盛斋、荷美尔等肉类生产企业进行集并，组建肉食子集团，形成覆盖猪、牛、羊等从养殖、屠宰、深加工到零售的肉类全产业链条。截至目前，已经设立 5 个事业部、16 个专业子集团，压减退出劣势企业 305 户。通过数量上做减法、质量上做加法，把原有多样态、分散化的产业形态聚合起来，把一二三产融合发展的产业特征突出出来，使核心主业更加突出、业务线条更加清晰、产业资源更加集中，逐步形成一批围绕主业布局、发展前景良好、核心竞争力较强的优势产业集群。

二是聚焦首都功能，培育"都市型"产业形态。在疏解非首都功能、京津冀协同发展的大背景下，首农食品集团坚持一手抓疏解，一手抓转型。截至 2020 年底累计拆除腾退老旧厂房、违章建筑 332 万平方米，综合整治 136 万平方米，在北京市疏解整治促提升工

作中树立了"首农标杆""首农样本"。在疏解整治的同时，聚焦"四个中心"建设，在转型升级、腾笼换鸟上做文章，打造都市型农业、都市型工业、都市型服务业。抓住北京城乡结合部建设三年行动计划、加快实施大尺度城市森林建设的机遇，培育了首农庄园、紫谷伊甸园、南农百果园、百年栗园等一批休闲观光农业项目，实现生态治理与产业升级的双赢。利用工业遗存，激活老旧厂房经济，发展新兴服务产业。比如，双桥农场对始建于1984年的原胜利建材水泥库46座筒仓进行专业设计改造，打造出集影视传媒、广告创意、艺术展览等于一体的塞隆国际文创园，利用灯光带打造北京城市副中心的新夜景，让工业遗存真正"活"起来。比如，西郊农场在位于海淀上地区域的华冠乳品厂原址上，开发建设中关村移动智能服务创新园，引入快手、小米等高科技领军型企业，助力打造首都创新发展生态圈。还有双桥E9区创新工厂、东枫德必产业园、大磨坊产业园、百旺弘祥产业园等，都是利用老旧厂房升级改造文化创意、智能智造产业的典型代表。同时，主动融入京津冀协同发展战略，在津冀地区投资超110亿元，开发定州现代农业示范园、天津油脂产业园、滦平华都养殖基地等一批现代农业、畜禽养殖、储备物流、食品加工新项目。在疏解转移的同时，实现一二三产业的发展壮大、转型升级。

三是坚持创新驱动，打造"高精尖"现代农业。首农食品集团发挥在畜禽种业上的优势，将科技创新作为产业发展的重要引擎，充分发挥16个国家级、省部级重点实验室、博士后工作站等科技创新平台作用，加大自主研发力度，取得专利超过650件，荣获国家级、北京市科技成果奖21项，畜禽种业居于国内乃至国际领先水平。在奶牛育种上，建成我国最大、与国际先进水平比肩的优秀种公牛自主培育体系和奶牛繁育供种基地，冻精产品国内市场占有率30%左右，成为国内冻精第一品牌，为加速我国牛群遗传改良作出突出贡献；在猪业育种上，培育出具有自主知识产权的"中育"配套系种猪，唯一拥有北京黑猪种质资源，是国内唯一掌握SPF（无特定病）种猪安全生产体系的育种公司；在家禽育种上，建成1个国家蛋鸡核心育种场、4个国家蛋鸡良种扩繁推广基地，在全国建有90个生产基地，年制种2.5亿只，成为全球最大的蛋鸡制种公司。首农食品集团所属的峪口禽业，经过艰难攻关，成功培育出"红粉系列"蛋鸡品种，成为我国唯一一个不受国外控制的畜禽品种。目前，首农食品集团种鸭、蛋种鸡规模居世界第一，种牛市场占有率居全国第一。首农食品集团联合中信农业、隆平高科申报"国家生物种业技术创新中心"，该项目被列入北京种业三年行动计划重点项目。首农食品集团与平谷区政府、瓦赫宁根大学、中国农业大学合作建设的平谷农业科技示范区项目，构建"政府＋企业＋科研机构"的"金三角"模式，集聚奶牛、蛋鸡、种猪、种鸭等优质畜禽种质资源，获批创建"国家现代农业产业园"，助力平谷打造中国"农业硅谷"。

四是深化开放合作，加快"产业链"关键布局。首农食品集团发挥国有资本投资公司功能，与地方政府、金融机构以及日本丘比、法国安德鲁、麦当劳、泰国正大、中储粮、复星等跨国公司、央企、民企，深入开展多方面、广领域的对接交流，加快对全国乃至全球产业链资源的整合，抓紧布局食品产业链上的关键环节。在种业环节上，与英国吉纳斯所属全球最大种猪育种公司种猪改良国际集团（PIC）开展战略合作，未来将成为PIC在华唯一原种供应商。联手中信农业全资收购英国樱桃谷农场公司100%股权，实现了这一流失海外一个多世纪的北京鸭品种"百年回归"。在种养环节上，与河北、内蒙古、黑龙江、新疆等地政府合作，建设运营粮食、水果、蔬菜基地 110 余个，肉牛、奶牛、生猪、肉鸡、蛋鸡、樱桃谷鸭等养殖基地 120 余个。在加工环节上，除在国内布局稻谷、油脂、肉类、乳业、玉米深加工等一批产业园区外，还成功收购加拿大百年高端有机奶生产企业克劳利公司、法国健康食品品牌圣休伯特，在新西兰建设艾莱发喜公司第一家海外工厂。在流通服务上，与日本大型连锁企业罗森集团强强联手，进军社区生鲜便利零售领域，打通服务百姓生活的"最后一公里"；与普洛斯共同投资组建首普投资公司，打造"端到端"的生鲜食品供应体系；与京东集团合作，共建"品质生活全产业链"。在产融结合上，对北京农商行增资成为第三大股东，成功入股中粮资本、中化资本、北京银行，中信农业入资首农股份参与混改，借助金融资本助力产业发展。通过多元合作、强强联合，形成从田间到餐桌的全产业链优势和"立足北京、依托京津冀、布局全国、走向国际"的产业布局。

五是立足城市服务，打造"高效率"流通体系。加快搭建信息"天网"和物流"地网"，掌控采买端、消费端信息，共享客户、渠道、物流资源，加快构建"控两端、带一链、三共享"新型供应链体系。充分利用自有用地，加快构建"1＋3＋N"物流体系。其中，"1"即北京鲜活农产品流通中心，"3"即位于北京东南、西北、西南方向的 3 个综合性物流中心；"N"即广泛分布在北京各个区域的配送中心和分拨中心，形成北京环五环鲜活农产品物流服务体系。建设运营"首农大厨房"，吸引集聚集团内外、京内京外、国内国外的优质产品，为企业端客户提供一揽子食材供应解决方案，打造一站式的全品类食品供应平台。同时，以北京农产品流通中心和东方供应链为主要平台，链接上下游，打造"产地端——销地端"的生鲜食品供应链闭环，为首都市民提供更丰富、更新鲜、更健康的食品。

六是坚持党的领导，彰显"主力军"政治本色。首农食品集团始终牢记"国企姓党"，始终把坚持党的领导、加强党的建设作为国有企业的"根"和"魂"，坚决把党中央、北京市决策部署落实到位，切实担负起国有企业的政治责任和社会责任。首农食品集团恪守食品安全的红线，构建起食品安全组织体系、标准体系、制度体系、检测体系、追溯体系和责任追究体系"六大体系"，确保人民群众"舌尖上的安全"。2020 年，在突如其来的新冠肺炎疫情中，首农食品集团从大年初二起即全面复工复产，在河北高碑店等三地成立"首农应急蔬菜进京协调办公室"，探索蔬菜应急保供新模式。坚决贯彻中央精准脱贫的战略部署，创新"产业推动、科技驱动、渠道联动、品牌互动、就业带动"有机融合的精准帮扶模式，建设运营北京消费扶贫双创中心，在北京市对口帮扶协作的 7 省区累计投资 260 余亿元，直接或间接带动建档立卡贫困人口近 29 万人。首农食品集团所属的首农供应链公司荣获"全国脱贫攻坚先进集体"这一宝贵荣誉。

瞄准一流、激流勇进，加快打造具有国际竞争力的现代食品集团

"十四五"期间，我国已进入全面建设社会主义现代化国家的新征程，农业农村也进入了全新的发展阶段。习近平总书记在 2020 年中央农村工作会议上，向全党全社会发出

"三农"工作极端重要、须臾不可放松、务必抓紧抓实的明确信号，强调脱贫攻坚取得胜利后，要全面推进乡村振兴，这是"三农"工作重心的历史性转移。

面对新形势、新任务、新要求，我们要弘扬新时代垦荒精神，争做新时代垦荒人，在关键核心技术攻关中大显身手，在产业优势领域精耕细作，在未知领域中探索创新，为实现"十四五"规划和二〇三五年远景目标"挥镢垦荒"。

一是与国企改革部署相衔接，打造世界一流的食品集团。2015年11月，《中共中央国务院关于进一步推进农垦改革发展的意见》的印发，标志着农垦改革发展上升为国家重大战略和全面深化改革的重大举措。2016年5月、2018年9月，习近平总书记两次考察黑龙江，强调要深化农垦体制改革，建设现代农业大基地、大企业、大产业，全面增强农垦内生动力、发展活力、整体实力，更好发挥农垦在现代农业建设中的骨干作用。2020年6月，中央审议通过《国有企业改革三年行动方案》，明确了落实国有企业改革"1＋N"政策体系和顶层设计的具体施工图。作为具有农垦基因的国有企业，首农食品集团要把国家农垦改革部署与国企改革部署紧密衔接，弘扬"勇于创造、敢为人先"的新时代南泥湾精神，充分发挥国有资本投资公司产业调整、产业整合、产业培育、以融促产的作用，加快健全现代企业制度，深化市场化改革，推动集团核心主业的规模化发展、产业化运营，逐步形成一批发展前景良好、核心竞争力较强的优势产业集群，努力实现到"十四五"末跻身世界500强的目标，在"建设具有国际竞争力的世界一流企业"上迈出新的步伐。

二是与创新驱动战略相衔接，打造全球领先的畜禽种业。国家"十四五"规划中，把"坚持创新驱动发展"摆在规划的首位，突出科技强国。北京市"十四五"规划中，把"建设国际科技创心中心"作为一个重要目标，提出打造"种业之都"。作为北京农业食品领域的国有企业，首农食品集团要坚决贯彻创新驱动的国家战略，巩固种鸭和蛋种鸡规模世界第一、种牛规模全国第一地位，加快北京生物育种技术创新中心建设，建立种质资源库，扩大自身在畜禽种业的既有优势，补足植物育种短板。采取"揭榜挂帅"等方式，牵头组建以首农为主体、以任务为导向、优势院所协同攻关的企业创新联合体，集中力量解决种业领域关键核心技术"卡脖子"问题，努力取得引领性原创成果，使首农食品集团成为承载北京种业发展的重要平台，在国家种业自主可控、加快北京国际创新中心建设上贡献首都国企力量。

三是与乡村振兴战略相衔接，打造农业产业的示范工程。"十四五"期间，我们要深入贯彻乡村振兴的国家战略，推动农业科技进步贡献率进一步提高、农业现代化建设取得阶段性成果、从田间到餐桌的食品全产业链和一二三产融合发展的全产业格局更加优化，做到"六个领先"，打造"六个工程"。"六个领先"，即发挥我们在畜禽种业上的优势，建成覆盖种类最全、产业规模最大、综合实力最强的，全球领先的世界级种业产业；引进消化、集成转化世界一流技术，设施农业建成具有国际领先水平的样板工程；优化畜类养殖、生猪屠宰、肉制品加工全国布局，肉类产业成为国内行业领先的千亿级产业；玉米深加工规模跻身全国前三，生物科技产业成为国内行业领先的头部企业；重要农产品供给量达到全市30％以上，"米袋子""菜篮子""奶瓶子""肉案子"城市综合保障能力居于全国领先水平；健康绿色发展的农业生产体系持续优化，低碳循环模式的引领带动作用更加突出，成为全国领先的农业绿色发展示范企业。"六个工程"，即稳产保供工程、种业攻关工程、科技支撑工程、供应体系再造工程、产业融合工程、脱贫成果巩固工程，把首农食品集团建设成为全面推进乡村振兴、加快农业产业现代化的国企典范。

四是与建党百年历史相衔接，凝聚奋斗新征程的精神动力。国有企业是党执政兴国的重要支柱。坚持党的领导、加强党的建设，是国有企业的"根"和"魂"，是国有企业的最大优势，是推动各项事业发展的根本保障。作为首都国企，我们要自觉主动深入开展党史教育，从百年党史中汲取智慧力量，在不懈奋斗中传承红色基因，始终保持革命者的奋斗精神，鼓起迈进新征程的精气神，胸怀"国之大者"，坚守初心使命，把坚持党的领导、加强党的建设落实到企业发展各领域、各环节，以高质量党建引领和激发奋斗"十四五"、奋进新征程的磅礴力量。

南泥湾精神是民族精神与时代精神的融合，南泥湾精神中自力更生、艰苦奋斗的革命精神已经成为民族精神的一部分。站在建党百年的历史新起点上，我们要坚持弘扬南泥湾精神，战胜前进道路上的各种艰难险阻，为建成具有国际竞争力、引领健康美好生活的现代食品集团而不懈奋斗！

（本文发表于 2021 年 9 月）

在构建新发展格局中展现新作为

天津食品集团有限公司

习近平总书记视察黑龙江农垦时作出重要指示，指出农垦是保障国家粮食安全和重要农产品有效供给的国家队和主力军，要建设现代农业大基地、大企业、大产业，努力形成农业领域的"航母"。党的十九届五中全会强调"十四五"要优先发展农业农村，坚持把解决好"三农"问题作为全党工作重中之重。在统筹推进疫情防控和经济社会发展中，全国农垦以扎实践行"六稳""六保"的实际行动，奋力保障人民生产生活，奋力追回疫情造成的损失，得到了党和人民充分肯定。

贯彻落实习近平总书记系列重要指示和十九届五中全会精神，天津食品集团有限公司（简称天津食品集团）将与兄弟垦区一道，致力于推动高质量发展，推动农垦做强做优做大，在构建新发展格局中展现新作为。

积极构建现代企业制度，进一步激发农垦内生动力

习近平总书记在全国国企党建工作会上强调，坚持党对国有企业的领导是重大政治原则，必须一以贯之；建立现代企业制度是国有企业改革的方向，也必须一以贯之。国企改革三年行动，突出强调要在形成更加成熟、更加定型的中国特色现代企业制度上取得明显成效。中央农垦改革发展文件要求，深化农垦管理体制和经营机制改革，完善现代企业制度，明晰产权关系，健全法人治理结构，不断提高内部管理水平和市场竞争力。习近平总书记重要指示和党中央一系列决策部署为国有农垦企业改革发展指明了前进方向。

近年来，天津食品集团不断解放思想，念好"市场大学"，着力在构建现代企业制度、形成科学有效的公司治理机制下工夫，加速市场化发展进程。大力推动"双向进入、交叉任职"，直属全资企业全部实现党委书记、董事长"一肩挑"，制定"1+3"权责清单，构建了15大类262项内控制度和纪检监察、审计、巡察、法务协同联动的监督体系，初步实现了产权清晰、权责明确、运转协调、有效制衡。大力实施混合所有制改革，在国有控股前提下，不刻意追求自身控股权，充分引入市场化经营理念和管理体制。建立市场化用人和激励机制，面向社会公开选聘职业经理人，中层管理人员全部完成聘任制身份转换，实行全员绩效考核，建立与经济效益和劳动生产率挂钩的工资总额决定机制，进一步激发企业活力。构建现代企业制度成效初步显现，2020年前三季度天津食品集团克服疫情严重影响，经营利润同比增长6%，更加坚定了市场化改革的信心和决心。

不断提升农垦核心竞争力与抗风险能力

习近平总书记指出，"十四五"时期经济社会发展要以推动高质量发展为主题，这是

根据我国发展阶段、发展环境、发展条件变化作出的科学判断。农垦企业走高质量发展道路，是顺应人民日益增长的美好生活、建设"三大一航母"、全面提升国家粮食安全保障能力和应对危机、抵抗风险能力的迫切需要。

天津食品集团坚定高质量发展的决心不动摇，当前，正下力气推动质量变革、效率变革和动力变革，着力提高发展质量和效益。一是围绕做好老百姓放心"菜篮子""米袋子"，结合疫情防控常态化下农产品供应链有效运转，站在全市全局，梳理城市供应短板，盘活企业资源，吸引社会投资，规划总投资102.5亿元，打造平战结合的"天津市菜篮子应急供应保障体系"，建设农副产品交易中心、冷链仓储物流设施和一批种、养、加工新项目，完善产业链条，进一步提升城市自给率，保障京津冀。二是围绕发挥好都市型现代农业示范引领作用，以创建国家农业现代产业园为契机，建设市场化运营机制的国际农业联合研究院，以科技引领，做大做强小站稻、奶牛、蛋鸡、肉羊、肉牛、水产等优势产业，在技术创新、提升品质、拓展市场、塑造品质上下工夫。三是围绕在扶贫协作和乡村振兴中发挥突击队作用，以荣获2020年全国脱贫攻坚组织创新奖、入选全国脱贫攻坚先进事迹巡回报告团为新起点新动力，强化对口援助河北承德、新疆和田、西藏昌都等地区肉羊养殖、食品加工、治沙等产业项目和消费扶贫工作运营管理，优化产业链条，健全市场化运营机制，确保项目良性运转，保证扶贫效果。四是围绕做好"一带一路"倡议的践行者，高标准建设运营"17＋1"中国-中东欧农业合作示范区、中东欧特色小镇等项目，用好两个市场、两种资源，打造高质量对外开放平台。五是强化企业管理，应对宏观经济下行和疫情影响，强调"练内功"，向管理要效益。全面推行精益管理，开展比学赶超活动，集团领导带队到企业蹲点，帮助企业发现问题、堵塞漏洞、提升管理。2020年全系统成本费用、两金占压同比大幅下降，建成"三重一大"决策、采购服务、大宗贸易平台、合同法务审核等信息化系统，不断完善风险防控体系。

深化垦垦合作，在构建新发展格局中当先锋做贡献

面对当今世界百年未有之大变局，面对疫情冲击和全球经济衰退对我国供应链和产业链带来的巨大挑战与考验，以习近平同志为核心的党中央作出"构建以国内大循环为主体、国内国际双循环相互促进的新发展格局"的战略决策。在疫情防控常态化和全球经济形势长期复杂背景下，农垦作为保障粮食安全的国家队和主力军，应当在构建新发展格局中找准定位、积极作为。

京津沪渝穗五垦区各具优势，彼此有着深厚的传统友谊和良好的合作基础。希望在农业农村部农垦局指导下，抢抓历史性机遇，深化垦垦合作，着力构建区域协同发展新格局，全面提升粮食安全保障能力和应对危机能力，成为党和国家信得过、靠得住，关键时刻拉得出、打得赢的过硬队伍。一是加大保障协同。进一步发挥"五垦区合作联盟"作用，大力推动五垦区产品互通，在满足自给基础上，优先服务保障其他垦区"菜篮子"需求，全面提升应急保障能力，并辐射带动区域经济社会发展和民生保障。二是推动发展协同。加强产业合作、股权合作，在科技创新、产业发展、项目建设等

方面开展深层次合作，进一步完善产业链条，提升发展质量和效益，增强产业链韧性，共同提高抗风险能力。三是促进文化协同。大力弘扬"艰苦奋斗、勇于开拓"的农垦精神，加强青年间交流，传承农垦情谊，为垦垦合作共赢、为农垦事业发展增添新动力。

（本文发表于 2021 年 1 月）

拼搏进取　担当实干
在自贸港建设中实现高质量发展

海南省农垦投资控股集团有限公司

2019年，海南省农垦投资控股集团有限公司（简称海垦集团）深入学习贯彻落实习近平总书记"4·13"重要讲话和中央12号文件精神，紧紧围绕海南自贸区（港）建设推动改革发展，企业生产经营稳中有进、效益持续提升，较好地完成了年初确定的各项目标任务，整体实力、产业投融资能力和可持续盈利能力进一步增强。

2020年是全面建成小康社会、"十三五"规划收官和"十四五"谋篇布局之年，更是海南自贸港建设关键之年。经过4年的改革，海垦集团已经顺利完成体制机制的根本转变，进入产业培育、效益提升的高质量发展阶段。2020年，海垦集团要牢牢把握自贸港建设重大战略机遇，开展"我为加快推进海南自由贸易港建设做贡献"活动，加快健全适应市场经济要求、充满活力、富有效率的管理体制和经营机制，大力实施"八八"战略，积极培育和壮大核心产业，打造具有市场竞争力的产业集团，促进垦地融合，推动海垦集团在自贸港建设中实现高质量发展。

准确把握职责定位，在自贸港建设中扛起农垦担当

（一）海垦集团要成为保障天然橡胶和南繁育种国家战略的国家队

要按照中央"把农垦建设成为保障国家粮食安全和重要农产品有效供给的国家队"的要求，把海垦集团建设成为保障天然橡胶和南繁育种国家战略的国家队。

1. 推动橡胶产业提质增效。一是完善和落实海南橡胶首席产权代表制度，调整优化董事会结构，确保与大股东实现协调联动发展。二是积极谋划和争取橡胶产业扶持政策、重大项目列入国家"十四五"专项规划。全面完成"两区"划定任务和2017—2019年国家天然橡胶基地建设项目，强化胶园建设和管理，确保橡胶产量只增不减。三是非胶产业结构调整一律坚持效益优先、稳妥有序、相对聚焦、以我为主，与垦区内部产业协同。四是持续推进"大浓乳""大收购""大市场"战略。逐步推进岛内加工厂合理布局，确保完成金星等5家浓乳加工厂技改，实现岛内可控浓乳产能25万吨；推进西双版纳、青岛物流仓储基地建设，完成R1 International Pte. Ltd公司与上海龙橡国际贸易有限公司在业务资源、经营方式等领域的全面整合。五是充分利用自贸港政策，在海口综保区开展20号橡胶现货离岸交易和保税交割业务，逐步打造天然橡胶现货交易中心和定价中心。六是以提高效益为目标开展科技创新。重点围绕智慧胶园、无氨浓乳、橡胶改性沥青道路、工业强基工程、橡胶木精深加工等方面开展科技研发和技术创新，打造利润增长新引擎。七是积极稳妥推进产业并购。年内重点围绕延长橡胶产业链条、提升产品附加值完成一批境

内外的产业并购。

2. 培育壮大南繁产业。 2020年海南省政府工作报告指出，将高标准建设崖州湾科技城，推动各类项目尽快实质性启动，形成自贸港开发建设热点。海垦集团要把握机遇，一是主动融入国家热带农业科学中心规划和南繁科技城产业规划，编制出台南繁产业集团（南滨农场）整体产业空间概念规划和崖州片区南繁科研用地产业规划，开工建设中国农垦南繁科技中心，实现与南繁科技城融合发展。二是全力推进南繁生物育种专区和配套服务区建设，明确专区运营管理模式，确保年底达到南繁单位进驻要求。三是扎实做好南繁科研用地流转和运营，落实财政贴息政策，新增整合南繁科研用地5 000亩以上，牢牢掌握南繁科技城"一城一地"中"地"的核心。四是以中国现代农业（种业）产业园为载体，建设南繁农田生态环境治理中心、南繁科研成果展示基地、种子烘干厂等项目，辐射带动南繁相配套的仓储物流、展示交易、高标准农田建设、农资农机、代耕代种等生产科研服务产业向园区聚集，延长产业链条。五是瞄准热带水果、蔬菜、花卉等细分领域，培育核心品种，探索与南繁科研机构建立科技研发、成果孵化、利益共享的机制，不断提升海垦南繁的知名度和科技水平。

（二）海垦集团要建设热带高效农业的大基地、大企业、大产业

海垦集团作为全省最大的农业国有企业集群，在全省推进乡村振兴、打造热带高效农业千亿级产业进程中，应当主动发挥龙头带动作用。

一是快速提高农垦在全省规模化养殖产业的比重。整合垦区内部生猪产业资源，积极发展特色养殖，确保红华10万头仔猪、新盈30万头生猪种猪场项目上半年竣工投产，推进海口30万头生猪、万宁10万头生猪、屯昌5万头黑猪项目开工建设，到2021年形成100万头生猪养殖规模，完善饲料、屠宰等全产业链布局。

二是在全省"三棵树"（椰子、橡胶、槟榔）产业发展中积极发挥龙头企业带动作用。海胶集团要在充分研究论证的基础上，编制出台垦区椰子产业发展规划和三年行动计划，要突出特色品种，合理规划种植区域和面积，找准产业链细分领域切入点，明确实施主体、骨干项目和盈利模式，谋定而后动。三是按照市场化的方式参与全省"菜篮子"工程建设。结合全域土地综合整治和土地返租等碎片化土地整合，建设一批规模化的"菜篮子"生产基地；持续推进垦区荔枝、杧果、茶叶、胡椒、咖啡产业整合，实现营收、市场、渠道、品牌、团队等资源共享；草畜集团要确保红光100万只蛋鸡青年鸡场项目上半年竣工投产，30万套文昌鸡种鸡场项目开工建设；商贸物流集团要回归主业，积极争取参与组建全省"菜篮子"集采直供平台和热带农产品交易中心，逐步构建仓储、物流、批发流通体系，为全省保供稳价做贡献。

（三）海垦集团要打造海南国企改革重要的投融资平台

作为全省国有资本投资运营公司之一，海垦集团要在积极参与推动全省国有经济布局优化、结构调整和战略性重组，推动国有资本做强做优做大方面发挥更大的作用。

一是加快培育新的上市企业，海垦集团层面成立专项工作小组，制定专项工作计划，重点围绕生猪、南繁育种、自然资源运营、商贸物流等产业，采取首次公开募股（IPO）、借壳等方式全力推进相关企业上市。

二是积极参与并推动海南自由贸易港建设投资基金、海南省南繁育种创投基金、海南农垦农业产业投资基金、农垦产业发展股权投资基金等实质性运作并投资农垦产业项目，确保资金筹得到、投得出、管得住、收得回。

三是要以服务垦区实体产业发展为基础，以金控公司实体化运作为抓手，拓宽金融服务领域，拓展融资租赁、商业保理等类金融业务，加强对银行、保险、证券的参股力度。

四是做好融资保障，充分利用海垦集团整体资产负债较低的优势，根据产业并购需求和项目建设时序，通过资本金注入、银行授信、财务公司借款、银行融资、基金投资、发行债券等不同方式解决资金需求，保障流动性。

五是研究制定上市公司市值管理工作方案，提振市场预期，体现公司价值。

六是深化与中粮等央企的合作，更加注重产业链招商，通过引进资金、技术、管理等方式推动垦区产业转型升级。

（四）海垦集团要成为全省自然资源的综合运营商

要推动土地管理向资源运营转变，将资源优势更好地转化为产业发展的资产资本优势。

一是要加强产权产籍基础管理，加快完成土地划转变更登记。截至目前，垦区已完成确权土地划转变更登记面积884.64万亩，剩余42.53万亩，其中建设用地划转变更登记1.21万亩，剩余21.66万亩。未来的工作重点就是加快推进建设用地的划转变更登记。

二是稳妥有序推进土地资产化资本化证券化。农垦土地资源资本化、资产化已经连续三年写入省政府工作报告，要继续结合产业发展实际需要推进土地资产化资本化，年内完成土地资产化面积13万亩，新增资产46亿元，力争存量建设用地作价出资取得突破，争取土地资本化涉税问题的顶层政策支持；结合上市公司市值管理，推进土地证券化。

三是大力开展碎片化土地整合，按照竣工交易一批、开工实施一批、策划储备一批的原则，加快推进三亚、东方、昌江、澄迈已开工的土地综合整治项目，完成文昌、临高、琼海项目的前期工作，导入高效产业资源，创建昌江、东方省级现代农业产业园，为保障自贸港重大项目建设、解决占补平衡、承载"菜篮子"工程、建设热带高效农业产业基地做出积极贡献。

四是创新农垦存量建设用地的开发利用方式，积极争取将农垦融入全省"三块地"改革，在迈湾、天角潭水利枢纽工程、海南热带雨林国家公园移民搬迁安置工作中，结合农垦农场场部统一规划和美丽乡村建设，通过存量建设用地空间置换和增减挂钩等制度创新，盘活农垦场队存量资源，作为征收农垦土地移民安置改革试点案例。

五是加快推动垦区南部和北部新型建材骨干基地项目前期工作，力争南部项目年内开工建设。

（五）海垦集团要争做"走出去"对外合作的排头兵

自贸港建设将围绕贸易、投资、资金、人员、运输往来自由和数据跨境便捷流动等重点领域推出开放新举措，推进跨境投融资便利化，这就为海垦集团更好的"走出去"提供了重大机遇。

一是要做好顶层设计，深入分析自贸港政策对企业原有的产业布局、商业模式、供应链管理等方方面面带来的冲击和变革，研究海垦集团如何更好利用自贸港政策机遇完善产业链分工和布局，要组建专业人才和核心团队，稳妥有序实施"走出去"发展战略。

二是研究北京海垦、天津绿海、上海龙橡、广东海垦如何融入京津冀、长三角和粤港澳大湾区，打造海垦集团布局全国的战略支点。

三是聚焦天然橡胶、南繁育种、草畜养殖、热带水果、热带作物等核心产业发展，按照市场化和效益优先的原则，稳步推进到泰国、柬埔寨等"一带一路"国家进行产业布局，开展项目投资，切实增强资源的掌控力、行业的影响力和企业的竞争力。

坚持新发展理念，推动农垦实现高质量发展

（一）坚持创新驱动，持续推进制度和科技创新

发展理念是发展行动的先导。新时代推动经济社会发展，必须坚定不移贯彻新发展理念。当前，垦区有很多企业还在按部就班、根据惯性思维在开展工作，一些领导干部身上还不同程度地存在对制度创新理解不够、办法不多和本领恐慌等问题。形势逼人，不能因循守旧，不能用老办法去解决新问题。

一是坚持问题导向，充分调动各企业的积极性，从推进土地资本化证券化、推动产业转型升级、建立市场化的经营管理机制、促进垦地融合发展等方面分级分层推进制度创新，继续为全省制度创新提供"海垦案例""海垦模式"。二是坚持服务产业发展，建立鼓励科技创新的体制机制，重点聚焦天然橡胶、南繁育种、热带水果、热带作物、草畜养殖等领域开展科技创新，努力形成一批创新成果。三是狠抓创新成果的推广应用，要将制度和科技创新工作具体化、项目化、清单化，做到可操作、可量化、可落实、可考评，大力推进创新成果的推广应用，确保取得实实在在的效益。

（二）坚持科学规划，引领高质量发展

科学规划是高质量发展的前提，要牢牢把握"十四五"规划编制和自贸港建设的重要契机，结合自身的资源禀赋和产业基础谋篇布局、统筹规划。

一是建立海垦集团产业发展"1＋N"规划体系，5月底前出台海垦集团发展战略规划，8月底前编制出台重点产业发展规划、三年滚动发展规划和年度行动计划。

二是从为自贸港建设做贡献、实施乡村振兴、促进区域协调发展等角度，谋划储备一批国家级、省级重大专项和项目，将农垦的改革与发展纳入各级政府编制的"十四五"规划和专项规划，10月底前完成海垦集团"十四五"规划并报省国资委核准。

三是开展农垦国土空间规划专题研究，结合"多规合一"和"三调"成果对接，合理谋划垦区国土空间开发利用、产业和项目布局，形成场域空间规划成果并融入市县空间规划体系，为垦区未来发展争取空间。

四是强化规划落地实施的保障机制，要把规划编制作为各单位党组织把方向、管大局、保落实的具体抓手，列入"一把手"工程来推动，将规划目标完成情况与企业绩效责任人任期绩效挂钩，对规划确定事项重点给予要素保障，使规划真正成为企业发展的硬约束。

（三）坚持聚焦主业和重点，加大投资力度

要切实改变过去项目合作广种薄收的发展模式，突出主业、做强主业，按照编制好一

个规划，选准一个合作伙伴，导入一个主导产业，谈出一个好的合作模式，培养一支市场化的队伍，守好一方土地的"六个一"要求推进项目，确保做一个成一个。

一是聚焦重点片区、重点产业、重点企业、重点项目，按照加快推进一批、竣工投产一批、谋划储备一批的原则，加快推进保亭甘工鸟文化旅游度假区、南平医疗养生产业园等省重点项目，宏达商城、海垦桃花源等自贸（区）港集中开工项目，海垦茶叶生态科技园、南田共享农庄等海垦集团年度骨干产业项目，海之源冷链物流中心、八一铁皮石斛和榴莲蜜基地等财政资金项目建设，确保完成年度投资计划；充分利用政府大力推进城镇老旧小区改造的契机，加快推进农垦西大院改造、农垦招待所、金环广场、宏达金湖9号以及红光、荣光、西联等场部棚户区改造项目开工建设，海垦集团将对以上事项在资金、人力、指标等要素方面给予重点倾斜保障。

二是将产业和项目向园区聚集。园区是自贸港建设重要的切入点和突破口，自贸港有关进出口关税、企业所得税、极简审批和要素保障等系列政策措施将率先在全省10个重点园区实施，要深化政策研究，提前布局。重点是将桂林洋国家热带农业公园的整体发展融入江东新区总规和控规，积极引入战略投资者进行整体谋划和开发；在洋浦、海口综保区布局仓储物流开展大宗商品贸易；将南繁产业发展融入南繁科技城开发建设；大力推进农产品加工向湾岭农产品加工物流园区集中；推动海南南平健康养生产业园规划尽快获批，与地方政府共同确定产业定位和开发模式，争取按照"法定机构＋市场主体"模式运营，作为博鳌乐城"一区多园"的试点，实现基础设施开工建设。

（四）坚持共享发展，推动垦地融合

2020年省政府工作报告要求，推动垦区规划、土地、基础设施、产业发展、社会管理等进一步融入地方。在"全省一盘棋、全岛同城化"的大背景下，海南农垦唯有更加积极主动地融入区域和城乡发展，才能够争取更大的发展空间。

一是要解放思想、转变观念，牢固树立垦地融合发展的理念，在产业发展、招商引资、项目建设、园区开发等方面主动为市县经济发展、税收、就业多做贡献，在脱贫攻坚、信访维稳、"两违"整治、民生改善方面主动为市县政府分忧解难，而不是添麻烦。

二是要建立健全垦地融合发展的体制机制。推动既有的垦地联席会议、联合工作小组等工作机制制度化、常态化，组建利益共同体，推动垦地资源共享、产业协同发展。

三是积极争取省委省政府在新一轮农垦改革过渡期后，支持海垦集团在自贸港建设实现高质量发展的政策文件，推动实施垦地融合三年行动计划，实现垦地空间规划一体化、产业融入一体化、公共基础设施建设一体化、土地利用一体化、项目招商和落地一体化融合发展；积极推动完善垦区的管理体制和运行机制。

（本文发表于2020年5月）

做现代农业产业振兴的领跑者

——安徽农垦实施乡村振兴战略的发展路径

安徽省农垦集团有限公司

党的十九大作出实施乡村振兴战略的重大决策，将其作为新时代"三农"工作的总抓手，作为决胜全面建成小康社会、全面建设社会主义现代化国家的重大历史任务。习近平总书记对实施乡村振兴战略作出过一系列重要论述，党中央、国务院采取了一系列有效举措扎实推进。安徽作为我国农业大省，是农村改革的发源地，农村改革始终走在全国前列。作为省属唯一的国有大型农业企业集团，安徽省农垦集团有限公司（简称安徽农垦）理应勇挑重担，在全省推进乡村振兴战略进程中抢抓机遇，发挥优势，补齐短板，做强皖垦，带动乡村。这既是推动农垦自身转型升级、发展壮大的历史机遇，也是作为"农业国家队"在推动农业全面升级、农村全面进步、农民全面发展上所应承担的社会责任。

安徽农垦实施乡村振兴战略的主要任务之一是实现现代农业产业振兴。安徽农垦应充分发挥农业国家队的优势，在实施乡村振兴战略过程中，敢于领先，争当现代农业产业振兴的领跑者。

安徽农垦存在的优势和面临的机遇

安徽农垦总部坐落在合肥，下属 20 个农（茶、果）场公司分布在淮河两岸、沿江、江南地区，与地方乡镇或交叉或相邻，地域上唇齿相依，发展上休戚与共。安徽农垦在现代农业示范引领作用日趋凸显，主要源于资源和产业上的优势。

（一）存在的优势

1. 土地资源禀赋厚实。 安徽农垦下辖 20 个农（茶、果）场，拥有土地面积 96.64 万亩，其中耕地 52.32 万亩、林地 11.8 万亩、茶果园 7 万亩、养殖水面 1.5 万亩；通过实施农业"走出去"战略，在津巴布韦开垦 8 个农场计 10.8 万亩土地。

2. 集约要素活跃。 2018 年底，安徽农垦注册资本 100 亿元，资产总额 340 亿元，资产负债率仅为 22.44%，为集团评级增信打下坚实基础，为拓展融资提供了重要保障。

3. 现代农业产业多元化格局初现。 多产业协调发展的现代农业产业体系初步建立，已建有小麦、水稻、茶叶、水果等省级以上现代农业示范区 22 个，组建了皖垦种业等专业化公司，通过良种推广带动 200 多万农户增产增收，农服公司首创的"331"服务模式辐射省内 200 万亩以上农田。一批产业化龙头企业已跻身国家级和省级龙头企业行列，培育了"皖垦""雁湖""㑴㑴""敬亭绿雪"等一系列知名品牌，37 个农产品通过了无公害、绿色、有机等相关认证，17 个品牌获评名牌农产品和著名商标。

4. "一体两翼"产业布局初步形成。 通过转变垦区农业发展方式、调整和优化种植业生产结构、完善农业基础设施，不断提升农业综合生产能力和农业质量效益，强化现代农业的引领示范作用。同时，一二三产业融合发展，做优做强做大投资金融业与房地产业，为安徽农垦的整体发展提供坚强的经济支撑。

5. 创新发展能力得到加强。 在管理体制、农业社会化服务、农业"走出去"、垦地合作、土地作价出资、产业基金等方面大胆创新，探索出一系列较为成功的做法和经验，受到了农业农村部及兄弟垦区的高度关注和肯定，被中央有关文件所吸纳，开始形成"安徽农垦经验"。

6. 开放合作能力显著提高。 围绕"一体两翼"和新业态新产业广泛寻求合作，通过在现代农业、产业园、城镇建设等方面的垦地合作，与央企、省企、民企的产业项目合作，与科研院所的人才、科技合作以及"走出去"的国际合作等形式，积极拓展新领域，培育新业态，开辟新市场，为安徽农垦赢得了良好的发展空间和发展环境。

（二）面临的政策机遇

安徽农垦在实施乡村振兴战略中，应抢抓机遇，把握政策，既要做强皖垦，加快实现农垦自身发展；又要带动乡村，示范引领现代农业发展。

1. 中央重农强农信号鲜明。 党中央作出了实施乡村振兴战略的重大决策，明确提出高质量发展要求，坚持农业农村优先发展，坚持质量兴农、绿色兴农，加快推进农业由增产导向转向提质导向，加快推进农业农村现代化，完善农业支持保护制度，发展多种形式适度规模经营，培育新型农业经营主体，健全农业社会化服务体系等重大政策，为安徽农垦加快发展现代农业核心主业、优化经济结构、增强新动力、指明了方向。

2. 党委政府高度重视农垦发展。 党中央国务院、省委省政府十分关心且高度重视农垦的改革发展。2015年中央出台33号文件，强调要"努力把农垦建设成为保障国家粮食安全和重要农产品有效供给的国家队、中国特色新型农业现代化的示范区、农业对外合作的排头兵、安边固疆的稳定器"。2016年省委出台32号文件，强调安徽农垦要围绕垦区率先基本实现农业现代化、率先全面建成小康社会，打造全省现代农业企业集团航母。2018年的中央和省委1号文件再次强调，要切实发挥农垦在质量兴农中的带动引领作用。以上政策充分体现了从中央到地方对农垦改革发展的特别关心和特别支持。

3. 新政策新举措前所未有。 中央和省委相继出台乡村振兴战略规划，推出了一系列针对性强、含金量高的新政策新举措。安徽农垦作为省委省政府明确提出要重点打造的全省现代农业企业集团航母，各种政策利好前所未有。安徽省政府实施长三角区域一体化战略，为安徽农垦带来了新的黄金机遇。安徽农垦作为省属企业中唯一农业企业，融入长三角一体化发展有利于瞄准上海等大城市的高端消费市场，加入长三角联动高质量发展的资源优化配置、产业优势互补的现代化经济体系，积极参与苏浙沪皖经济圈专业化分工与协作，有利于搭上安徽乃至长三角区域高质量发展的快车。

（三）出现的短板

在实施乡村振兴战略过程中，安徽农垦既有独特的优势，也存在一定的短板。

1. 企业市场竞争力不够强。 随着乡村振兴战略的深入实施，更多的家庭农场、农业生产合作社、农机农资生产企业乃至一些非涉农企业纷纷看好、瞄准、进入现代农业产业，加快发展现代农业产业，农业产业的市场竞争将进一步加剧。

2. 市场营销是弱项。 下属公司产品品牌杂而分散，市场知名度和认可度不高，尚未形成消费者心目中需求旺盛的优势品牌。营销队伍整体素质需要提升，市场营销能力有待加强。

3. 核心人才较缺乏。 领军型、经营型、专业型人才比较短缺。劳动、人事、分配三项制度设计有待优化，亟待建立起以经营绩效、工作效能为导向的全员业绩考核办法和薪酬分配制度，吸引或留住高水平营销人才、农业科技人才和复合型管理人才。

4. 产品科技含量不够高。 与上海、江苏等兄弟垦区相比，安徽农垦在科技创新和研发的组织安排、资金投入不足。现代农业科技含量不高，重要农产品有而不优，缺乏市场核心竞争力。

安徽农垦实施乡村振兴战略的目标

在实施乡村振兴战略过程中，安徽农垦应不负省委省政府关于打造"全省现代农业企业集团航母"的重托，切实担负起"致力绿色有机、服务美好生活"的发展使命，努力实现"成为国内一流、走向世界的现代农业企业集团"的发展愿景。

总体发展目标：到 2022 年，安徽农垦销售收入力争达到 100 亿元，利润总额 5 亿元，企业品牌影响力和综合实力居全国农垦行业前列，成为长三角区域领先的现代农业企业集团；到 2028 年，安徽农垦销售收入力争达到 200 亿元，实现利润总额 12 亿元，企业品牌影响力和综合实力居于全国农垦行业前列，成为国内一流、走向世界的现代农业企业集团。

在安徽省推进乡村振兴战略的实施过程中，安徽农垦将建设成为产业兴旺、生态文明、生活富裕的现代农业企业集团，致力于成为科技农业引领者、农业双创示范者、现代农业主力军、农业发展赋能者，奋力推动安徽省乡村振兴走在全国前列。

（一）做科技农业引领者

安徽农垦始终坚持农业科技创新投入，以产出高效、产品安全、资源节约、环境友好为方向打造现代农业科技研发体系，以前沿科技成果武装农业、改造农业，成为发展科技农业的引领者。

（二）做农业双创示范者

安徽农垦在农业产业链价值链全链条上搭建创业创新平台，共享内部设施和能力，汇聚产业资源，着力建设农业双创生态体系，建成标准高、成绩优、示范带动强的农业双创典范。

（三）做现代农业主力军

安徽农垦突出农业核心主业，创新整合各方资源，以一二三产业深度融合的姿态巩固发展现代农业，快速壮大企业规模，积极承担社会责任，成为现代农业的主力军和安徽省国有经济的重要力量。

（四）做农业发展赋能者

安徽农垦为农业发展提供高度组织化、专业化的全程全要素的资源和服务，为农业从业者搭建产业品质化、规模化发展的平台，为乡村绿色生态发展提供农垦经验，推动农垦和整个乡村实现高效生产、绿色生产、生活富裕、生态文明。

安徽农垦振兴现代农业产业的路径

安徽农垦在乡村振兴发展中要进一步释放现代农业的示范引领的新动能，要敢于做现代农业产业振兴的领跑者。

（一）在体制机制改革上释放活力

按照集团化、企业化、市场化发展新要求，对安徽农垦总部机构和职能重新优化调整，着力强化种植业、养殖业、林业和农业旅游等部门职能。进一步厘清同类企业业务边界关系，优化农业产业资源和要素配置。认真探索农场公司化架构下农业经营管理体制改革新路径，不断完善农业生产体系、产业体系、经营体系。积极推进劳动、人事、分配三项制度改革，健全考核体系，进一步激发农垦干部职工干事创业的热情。

（二）在扩大营销上持续发力

不断聚焦"产业、产品、品牌"三个要素的精准发力点，把品牌策划推广和产品市场营销作为产业发展的龙头，在对农垦农产品进行充分调查摸底的基础上，与专业策划公司合作开展农垦品牌营销策划推广，着力构建农垦母子品牌体系。设立市场营销专项资金，持续加强员工营销培训班，将"十佳营销能手"评选纳入农垦"三十佳"劳动竞赛评选活动范畴。与餐饮连锁企业合作推进皖垦农产品进食堂行动，组织相关企业参加各类展示展销会；与大型商超、新闻媒介等各类宣传、营销平台进行对接，积极探索、拓展皖垦品牌宣传推广、电商代理、渠道直供等营销路径，全力提升皖垦农产品市场营销水平。

（三）在发展重点产业上调整焦距

一是打造种植养殖业的"升级版"，在绿色兴农上下工夫。强化化肥减量深施、农药减量增效、秸秆还田综合利用等实用技术的到位率，进一步优化品种结构，鼓励支持农场公司根据市场需求发展高效农业，提高亩均收益；以农产品"三品一标"认证和质量追溯为抓手，扩大绿色、有机农产品认证和绿色标准化生产基地规模；支持主要农作物绿色高质高效生产技术模式集成创新、农作物病虫害绿色综合防治技术等课题立项；在粮食重点产区建设优质专用品牌粮食基地。加快林养产业发展，补齐产业发展短板，推进茶果园更新改造、提质增效、绿色防控和标准化生产。二是提高皖垦农产品精深加工的能力，在核心竞争力上下工夫。适时适用改进大米、面粉、面条等主要粮食产品生产加工线，稳定发挥普通大米和麦面产品产能，稳步扩大高端营养大米、面粉面条产品生产规模，延伸产业链，提高产品质量，提高产品附加值。三是完善"331"农服模式，在辐射乡村上下工夫。大力支持和鼓励农场公司和农服公司走进周边农村，通过垦地合作、股权合作、独资经营等多种形式，开展农技推广、土地托管、代耕代种、统防统治、烘干收储等农业生产性服务。四是探索农垦特色农旅产业新路径，在以点带面上下工夫。实施现代农业、休闲旅游、田园社区的共生共存的农旅项目，集吃、住、行、游、购、娱、文化体验等多种活动于一体，体现生产、生活、生态"三生"融合的农垦特色。根据农垦地域特色，发展"宣城文房四宝＋敬亭山＋皖垦敬亭绿雪＋南京都市圈"相结合的茶香小镇项目，发展"白米山天域田园综合体＋皖垦原始林区＋军旅产业园＋南京都市圈"相结合的农旅项目等。体现皖垦和乡村特点。开发农家大院风格的民宿、度假酒店，居住环境宽敞、亲近自然，餐饮绿色、生态。开发乡村比邻而居的康养住宅等，配套保健、运动、度假等基础设施。

（四）在打造种业"芯片"上精心谋划

加强皖垦种业研发能力建设，提升核心竞争力。做实皖垦生物工程研究院。按照育繁推一体化要求，规划科研体系建设，加快完善"院所站"科研实体建设。整合垦区科研人财物资源，壮大科技研发队伍，加大科技创新成果分享力度，探索技术入股途径。充分用好现有国家级育种联合体等平台，发挥好外部科研专家作用，加大科研投入。争取3～5年内皖垦种业上市。

（五）在创建智慧农业上示范引领

面向现代农业示范区、无公害绿色有机种植基地、大客户专属种植基地等农田，分级分阶段推进智慧设施建设，包括开展农业物联网和大数据基础网络建设，对土壤温湿度、pH、空气温湿度等环境指标进行采集检测和视频监控，实行作物生长全流程的追溯，对设施农业的室内气象进行记录。借助物联网设施建设水稻、茶叶和种子全程质量安全追溯系统，实现种、产、销全过程质量追踪，带动全省农产品质量追溯体系建设。

（六）在绿色兴农质量兴农上率先作为

支持农场公司大力发展有机、绿色产业，在种养殖方面，围绕粮稻、瓜果、生猪、蛋鸡、鱼虾等特色优势产业，全力开发以"皖垦"为主品牌的高端绿色有机生态产品；在旅游、休闲农业方面，完善游园道路、观景亭台、休闲住宅等基础设施建设，充分展示皖垦农耕文化，通过宣传推介，让"布局美、产业美、环境美、生活美、风尚美"成为皖垦的金字招牌。推动市场化多元化生态补偿，探索建立用水权、排污权、碳排放权交易制度。协同所在地政府保护和修复重要生态系统，加快对生态脆弱农场的水土流失治理和生态环境保护，加强垦区动植物种质资源、原生物种保护利用。完善和落实生态环境损害赔偿和责任追究制度，完善生态文明建设地方性法规规章，加强生态环境执法。

（本文发表于 2020 年 1 月）

稳产保供

习近平总书记在党的二十大报告中强调，要全方位夯实粮食安全根基，确保中国人的饭碗牢牢端在自己手中。当前，世纪疫情和百年变局交织叠加，农业发展资源环境约束不断加大，国际农业竞争日趋激烈，保障国家粮食安全和重要农产品有效供给的任务更加艰巨，农垦在国家全局中的战略作用更加突出。

稳产保供是形势要求，也是农垦的职责所系、使命所在。《意见》明确提出，努力把农垦建设成为保障国家粮食安全和重要农产品有效供给的国家队。"十四五"农业农村工作将"保供固安全，振兴畅循环"作为总定位，要求努力实现高质量保供。2022年，为推动提升大豆自给率，农业农村部印发方案要求农垦带头扩种大豆油料。

"稳产"是前提基础，是支撑保障，"保供"是职责使命，是任务目标。在疫情防控和民生保障的关键时刻，农垦怎样守好百姓"米袋子""菜篮子""奶瓶子""果盘子""糖罐子"？如何稳中求进、统筹谋划，构建现代农业全产业链，确保产得出、供得上？本篇章聚焦稳产保供，看农垦各企业集团和国有农场为履行职责使命付出的探索与智慧、担当与力量。

为保供稳价贡献农垦力量

季　刚　王盼盼

辛丑新春来到，就地过年成为新风尚。开门七件事，柴米油盐酱醋茶。保障老百姓的"菜篮子""米袋子""奶瓶子""糖罐子""肉案子"充足供应，农业国家队责无旁贷。今年春节期间，全国农垦充分发挥大基地、大企业、大产业优势，为农产品市场稳定充足供应贡献农垦力量。

突出产品生产，当好春节保供"大车间"

加强统筹部署。北大荒农垦集团有限公司（简称北大荒集团）完达山乳业股份有限公司动态调整生产计划，积极协调奶源、设备、人力、物流等保障供应，精准调配，全力保障市场鲜奶及乳制品供应。天津食品集团利达粮油有限公司为超前应对市民居家过年的消费需求，提前着手谋划节日市场供应工作，制定并实施"大干100天"主题活动，动员全体员工参与到市场供应工作中；甘肃农垦农牧投资发展有限公司提前制定应急防范方案，准备各类蔬菜水果9 000吨，以保障节内有序按需发往各地销售商。

提高生产效能。江苏省农垦米业集团淮海有限公司通过把传感探测技术和大数据技术引入生产设备，实现对产品质量和生产流程的有效监管，有力地提升了春节期间品牌大米供应保障水平。天津食品集团利达有限粮油公司投入资金对主食车间进行设施改造和设备升级同时配套完善洗菜、切菜、拌馅、金属检测等设备，使车间标准化、规模化生产能力全线提升，为节日市场供应工作打下了坚实基础。

精心组织生产。北大荒集团亲民面粉车间实施两班倒工作制，24小时不间断生产，为避免人力不足影响生产，管理人员全部投入生产一线。重庆农投集团天友乳业开足马力，全力组织生产，全面开展铺货，满足消费者多样化乳制品需求，不间断提供健康优质好奶，企业不分昼夜满负荷运转，确保供应充足。光明乳业股份有限公司各个工厂产能基本达到满产，面对疫情及春节备货的双重压力，对疫情变化、各工厂生产及奶源物料运输供应情况进行实时跟踪关注，对生产及时作出调整。光明食品集团上海五四有限公司所属上海星辉蔬菜有限公司基地在田蔬菜面积1.2万亩，日均上市青菜、芹菜、生菜、茼蒿、杭白菜、卷心菜等蔬菜产品175吨左右。宁夏农垦有限公司灵农肉联厂全体员工为保障市场鲜猪肉的正常供应，每天加班加点屠宰生猪350头左右供应以满足区内市场需求。

突出物资供给，充实百姓过节"储备库"

完善物资储备。北京首农食品集团有限公司（简称首农食品集团）及所属企业组织各生产基地，做好生产用原辅料、包装物等物资储备充足，合理安排产品生产，增加产品储备数量，提高供应保障能力。北京古船米业有限公司北京市内仓库 2 000 吨成品大米准备就绪，随时可以进入商超走进市民购物车。北京古船食品有限公司满负荷运转，每天近 1 000 吨面粉源源不断从工厂运出，运往各大商超、重点客户的库房；北京市密云区粮油有限公司截至 2 月 2 日累计入库成品粮 870 吨，需要时调得动、用得上、有保障。河北滦平华都食品有限公司在顺义、大兴、丰台三个区域储备冷冻鸡肉及鸡肉制品合计 1 400 余吨，在公司本部储备冷冻鸡肉及鸡肉制品 1 500 吨，以备市场应急供应。北大荒集团联合阿里零售通在全国六大区域 12 个仓库储备了充足的米面粮油产品，与京东八大仓战略合作储备民生物资百万余件，总价值达上亿元，在华润万家、欧亚、家乐福等全国大型连锁现代商超进行集中备货。陕西省农垦集团有限公司启用了沙苑农场设施园区应急储备库，最高存储量可以达到 500 吨，确保节日期间即使遇到极端天气也可保证果蔬供应充足、价格平稳。安徽农垦"皖垦 e 家"春节期间正常营业，货品充足，基本满足 7 天左右周转量。

优化产品结构。上海光明食品集团水产公司及时调整产品结构，寻找和研发适销对路的国产海鲜，增加了带鱼、平鱼、黄鱼等品种，调整国产海鲜的库存，在生产和运力紧张的情况下，与生产基地实时联动确保货源稳定。针对节日期间的市场需求变化，合理组织货源，力求结构合理、品种多样。首农食品集团根据居家生活消费增多的特点，提升营养价值高、功能型、复合型产品的供应能力。北京三元食品股份有限公司加大 A2 系列、有机系列产品的备货数量，研发高褪黑素功能型牛奶，满足市场需求。北京市南口农场适量增加中高档以及南果商品的准备，包括精品红富士、草莓、小金橘、蜜柚、芭乐等多种产品。

稳定持续供给。苏垦米业集团淮海有限公司除了维持正常加工生产，确保零售市场稳定供应外，充分发挥江苏百家农民满意收购企业市场"蓄水池"作用，通过加强产销衔接，落实仓容，备足货源，做到量足价稳，随需随调，确保节日期间不脱销。呼伦贝尔农垦果蔬采摘基地节日期间不停业，油、奶、米面等仓储物流配送随时待命出库，此外，适当延长节日期间营业时间，切实加强生活物资保障，确保生活必需品不断档。广西桂垦牧业公司明确春节期间不停产、不集中放假的工作要求，严格落实值班制度，继续抓好非洲猪瘟等疫病防控，常态化做好各项生产工作，稳定农产品供应。重庆市农业投资集团有限公司（简称重庆农投）天友乳业公司提前上市"7 天鲜牛奶"巴氏奶新产品，全力以赴开展线上线下渠道、平台备货，天友生活门店春节期间不停业，柔性调整各渠道间产品订单计划，冷链配送队伍全年无休，确保打通消费者购买的"最后一公里"。

突出质量管控，拧紧农副产品"安全阀"

加强过程管理。云南农垦集团高度重视产品供应安全，防止农残超标，保证食品安全。同时，安排专人对全市场销售产品进行质量安全突击检查，保证每份进入市场产品的质量和食用安全。公司还联合街道办事处、市场监督管理所对市场内销售冷冻、冷链运输类产品，进口菜品，水果等产品和销售人员进行抽样核酸检测，并重点对有冷链的品牌进行管控，严格执行管控标准，落实进货查验和登记制度，逐一核对产地、日期、核酸检测报告，提供"追溯码"，确保市民买到放心菜、安全菜。广西桂垦牧业公司加大食品安全监管力度，增加生产过程检测频次，全力提供放心安全食品。完善细化各项应急预案，确保畜牧养殖生产安全。

严格把控质量。光明食品集团下属糖酒集团高度重视春节前后生产安全和食品安全工作。各门店员工坚守岗位，在原产地控制、生产环节控制、产量控制等方面严格把关，确保安全平稳运营。光明国际爱森公司鼎牛天津港口员工坚守检测一线，做到车车必检，严把质量关，高质量履约，保证各大牧场奶牛的每天口粮供给。北大荒食品加大食品安全监管力度，增加生产过程检测频次，确保万无一失。安徽农垦加强防疫管理，严格落实各项防疫防控措施，做好冷链等商品预检、审核等工作，为广大群众提供良好、放心的购物环境。

突出市场供应，打造春节保供"升级版"

丰富销售方式。首农食品集团所属各企业根据节日消费特点，丰富营销活动，在销售环节出新招。举办"年味六必居，香伴合家欢""元气过新年、礼赠送三元"等主题促销活动，在线上渠道上，集团"首农大厨房"正式上线，集聚系统优质品牌和粮油副食、肉蛋菜奶等多品类产品，线上下单，线下一站式配送。北大荒集团在山东、山西、湖南、广东、海南等地开拓社区团购渠道，打通县乡级市场，扩大销售网络布局。重庆农投肉食品有限公司"大厨良选"品牌猪肉先后在线上线下开展了多渠道营销，春节期间日均销量预计达到6 000公斤以上。广垦绿色农产品公司佳鲜农庄门店节日期间不打烊，依托网上商城和配送体系，将更多农垦良品和扶贫农产品送到百姓餐桌。

发挥渠道优势。光明食品集团良友便利发挥门店贴近市民、靠近社区的作用。全力保障供给。做到不脱销、不断档，保证城市居民的生活需求。春节期间，有220家门店24小时营业，其他门店按计划安排营业时间。重庆农投物流全面强化民生物资运输保障。从开始春节民生物资保供，恒天冷链已累计发送货物2 100余车次，为230家超市、190家社区门店，配送市民必需的奶制品、水饺、汤圆、畜肉等食品超过3 000余吨。安徽农垦充分发挥自有基地优势，以大圹圩、寿西湖、水家湖等自有农场为主要供货渠道，保障生活物资尤其是米面粮油、蔬菜、肉类等农副产品供应。广西农垦将各农场公司基地所种养的胡萝卜、猪肉等蔬果类、鲜肉类等食材，整合到广西食品供应链服务平台，通过供应链服务，将集团各农场公司的优质农产品保质保量供应到市场流通。

扎实做好服务。天津食品集团利达粮油公司针对疫情防控常态化形势下的节日供应，主动为客户解难题，降风险，以优质的服务赢得了客户信赖。公司在做好疫情防控的同时，为水高庄、新开路村民等大客户点对点配送万余桶食用油、上千袋面粉等近200吨货品，受到广大村民和当地政府的一致认可。首农食品集团在生产积极备货的前提下，物流部门前期加大配送频次，确保各渠道客户订购的产品及时、完整、准确配送到位。甘肃农垦宝瓶河牧场产出有机羊肉精分割产品近10吨，积极协调快递企业，保证产品及时顺利到达客户手中。

（本文发表于2021年3月）

聚焦危机防控
打造首都立体化食品供应服务保障体系

王国丰

2020 年，北京首农食品集团有限公司（简称首农食品集团）上下统筹做好防疫情、保供应、拓市场、稳经济、促发展、强党建等各项工作，审时度势，攻坚克难，赢得来之不易的发展局面，全年预计实现营业收入和利润"双增长"。

2020 年经济工作回顾

（一）创新求变，激活发展新动能

一是创新商业模式，多元拓展市场。首农食品集团有不少企业顺应疫情催生的新需求新模式，转变思路，调整策略，深化数字化转型和线上线下结合。首农食品集团紧扣重点客户，持续发力，与中国融通旅业发展集团有限公司等深度合作，"首农·美好生活市集"城建扶贫生活馆正式开业。首农食品集团还推动所属企业市场资源共享、产品互采、品牌互促、产业共融；加快拓展海外市场，探索跨境电商业务等。

二是创新品牌营销，放大品牌价值。首农食品集团于 2020 年完成品牌战略子规划，明确了以"安心品质，共享美好"为核心的首农品牌战略价值体系，以"1＋6＋10＋N"为基础的品牌管理生态系统；计划通过开展"保护传承，创新激活"为主导的老字号激活行动，带动战略子规划实施。首农食品集团携重点子品牌全面合作《跨界歌王》、广告植入《中餐厅》等热门综艺节目，通过北京时装周等多维场景，放大产品与明星同框效应。在 2020 年"世界品牌实验室"《中国 500 最具价值品牌》分析报告中，"首农""三元""古船""大红门"分别以 626.85 亿元、328.26 亿元、186.52 亿元和 97.32 亿元，位列中国最具价值品牌第 81 名、199 名、319 名和 419 名。

三是加速科技创新，实现内涵增长。首农食品集团不断加大原始创新、自主创新和关键核心技术攻关力度，奶牛育种与养殖、PIC 种猪[①]、北京鸭新配套系等重点领域科技项目和乳品、粮油等新品研发加速推进。联合北京科技大学等单位发起成立中智生物研究院，与华智生物合作开发奶牛育种基因自主芯片。《北京油鸡新品种培育与产业升级关键技术研发应用》等 3 个项目喜获 2019 年度"科学技术进步奖"一等奖 1 项、二等奖 2 项。加速推进"平谷农业科技示范区"项目建设，与平谷区政府共同举办"中国家禽种业科技创新大会暨平谷国家现代农业产业园推进会"，一批科技含量高、孵化质态优的特色产业集群加速推进。

---

① PIC 种猪是 PIC 国际种猪集团公司改良培育出的五元杂交品种猪。——编者注

（二）深化改革开放，催生发展新活力

一是战略成果有序转化。牢牢把握"战略推进年"主脉络，品牌、人才、信息化、首农食品标准等专项子规划和总部各部室行动计划接续落地、稳步实施，"3＋N"战略体系基本成形。首农食品集团总部机构改革调整已经就绪，总部运行平稳对接，总部效能有效提升，为集团改组国有资本投资公司搭建组织框架基础。经过一个时期的顶层设计、战略优化，党建统领、战略纲领、文化引领"三位一体"治理模式成效显现，喜获 2020 年度中国管理科学奖实践奖。

二是改革调整持续深入。紧锣密鼓推进"子集团＋事业部"改革，先后组建二商肉食集团、京粮生物、新型供应链子集团等 13 个子集团和物业经营管理、农场改革与发展、国际贸易、乳业、金融等 5 个事业部，业务重构、资源整合加力提速。积极推进首农股份资本市场化进程，协调推进京粮生物、二商肉食、糖酒集团上市步伐。

三是合资合作加力提速。先后与河北沧州、贵州兴仁、广西农垦集团、中国一拖、北京物资学院等众多单位开展全方位战略合作；有序推进与路易达孚合作项目，与法国勃艮第大区经济发展局对接交流，加快产业链国际化布局。北京信托股权受让工作加速推进；首普投资控股公司完成注册，与京东集团签署战略合作协议，共同推动生鲜食品供应链体系建设，加快电商布局提级。京粮物流与盒马鲜生开展合作，成为盒马鲜生部分产品的供应商。合作开放的活力持续显现。

四是风险管控全面发力。充分把握资金市场行情和支持政策，做好融资服务，降低融资成本。财务公司资金集并力度、信贷规模不断提速，2019 年度在辖内 71 家财务公司中考核排名第一，考核等级为 A。首农食品集团治理体系、运行程序不断规范，2019 年度集团董事会工作被市国资委评为优秀等次。全面启动内控体系和合规管理试点工作，《合规管理试点工作方案》初步制订完成。对首农食品集团贸易业务、食品安全、生产安全开展"拉网式"大检查、大排查，排除控制各类安全隐患 10 186 处，严防死守，严查隐患，全方位防范风险。

（三）保障民生，展现企业新担当

一是坚持项目带动，落实稳产保供。加快推进北京鲜活农产品流通中心项目进度，倒排工期，挂图作战，主体工程建设已完成总工程量的 94％。应急保障中心成品库项目完成总工程量的 69％。加快推进猪产业项目，房山石楼、昌平南口及平谷在京新建养殖基地主体工程 2020 年内竣工投产；首农股份延庆丹玉猪场 1 400 余头 PIC 基础母猪已进场。丰镇二期、双河生猪养殖基地和 PIC 种猪繁育基地三个外埠新建生猪养殖基地 2020 年底全面竣工。

二是瞄准协同发展，发力脱贫攻坚。2020 年，首农食品集团与承德市、兴安盟等地区签署合作框架协议；加快对口帮扶旗县 9 个在建项目进度，新增投资 1.68 亿元，带动建档立卡户贫困人口 6 759 人。河北大名肉种鸡、行唐蛋种鸡基地、援疆肉鸡产业基地、内蒙古肉牛和生猪屠宰加工基地等一批扶贫项目稳健推进。加速完善"首农食品集团＋双创中心"市场化运营机制，首农物美扶贫超市全面开业运营，形成"消费扶贫＋菜篮子"的消费扶贫新常态。积极推动相关企业加大扶贫直采业务，1—9 月在扶贫协作 7 省区直

接采购各类物资 32 亿元，在 90 个对口帮扶旗县采购生产原料等商品 9.7 亿元，助力当地经济发展。各企业积极落实食堂和工会"两个不低于 30％"的要求，开展"大爱北京、消费扶贫"行动，助力受援助地区脱贫致富。我们认真落实"一企一村"帮扶脱低任务，精准发力，在京结对帮扶的 3 个低收入村提前一年实现脱低摘帽。

三是坚持以人为本，维护稳定大局。首农食品集团主动承担国企责任，认真落实中央和北京市委、市政府文件精神，做好中小微企业租金减免工作，2－4 月共计减免租金 2.43 亿元。专门制定集团《接诉即办工作实施办法（试行）》等，明确信访维稳、接诉即办工作原则、目标和重点任务。严格落实首办首接责任制，聚焦难点，合力攻关，形成上下联动、左右协调信访维稳工作新格局。

聚焦危机防控，打造农、粮、食立体化保障体系

疫情防控常态化情势下，作为首都的"菜篮子""米袋子""奶瓶子""肉案子"，首农食品集团聚焦危机防控，结合构建国内国际双循环新发展格局的战略需要，着力打造农、粮、食立体化供应保障体系。

一是构建源头采购、储备物流、加工生产体系，确保食品来源。在源头采购方面，首农食品集团建设遍布东北、华北、华中等粮食核心主产区的粮源基地 200 多个，年收购"一手粮源"近千万吨；在储备物流方面，首农食品集团以铁路、公路、水路的物流整合为依托，建设遍布北京、覆盖产区、资源丰富的粮油仓储物流库点近百个；在生产加工方面，首农食品集团持续扩大面粉、大米、杂粮规模，年粮食加工能力 800 万吨。首农食品集团生产加工的猪肉、鸡蛋、牛奶等首都市场占有率普遍在 50％以上。

二是构建组织、标准、制度、检测、追溯和责任追究"六大体系"，确保食品安全。首农食品集团着手构建代表安全、品质、健康，覆盖农产品种植养殖、生产加工、物流配送、批发零售等集团八大板块产业的"首农食品标准"和认证机制，构建起食品安全组织、标准、制度、检测、追溯和责任追究"六大体系"，形成全过程、全方位、全时段、可追溯的食品安全管控体系，确保广大人民群众"舌尖上的安全"。

三是构建"控两端、带一链、三共享"的新型供应链体系，确保渠道通畅。首农食品集团依托生产、加工、物流基地的全国布局，探索构建"控两端、带一链、三共享"的新型供应链体系，搭建信息"天网"和物流"地网"，掌控采买端、消费端信息，共享客户、渠道、物流资源，形成沿北京六环一小时、沿京津冀三小时、沿环渤海六小时"三道首都食品应急保障圈"。2019 年，首农食品集团联手日本罗森集团，进军社区生鲜便利零售事业，围绕社区居民的一日三餐，提供包括肉禽蛋奶果菜等基础食材以及半成品、制成品和鲜食等日常生活必需品，打通服务百姓生活的"最后一公里"。2020 年，与普洛斯共同组建合资公司，投资总额达 300 亿元，建设北京鲜活农产品流通中心，打造"端到端"的食品供应链体系，加快由产品提供者向服务提供者转变，培育首都生活性服务业标志性品牌。

2020 年初新冠肺炎疫情暴发后，首农食品集团主动担当积极作为，承接新增储备、异地储备转移进京、原粮加工应急出库任务，大年初二即组织吉林基地大米进京；创新货

源组织、物资中转、物流保障模式，组织外埠蔬菜进京投放，确保了北京市场的稳定供应。北京第二波疫情时期，根据市委、市政府"保供"要求，首农食品集团于 6 月 18 日—8 月 6 日期间先后组织协调应急蔬菜进京 31 312 吨，基本满足了首都市场供应。截至 9 月底，我们储备粮油出入库（不含成品粮）总量 141.28 万吨，储备粮油库存 308.4 万吨，其他生活必需品商品储备 9.06 万吨，2 097 吨储备冻猪肉保质保量按时投放至指定网点，能够保证首都市场 30 天供应。

扩大垦区企业间交流合作的建议

京津沪渝穗五垦区交流会已经举办了三十余年，期间大家深入交流、互通有无，促进了彼此的成长。习近平总书记 2016 年 5 月 25 日在黑龙江省考察时对农垦改革发展提出明确要求，为农垦事业指明了前进方向，是新时代农垦改革发展的基本方略和根本遵循。为贯彻落实习近平总书记重要指示和党的十九届五中全会精神，在新阶段构建新格局、塑造新优势，未来应逐步扩大垦区企业间的交流与合作范围，把全国各省市农垦兄弟企业凝聚在一起，切实加强优势互补，推动实质合作，加快打造农垦现代农业航母。

一是资源互补，共同发展。天下农垦是一家，农垦企业之间有共同基因、共同语言，是天然的合作伙伴。有的农垦企业拥有优良的种植养殖基地，具有资源优势；有的农垦企业具有强大的食品加工能力，有的农垦企业则具有丰富的市场渠道。建议未来不断深化农垦企业之间资本、业务、人才培训等各方面合作，切实做到资源互补，共同发展。

二是联合造船，共同出海。境外投资相对国内风险较高，联合造船、共同出海是农垦企业抵御海外投资运营风险的有效方式。可考虑在"一带一路"沿线国家合作打造食品工业产业园，比如广西农垦 2008 年以来全力打造的中国·印尼经贸合作区，历经十余年的建设运营，成为我国境外经贸合作区中的佼佼者；也可以考虑在政局相对稳定、合作关系密切的"一带一路"沿线国家联合建立种植养殖基地等。

三是相互搭台，共同唱戏。各家农垦企业都有自己的特色产品，也都有自己独特的展销渠道，大家可以相互搭台、共同唱戏。可以利用垦区企业天然的布局分散特点，联合开展农业担保、保险等金融助农业务，齐心聚力，共谋发展。

首农食品集团即将建成的北京鲜活农产品流通中心，总建筑面积超 60 万平方米，号称亚洲最大的"菜篮子"，建成后将成为全球名优特食品展销中心，是首都乃至华北地区食品供应的重要保障。该中心将专门开辟农垦企业产品展销区，诚挚欢迎各兄弟农垦企业共襄盛举。

（本文发表于 2021 年 1 月）

稳中求进 统筹谋划
不断提升光明食品集团保障供给能力和水平

刘 平

光明食品集团有限公司（简称光明食品集团）深入贯彻落实习近平总书记重要讲话和指示批示精神，不忘初心、牢记使命，把企业的发展与国家和上海市重大战略部署紧密结合，把市委市政府要求和决策部署落到实处。2020年初以来，光明食品集团一手抓抗疫保供，一手抓稳中求进和高质量发展，坚定"食品产业与供应链"和"城市食品保障服务与资产经营管理"主责主业发展方向，努力克服疫情影响，在危机中谋新机，在变局中开新局，着力稳发展、促改革、调结构、转模式。

稳中求进、抗疫保供，做城市主副食品保障供给的主力军

上海市委市政府历来高度重视光明食品集团的改革发展并赋予城市主副食品保障供给的崇高使命，推进光明食品集团不断聚焦主业、整合食品相关资源、深化国资国企改革、增强市场竞争力、树立民族品牌、服务"三农"、做大做强食品产业。

（一）立足实体，夯实食品产业链发展基础

近几年，光明食品集团围绕"成为上海特大型城市主副食品供应的底板，安全、优质、健康食品的标杆，世界有影响力的跨国食品产业集团"的使命愿景，坚持高质量发展战略，一手抓突出主业发展，一手抓主动压缩低效贸易，营收结构、利润结构得到优化。

在上海市政府支持下，2013年、2015年、2017年、2018年市国资委先后将蔬菜集团、良友集团、水产集团、皖南两农场并入光明食品集团，农业食品产业链进一步拓宽。集团新成立光明农牧科技公司，将奶牛场养殖、冷饮加工等业务注入光明乳业，收购鑫博海餐饮中央厨房，新增渔制品加工、1 000万羽肉鸡屠宰线等农产品加工项目，进一步理顺了产业链。光明食品集团积极"走出去"发展，以优质食品资源引入、跨国并购为手段，并购新西兰银蕨农场、以色列特鲁瓦乳业、西班牙ALBO水产品公司，拥有了一批海外优质的高蛋白基地。

光明食品集团主动压缩低效贸易型营收超200亿元，营收稳定保持在1 550亿元，其中国际化业务占比30%，实体化基础进一步夯实。得益于近几年的主动调整，光明食品集团经济发展的韧性和产业活力在2020年疫情的特殊时期得到较好的体现。受疫情影响，2020年1—3月归母净利润为负，4—7月实现返正，接近2019年同期水平；前三季度累计实现营收1 090亿元，归母净利润实现反超，其中：食品主业归母净利润同比增长24.29%，乳业、肉业等业务利润总额增幅18.5%，占比74.66%，体现了高蛋白发展战略成效。

（二）抗疫保供，扛起国有企业的担当

光明食品集团按照上海市委市政府和市国资两委的防疫要求，做到"四个确保"（确保供应稳定、确保价格稳定、确保市场安全、确保储备充足）、生产不停工、商品不涨价、24小时便利店不打烊，及时启动储备功能，在最短时间内恢复蔬菜供应引擎，乳业鲜奶日产量较2019年接近翻番并保证武汉封城期间每日1 500吨乳制品的需求，积极参与储备猪肉投放活动，守护好了上海市民的"米袋子""菜篮子"和"奶瓶子"。光明食品集团落实上海市委市政府决策，帮助租赁企业解决暂时困难，度过疫情难关，落实免租2.7亿元，涉及租户7 090户。市委组织部、市卫健委与集团联合开展了为上海援鄂医疗队家属送奶、送菜、送肉的"三送"慰问活动，给抗疫一线的逆行者解决后顾之忧，把组织的温暖送到他们家中。

目前，光明食品集团乳业鲜奶上海市场占有率80%以上；肉业（牛肉、猪肉）上海市场占有率40%以上；承担市粮食储备任务，年吞吐量1 000万吨以上，小包装大米上海市场占有率60%；蔬菜、肉类、果品批发量分别占全市农批总量的70%、60%、50%以上；远洋捕捞达到18万吨，回运率超过50%。

（三）聚焦终端，提升光明品牌影响力

光明食品集团不断传承创新品牌、培育新锐品牌、提升优质品牌。旗下冠生园食品与光明乳业开展了"光明—大白兔"协同合作，推出了大白兔牛奶、优倍冰淇淋等新产品，单品销售额均突破亿元，老字号品牌焕发新活力。在"五五购物节，光明美食惠"活动期间，光明"随心订"平台集成了旗下企业近400个优选产品和云贵等贫困地区近100种扶农商品上线，消费者同时可在沪、苏、浙、皖3 000多家线下门店使用消费券，线上线下拉动销售金额15.5亿元，"随心订"平台知名度得到较大提升，正向"鲜食宅配平台"转型。精心策划进博会活动，延续"光明每天为你省一点"理念，开展"进博周、光明周、美食周、欢乐周"促消费活动，进博会期间签约24亿元采购合同，光明食品集团全球集成分销平台影响力进一步提升。

（四）积极参与乡村振兴和扶贫，广泛建立农产品基地

光明食品集团农场占地面积约100万亩，拥有耕地47万亩，与乡村振兴有着天然、广泛的联系。为保障城市主副食品供给，光明食品集团还与江苏、安徽、吉林、贵州、云南、广西壮族自治区等省区的地方及企业签订战略合作协议，在全国建有农副产品基地200多个。光明食品集团积极响应党中央决胜全面建成小康社会、脱贫攻坚的重大战略决策部署，通过建基地"造血"、消费扶贫、精准扶贫等方式，一手牵贫困地区"菜园子"，一手牵上海市的"菜篮子"，既富起贫困户的"钱袋子"，又丰富上海市民的"菜盘子"。光明食品集团旗下蔬菜集团在云南、贵州建立了27个农产品基地，带动当地建档立卡贫困户6万多人平稳增收。光明食品集团旗下糖酒集团在云南甘蔗种植面积约248万亩，支付蔗款48.5亿元，覆盖90多万蔗农。光明农牧科技正在推进黔东南州100万头生猪养殖加工一体化项目，总投资30亿元，可带动当地超过1万户农户增收。光明食品集团受委托建设上海市消费扶贫工作平台，打造上海市消费扶贫"申情购"品牌，2020年6月7日启动运营当天，就实现认购扶贫产品达18.35亿元。

（五）强化食品安全管控，构建一体化防线

民以食为天，食以安为先。光明食品集团落实食品安全"四个最严"要求，以"突出责任、突出技术、突出管理、突出流程，构建光明标准、光明流程、光明准入"为工作重点，建立"队伍专业化、管理制度化、工作系统化、体系标准化、手段信息化"食品安全管理体系，与上海市出入境检验检疫局合作建设国家标准级农产品检测实验室，做好田头"第一车间"的绿色、有机产品认证，做到"生产有记录、信息可查询、流向可追踪、责任可追究"。

统筹谋划，优化布局，努力提升城市保障供给能力与水平

在这次疫情大考中，食品安全保障供给引发了政府、企业、消费者以及社会各界的广泛关注。在抗疫保供中，光明食品集团保供体系还存在一些短板，包括产业基础设施与能力要求还不完全匹配、产业布局还存在空白点、产业链衔接还存在薄弱环节等。

党的十九届五中全会描绘了建设现代化国家的蓝图。光明食品集团正在认真学习贯彻全会精神，围绕"产业基础高级化、产业链现代化"等要求，谋划好"十四五"规划，全方位融入国家战略和上海城市发展，补齐保供体系短板，打造新优势、培育新动能、拓展新空间。

（一）布局"四大功能区"，形成"三环辐射"，链接"两港"，打造新优势

习近平总书记在各种场合始终强调粮食安全，对防灾备灾、物资储备等提出了"舍得花钱，舍得下工夫"的明确要求。疫情正在重塑人们的生活、交流、经商、消费方式，影响深远。作为国有食品企业，需要在大宗食品资源掌控、流通关键基础设施能力建设上下工夫，成为在关键时刻用得上的力量。

1. 布局"四大功能区"。主要包括提升上海市西部的西郊国际市场功能，优化北部的江杨市场和江杨水产市场定位，参与浦东东郊批发市场和南部松江批发市场建设与管理，形成东南西北农副产品、食品高效集散与控制市场群落。

2. 形成"三环辐射"。即聚焦食品供应链能力布局，提升市场、冷链、城配资源能级，联网运作，形成相当规模的辐射中心点，畅通城市内部供应体系，打造上海中心城区主副食品保障基地，链接长三角食品物流冷链体系。

3. 链接"两港"。即对接洋山深水港和空港，利用口岸优势，构建国外优质高蛋白、高品质食品、高档花卉、种质资源的引进、加工与交易重要枢纽和结点，推动内外企业联动发展和全球食品集成分销平台（The Smart Chain）建设，满足国内消费升级需求。

（二）聚焦改革重组、协同创新，培育新动能

信息化技术对生产、消费、流通的影响是深刻的、持续的，传统商超受到的冲击最为典型。

1. 构建"城市厨房"市民餐饮服务体系。光明食品集团将发挥农产品基地、中央厨房研发加工的全产业链优势，构建"优质农产品基地＋中央厨房工厂＋城市厨房终端（餐饮、便利店、社区食堂）＋物流配送"的商业模式，全方位服务市民餐饮消费"最后一公里"，开拓面向社区的城市食堂、面向校园的学生营养餐。顺应餐饮便利化的趋势，发挥

便利店优势，构建"便利店＋餐饮""千店百品"业态。

2. 推进长三角食品冷链物流一体化体系建设。结合上海城市食品保障体系建设和长三角高品质食品需求，推动集团下属企业冷链进行协同，优化光明食品集团冷库资源空间布局，升级高品质的冷链物流管理系统和运营体系，协同区域内物流冷链资源，构建多层次、多点布局的覆盖长三角高品质农副产品物流冷链重要综合节点，增强保障手段。

3. 资产证券化的深化。贯彻落实国资国企改革要求，推动糖业的重整、改革、核心业务上市，进一步推动海洋食品产业链的构建和整体的证券化，推动单体规模大、财务结构稳健、发展势头好的海外企业再投资、再发展，实现上市公司平台发展更加健康、更加强劲，提升产业的市场影响力和知名度。

（三）融入国家战略，拓展新空间

光明食品集团分布在上海市郊、江苏、安徽的100万亩农场土地，位于乡村振兴、长三角一体化、临港新片区、崇明世界级生态岛等国家和上海市战略节点上，面临着巨大的发展机遇。

1. 全面融入临港新片区。实施"临港腹地、湾区农场、全域生态"发展策略，整合提升要素资源、导入国内外先进食品资源，打造配套自贸区的"菜园、果园、花园"、高端人才的国际社区、康养小镇、国际高科技农业产业研发集聚区、国际高品质食品和花卉供应的重要枢纽和结点。

2. 全力参与崇明世界级生态岛建设。聚焦中国第十届崇明花博园区建设和后花博的开发，统筹推进花博园区、光明田原、东平特色小镇等重点项目建设，助推崇明中部崛起。

3. 深入推进"飞地"更高水平融入区域一体化发展。推进位于苏北的上海农场融入盐城市"北上海"一体化示范区，打造"超级农场"，建设"一园一厨五基地"，即光明食品产业园、中央厨房及净菜加工配送基地、1 000万羽蛋禽养殖及深加工基地、粮食储备加工基地、水产品生产加工基地、进口牛羊肉及深加工基地等重点项目。皖南农场参与"一地六县"产业合作示范区建设，打造康养、金融创新和小型科技产业。

4. 深入推进五垦区合作。京津沪渝穗五垦区同为都市型垦区，历史相近、文化同根、使命相当。当前，国内消费结构、方式正发生深刻变化，而大豆等大宗原料、蔬菜和畜禽种源、农业食品关键装备技术等还一定程度受控国际资本。光明食品集团希望和兄弟单位一起，基于市场化条件下，加强大宗农产品进口、物流和冷链体系建设、农批市场建设、渠道互通、国内外资源布局等方面合作，提升谈判能力、流通效率、经营效益，更好承担起城市食品保障供给的责任。

（本文发表于2021年1月）

重庆农投健康食品产业发展思考

何　勇　王千六　成世坤　徐倩茹

在"健康中国"战略的引导和新消费理念驱动、技术革新以及产品创新持续发力下，我国食品产业进入向健康化、功能化、个性化等方向转型升级的新阶段。重庆市农业投资集团有限公司（简称重庆农投）多年来坚持以工业化、互联网、智能化思维打造现代农食品产业，已形成乳业、肉业、生态渔业、蛋业、冷链产业五大主业产业集群。"十四五"期间，重庆农投将贯彻新发展理念，顺应健康消费趋势，不断研发新健康产品，探索培育新商业业态，加快健康食品产业市场布局，形成新老产业同时发力的新发展格局。

我国健康食品产业发展现状

近年来，依托线上线下渠道的推广和带动，健康食品增长态势明显，取得明显发展成效，健康食品市场影响力不断增强。尼尔森研究显示，消费者对健康产品中健康食品的关注最高，占比62%；83%的消费者愿意用健康饮食预防健康疾病；79%的消费者关注摄入食品饮料等成分；82%的消费者愿意多付钱选择不含不良成分的食品饮料。健康食品的市场销量保持增长势头。根据前瞻商业研究院统计，以谷物、果干为主要口径的天然健康食品零售额由2013年的680亿元增至2019年的1 031亿元，年均复合年增长率为11.0%。其中，2019年谷物食品产生的零售额已增至677亿元，占统计口径的65%，复合年增长率为10.9%。健康食品市场发展未来空间广阔。从大健康产业（包括医疗、康养、健康食品等）的全球发展程度对比来看，发达国家大健康产业占经济总量的比重依次为：日本8%~9%，欧洲10%~12%，美国16%，而我国仅为6%，未来健康食品产业在我国经济体系中占比有望进一步提升。

重庆农投健康食品布局情况

目前，重庆农投的产业已在天然健康食品、代餐类健康食品、特殊人群营养食品中有所布局，未来将在现有产业体系和产品框架的基础上进一步走实走深。

（一）天然健康食品

"天友""百特"巴氏奶产品在重庆市场深受消费者认可，市场占有率达80%以上，是我国区域型巴氏奶领先品牌；"淳源"品牌是我国最早的本地有机巴氏奶品牌之一；"华山牧"品牌作为重庆农投乳业产业在陕西市场的布局品牌，用最短时间成功切入陕西市场；三峡渔业公司的"三不投"生态花鲢、白鲢，生态放养甲鱼等优质水产品，立足重庆、辐射全国，在北京、杭州等地深受市场认可；农投良品公司与新华社开展品牌扶贫合作，孵化出以"三峡蜜罐"为代表的健康食品品牌，将地域化特征与健康产品特质有机融合；重庆农投肉业供应重庆全市 40% 以上的生猪，打造出从育种、养殖到屠宰、加工的生猪全产业链。

（二）代餐类健康食品

"天友"品牌推出"低糖""低脂"及"零添加"系列酸奶，为控糖、控脂用户提供更优化的选择，2020 年销售收入相比同期提高 40%；"LIFENJOY"品牌推出谷物脆风味酸奶，可作为健康一族代餐或下午茶食品，产品配料持续优化，不断满足年轻一代代餐需求；"天友生活"店在乳制品销售基础上，推出以新鲜牛奶为原料制作的烘焙食品，产品互相引流，增长趋势明显；"华山牧"推出燕麦纯品优乳酪产品，目前年销售接近 2 000 吨，持续推出青稞优酪乳及无蔗糖发酵乳产品，满足陕西市场需求；农投肉品在新冠疫情期间推出"德佳"自热饭，市场供不应求。

（三）特殊人群营养食品

黄河乳业公司"山城中老年奶粉"是重庆地区知名奶粉名牌，"恬恩"婴幼儿奶粉自 2015 年推出以来销量实现约 20 倍增长。

重庆农投健康食品产业未来发展路径

"十四五"期间，重庆农投产业板块将聚焦安全、健康、营养、功能等特质，依托物联网、大数据、智能化信息技术，根据延链、补链、强链需要，择机介入功能性食品，探索新的增长点。

（一）优化健康食品产业布局

1. 天然健康食品类。 一是推进大水面资源获取，建设水产品基地。三峡渔业要立足"走出去"发展战略，通过资本运作，力争在"十四五"期间拓展大水面资源 30 万亩以上，为生态渔业产业和健康安全水产品的发展打好基础。二是做实安全产业标准，建设肉原料基地。肉业产业不断夯实前端养殖关键环节基础，工业化发展现代农业模式逐渐成熟，未来将重点建设全产业链标准化体系。提升养殖技术标准，依托物联网、大数据、智能化等现代信息技术，围绕养殖环节提升技术标准，引导传统养殖模式向现代化养殖体系建设转型。出台产品标准，在产品规范上，制定如抗生素、激素、重金属残留的企业标准和产品标准，以标准带动品牌提升。推进数字产品建设，推进肉业产业的数字化建设，谋划建立健康食品可追溯系统，实现扫描二维码即可获取生产全过程信息，提高产品市场信誉。三是扩大奶源布局，建设优质奶基地。中垦乳业整合奶牛黄金养殖带资源，以国内领先标准打造奶牛示范养殖场，依托集团乳业产业养殖管理经验和以色列奶牛精准管控技术，不断提高产奶效率，增强奶源品质。

2. 代餐类健康食品。 重庆农投联动现有产业介入，依托精深加工技术，最大限度保留杂粮谷物营养成分，立足不同人群的需求设计配方，打造"易消化早餐""中老年补钙早餐""孕妇营养早餐""青少年成长早餐"等代餐食品体系，联合乳业产品集成营销，以传统渠道和自有渠道为基础，拓展电商社区团购、无人购物柜等特色渠道，带动产品销售。

3. 特殊人群营养食品类。 瞄准具有高增长空间的特殊人群营养食品，融入更多健康功能，多元开发新产品。一是开发药食同源类产品，例如产品与红糖、阿胶等对女性群体有益的食品有机结合；二是开发机能调节类产品，例如针对钙流失较严重的中老年人群研发小分子奶粉产品；三是开发特殊要求产品，如针对乳糖不耐受特殊人群，以植物性蛋白为主要原料，开发植物基蛋白的发酵乳制品。

4. 功能性食品类。 为提升产品附加值，可探索现有产品与功能性食品结合的产品新组合。一是解辣益生菌产品。紧抓重庆旅游大发展大机遇，瞄准以火锅为代表的特色美食市场，依托天友益生菌创新产品研发平台研发具有解辣功能的益生菌，与现有乳制品结合，推出解辣酸奶等产品。二是药食同源熟食产品。以"药食同源"为特色，肉业产业推出真空包装的人参炖鸡汤、莲子排骨汤等，为现代职场人群提供便捷又营养的熟食产品，乳业产业研究乳制品与茯苓、荷叶、薄荷、葛根、青果、鱼腥草等有效结合，推出复合功能食品，投放市场，增强卖点。

（二）加强健康食品营销渠道建设

一是丰富产品来源。良品公司持续扩大区域特色农产品合作范围，从重庆区域特色产品及"老字号"产品中择优合作，将"农投良品"与"健康""营养"和"区域特色"的概念有机融合，打造健康食品优选平台。

二是打造体验场景。华山牧乳业已推广相关技术，运用虚拟现实（VR）技术让终端消费者直观感受前端的生产场景，天友乳业、农投肉品和三峡渔业公司也应依托技术升级，突出特色亮点，增强用户体验。

三是搭建新渠道。新型冠状病毒疫情影响，倒逼传统经济模式上云端，催生新营销业态。疫情期间，以数字运营为基础的无接触式服务模式已经得到消费者广泛认可，重庆农投产业营销体系建设应抓紧布局无人店、无人售卖机等。

（三）加强健康食品产业新业态建设

一是创新定制产品。依托5G等信息技术的迅速发展，肉业、渔业以众筹形式为消费者提供"代养式"产品服务，通过物联网设备和数据分析，为用户实时传输在线观察生物生长情况，探索定制化服务模式。

二是创新定制服务。立足多层次、多场景的用户需求，大力拓展服务网点布局，用户可根据需求选择网上下单、产品送货上门，网上下单、产品送至临近网点，或在无人售货机快速购买等，将建立后台数据中心，挖掘消费习惯，精准营销服务。

总体而言，重庆农投发展健康食品产业，要对拟介入的健康食品产业进行充分调研，从市场机遇、经营风险、商业模式、管控措施、激励机制、退出方式等关键环节进行深度研究，综合评判介入的可行性。要加强研发，以构筑长期竞争优势的关键要素，保障充足的技术投入推进高质量发展，打造行业标杆品牌。运营操作机制要活，建立科学的人才培养机制，不断提高人才队伍素质，用市场化激励机制将人才留在产业中，不断为产业发展注入活力。营销措施要准，贯彻市场化思维，立足客户需求，实行产品差异化、服务定制化，利用大数据手段实施精准营销，精确捕获用户，通过"研发＋服务"维持用户对品牌的深度认同。

（本文发表于2021年12月）

稳粮扩豆增油
呼伦贝尔农垦集团全力打好粮食产能提升仗

王　敏　董元权　金　峰　武贤童

谷雨时节，呼伦贝尔农垦的广袤沃野上，由南向北到处是春耕备耕的热闹景象：职工忙着翻耕破土，一台台现代化大型机械奔腾轰鸣，高标准农田建设如火如荼，早计划、早部署，呼伦贝尔农垦集团有限公司（简称呼伦贝尔农垦集团）作为国家重要粮油生产基地，抢抓农时，全面吹响春耕备耕集结号。

今年，呼伦贝尔农垦集团计划全年播种面积576万亩，粮油作物面积要达到总播种面积的85%以上，其中小麦播种面积130万亩以上、油菜播种面积140万亩以上、大豆播种面积148万亩以上。呼伦贝尔农垦集团春耕生产动员部署大会要求，各级党委要切实扛起粮食安全的政治责任，确保高标准、高质量完成大豆、油菜各扩种30万亩，大豆玉米带状复合种植5 500亩的任务；同时通过加强高标准农田建设、农田水利建设，实施黑土地保护工程，为粮食丰产丰收奠定坚实基础。

良种良法配套　产能稳固提升

连日来，呼伦贝尔农垦集团绰尔河农牧场公司（简称绰尔河农牧场公司）利用天气回暖的有利时机，抢抓农时开展大豆和玉米春起垄作业。

绰尔河农牧场公司统一耕种土地面积8.7万亩，以大豆和小麦为主。今年，围绕国家大豆和油料产能提升工程，大豆种植面积增至6.2万亩，占种植总面积的70%。

该农牧场位于大兴安岭南麓，属林区气候，对农业生产制约较大，以前主栽小麦、大麦、油菜等常规作物，土地资源利用率不高。近年来，绰尔河农牧场公司及时转变发展思路，充分利用当地资源优势，坚持以市场政策和需求为导向，科学调整和优化产业结构，根据土壤条件、茬口、地理位置等因素，结合当地的气候条件，选种成熟期短、高蛋白的大豆品种，从2016年开始，先后试种了'华疆2号''内豆4''北豆36'等品种，最终选定生长期短、抗逆性强、产量高的'华疆2号'为主栽品种，并开始大面积推广种植。

在种植技术上，绰尔河先后引进推广大豆垄上双行、垄上三行种植技术，全面提升大豆的抗旱、抗灾能力。在种植装备上，采用马斯奇奥、豪斯等先进的耕种机械，全程采用GPS定位等现代化科技手段，提高标准化作业水平。在农艺措施上，针对当地的气候条件，通过无人机一喷多防技术，对大豆进行灭菌防病、促早增产作业，全面促进大豆产量和品质稳步提升。

2021年，绰尔河农牧场公司种植大豆最高亩产达到450斤，较2016年平均亩产200斤翻了一番；同时，大豆品质有了质的提升，颗粒均匀、果实饱满，蛋白含量高，深受市场青睐。

绰尔河农牧场公司党委委员、副总经理张增友说："近几年，通过不断试验推广，公司已经探索出一套适用于本地的较为成熟的大豆栽培技术，产量稳中有升，经济效益连年增长。"

多年来，呼伦贝尔农垦集团科技人员还针对油菜生产中存在的困难和重大生产技术难题，不断探索适宜本地区的油菜大型机械模式化栽培技术，在优良品种选育、种子包衣、配方施肥、免耕播种、病虫草害防治、化调化控、收获储运等绿色生产技术上都有较大突破，形成了独具特色的北方高寒旱作地区油菜模式化栽培技术规程和大型机械化作业标准，实现了良种良法配套、农机农艺结合的标准化栽培技术模式。经过多年培育，在双低油菜种植领域填补了国家空白。呼伦贝尔农垦集团已经成为我国重要的春油菜主产区。

农机农艺融合　农业生产插上科技翅膀

今年，呼伦贝尔农垦集团选派 12 人次参加了呼伦贝尔市举办的大豆玉米带状复合种植技术培训班，对大豆玉米带状复合种植的背景、技术原理与优势、全程机械化要求、病虫草害防控等关键技术进行深入学习。承担大豆玉米带状复合种植任务的 4 家单位还提前做好专用机械的改装和购置工作，为更好地完成大豆玉米带状复合种植示范推广提供保障。

呼伦贝尔农垦集团格尼河农牧场公司承担了大豆玉米带状复合种植任务 2 000 亩。为了确保大豆玉米带状复合种植技术高效推广应用，公司党委高度重视，积极做好配套农机具保障，成立了由主管农业的副总经理亲自挂帅的专业机械改造小组，带领农机技术人员对 2 台进口伊诺罗斯播种机进行自主改装，节省购买新设备资金约 20 余万元，为完成种植任务提供坚实有力的机械化支撑。

经过半个月的时间，技术人员对播种机进行反复调试、检修和保养，机械已达到工作状态。经测试，改装后的播种机从布局、行距、株距、排肥量调整等方面都达到技术要求，牵引车导航系统均已安装完成。公司还将在春播前后完成喷药机和收割机等机械的改造，确保作物不仅能种得好，还要管得住、收得上。

近年来，呼伦贝尔农垦集团注重加强农机服务中心规划建设，着力构建集团农机服务体系，结合农机数字化、智能化、精准化需求，加快农机服务中心农机的更新换代和选型配套步伐，推进农机装备与智能化、信息化融合，社会化服务能力和农业信息化、智能化管理水平大大提升。

粮田变良田　为保障国家粮食安全贡献力量

高标准农田建设是巩固和提升粮食综合生产能力、加快现代农业发展的重要基础性工程。为了积极推动稳粮扩豆增油落实落细，呼伦贝尔农垦集团还全面加强高标准农田建设和农田水利建设。

在哈达图农牧场公司的高标准农田项目建设现场，工人正在加紧施工。他们引入海拉尔河地表水，通过 76 公里的主输水管道和三座蓄水池到达灌区，破解地下水源不足造成的耕作难题。

哈达图农牧场公司地处呼伦贝尔大草原腹地，属于干旱半干旱地区，水源短缺一直制约农场的发展。按照全国高标准农田建设规划，当地实施引海拉尔河水的大型水源工程建设项目，仅 2021 年高标准农田项目建设规模达 14.11 万亩，总投资 2.18 亿元。

"项目全部建成以后，灌溉面积能达到 25 万亩，占公司总耕种面积的 75%，亩均利润预计可提高 200 元。"哈达图农牧场公司党委副书记、董事、总经理宋云海说。

2019—2022 年，呼伦贝尔农垦集团加大新建高标准农田建设力度，总投资近 7 亿元，累计建设高标准农田近 50 万亩。通过集中力量建设农田灌排设施、田间道路、农田林网、农田配电等工程，打造集中连片、旱涝保收、节水高效、稳产高产、生态友好的高标准农田，"软硬件"相结合，进一步夯实了"藏粮于地、藏粮于技"的基础。高标准农田项目建成后，将破解制约现代农业发展的"十年九旱"、靠天吃饭等问题，建成后的农田还可以增施有机肥，实现秸秆还田，进一步凸显农垦集团土地集中化、规模化、集约化、机械化的优势，实现大灾少减产、小灾不减产、平年大丰收。

仓廪实，天下安。呼伦贝尔农垦集团坚决扛起粮食安全的政治责任，以粮食增产、农业增效和企业增收为目标，深入实施"藏粮于地、藏粮于技"工程，持续提升粮食供给保障能力，努力为保障国家粮食安全贡献力量。

（本文发表于 2022 年 5 月）

粮 安 天 下

——北大荒集团实现粮食高位增产的秘诀

许跃兵　张克华　宋　倬　陈　曦　丁　宁

又是一年大丰收，又是一年粮满仓。

2021年，北大荒农垦集团有限公司（简称北大荒集团）粮食生产实现"十八连丰"，总产超过460亿斤，增产30亿斤，实现了播种面积最大、粮食产量最高的历史性突破！北大荒一年生产的粮食，可以满足1.6亿人一年的口粮！从1947年一队队军人开进北大荒，拉开向地球开战的序幕那一刻起，到2021年，北大荒已累计为国家生产粮食超过1万亿斤！

随着粮食产量逐年增加，增产难度也越来越大。尤其是2021年，面对疫情压力和局部灾情的双重影响，北大荒集团仍然保持粮食高位增产的良好态势。那么，粮食增产的背后，到底有着怎样的秘诀呢？

打造高位增产的"改革引擎"

北大荒70多年的开发建设史，就是一部改革发展的鸿篇巨制。为了适应生产力的发展，北大荒不断改革、调整着生产关系。

几经碰撞、几经波折、几经改革，尤其是改革开放以来，北大荒从兴办家庭农场开始，逐步探索出了一条适应现代化粮食生产的"两自理、四到户""大农场套小农场"统分结合的双层经营体制，使作为中国最先进农业生产力代表的北大荒粮食生产连年上台阶：1995年，粮食总产首次突破100亿斤；2005年，粮食总产达到205.3亿斤；2009年，粮食总产达到330.5亿斤；2011年，粮食总产达到407.4亿斤……

虽然粮食连年丰收，但是，立志高位突破、勇担保障国家粮食安全压舱石重担的北大荒集团深刻地认识到，随着生产力水平的不断发展，延续多年的"大农场套小农场"的双层经营体制还有许多地方需要完善和调整，才能更加适应现代化大农业的发展需要。为此，北大荒集团党委以农业现代化技术为引领，强力实施"双控一服务"战略。一方面控制生产前端，通过农业投入品的统供统销，提供优质廉价投入品；一方面控制后端，通过农产品的统一营销，推进保底加分红的产品销售。同时，全力打造"数字农服"，为农业生产提供全程专业化的服务，确保标准化生产和绿色化生产全覆盖，实现定制式生产、数字化经营。

北大荒集团下属各农（牧）场有限公司通过利益联结机制将小农户"统"起来，依托"供种管收储运加销"全程专业化服务，提升小农户在生产经营过程中的参与度和话语权，实现农户增收、企业增效。

唐丹丹是建设农场有限公司第三管理区第三居民组规模家庭农场场长，她粗略地算了一笔账："2021 年种植的 60 亩地，大豆亩增产 40 斤，玉米亩增产 220 斤，亩增收近 300 元。"统供生资降低了生产成本，统管生产让职工省心省力，统营粮食让职工坐在家里收钱。荣军农场有限公司通过模拟股份制经营推进"双控一服务"，2021 年，统供率达 100%，统营率预计可达到 98.82%。远在沈阳打工的荣军农场职工苏庆全说："2021 年受灾，每股分红还超过 500 元，我们在沈阳打工，家里一年还能挣到 5 万元。"这种以"双控一服务"为抓手、大农场统筹小农场的统分结合双层经营体制，推进了土地适度规模经营，越来越多像苏庆全一样的富余劳动力从土地中解放出来，真正做到让少数人种多数地，实现了粮食增产、农业增效、职工增收的良好局面。

过去，北大荒集团各农（牧）场长期处于社企不分状态，大大小小 100 多项社会管理和公共服务职能"一肩挑"，从文教卫生到公检法一应俱全，占用了农场管理人员大部分的时间和精力。告别旧体制，迎来新机遇。办社会职能的剥离，给基层生产单位带来了巨大的变化。企业属性的回归，标志着北大荒集团彻底与运行了几十年的行政体制说"拜拜"。从"什么都管"到"卸下包袱、轻装上阵"，各农（牧）场纷纷聚焦主责主业，强化法人治理结构，建立完善现代企业管理制度，压缩层级、精简机构，快速推行扁平化管理，提高管理效率。

八五三农场有限公司原有 6 个管理区、47 个作业站，经过改革重组整合成 15 个管理区，管理班子由原来的两个层级 53 套班子缩减为一个层级 15 套班子，工作人员也由 367 人缩减到 257 人。涉及民生的"三供两治一业"等公益事业，办社会成本负担沉重，亏损大、补贴多、包袱重。为了摆脱这一困境，八五三农场有限公司创新经营模式，通过社会化、市场化改革降低支出，为企业减负。"农场每年公益事业支出多达 1 000 多万元，经营负担沉重。这次我们引进洁泰物业公司实施托管经营，每年可节省固定支出 500 多万元。"八五三农场有限公司总经理李文鹏谈到创新机制改革时说，让专业的人干专业的事，企业负担减轻了，服务质量提高了，实现了经济效益和社会效益双赢。机制的创新，让老企业焕发了新的生机和活力。从北大荒集团 2021 年第三季度数据分析，集团利润增长中，82% 的拉动来自农（牧）场。

粮食增产，主要靠人。如何充分调动起人的积极性、主动性和创造性，激发企业的活力和职工干事创业的热情？北大荒集团紧紧抓住三项制度改革这个"牛鼻子"，市场化选聘、契约化管理、差异化薪酬、市场化退出，各类激励手段相继推出，全面激活了人力资源这一核心要素。

"人还是那些人，要说有啥不一样，服务更好了，劲头更足了。"在 2021 年农业生产中，五九七农场有限公司种植户刘占泉对农业服务中心的工作效率、服务质量相当满意。农业服务中心是五九七农场有限公司为了安置改革分流人员成立的 6 个中心之一。中心制定了"基薪＋分红"形式的内部考核制度，企业自主经营、自负盈亏，员工通过考核多劳多得。正向激励的效果是显而易见的，2021 年春耕期间，中心通过开展水稻浸种催芽、农资销售、良种推广等项目创收，实现营业收入 129 万元。"干得多挣得多，累也干啊！"三项制度改革彻底打破了"铁饭碗"，把绩效考核融入具体工作和日常管理，让考核与职工"位子""钱袋子"挂钩，工作好与坏，分数说了算。"实施考核以后，大家的思路变了，每天想的是怎么更好地服务种植户，怎么帮大家增收，只有他们满意了，我们的工资才会高。"五九七农场有限公司农业发展部副部长李岩对此深有感触。

体制顺了，机制活了，人心齐了……无论是农业生产还是经营管理，人的主动性、积极性和创造性被激发出来，劳动效率提高了，种地的质量提升了，粮食产量自然而然就上来了。用好了"改革"这把"金钥匙"，北大荒粮食增产底气更足、信心更强！

输入高位增产的"科技密码"

科技是农业生产的第一推动力。农业科技创新驱动，就像为农业提供了一个人工智能的高效运行系统：种子是"芯片"，黑土地是"主板"，数字化是"内存"，机械化、信息化、智能化设备是"模块"，只有相互协调配合才能产生更好的效能。

农业现代化的关键在科技进步和创新。近年来，北大荒集团深入实施"藏粮于地、藏粮于技"战略，坚持向科技创新要产量、要品质、要效益，围绕促进农业节本增效、高质高效，破解了一批关键性技术难题，推广了一批优良品种和农业先进实用技术，树立了一批高产高效攻关典型。围绕重点产业链部署创新链，加大关键核心技术攻关力度，组织实施了水稻、大豆、玉米基因编辑技术、种质资源创新及新品种选育、黑土地保护关键技术研究与集成示范、寒地水稻和玉米秸秆综合利用技术研究与示范等重大科研课题16个，有效落实了各项技术措施，提高了土壤有机质含量，粮食作物综合单产比上一年增长5.5%。北大荒集团农业科技进步贡献率达76.28%。农垦科学院资源与环境所副所长李鹏介绍说："我们所收集了30余万份土壤样品，并以每年5万份的数量递增，对33个农（牧）场进行了种植环境中的气象、空气质量、灌溉水、土壤等方面监测和检测，掌握了大量的基础数据，打造了黑土地保护利用'北大荒模式'，为粮食增产提供了技术支撑。"

为了推广农业关键技术，把新型实用的技术推广到田间地头，北大荒集团建立了完善的农业科技创新人才培养体系，组建了包括中国农科院、中国农业大学等国内一流科研院校在内的农业科技专家库，设立首席科学家、首席技术官制度，通过开展新型农业经营和服务主体能力提升、种养加能手技能培训、创新创业者培养、农村实用人才示范培训等行动，向种植户传授种植秘诀。据统计，2021年，北大荒集团实施绿色高效种植技术示范推广项目、畜牧养殖及粪污处理综合技术示范推广项目、智能化农机装备和信息化技术应用项目等集成推广、试验示范项目8大类111个，累计培训各类高素质种植户7 070人。"种地选好种，一垄顶两垄。"北大荒集团粮食持续增产，良种发挥了至关重要的作用。北大荒集团旗下种子企业——北大荒垦丰种业玉米、常规水稻、大豆种子销售额行业排名第一，国内种业企业综合排名第二；旗下科研机构——农垦科学院在北大荒这片农业热土上不断发展壮大，攻关农业"芯片"的能力业内领先。

北大荒集团还积极推动垦丰种业研发实验室升级为国家重点实验室，打造新品种示范展示中心，在种源"卡脖子"技术攻关、种质资源保护和利用、生物育种产业化应用等关键任务的项目上主动"揭榜挂帅"，承担国家和省级重大科技项目。同时，充分发挥农垦科学院作为北大荒集团"一体两翼"科技之翼的作用，大力发展抗逆、优质、高产水稻品种，早熟、耐密、高产专用型玉米，高蛋白、高油大豆品种以及特色经济作物、有机绿色果蔬品种的种质资源搜集、保护、鉴定及育种材料的改良和创制，为种业核心科技创新注入新动能。

曾经，在田里务农，每天一身汗、两脚泥。如今，手机已成为农户的新"农具"。大量智能化、信息化、集成化农业设备投入田间，极大地提高了农业生产的效率，改写了春种、夏管、秋收的节奏，让农业生产、农户增收更有保障。秋收期间，一台台无人驾驶收割机借助卫星导航定位，在北大荒金色的稻浪中忙碌着，与无人驾驶接粮机协同配合，收割、脱粒、卸载一气呵成，精准完成粮食收割作业。无人化作业亩均动力由 0.24 千瓦降至 0.2 千瓦，每亩节约作业成本 15 元以上。北大荒集团作物种植面积近 4 400 多万亩，如果全部采用数字化技术，那将节约一笔可观的成本。

除了无人农场外，北大荒集团充分利用卫星遥感、地面物联网手段，实现农作物种植面积、苗情、土壤墒情、作物长势、气候环境、灾情虫情动态监测，构建天空地一体化监测体系，建立智能化管理与精准作业服务平台，为大田作物生产管理决策提供数字化支撑。通过 5G 通讯网络覆盖、物联网感知、卫星遥感、地理信息等数字化技术，亩减少氮肥用量约 10%，提高氮肥利用率 10%～15%，产量平均提升 3%～5%；亩减农药用量 10%～30%；亩节水 15%～20%，减少灌溉用水 100 立方米，综合亩增效 80 元以上。

北大荒集团围绕"双控一服务"战略，以集成现代农业先进种植技术和数字化技术为手段，为农业经营主体提供线上线下相结合、涵盖农业生产全过程的"一站式"农事服务移动运营平台，依托线下农（牧）场和区域农业服务中心托管土地县市的服务网络，通过数字化技术手段，为农业经营主体提供金融贷款、土地承包租赁、农业保险、农机撮合调度、农资交易、粮食交易、作业长势监测、气象环境监测、农技咨询等农事服务。

"让农业更智慧，让农民更幸福。"2021 年 9 月底，在苹果、华为应用商店正式上架的"北大荒农服"App，用户数已近 49 万人，注册基层管理员总数 4 038 人，日活跃用户 31 637 人，日点击量达 100 万次。

作为以农业生产为主的北大荒集团，数字经济已然成为转型升级的主路径。据统计，北大荒集团数字经济增加值达 74.44 亿元，农业数字经济渗透率达 13.95%，比国家农业数字经济渗透率高出 5.75 个百分点。

发挥高位增产的"独特优势"

2021 年的大丰收，有利的气候因素不可或缺，但起决定作用的还是北大荒集团不断提高的农业现代化水平。

自开发建设初期，北大荒就以高度组织化为核心，用新机制、新理念，坚定不移走规模化、标准化发展之路。正是因为北大荒有着独特的"三化"优势，才能够建立完善的现代化农业生产体系，有效地抵御洪涝、冰雹、强风、干旱、高温热害和低温寡照等气象灾害和病虫灾害，实现粮食生产连年丰收。

组织化程度高是北大荒集团农业生产实现标准化、规模化、产业化、集约化的重要保障。北大荒集团以良田、良种、良法、良态相配套，农时、农情、农事、农艺相结合，充分发挥农业机械化保障作用，建立了"四到户、两自理""大农场统筹小农场"的双层经营体制，以规模家庭农场、模拟股份制等为主要形式，带动多种形式组织模式发展，以创新农业生产规模经营管理体系为切入口，不断提高农业生产的组织化程度。在农户自愿选择的前提下，建立了"农场有限公司＋管理区＋科技服务中心＋规模家庭农场"农业经营管理体系，实行统供、统营、统管"三位一体"的运营模式，以区域农服中心为载体，围绕产前、产中、产后全过程全要素，构建起专业化、企业化、社会化、标准化服务体系，通过土地托管、技术承包、专业化服务等形式，为农民提供"一站式、诊所式、保姆式"服务，将农民的生产风险、市场风险最小化，带着小农户闯市场，实现帮农民省钱、帮农民赚钱、帮农民过上美好生活的目标。

2021 年，赵光农场有限公司第六管理区规模家庭农场种植的 3 560 亩大豆平均亩产达 216 公斤。规模家庭农场场长刘琦表示："这得益于我们按照集团'双控一服务'战略要求，组织实施统采、统种、统管、统收、统营，将原本一家一户的分散经营的种植户组成一个'战团'，为农户提供从农资采购、种植、管理、收获到销售全过程的农事服务。"新型农业生产组织形式形成了利益共享、风险共担的共同体，激发了生产组织运行新动能。赵光农场组建的 37 个规模家庭农场，统营耕地 42 万亩，占全场耕地的 82.3%。在规模家庭农场统一组织下，2021 年，赵光农场玉米平均单产达 725 公斤。高度组织化，让农业生产更加集约化，作业标准化和农时标准化更加科学。2021 年，北大荒集团大田播种提前 4 天完成，秋整地提前 7 天完成，作业标准化和农时标准化率均达到 100%。

如果说农业标准化生产是为了适应农业生产工业化，那么农业规模化、标准化、组织化生产就是为了适应农业机械化、智能化大规模生产，以解决效率过低和人力成本过高的问题。

精细耕作、精密播种、精准施肥、精确防控等先进的农艺措施都是靠现代化的农机来实施的，只有大规模的耕种，才便于机械发挥作用，真正实现农机与农艺的配套，才可能产生更高的效益。北大荒股份八五四分公司（简称分公司）集中浸种催芽基地的每个池子能浸种 16 吨，整个基地一共有 60 个池子，一个批次就可以完成 960 吨水稻的浸种催芽。分公司农业发展部副部长黄金宝介绍，经过集中化浸种、包衣、杀菌等步骤，能够让种植户统一用上安全、质优、价廉的芽种，还能让种子变得更强壮，增强抗病性，有效减少种植户购买稻种、自行浸种的成本，为播种育秧抢得有利时机。

农业的规模化生产，激发了农业生产的活力，呈现出生产效率高、作业标准高、管理水平高、增产能力高的良好态势。同时，农业的规模化生产也为智能化、无人化生产模式的推行提供了更多的应用场景，为农业产业化发展带来了工厂化生产的新气象，解放了更多的劳动力，有效缓解了"用工难"的问题。

用工业化的理念发展现代农业，是北大荒集团独具特色的生产方式，将广袤的田野变成标准化的"工厂"，将连片的耕地变成企业的生产车间，农户按照工业生产的标准进行农业生产。走进七星农场万亩大地号高标准种植示范区，密植完整的防风林带、平整见方的硕大池田、笔直通畅的梯形渠系、坚实宽敞的沙石田间路便呈现在眼前。种植户张景会介绍，这块地是采用激光平地技术进行高精度平整的，以适应无人化作业的要求。

据北大荒农垦集团有限公司九三分公司（简称九三分公司）副总经理刘忠德介绍，在农业生产过程中，九三分公司形成一套适合本地区的种植技术，并坚持农时和农艺标准化，保证各项农艺措施落实到位，特别是在保苗株数上控制更加精准，大豆控制在每公顷36万株以内，高粱控制在每公顷40万株以内。

北大荒农业标准化种植可以追溯到1952年。但由于农业科技发展日新月异，新技术不断迭代更新，原有种植标准已无法充分满足发展绿色有机农业需求，制定新的农作物生产企业标准应运而生。为此，北大荒集团在发布了水稻、大豆、玉米、马铃薯、小麦五大作物的种植技术以及水田、旱田农机作业的7个企业标准之后，又编制完成了包含无人驾驶插秧机、稻麦收获机、拖拉机及其配套农机具等10项企业标准的《无人驾驶农业机械作业功能评价技术规范》，填补了国内外无人驾驶农业机械标准化建设空白，并建设两个农业标准化示范分公司、10个农业标准化示范农（牧）场、50个农业标准化示范管理区。

注入高位增产的"减损"力量

在北大荒集团高位增产的"硬核"力量中，99.7%农机化率支撑和综合配套措施，让"减损"成为增产的一支生力军。

"在秋收生产中，北大荒集团将减少机收环节损耗作为确保粮食稳产增产夺丰收的重要措施之一，大豆收获综合损失率控制在2%以内，玉米直收、水稻收获综合损失率控制在3%以内，整体减少粮食损失2.67亿斤，相当于增加了26万亩耕地的粮食产能。"北大荒集团农业发展部总经理梁道满如是说。

水田无人搅浆、无人驾驶运苗、无人驾驶插秧……2021年春耕期间，"智慧农业"在北大荒农垦集团有限公司建三江分公司（简称建三江分公司）七星现代农业产业园里大显身手。而到了秋收时节，无人驾驶收割机、无人割晒机、无人翻地拖拉机等智能农机纷纷上阵，穿梭在田间，勾勒出一幅丰收画卷。从春耕到夏管，从秋收到"黑色越冬"，向世人充分展示着北大荒农业机械的"十八般兵器"。在七星农场万亩大地号，成片的水稻在生长过程中就不停地"迎来送往"，这其中，有慕名前来打卡的游客，更有专门来"取经"的各地种植户和农业专家，他们无不为北大荒机械力量而感到震撼。14 300亩稻田由47名种植户承包种植，水稻生长整齐划一，秧苗、插秧时间、土壤肥力、管护措施等完全一致，稍有差别就能一眼看出来，"智慧农业"带来的好处显而易见。实现减损12.4万吨，将损失率严格把控到2%以下……2021年，建三江分公司1 000万亩水稻通过调整收获时间、更新作业机型、活化作业方式等措施，实现了丰产增收。目前，这个分公司农业的全程机械化程度居全国之首，主要农作物综合机械化率超全国平均水平近30个百分点。每年6月至8月，在北大荒的千里沃野上，一架架"大蜻蜓"在农田上空轻巧掠过，身后的雾带缓缓落下，这是北大荒利用飞机航化作业为农作物健身防病。2021年，北大荒通用航空有限公司共出动飞机63架，各作业机组共飞行11 830余架次，近6 788小时，作业总面积1 780万亩。这些"大蜻蜓"翱翔在天空中，能在最短的时间内进行大面积规模化作业，可有效控制农林突发性、爆发性病虫害蔓延，为北大荒粮食高产、稳产、抵御自然灾害提供了强有力的保障。

北大荒集团将机收减损工作列为秋收重点督导内容，首次制定了包括减损技术规范、扩大减损培训、线上减损指导、开展田间实测、储备抗灾机型、外引机具管理、协调粮食收储、统一作业标准在内的15项减损措施并全面推广。通过在收获链上制定标准，在减损中挖掘增产潜能，最大限度地减少粮食损耗。在2021年水稻收获期间，割晒成为一个热词，各农（牧）场有限公司普遍采取割晒拾禾与直收相结合的方式收获水稻。8月29日，江川农场有限公司水稻就开始割晒，创农场历史之最。该农场采用前悬式自走割晒机，割晒、拾禾机车配备比合理，实现了水稻割晒、拾禾标准化作业，这也使农场始终保持着黑龙江垦区水稻开镰、新米上市、大批新米占领南方市场的最早记录。"割晒可以做到提前收获，不仅降低了收获风险，防灾减损，还能增加容重，提升稻米产量和品质，实现提早上市。2021年积温高，水稻成熟期提前，种植户9月16日开始利用晴好天气提早割晒，为早拾禾做好准备，经过实测，水稻平均单产达到1 290斤。通过水稻割晒平均损失率控制在2%～3%，可挽回粮食收获损失1.2万吨，相当于新增1.85万亩面积的产量。"查哈阳农场有限公司农业发展部副部长纪红飞说。金秋时节，在襄河农场有限公司玉米收获地号，加装了玉米割台扶倒器的大型收割机驰骋在田间，改装升级后的收获机械将倒伏玉米直收综合损失率控制在3%以内，总共8.28万亩的玉米种植面积，有效实现机收减损364.4万斤，相当于亩增加粮食产量44斤。

2021年秋收期间，北大荒集团还组织各生产单位开展机收损失率大比武活动。活动中，各农（牧）场有限公司比机手操作技能、比机型作业差距、比机具状态调整，通过实践提高农机手的综合素质，提升农机具作业标准，普及农机减损常识。如何及时将丰收的粮食收回来，保障收获机械力量是关键。北大荒集团充分利用国家农机购置补贴和农机报废更新补贴政策，加快收获机具更新速度，2021年秋收期间累计更新收获机具4421台件，更新总投入达6.6亿元，各类收获机具保有量达7.3万台件。

激发高位增产的"藏粮于地"潜力

扎实推进高标准农田建设，从土地中要效益，也是北大荒破解高位增产瓶颈的"公式"。

增加耕地面积，是粮食增产最直接的方式。2020年，北大荒集团全年共改造格田254.2万亩，改造后每亩可增加粮食产量40～60斤，仅此一项就可增加粮食1.5亿斤。在大兴农场有限公司，节本增效"明星"胡春光示范点迎接了一波又一波前来"取经"的考察团，爱琢磨、搞研究的胡春明是远近闻名的科技示范户，2019年投入21万元进行水田标准化格田改造，将原来的204个格田改成现在的24个格田，插秧面积增加了20余亩。经过两年的试验，大兴农场有限公司共推广应用格田改造面积3.5万亩，增加土地面积3%～4%。同时，破解了土地资源浪费、费工、费时、费力、费水、费钱的六大难题，彻底改变了水稻传统种植的格田布局，创造了标准化格田改造"大兴模式"。

通过实施水田大格田改造，北大荒集团实现了农田"中间路、两边田、四周渠"的设计，不仅减少了农用路的占地，更提高了耕地利用率，节本增效让种植户收益颇丰。高质量建良田,垦区上下一盘棋。据北大荒集团农业发展部夏艳涛介绍,规模化格田替代一般格田可以有效增加种植面积4%左右,水稻生育期亩节水在100立方米以上。同时,可以避免各农时阶段运输机械直接入地,有效降低机械对耕地的破坏。2021年,北大荒集团粮食作物种植面积达4 457.8万亩,比上一年增加117.7万亩,新增土地结出累累硕果。

土地能增收,也需要减负。作为世界三大黑土带之一,东北黑土垦殖后频繁耕作,导致黑土层中有机质锐减,黑土层逐渐"变薄、变瘦、变硬"。保护黑土地这一"耕地中的大熊猫",是农业可持续发展、耕地永续利用、粮食长期增产的有效措施。"合理使用有机肥,可以恢复被严重侵蚀的黑土地的生产力。"中科院长春分院副院长、博士生导师、二级研究员刘晓冰介绍说。在鹤山农场有限公司第一管理区第二作业站9号地块里,机车安装粉碎机直接实现粉碎秸秆还田,对于需要改良土壤的地块先抛撒粪肥,再进行深松或翻地、耙地、秋起垄作业。"利用禽畜粪便发酵制作有机肥,抛撒还田,提升土壤肥力的同时,又解决了粪污处理问题,逐步实现有机肥替代化肥。"九三分公司农业发展部总经理岳远林介绍。除了有机肥替代化肥,轮耕休耕和秸秆还田也是北大荒为保护黑土地打出的"组合拳"。开展耕地轮作试点,可以有效解决连作造成的土壤养分偏耗,让黑土地"歇口气",提高土壤肥力。作物秸秆直接还田技术,用以增加耕地肥力,缓解土地板结,提高土壤的通气、透水能力,彻底打破犁底层,改善土壤理化性状,防止水土流失。这些"连环招儿"都是北大荒集团保护性耕作替代传统翻耕的具体做法。多年来,垦区落实黑土耕地保护三年计划示范面积183万亩,耕地轮作试点面积1 161万亩,水稻休耕面积154.86万亩,稳定秸秆还田面积4 200万亩。

侵蚀沟是东北黑土区水土流失问题的集中表现,根据最新调查,黑龙江在耕地中有17.9万条、长50米的侵蚀沟,沟毁耕地面积相当于500万亩左右。其中,北大荒水力侵蚀主要分布于东部、北部和中部,风力侵蚀主要分布于西部。除了传统的治理措施,秸秆填埋复垦技术将秸秆综合利用和侵蚀沟治理有机结合起来。大西江农场有限公司采用"秸秆捆-土-秸秆捆"相互交替摆放方式,逐层压实,最后预留50厘米用于铺设黑土,最终完成侵蚀沟的治理并恢复耕地状态。

多年来,垦区水土流失治理面积达3 843.9平方公里,建成农田防护林308万亩、水土保持林230万亩,农田林网控制率达100%。在友谊农场有限公司的一块坡耕地,由于地势高低不平,这块玉米地旱时不蓄水、涝时水土流失,这是垦区丘陵地块的通病。为了有效解决丘陵区旱田水土流失问题,当地采取等高种植的新技术,让这块过去的低产田,在2021年创下了垦区玉米亩产1733斤的高产纪录。

提供高位增产的党建保障

北大荒集团2021年粮食能够实现高位增产,其背后的5 455个基层党组织和11.3万名党员,就是坚强后盾。

2021年10月6日一大早,八五五农场有限公司第五管理区种植户史俊义高兴得不得了。夏天连续3个月没有有效降雨,但他种植的210亩"德美亚三号"以1 920斤的亩产打破了作业站玉米单产纪录。史俊义有些激动地说:"在这样的年份里,如果没有党员干部的服务和帮助，取得这样的丰收是不可能的。"为了抗灾保丰收，2021年8月22日，北大荒集团党委启动保秋粮夺丰收"决战月"行动，全面掀起保秋粮夺丰收工作热潮。

2021年8月25日，北大荒集团党委又发出《关于在"保秋粮夺丰收"工作中充分发挥基层党组织战斗堡垒作用和党员先锋模范作用的通知》，号召全体党员要强化党员意识，在保秋粮夺丰收的各项任务中走在前、作表率。8个保秋粮夺丰收驻地督导组应运而生，由北大荒集团主要领导亲自指挥带队奋战攻坚，累计开展各级督导指挥895次。北大荒集团各级部门共组织312个专家指导组和21 277人次的技术人员，深入一线及时解决秋收生产中遇到的困难，实地踏查地号，抢排田间积水，合理调配机车，确保成熟一块、收获一块。

2021年7月26日夜，泰来农场有限公司遭遇两个小时暴雨袭击，导致农田内涝，严重威胁农业生产安全。北大荒集团党委迅速组织430余人的防汛应急队伍，投入机械力量30余台（套），调集各类防汛抗洪物资，全力抢险，开展抗灾自救。2021年的这个夏天，同样的一幕也在北大荒集团北安、齐齐哈尔、绥化分公司等地出现。由于黑龙江省多地遭遇连续强降雨，上游来水量激增、江河水库水位暴涨，造成北大荒集团部分区域农田被淹、城镇内涝、防洪设施及水利工程受损，给农业生产造成不利影响。以汛为令！各基层党组织组织党员干部、职工群众全力以赴防汛抗洪、排涝减灾，他们用实际行动筑牢一座座堡垒，连成一道道坚不可摧的铜墙铁壁，将一面面党旗牢牢插在防汛保生产第一线。2021年10月，接连几场秋雨导致土壤湿度增大，甚至还有田间积水，这让北大荒秋收压力陡增。为了抗灾夺丰收，龙镇农场有限公司党委把党支部会议开到了田间地头，帮助职工群众解决实际困难。遇到生产有难题，就临时召开"地头会"，商讨解决办法，义务修车、联系粮商，这样的镜头每天都在重复上演。

在这场保秋粮夺丰收战役中，北大荒集团各级党组织既是领航员、排头兵，又是突击队，他们密切联系群众、积极发动群众、凝聚起党员群众攻坚克难的力量，为夺取粮食丰产丰收打下坚实的基础。在北大荒集团，从供种供肥到技术指导，从田间管理到机车保养，从防灾减灾到收粮卖粮，随时随处都能看到穿着红马甲、戴着红袖标的党员的身影。他们用实际行动把党员先锋模范作用融入农业生产全过程，把鲜艳的党旗红渗透在这5.54万平方公里的黑土地上。北大荒广大党员干部扎根黑土地，用心、用情、用力耕耘着这片沃土，示范引领带动职工群众，用党员的率先垂范换得粮食的增产丰收。

粮安天下，江山如磐。在新时代的赶考路上，在鲜红的党旗指引下，北大荒人一定会交上更加优秀的丰收答卷！

（本文发表于2022年1月）

构建现代稻米产业体系
推动苏垦米业高质量发展

宗兆勤　臧素珍

"食为人天，农为正本。"稻米产业是我国现代农业优势产业，是加快推进乡村产业振兴和满足人民群众美好生活新期待的重要产业。如何发展现代稻米产业，推进稻米产业高质量发展？笔者基于江苏省农垦米业集团有限公司（简称苏垦米业）的实践，认为构建自主可控、富有竞争力的现代稻米产业体系，是推进农业供给侧结构性改革、加快培育农业农村发展新动能的必然要求，是提高稻米产业创新力、竞争力，推进稻米产业高质量发展的重要路径。

对现代稻米产业体系内涵的理解

现代稻米产业体系涵盖稻米及其衍生品生产、加工、销售、服务等诸多环节，是产前、产中和产后协调发展的有机整体，涉及生产要素、市场需求、产业组织等全过程，通过专业化、社会化的产业分工协作，形成各个环节有效衔接、产出高效、竞争力强的综合产业系统。

具体从三个方面理解和把握。一是生产社会化与分工协作推动农业产业链的纵向延伸与专业化发展。二是通过稻米产业化分工，形成优势产业并提升优势集中度，使产业集群内各经营主体之间形成竞争合作并存的关系，从而优化集群创新网络，提高集群内效率，降低集群创新成本与风险。三是把生产、加工、市场服务业深度融合，使稻米产业发展由低质量、低技术、低附加值、低成长状态向优质化、高技术、高附加值、高成长状态转变，推动农业产业结构调整和优化升级。

因此，现代稻米产业体系的发展方向可以概括为：以产业创新为驱动，以现代农业、新型工业、现代服务业融合为目标，推进产业化经营、多功能开发、各种资源有效利用、比较优势充分发挥的综合性系统产业。

我国稻米产业的现状与不足

（一）稻谷产量持续增长，但优质品种占比较小

稻米作为国人的主粮，是保障国家粮食安全的基石。自 2004 年以来，我国水稻产量连年增长，同时稻谷库存高企，2018 年政策性稻谷库存已达 1.4 亿吨以上，库存稻谷主要是普通稻谷，结构性的供大于求现象明显。随着我国社会经济的迅速发展，城乡居民消费结构加快升级，对优质大米的需求持续增加，但优质稻谷品种占比较小，研发优质稻谷品种迫在眉睫。

（二）加工企业行业集中度低，品牌效益不突出

截至 2014 年底，全国有稻米加工企业 8 519 个，产能 2.43 亿吨。行业集中度低，行业排名前三甲的中粮集团有限公司、北大荒米业集团有限公司、益海嘉里金龙鱼粮油食品股份有限公司产能合计也只有 4% 左右的份额。大米品牌既多且杂。企业各自为战，造成了国内优质稻米品牌间的内耗和严重的同质竞争。消费者难以通过品牌辨别大米品质，品牌溢价能力差，2014 年全国大米行业实现利润不足 5 亿元。

（三）产业链条短，精深加工水平低

目前我国稻米加工产业向上下游延伸过短，精深加工水平低。这不仅使得附加值偏低，产品结构单一，而且加剧行业不良竞争，导致企业处于价值链的低端，难以与大型外资企业抗衡。具体而言，突出表现在以下两个方面：一是整体呈现小、散、低的现象，加工工艺水平较低，技术低水平复制，特别是中小型稻米加工企业工艺质量差、效益低，资源浪费严重；二是产品品质单一，精细化程度低，一些附加值高的免淘洗米、胚芽米和营养强化米等产品的加工能力有限。

（四）大米过度加工现象严重，副产品综合利用能力差

由于"食不厌精"等消费观念的驱使，稻米企业对大米过度加工现象突出。稻米过度加工导致出米率下降、营养成分的流失和品质降低，导致加工成本上升，同时还造成食物浪费，影响口粮安全。稻谷加工副产物的综合利用率偏低。我国每年稻米副产品达 4 500多万吨，其中稻壳 3 000 万吨、米糠 1 000 万吨、碎米等 500 万吨，但米糠的深加工综合利用只占 10%，稻壳发电及综合利用只占 30%。发达国家稻米副产物的综合利用率普遍达到 90% 以上，其中日本的米糠综合利用率达到 100%，同为发展中国家的印度也达到30% 以上。稻米加工副产物利用率低，直接影响我国稻米加工的资源利用率与增值效益。

苏垦米业发展稻米产业的优势

苏垦米业作为农业产业化国家重点龙头企业，秉承"为耕者谋利、为食者造福"初心，围绕"争做国内最具竞争力的食品加工企业原料供应商和生产最受消费者青睐的好大米"战略定位，按照"优品种、提品质、创品牌、增效益"思路，以"中国好粮油行动示范企业"项目建设为载体，强化基地建设、技术革新、品牌创建和市场营销工作，聚力构建自主可控、富有竞争力的现代稻米产业体系，推动稻米产业发展的质量变革、效率变革、动力变革，努力实现稻米产业链延长、价值链升级、利益链拓展，推进企业持续健康发展。主要有以下几方面优势。

（一）全产业链优势

2011 年下半年，江苏农垦组建致力于产业纵向一体化经营的江苏省农垦农业发展股份有限公司（简称苏垦农发），把垦区的种植业资源以及相关联的生产要素整合于一个公司。苏垦米业作为农业产业化国家重点龙头企业，整体纳入苏垦农发，从体制上保障了全产业链所必需的各项要素的整合与最优配置。同时，利用影响力大规模参与农村集体土地经营权流转，积极拓展种植基地，进一步扩大了产业链规模。

（二）种植基地优势

生产种植环节的组织化、标准化、规模化和集约化是农垦现代农业产业的重要特征。规模化经营，符合现代农业发展要求，有利于提高农业产业化水平，有利于农业标准化生产措施的落实，有利于推动农业结构和生产布局调整，加快现代农业建设进程。

江苏农垦拥有百万亩绿色、优质种植基地，自然生态禀赋优越。目前，江苏农垦19个种植基地共建成绿色食品种植基地面积近100万亩，质量追溯体系覆盖规模达73万亩，有机米认证面积1 500亩，并正在增加转换面积3 000亩，能够满足诸多知名企业对高标准基地的要求。

（三）现代农业物质装备和科技优势

江苏农垦全面实现粮食生产全程机械化，大宗农作物耕、种、收综合机械化水平已达98%。苏垦米业拥有国际一流的生产设备，大米生产线14条，年加工能力超过60万吨，能够满足各类大米加工需求。同时应用机械通风、粮情检测、低温烘干等先进技术开展绿色科学储粮。

江苏农垦构建了苏垦农科院、院士工作站、稻米精深加工研究所为主的农业科研体系，农业科技贡献率70%以上。与江南大学合作成立农产品精深加工研究中心，相关项目已结题并进入产业化试生产、市场化开发阶段。

构建现代稻米产业体系的苏垦实践

现代稻米产业体系建设是一项系统性的工程，苏垦米业立足江苏农垦实际，坚持因地制宜原则，通过品质提升、结构优化、功能拓展、链条扩张、绿色发展等方式，提高综合水平，逐步建立起自主可控、富有竞争力的产业体系。

（一）选育优质良种

苏垦大米来自于优质的品种。我们充分发挥种业的"芯片驱动"作用，实施高品质良种选育工程。打破对优质种子的传统理解，建立以市场为导向的优质稻米评价体系。一是按照优质化标准加大良种引进（购买）力度，形成大面积种植、试验示范推广应用、储备等三个层次的优质种子体系；二是增加投入，提高自主研发能力，根据市场需求，比如特殊消费群体、特别用途，有针对性研发新品种补市场短板；三是重视现有大面积种植优质品种的提纯复壮工作，确保品种纯度与品质稳定性，确保用优质的品种生产出优质稻米原料。

（二）高标准建设种植基地

苏垦米业的种植基地均处沿海、沿江、沿湖地区，土地肥沃，生态环境优越，赋予"苏垦大米"绿色、生态新内涵。苏垦米业按照绿色发展要求，扎实推进全国标准化绿色（稻麦）生产基地创建工作，坚持"一控两减三基本"，推进投入品减量化、生产清洁化、废弃物资源化、管理信息化、产业模式生态化。实施化肥农药使用量零增长行动，推进畜禽粪便无害化处理和资源化利用，加强秸秆综合利用，强化农药包装废弃物和农田残膜回收处理。根据营销能力提升不断增加空茬休耕、种养混合等绿色种植面积。落实专门机构对垦区百万亩耕地资源实施动态跟踪监测，全面加强生产基地环境保护。

（三）构建自主可控的质量控制体系

质量是产品的生命之所系，现代稻米产业的发展离不开质量安全。苏垦米业把"生产有记录、信息可查询、流向可追踪、责任可追究、产品可召回、风险可控制、质量有保障"的质控体系作为战略举措来抓，使其成为"苏垦大米"永恒的质量标贴、客户认可的企业标准，形成竞争对手无法复制的核心竞争力。同时，在现有质控系统的基础上，进一步提高集成度、开放度、兼容度。把质量控制体系与供应链管理高度集成，与客户建立数据共享机制；适度扩大信息的开放度，使消费者能够充分体验到公开、透明、可信；进一步运用物联网、信息化、数字化、可视化等手段，并使其与现有质量控制系统相互兼容，充分满足消费者体验性的需求；强化操作规程和产品标准的程序化、规范化，确保苏垦大米质量安全管理落实到位。

（四）提升现代营销能力

借助"互联网＋"现代农业的发展契机，用新零售综合体思维，推进营销模式创新，实现线上线下高度融合的销售模式，确保苏垦大米"种得好"的同时"卖得好"。策应媒体广告投放效应，多方式并举，有步骤地推动实体店布局；挖掘自有电商平台的潜力，满足客户对农产品便捷、新鲜保持、低物流成本的需求；深挖"自有"优势，搭建会员制销售、私人定制等多种营销方式高度集成的销售模式，充分满足客户多元化、个性化需求，培植小众客户；下移营销渠道，细分市场，实现销售网格化，完善分销体系，使小众产品分销能力显著提升。

（五）推动科技创新

创新是引领发展的第一动力。苏垦米业依托苏垦农科院、院士工作站、稻米精深加工研究所等创新平台，积极打造产学研利益共同体；注重优质稻米优质化集成方案，在优选种子的基础上，优化栽培模式，科学收储与加工，大力度推行低温烘干、低温仓储、适度加工，推进专用、营养、功能性产品开发利用，实现产业链加粗延长；以入选"中国好粮油"的'南粳46'与'南粳9108'为突破口，加强品牌战略统一规划，构建品牌体系，实现优质品牌与优良品种合一，提升江苏农垦稻米板块整体品牌价值和品牌竞争力。

现代稻米产业一头连接着生产者，一头连接着消费者，涉及农户、加工企业和消费者多方主体，是重要的民生产业。苏垦米业着力构建的自主可控、富有竞争力的现代稻米产业体系，不断做优做强做大；同时通过土地流转、订单种植、收购兼并等路径，带动力显著提升，更好地助力乡村振兴、产业扶贫，不断推动稻米产业高质量发展。

（本文发表于2020年4月）

打造"智慧稻米"全产业链的皖垦模板

王 洪

生产端有农业大数据对基地进行耕"云",加工端以柔性智能碾米机和智慧码垛生产线升级换代,供应端通过电商平台与"皖垦 e 家"实体店互动;用手机扫一下二维码,从餐桌到田头,所有稻米产品全程质量就可追溯……这就是安徽农垦集团有限公司(简称安徽农垦)正在打造的"智慧稻米"全产业链新模板。

"作为稻米生产的老资格粮商,我们用两三年的时间初步完成了从传统稻米到'智慧稻米'的蜕变,靠的是自我变革的勇气,更有一颗科创'芯'!"安徽农垦农产品公司(简称农产品公司)党委书记、董事长汪登松说。

"融合"先手棋 激活稻米板块的发展动能

农产品公司由大圹圩农场、倮倮米业和农产品公司三家企业重组而来。大圹圩农场拥有 3 万亩麦稻生产基地,生产水平排在垦区前列;坐落在天长市的倮倮米业原本就是从大圹圩农场分离出来的,虽然有日产 200 吨的大米加工能力和 10 万吨粮库库容,但前端原粮供应和后端大米销售仍有较大短板;位于合肥的农产品公司自有生产基地也一直没有坐实。

2018 年,安徽农垦通过"把脉问诊",决定对农产品公司"动手术",将大圹圩农场、倮倮米业和农产品公司整合成为一二三产融合的稻米产业板块。经过几年运行和磨合,改制后的农产品公司显现出生机和活力,成为融合了现代农业、粮食加工、仓储物流、商业连锁全产业链的产业化龙头企业。

与此同时,一项重大改革让农产品公司甩掉包袱、轻装上阵。2018 年底,随着安徽农垦办社会职能分离改革的推进,大圹圩农场 19 项社会职能全部移交地方,瘦身为农场公司,成为倮倮米业的专属配套生产基地。为提升基地生产的规模优势、技术优势、机械优势和人才优势,向米业提供高品质原粮,农场公司率先以农业社会化服务为抓手,以种植大户、家庭农场、专业合作社、产业化龙头企业等为实施主体,推广统一品种布局和供种,统一生产资料采购供应,统一农机和农艺措施,统一原粮购销,统一核算的"五统一"管理模式。2020 年实现小麦单产 497.1 公斤,实现水稻单产 628.1 公斤,切实"统"出了规模和效益。

农产品公司逐渐抬起"龙头",在天长市当地及周边释放出新的区域影响力。企业除了精心打造农场公司自身核心基地,还辐射带动周边市县乡镇粮农 1 万多户,倮倮米业常年优质水稻种植订单面积达 6 万余亩。

汪登松说,下好"融合"先手棋,为全产业链发展蓄能;推出农业改革组合拳,进一步催生了企业发展动能，而这些并不足以证明安徽农垦稻米产业"能"和"行"，真正体现"能"和"行"的是科技创新。

目前企业拥有 6 项国家发明专利、5 项省级科技成果，其中，"富硒胚芽米中 γ-氨基丁酸富集及超微粉碎关键技术的研究"获得安徽省级科技成果奖；稞稞香粳米、稞稞硒米、稞稞糯米、稞稞粳米、贵员水磨糯米粉等五类产品被国家绿色食品发展中心认定为 A 级绿色食品，稞稞有机米获有机产品认证。

但这些还不够，汪登松认为，在稻米市场竞争日益激烈的当下，全产业链"智慧稻米"才是核心竞争力。

生产链智慧化颠覆基地生产的传统模式

大圹圩农场一直是安徽垦区农业生产的老先进，成熟的麦稻种植模式、在垦区最早推行水稻机械化插秧、率先实现麦稻两季"吨良田"。这些曾是大圹圩职工引以为自豪的谈资，而农业物联网项目的引进，却一下子颠覆了他们传统的种植观念。

2016 年，投资 150 万元的农业物联网项目落户大圹圩农场。起初，有人看不上这个投资额很小的项目，甚至质疑这个只埋设一些探头和传感器、做数据大屏的玩意儿"中看不中用"。但到底中不中用，用了才知道。

农场种田能手崔海军和麦稻打了 30 多年的交道。如今，他的手机上安装了"智慧农业云"App，随时随地能够掌握当下小麦的苗情、土壤肥力等数据。"智慧农业云"还能将远程智能虫情测报灯、远程智能孢子捕捉仪等设备采集的相关数据进行自动分析后快速发出病虫害预警，为防治病虫害提供便捷服务。"以前种田靠经验，现在有了大数据就是不一样！"崔海军说。

物联网的精准还体现在肥水管理上。大数据可对整块田进行数据分析后建立智能配肥系统，根据产量模型进行配方施肥。不仅可以做到精准施肥，还有利于化肥减量，提高麦稻品质，同时节本增效。

物联网在农机管理运用上更加精细化。农场农服公司负责人张凌云介绍，物联网有"植保无人机监控系统""农机自动导航驾驶系统"等，对农机作业实行实时监控，作业更高效，作业量更精准。"有了物联网系统，至少，原来农机服务'经营不实'的问题迎刃而解！"

与此同时，农场稻米的种植、收获、仓储、加工、检测、销售等各环节信息全部录入物联网农产品质量追溯系统，通过追溯软件生成二维码，形成完整的稻米质量追溯系统。

加工链智能化引进国际先进的柔性智能碾米新技术

"农垦农产品公司由传统稻米转向智慧稻米的标志性事件是与上海麦稻智慧集团的战略合作。"汪登松说，这是稻米加工端智慧化的一次创新。

麦稻智慧集团是一家立足于上海、致力于粮食加工行业双创新的新经济企业。公司推出的"智慧型粮食分层磨削装置"，一站式解决了稻米加工行业长期存在的高增碎、高能耗、高米温的"三高"痼疾。该装置还具备强大的技术扩展性，可适用于小麦、杂粮等谷物粮食的高效与精准加工。

麦稻集团与安徽农垦于2020年8月签订战略合作协议，由集团提供全套"智慧型粮食分层磨削装置"和整体技术方案，对倮倮米业进行升级改造；在合肥建立稻米副产品技术创新中心，共同在安徽成立合作平台，在天长或省内其他条件成熟的区域合作建设首家区域稻米加工中心。

2020年11月，由上海麦稻智慧集团牵头的稻米发展课题组专门赴安徽垦区三个农场调研，并与安徽农垦深度研讨稻米加工端技术创新及未来预期。2020年底，倮倮米业加工车间安装了智慧型粮食分层磨削装置，建成了省内第一条柔性智能碾米生产线并进行了设备调试，近日已完成设备调试，即将投入试运行。

供应端云平台布局两个"三角"的稻米攻略

2020年6月，汇集全国13个垦区优质农产品的"皖垦e家"旗舰店在合肥开业，从而揭开了农垦农产品大营销的序幕。

而在此之前，面对突如其来的新冠肺炎疫情和前所未有的市场寒流，农产品超市旗下的皖垦农产品超市尝试通过微信小程序、平台直播等，拓展线上渠道，探索新的产品销售模式和商业模式。超市的"小二"们经常在深夜备货，在清晨为"老铁"们配送新鲜果蔬，通过安全社交距离将货物送至"最后一米"。在非常时期，超市不仅彰显了国企保供应的担当，而且与客户建立了"患难之交"，留住了一批铁杆消费者。

农产品公司还在合肥市一些小区投放了智能碾米机。碾米机内存有新鲜稻谷，消费者根据需要选取适量稻谷，由碾米机现场自动碾出新鲜营养的胚芽米，客户可通过扫描二维码自动付款。

汪登松表示，目前"智慧稻米"产业链刚刚形成模块，下一步，要树立系统观念，加速"智慧稻米"全产业链开发，进一步完善智慧农业系统各类数据信息和功能，利用5G技术继续引进地理遥感、农情监测，农机调度、自动导航、精准作业等农业物联网设备，推动农业数字化、智能化；定制企业管理系统，用供应链来优化运营模式，改善资源调配模式。推进智慧粮库建设，利用粮情监测、智能监控等智能化设备确保在库粮食安全，精准定位，打造标准化门店运营管理模式、建立高效的供应商合作和物流配送体系，力争"十四五"末在省内及长三角地区开设100家"皖垦e家"。稻米产品在主攻长三角市场的同时，布局珠三角"云销售"网点。

（本文发表于2021年5月）

充实"米袋子"丰富"菜篮子"

——陕西农垦着力提高粮食和重要农产品供给能力

刘国礼　牛　卫

　　近年来，陕西省农垦集团有限责任公司（简称陕西农垦集团）承担起农业战线国有企业的使命担当，全面落实"藏粮于地、藏粮于技"战略，突出优势产区，聚焦高产高效，按照"强基础、重科技、聚合力、规模化"的思路，以高标准农田建设为切入点，强化基础能力建设，打造高产稳产"吨粮田"。以提质增效为突破口，不断提高农产品质量和产量，增加粮食等农产品有效供给，为社会提供更多、更好的优质农产品，确保"米袋子"充实、"菜篮子"丰富。

优质粮食产业再创佳绩

　　2021 年，陕西农垦集团继续狠抓优质粮食产业，粮食生产面积、总产量均处在历史较高水平。全年粮食收获面积 25.7 万亩，总产量 120 750.9 吨。其中夏收小麦面积 13.1 万亩，总产量 61 530.9 吨；秋季玉米等粮食作物 12.6 万亩，产量 59 220 吨（含折合籽粒）。

　　2021 年，夏粮取得丰产丰收，小麦面积、总产量、单产量、最高产量均为近年来最高。全垦区 13.1 万亩小麦，平均亩产 938.27 斤。与上年比较，面积增加 4.98 万亩，增幅 61.3%；亩产量增加 58 斤，增幅 6.6%；总产量增幅 71.9%。其中，陕西农垦集团旗下华阴农场种植的铜麦 6 号，测产面积 16.103 亩，平均亩产量 1 409.2 斤，创目前陕西省百亩高产攻关田单产最高纪录；陕西农垦集团旗下沙苑农场种植的 1 200 亩淮麦 33 小麦高产示范田块，平均亩产 1 160 斤；朝邑农场种植的 750 亩华垦 818 示范点，平均亩产 1 204 斤；陕西农垦集团旗下大荔农场种植的 150 亩伟隆 169 号示范点，平均亩产量 1 176斤。

特色果蔬产业升质增效

　　2021 年，陕西农垦集团积极发挥自身优势，大力发展绿色果蔬产业，向社会提供绿色、安全特色果蔬等农产品 5 万多吨，有效保障了老百姓"舌尖上的安全"。加强 15 个果蔬基地建设，做好 3 万亩果蔬的田间管理。深入开展果蔬提质增效活动，冬枣、葡萄、甜柿子、瓜类、蔬菜等的管理和质量进一步提升，效益稳步增加。

　　一是葡萄效益初步显现。依托西北农林科技大学葡萄酒学院、郑州果树所、中科院植保所和中国农学会葡萄分会的技术力量，提高合阳葡萄园生产技术水平。与国家保鲜中心签约联合建设陕西农垦农产品保鲜工作站，为农垦果蔬保鲜工作提供有力的技术支撑，陕西农垦农产品保鲜工作站已经成为当地的技术示范企业。目前，合阳葡萄园品种已全面更新，主栽品种更换为阳光玫瑰、甜蜜蓝宝石、红玫瑰及深红无核等市场需求旺盛的优质、特色新品种。2021年葡萄总产量93万斤，预计销售总收入900万，利润约200万元。

二是甜柿子远销东南亚。华阴农场种植的2 100亩甜柿子陆续挂果，2021年结果面积1 000亩，总产量260万斤，收入360多万元。华阴农场生产的甜柿子质量高、品质好，远销到越南、泰国、马来西亚等东南亚国家，发展前景良好。

三是冬枣设施栽培关键技术攻关顺利。朝邑农场500亩冬枣园集中展示了冬枣设施栽培模式、最新棚型结构、最新种植技术，积累了一定的技术资料。2021年，500亩冬枣园核心区生产优质冬枣450吨，收益约300万元。

四是胡萝卜面积稳步扩大。以沙苑农场为主的胡萝卜种植面积稳中有升，面积继续扩大近2万亩。每亩产商品胡萝卜3 000斤左右，每斤售价1.5元左右，亩利润在2千元左右。

五是瓜类和蔬菜生长良好。各农场种植的西甜瓜、蔬菜等，产品品质和产量均有较大幅度提升，商品率提高10%左右，产量增加16%。

畜牧养殖业规模继续扩大

积极推广奶牛绿色优质高效技术。中垦华山牧场运用以色列全球领先的牧场管理理念和奶牛养殖技术，借助以色列阿菲金公司的先进管理工具，形成了系统、完善、适用的现代万头奶牛集群高产集成技术，完成了绿色优质高效技术目标任务，2021年成母牛单产达10.8吨，年繁殖率90.28%，犊牛成活率96.29%，达到国内先进水平。乳脂率达到4.5%，乳蛋白率达到3.55%，均处于国内领先水平。

积极拓展畜牧养殖新领域。大荔农场与石羊集团合作，种猪养殖基地已经建成运行，目前农场自建的生猪养殖项目正稳步推进，各项工作在紧锣密鼓进行中。

诚信供应链健康成长

"安益鲜"瞄准厨房上游供应链，定位于安全食材的供应者，以蔬菜、水果、肉、蛋、奶等产品先行，重点发展订单农业，向一产二产延伸，服务好国家中心城市——西安，以食材消费带动关中城市都市圈现代订单农业，2021年实现销售收入2 031万元，较上年度增长8.3%，实现了稳步增长。

"十四五"期间，陕西农垦集团将按照新时期新的使命要求，认真学习贯彻习近平总书记国企党建会重要讲话精神和三次来陕考察重要指示精神，贯彻落实"五项要求"（全面落实推动经济高质量发展迈出更大步伐、打造内陆改革开放高地、推动生态环境质量持续好转、加强民生保障和社会建设、推动全面从严治党向纵深发展），推进"五个扎实"（扎实推动经济持续健康发展、扎实推进特色现代农业建设、扎实加强文化建设、扎实做好保障和改善民生工作、扎实落实全面从严治党），把学懂弄通做实习近平新时代中国特色社会主义思想作为首要政治任务，以中央和陕西省关于农垦改革文件精神为遵循，以建设现代农业为主线，以建设现代农业领域一流企业为目标，贯彻新发展理念，融入新发展格局，培育新发展动能，聚集新资源要素，加快建设现代农业的大基地、大企业、大产业，切实发挥和彰显农垦集团在全省现代农业建设中的示范引领和骨干带头作用，抓好"米袋子""菜篮子"，大力推进粮食规模化生产经营，继续提升农副产品质量产量水平。力争用三年时间，在全省打造粮食规模化经营核心示范区、辐射带动区、产能提升区，建成千万吨粮食产量的压舱石，为"十四五"期间全省粮食面积稳定、产量增加、质量提升作出农垦新的更大贡献。

（本文发表于 2022 年 1 月）

探寻增产 12 亿斤的红兴隆 "密码"

陆书鑫　高　玮

11 月 7 日，北大荒集团有限公司红兴隆分公司（简称红兴隆）各粮食收储中心开足马力，确保丰收的粮食颗粒归仓。

今年，红兴隆遭受了严重的双重自然灾害，播种期持续低温多雨，夏季近 60 天高温干旱，但仍然取得了粮食生产 "十八连丰" 的优异成绩，总产达到 87.9 亿斤，同比去年增产 12.63 亿斤；水稻单产 1 258 斤、玉米单产 1 407 斤、大豆单产 332 斤，创下了收获面积历史最大、开始时间历史最早、速度历史最快、总产量历史最高、水稻亩产量和亩效益历史最高的纪录。

在严重的自然灾害下，红兴隆是如何抵御自然灾害创造历史新高的呢？

"保护" 与 "利用"

八五三农场有限公司（简称八五三农场）第九管理区水稻种植户王燕承包的 200 多亩水稻田里机车轰鸣，在北斗卫星的导航下，大型推土机和激光平地仪、筑埂机正在进行大格田改造。

"大格田改造能将我家 60 多个小池子改造成 20 多个大池子，明年最少能多插出 7 亩地的水稻，增产 9 000 斤不成问题。" 王燕高兴地说。

红兴隆全面落实集团 "181" 战略、"1213" 高质量发展体系和 "32366" 任务体系，明确了 "十四五" 期间打造百亿斤商品粮基地的目标。

生态环境保护不允许再扩大耕地面积，黑土地保护工程又要大力开展 "三减" 等多种措施相结合的保护性耕作。五年间，要实现增产 25 亿斤的目标，这是一个极大的挑战。红兴隆在黑土地做起一篇黑土地保护与利用的大 "论文"。明确 "保护不代表不发展，要在保护中科学利用资源，发挥有限资源效能最大化" 的思路，开展向 820 多万亩耕地要有效耕种面积的工作，对现有耕地整形扩边，大力推行规模化格田改造，全面推行 "阶段性任务定死、一幅图对表落实、无弹性对标验收" 机制，要求全部实现卫星导航和激光平地仪作业，确保一次整形到位。红兴隆通过耕地整形扩边新增有效耕种面积 37 万余亩，通过对 50 万亩水田格田进行改造新增插秧面积近 1.3 万亩，为实现 "十八连丰" 打下了坚实的基础。

"示范" 与 "转化"

入冬以来，友谊农场有限公司借助示范成功的 "等高种植" 技术，开展改造扩模工作，并进行了 "宽埂" 技术改造，封冻前完成了 260 亩改造面积。

"经过两年时间，160亩漫岗地的'等高种植'技术示范成功，玉米单产达1 734斤，化肥施用量减少15%，水土流失量减少30%，作物产量提高5%。我们将此项技术进行了宽埂升级扩模，逐步提升丘陵漫岗田的改造水平。"友谊农场有限公司农业发展部高级主管杨帆介绍说。

科技是农业丰收增产的根本保证。红兴隆紧紧扭住这一关节，以提高土地产出率、提高劳动生产率、提高投入品利用率的"三高"为目标，强力推进科技示范带（点）建设，构建起42条、1 360余延长公里的科技示范带，覆盖208个示范点。

友谊农场有限公司与东北农业大学、黑龙江省农科院和中国农科院联合创新开展变量施肥技术攻关，利用红外线遥感无人机采集耕地光谱，根据光谱确定施肥处方图，导入车载电脑控制施肥量，施肥量减少20%左右，玉米增产11%。利用冬闲，技术人员正全力推广全域遥感技术，确保明年丰产丰收。

在"三高"科技示范带建设上，红兴隆要求边示范边复制重演进田间，通过现场观摩、对标对表会、现场会、线上线下培训等多种方法，帮助种植户掌握应用新技术。

二九一农场有限公司采取秸秆粉碎抛洒，采用机械翻埋覆盖、机械灭茬及联合整地碎混等方式，展现出蚯蚓回归农田、蘑菇长在田间良好生态景象，玉米单产突破1 970斤，示范面积超过5万亩。

"三高"科技示范带的建设，让地处乌苏里江沿岸、大顶子山旁一直受小气候影响、农时比其他农场晚7～10天的饶河农场有限公司连续两年创造粮食总产历史新高。

红兴隆在"三高"示范带上，实施"白浆土改良""等高种植""优质稻米食味值栽培技术"等各项试验示范项目超过200项，复制重演进田间30 000多亩次，八五二农场彻底解决了白浆土低产的问题，友谊农场明年将全域开展白浆土治理工作。

"规定"与"自觉"

"农业生产和农时标准化是丰收的基础要素，这需要种植户自觉遵守，从而充分保证每个环节按照高产标准来执行。"红兴隆分公司农业发展部总经理陈月堂说。

红兴隆将农业标准化建设作为一项硬性制度来开展，将生产作业和农时管理进行量化管理，做到管理有遵循、督导有指标、考核有依据，同时以公开的方式开展劳动竞赛，以硬性的制度来提升种植户的自觉性。

在"六个"替代落实工作中，八五三农场突出节水灌溉特色，本着"适度超前、循序渐进、持续发展"和"内容建设高标准、形象建设精品化"理念，以水稻科技园区为中心建立1万亩核心区，拓展延伸3条示范带15个示范点，示范农牧结合有机种养殖栽培模式、三大作物品种筛选、玉米残肥再利用等20个项目，示范面积超过30万亩，占耕种总面积的28%。

在统一的硬性要求下，红兴隆还让管辖的农场有限公司发挥主观能动性，采取严格考量与创新管理相结合的方式，实现被动与自觉的和谐互动。

为保证丰产丰收，红兴隆大力开展收获减损工作，采取边测试、边总结、边推广，全方位提升粮食收获质量的方式，确保实现适用性增强、脱谷净度提高、粮食损失率减少、作业速度加快的目标。八五三农场改装水稻割晒翻铺机，投入仅 300 元，就有效解决了雨前抢收的问题；八五二农场有限公司将翻转犁加装延长板、曙光农场为深松机加装"雁翅"，通过机械中挖潜力，全面提高作业质量，大豆收获综合损失率控制在 2% 以内，玉米直收、水稻收获综合损失率控制在 3% 以内。

通过创新驱动，红兴隆共改装 411 台收获机具；水稻割晒面积 154 万亩，占水稻面积的 40%；割晒拾禾每公顷减损 1 000 斤，实现增粮 1 亿多斤。

（本文发表于 2021 年 12 月）

北大荒集团九三分公司：凝聚最强战"豆"力

陆艳红

带头扩种大豆油料，是农垦系统深入贯彻落实中央决策部署的重要举措，是农垦完成国家战略任务责任担当的具体体现。按照农业农村部《2022年农垦带头扩种大豆油料行动方案》要求，2022年要确保全国农垦大豆种植面积达到1 460万亩以上。

黑龙江垦区大豆产量占全国农垦的85％以上。"九三大豆"是黑龙江垦区大豆的优秀代表，是全国最有品牌价值的大豆区域品牌。今年，北大荒农垦集团有限公司（简称北大荒集团）九三分公司（简称九三分公司）通过深入开展"大豆伙伴计划"行动，打造万亩核心示范区，让"豆都九三"的名片更加亮眼。

靶向发力，拌良种　配好肥扩种大豆31万亩

3月中旬，黑土地上还覆盖着冰雪，但大豆种植备耕的热潮在九三分公司却是一浪高过一浪。早在2月末，九三分公司就做出扩种大豆31万亩的规划，并将生产任务指标逐级分解细化到农场，绘出大豆生产分布图，要求各农场对种植计划进行反复核对，确定大豆种植面积落实正确无误，确保大豆种植任务全部分配到位。面积增加31万亩，所需种肥相应增加。九三分公司开足马力，加快农资备耕进度，3月15日前完成了春季大豆种肥、农药等生资的采购和下摆，大豆拌种也已完成了85％。

为提升大豆种植水平，九三分公司计划引进97台电控播种机的各项工作也在快速推进，同时已完成全分公司7 217台套的机车及配套设备的复检复修工作，为大豆高质量播种打好了提前量。

大豆种植提质增量，除了先进设备，更要有先进技术。九三分公司正在持续深入开展"大豆伙伴计划"行动。依托国家大豆产业体系九三科研所综合试验站，围绕"重大关键问题技术攻关"，实施5大类9个研究课题；围绕"区域技术服务示范"建设千亩示范方，优化技术模式，打造现代农业样板。省内农业、农机、植保、加工等领域的18名专家组建了育种、栽培、植保、加工、机械、经济6个专家组，组建示范县专家技术团队，指导九三分公司完成大豆各地块技术方案设计。各农场提早设计百亩攻关田、千亩高产创建基地、万亩示范区建设技术方案，在3月20日前陆续形成。同时，为用好春播前宝贵时间窗口，集中精力抓大豆科技支撑能力，3月16—18日，在为期3天的现代农业高质量提升研讨会现场，专家们集思广益，共涉及大豆提质增产、节本增效、农业标准化提升、全生育期综合减损、落实国家促进大豆和油料作物增产、黑土地保护6个专题的研究。

聚焦发力，攻单产，增总产 打造万亩示范区

今年，农业农村部科技教育司为落实国家大豆振兴计划，在全国建立41个大豆科技自强示范县，其中东北区域16个，北大荒集团确定九三分公司为唯一代表承担国家大豆科技自强示范县建设项目。

"11个百亩攻关田，4个千亩高产示范基地、4个万亩示范片……"项目建设中的多组数据对于九三分公司产业发展部副总经理关雪辉来说早已烂熟于心。据他介绍，今年着力选育突破性品种，打造大豆良种繁育基地。九三农业科学研究所、大西江农场有限公司、尖山农场有限公司负责建立大豆良种选育试验示范基地，核心区面积200亩，试验适宜大豆品种不少于50个，选育一批大豆高产优质储备品种。

为突破单产瓶颈，创建百亩攻关田，各农场有限公司围绕"攻单产，增总产"的工作目标，结合农场实际创建百亩高产攻关田，明确田块、经纬度、责任主体、主要示范技术，与大豆产业技术体系形成紧密对接，聚焦大豆新品种创制，强化技术创新与集成配套，真正把大豆产业科技发展和专家团队联合在一个产业链里，联合在一个示范地里。

为集成关键性技术，创建大豆优质高效基地，鹤山、大西江、尖山、嫩江农场有限公司正着力创建"大豆科技自强示范县——千亩方（万亩方）大豆优质高效非转基因种植示范基地"各1个，打造核心区1 000亩以上、示范区1万亩以上、辐射区面积5万亩，通过科技赋能集成关键技术，开展大豆高产高效绿色种植技术攻关活动，重点在轮作体系、秸秆还田、品种精选、种子处理、肥料利用、播期选择、中耕管理、有机肥替代、数字技术应用、农机抗灾减损等方面开展技术攻关，2022年计划实现在千亩方连片地号进行200亩机械收获、实收亩产达200公斤以上的高产创建目标，形成一套区域内大豆绿色优质高产种植集成技术规程。

持续发力，树品牌 强产业推动精加工发展

备耕期间，九三分公司结合大豆种植持续深耕大豆产业精深领域，多线作战，形成了集成联动的新景象。

按照年内计划持续实施品牌提升工程，九三分公司打造大豆品牌强农高地。深入实施品牌强农战略，推进农产品区域公用品牌、企业品牌、农产品品牌建设和推广，进一步提高"九三大豆"区域公共品牌知名度。积极开展绿色食品、有机农产品、地理标志认证，推动形成一批具有较高知名度、较强竞争力和明显地域特色的农产品品牌。推动区域公共品牌质量标准体系、产品追溯体系建设，规范区域公共品牌使用与管理，完善品牌培育保护机制。引导企业使用公共品牌，打造"区域公共品牌＋企业商标"模式。

2022年，充分借助北大荒幸福生活网，加强与阿里巴巴、京东等知名电商合作，做大做优九三集中电子商务平台，让更多的九三产品走进网络。加大品牌宣传推介力度，全面推行、规范使用集团品牌标志及企业名称。深入挖掘九三产品多重功效、个性特质，加强产品研发，细化产品功能，传导品牌理念、挖掘文化内涵，不断提升品牌策划能力和运营能力。坚持"产业的盛会、百姓的节日"办节理念，办好"九三大豆节"，叫响"九三

大豆"区域公用品牌。

　　同时，着力延伸大豆加工产业链，推动大豆精深加工发展。重点推进尖山、红五月农场大豆分离蛋白加工项目，项目总投资1.3亿元，与北大荒商贸集团合作共同建设，利用哈尔滨市开发区绿源公司现有厂房进行改建，主要生产大豆分离蛋白、大豆膳食纤维。推进嫩江农场大豆仁加工项目以及尖山农场"年产1 500吨大豆拉丝蛋白及手撕素肉"项目落地投产。依托禹王集团等合作单位在大豆深加工领域技术及市场优势，发挥产地原料供给优势，延伸大豆加工产业链条，提高大豆产品附加值。

（本文发表于2022年5月）

亩产 2 500 斤背后的"科技底色"

王桂娟

2020 年，安徽农垦大圹圩农场公司（简称农场公司）麦稻亩产创历史新高。今年 3 月，农场公司一届三次职工（会员）代表大会隆重表彰了 2020 年麦稻亩产合计突破 2 500 斤的高产户，当先进个身披绶带、手捧证书在主席台前合影时，现场掌声雷动。这掌声中不仅包含着真诚的祝贺，更是对农场公司干部职工及科技人员 10 多年来团结一心、攻坚克难，最终实现再创新、再突破、再超越的褒奖。作为最高产量获得者的公司种植户，陆寿华感叹地说："能够实现亩产 2 568 斤的新突破，离不开农场公司现代农业科技的支撑。"

近年来，农场公司为打破徘徊多年的"吨粮田"粮食产量"天花板"，坚持"藏粮于地、藏粮于技"战略，在全力保障国家粮食安全的同时，积极探索智慧农业发展新路径，逐步建立物联网及大数据平台，购置各类智能农业机械设备，努力为职工提供优质的产前、产中、产后服务。公司连年实现粮食增产、职工增收，2020 年更是创造了亩产 2 500 斤的高产纪录。精耕细作的传统方式与现代科技的碰撞，终于让过去认为几乎不可能实现的产量突破变为现实。粮食产量连年提高的背后是科学与技术的"硬核支撑"，展现了农场公司作为农业生产国家队端稳"中国饭碗"的底气。

农业现代化 种子是关键

种子被称为农业"芯片"。在新冠肺炎疫情暴发叠加极端气候频发的不利条件下，优良品种选育繁殖是保障粮食丰收的重要支撑。多年来，农场公司联合种业公司，与安徽省农科院、安徽农业大学、扬州大学、武进水稻研究所等建立长期稳定的合作关系，致力于打造农业高标准优质品种选育基地，建立良种繁育体系，促进育繁推一体化发展，通过自主创新，培育出有完全自主知识产权的优良品种 5 个。在种植环节，公司通过坚持实施"五统一"生产管理模式，持续推进旱涝保收、高产稳产高标准农田建设，不断优化生产结构和品种布局，加强"三年一轮耕规划"耕地保护制度，持续加强农作物病虫害绿色防控新技术推广与使用等，进一步强化良种良法配套、农机农技融合，确保农场公司粮食生产产能提升、种植高效、产品安全。

农业信息化 转型是关键

发展现代农业是传统农业转型升级的需求。2021 年中央一号文件提出，要"加快推进农业现代化"，要"建立农业农村大数据体系，推动新一代信息技术与农业生产经营深度融合……"农场公司从 2016 年开始便积极探索农业信息数字化在田管方面的实际应用。

从智能远程拍照式孢子捕捉系统、虫情监测预警，到农业可视化系统，再到现在农场种植户熟练运用手机"云平台"实时监测农作物生长发育状况、病虫害以及水肥状况等，农场公司努力用现代信息技术对农业对象、环境和全过程进行可视化、数字化、信息化管理，积极推进农场公司由传统农业向精准农业、数字农业转型。智慧农业为农场公司种植户带来实惠与便利的同时，也进一步合理利用了农场公司农业资源，降低了生产成本，改善了生态环境，提高了农作物产量和质量。

农业智能化　装备是关键

从无人植保机到北斗导航无人驾驶系统，从"看天吃饭"到"知天而作"，近年来，高性能的智能化现代农机装备成为农场公司现代农业发展新亮点。植保无人机早在2017年就翱翔在农场公司这片肥沃土地的上空，手指轻点，无人机就能按照规划路线自动开始执行喷洒化肥、农药等指令，登录智慧农业大数据平台就可以查看每一台无人机和农机的位置和工作进展，北斗导航系统让几台无人驾驶开沟机精准完成开沟作业。

农场公司在实现稻麦生产全程机械化的同时，也越来越重视利用高新科技武装农业生产，提高作物整体产出。遥看农田里那些各显神通的农业新科技，正助力职工增产增收。这田间耕种方式发生巨变的背后，是农业科技的深刻变革，而麦稻亩产创2 500斤背后，是农场公司以科技为画笔绘就的智慧农业发展新底色。

（本文发表于2021年7月）

打造具有全产业链核心竞争力
的国际乳品集团

光明乳业股份有限公司

光明乳业股份有限公司（简称光明乳业）是光明食品集团有限公司下属二级子公司，也是一家具有百年历史的老字号乳品企业，多年来一直践行"创新生活，共享健康"的企业使命，以"乐在新鲜"为品牌理念，以"让更多人感受健康和美味的快乐"为企业愿景，为千家万户提供安全、新鲜、健康、美味的高品质乳品。

光明乳业基本情况

光明乳业起源于 1911 年，前身为英国商人在沪成立的上海可的牛奶公司。1956 年，成立了上海市牛奶公司。1996 年，上海市牛奶公司与上海实业集团合资成立"上海光明乳业有限公司"。2002 年，成功在中国 A 股上市，1 年后，更名为"光明乳业股份有限公司"。

近年来，光明乳业全力打造"1+2"全产业链发展模式，不断增强行业核心竞争力，致力于成为"中国乳业高端品牌引领者"及具有全产业链核心竞争力的国际知名乳品集团，在研发、检验、奶源、生产、物流、分销冷链等全产业链各环节实现全面升级。2019 年上半年营业收入 110.9 亿元，净利润 5.11 亿元。目前光明乳业新鲜牛奶的全国市场份额为 41%，在华东市场和华中市场的份额分别为市 69%、53%，均排名第一。新鲜酸奶占全国市场份额 11%、常温酸奶占全国市场份额 14%，均排名第三。

光明乳业改革发展历程

作为国资国企改革的先行者，多年来光明乳业在整合全国资源、并购海外乳企、股权激励股本多元化等方面进行了积极探索。

（一）用全国资源做全国市场

上世纪 90 年代，为走出激烈的市场竞争困局，光明乳业开展从奶源到市场的全国布局，用全国资源做全国市场，成功将"光明"从区域品牌打造为全国知名品牌，实现了"全国一片光明"，光明乳业产品触角伸向全国 31 个省市自治区。

一是加强奶源布局。在巩固上海以及周边华东奶源市场的基础上，光明乳业在黑龙江、内蒙古等黄金奶源区开疆拓土，投资建厂，最终形成了黑龙江富裕、内蒙古呼伦贝尔、陕西泾阳三个重要的奶源基地。

二是巩固华东市场。光明乳业通过整合江浙皖地区，重组本土市场的乳品资源，先后在南京、苏州、无锡、常州、扬州、南通等地设立销售公司，并利用自己先进的技术和品牌，重组奶源、技术、管理、品牌等各方面资源，使光明乳业属地化。

三是渗透华北、开拓华南并加大对西部市场的开拓。通过形象策划、品牌宣传，光明品牌开始走出华东、迈向全国。几年间，光明乳业在北京大规模投资建厂；在华南重点大城市发展经销商，形成规模销售网络，采取技术、管理和品牌相结合的方式进入西南市场。

（二）实施国际化战略，加快国际业务发展，树立中国企业新形象

光明乳业积极响应国家"走出去"倡议，发挥国有资本优势，积极参与"一带一路"建设，把国家战略与企业的发展有结合，用国内、国际两种资源发展两块市场，推进企业的战略转型和升级，打响"中国品牌"和"中国制造"。

光明乳业是国内第一家实施海外并购的中国乳品企业。2010年光明乳业投资8 200万新西兰元成功收购新西兰本土企业新莱特乳业51％股份，开创了中国乳企"走出去"的先河。投资9年来，公司坚持"开放、包容、合作、共享"的理念，完成了二轮战略和业务的转型升级，实现"从低附加值工业粉企业转型为高附加值婴儿奶粉企业"和"从单一乳粉生产企业转型为综合性生产企业"的转变。公司产品品种由单一的工业奶粉发展到婴儿奶粉、液态奶、奶酪、乳铁蛋白、奶油等高附加值系列产品，产品销往全球30多个国家和地区。新莱特公司于2013年和2016年分别在新西兰和澳大利主板上市，成功募资近9亿元。成功搭建了海外融资平台，走上自我造血、自我发展之路。9年来，公司累计投资近10亿新元用于婴儿奶粉、乳铁蛋白等高附加值项目，公司产能扩大了3倍多，生产基地从单一工厂扩大到南北岛4大加工基地。

截至2018年，新莱特公司已经由一家50人的小企业发展成为近千人的大中型企业，公司的总资产增长了5.4倍，净资产增长了128倍，公司负债率从96.6％降至44.9％，公司的销售规模由不足10亿元增长到40多亿元，企业净利润由亏损6 000万元到盈利3.5亿元，成为新西兰本土发展最快的乳品企业。新莱特公司荣获"中新合作大奖"、被新西兰前总理约翰·基誉为"中新合作的成功典范"。

本项目也创造了多项行业纪录：中国乳业第一个海外并购项目；中国第一家海外并购后成功在澳、新两国上市的企业；中国第一个成功实施股权激励的海外投资项目；新西兰第一家设立企业餐厅和健身中心的企业。

（三）推进股本多元化

1996年9月，上海牛奶（集团）有限公司和上实食品有限公司共同投资成立上海光明乳业有限公司，各占50％股权。2000年11月，公司整体改制为上海光明乳业股份有限公司，引入大众交通（国有控股上市公司）、达能亚洲（外资）和东方希望（民营）等股东。2002年8月，光明乳业发行1.5亿股A股流通上市。流通股占23.04％。国资公司、大众交通陆续将持有的股份协议转让给达能亚洲。2006年，公司完成股权分置改革。

（四）探索股权激励

光明乳业是上海首家实施股权激励的国有控股上市公司。2010年，公司推出首期股权激励计划，被称为"上海市地方国企股权激励试点改革第一单"。向94名激励对象授予7 300 800股限制性股票，占公司当时总股本的0.70％。实施股权激励期间，公司收入和

净利润保持了双 20% 以上的增长，达到了较好的经营和激励预期。

推进全产业链建设，确保消费者"舌尖上的安全"

（一）优质奶源是高品质乳品的供应底板

光明乳业旗下光明牧业是国内最大的奶牛业综合性服务公司之一，现有规模牧场 21 个，存栏母牛 7.4 万头，2018 年泌乳牛平均单产超 10.5 吨。有 9 家牧场被评为无公害生产基地，2 家牧场被评定为全国农垦标杆牧场，5 家牧场通过农业良好规范（GAP）认证，全球首创的"牧场千分"标准，把全方位牧场管理标准细化为 350 条，合计 1 000 分，现场质量审核覆盖 100% 牧场，在体现奶源质量标准的微生物菌落总数、蛋白质含量等关键指标上，已优于美国及欧盟标准。2018 年，光明牧业获得国内首张奶牛模块（GLOBAL G.A.P）证书，建立了行业唯一的生鲜乳追溯系统，原奶质量达到世界先进水平。

（二）世界级制造让消费者喝上好奶

光明乳业是国内首家率先导入世界级制造（WCM）管理系统的乳品企业，旗下拥有 20 家工厂（自有 17 家、参股 1 家、OEM1 家）。2010 年，光明乳业开始导入世界级制造管理系统，它的基础是全员生产管理（Total Productive Management，TPM），TPM 各阶段的奖项是全世界公认的标杆奖项。通过推行 WCM 精细化管理，光明乳业对整个乳品生产过程的 109 个环节中确定了 75 个风险关键控制点。截至 2018 年，光明乳业旗下 9 家巴氏奶工厂全部通过国家优质乳工程验收。

（三）科技引领，创新研发成果领跑全行业

光明乳业拥有行业唯一的国家级乳品生物重点实验室以及院士工作站。拥有 300 多项国内、国际专利，是行业中拥有国际发明专利最多乳品企业。近年来，针对我国乳品行业中亟须解决的重大瓶颈问题，光明乳业逐步攻克常温酸奶、乳酸菌研究与开发、新型干酪、乳品安全等领域的核心技术，申请发明专利 700 余项，国家科技进步奖 2 项，省部级奖励 27 项，荣获上海市科技进步二等奖，轻工联合会科技进步二等奖等，引领行业的自主技术创新，提升我国乳制品行业的整体竞争实力。2019 年 1 月，光明乳业与江南大学联合开发的"耐胁迫植物乳杆菌定向选育及发酵关键技术"荣获国家技术发明奖二等奖。

（四）冷链物流护航鲜奶品质之旅

光明乳业是乳品行业内唯一的五星级冷链物流企业，旗下领鲜物流有限公司是全国首家且唯一通过英国贮藏与配送全球标准（BRC-S&D）全球食品安全标准认证 AA＋认证的冷链物流企业，现已在全国设立了 65 座现代化冷链配送中心，仓储面积超过 18 万平方米，拥有 1 000 余辆冷藏车，运输覆盖终端网点约 5 万个。2018 年成为首届进博会唯一场馆配餐和食品供应物流保障单位。近年来，领鲜物流开展全国布局，目前已形成华东、华中、华南、华北冷链物流圈。光明乳业"随心订——送奶到家服务"特色渠道，覆盖全国近 20 个城市，每天为 100 多万个家庭提供更轻松、便捷的送奶到家服务。"随心订"服务获得首批上海品牌认证，展现了光明乳业在品牌与服务上的"领鲜"。

（本文发表于 2020 年 6 月）

燕塘乳业：为中国乳业高质量发展注入农垦力量

李家希

"成就消费者至爱乳制品"一直以来是广东燕塘乳业股份有限公司的企业愿景。作为广东第一家一体化全产业链乳制品上市公司、华南迄今唯一一家中国奶业 20 强（D20）企业，广东燕塘乳业股份有限公司（简称燕塘乳业）自创始以来，一直秉承"质量在我手中，顾客在我心中"的生产理念，致力深度打造涵盖饲草种植、奶牛养殖、科技研发、食品加工、物流运输、市场营销、电子商务等多个产业领域的工牧一体化全产业链，成为华南地区乳品行业的领头者。

好奶，源自好牧场

一直以来，燕塘乳业秉承"市场导向、科技领先、质量第一、顾客至上"的经营理念，深入打造工牧一体化全产业链。燕塘乳业一方面大力构建自有国家级现代化示范奶源基地，旗下阳江牧场和澳新牧业为国家级示范牧场，养殖管理水平居于南方领先水平，是高温高湿地区奶牛养殖的典范。另一方面，燕塘乳业与省内外 10 多个大中型规模牧场达成战略合作关系，通过标杆牧场的示范作用，带动南方种养殖业持续健康发展。此外，燕塘乳业还深度延伸至产业链的最上游——牧草种植，大力推广全株玉米种植，这种"种好草、养好牛、产好奶"的发展模式，既从源头上真正保障了食品安全，带动了当地农业产业结构调整、转型升级，以及农村经济绿色增长，也促进了当地农民增收，达到了经济效益、社会效益和环境效益的协调促进。

好奶，出于全程质量管理

对产品质量精益求精，燕塘乳业一直在行动。燕塘乳业采用 4M1E 质量要素管理的方法，在生产过程中从"料、机、法、人、环"五个方面严格把控产品的品质，实现"从牧场到餐桌"的全程质量管理，为广大消费者输出"至佳品质"和"质佳体验"的乳制品，深受消费者的喜爱和信赖。

在原料管控方面，燕塘乳业的基地牧场均采用全混合日粮（TMR）饲养技术，能够保证奶牛每采食一口日粮都是精粗比例稳定、营养浓度一致的全价日粮，从而增加奶牛干物质采食量，降低奶牛疾病发生率，提高牛奶的产量和质量。

在机器设备方面，基地牧场挤奶车间全部使用利拉伐公司设备进行挤奶操作，从挤奶到奶牛健康、兽医治疗、配种等实行计算机全程监控。另外，燕塘乳业还引进美国唯绿、德国康美包、瑞典利乐、荷兰斯托克等世界先进乳品加工设备，引进电感耦合等离子体质谱仪、多重光散射稳定性分析仪等先进仪器用于乳品检测，确保产品质量达标。

在质控方法方面，燕塘乳业高度重视质量管理体系建设，新工厂目前已经通过了良好操作规范（GMP）、危害分析临界控制（HACCP）、ISO 9001 和食品安全体系（FSSC 22000）以及 ISO 14001、环境和职业健康安全管理体系（ISO 45001）的认证，获得了海关总署颁发的产品出口港澳地区备案证、国家学生奶生产资格认证等，并申报通过了广州市科普教育基地的认证。企业的内控标准远高于国家标准，对于国标不需要检验的指标，内控标准也必须进行检测。此外，公司还自主开展单增李斯特菌等十多项风险检测项目对生产过程进行把控。

在人员管理方面，燕塘乳业成立了企业学院，设有华南地区唯一的国家乳制品加工技术研发专业中心和博士后科研工作站，加强对干部和员工的培训。目前，燕塘乳业有 7 名高级工程师，博士和硕士研究生 20 多名，大专以上学历 400 多人，占比超过 30％。

在环境控制方面，燕塘乳业车间灌装间达到 10 万级洁净度，空气中菌落总数内控标准为 10 CFU/皿以下，远优于国家标准（30 CFU/皿以下），生产污水排放要求达到一级排放标准，远高于国家要求。

保证产品质量安全是燕塘乳业一以贯之的宗旨，是燕塘乳业突出的优势，更是"燕塘牛奶"的品牌核心价值所在。通过狠抓产品的品质控制，燕塘乳业多方面都取得了较好的工作成果。2019 年企业全年所有产品的出厂合格率达到 100％。在国家、省、市、区及跨省各级监督抽样检查中，所有产品均合格。

好奶，根植于高科技

作为高新技术企业，燕塘乳业早在 2003 年就建立起华南地区最大的乳制品科技创新中心，每年投入大量资金，为全产业链各领域、产品差异化提供全方位的技术支撑。同时，燕塘乳业还与科技部门、高校、科研机构建立长期的产研合作关系，并结合岭南特色饮食文化，不断在产品差异化上面下工夫，形成了独特的产品风格。早年推出国内首创的"食膳养生"系列，以及近年的谷物酸奶以及泡泡果酸奶饮品系列（国内首创）、老广州酸奶、希腊酸酪乳、益生菌等系列，都获得了消费者高度的认可，成为极具代表性的明星爆款。此外，企业还出品了用优质鲜奶缔造的"诗华诺"冰淇淋，带来了全新的味蕾体验。

随着我国经济的发展和居民生活水平的提高，新鲜逐渐成为我国奶业的主流，乳制品智能冷链物流配送技术的研究具有重要意义。燕塘乳业通过与高校合作，完成了零售冰箱及冷藏车安装温度传送器和相关软件的开发并已投入使用。燕塘乳业对于冷链检查已经实现常态化并逐步实现智能化，每天 100 多张照片无死角冷链检查，还下到各配送中心、经销商进行冷链和卫生检查并抽样回厂检验。

作为国内首批获得优质乳工程认证的企业，燕塘乳业与多部门联合攻关，将巴氏鲜牛奶产品杀菌温度成功从 85℃降低到 75℃，最大限度地保留了鲜牛奶中的免疫球蛋白等生物活性物质和营养，成为国内拥有此项先进技术的企业之一。

与过硬的品质相匹配，燕塘乳业还与广州塔公司合作，以地标建筑"广州塔"形象为蓝本设计了"新广州"全新包装成功投放市场。不仅如此，燕塘乳业开发的新产品也广受好评，曾获得"中年最喜爱产品金奖"，多个产品被评为"优秀新产品"及"名牌产品"，深受广大消费者欢迎。这些荣誉既是对燕塘乳业质量管理工作的充分肯定，也是激励燕塘乳业不断追求产品质量的前进动力。

好奶，担起社会责任

作为广东农垦旗下的乳品企业，燕塘乳业时刻牢记作为农业"国家队"的职责和使命。不仅在保证产品质量方面有所作为，在彰显社会责任感上也有着自己的担当。新冠肺炎疫情暴发后，燕塘乳业党委、班子高度重视，迅速成立疫情防控工作领导小组，认真贯彻落实中央、省委省政府以及集团公司各项部署，紧紧依靠全体职工，积极主动全面实施推进各项防控措施，在切实做好防控的同时，确保乳品安全生产和市场供应。

疫情期间，燕塘乳业深入开展支援防疫一线行动，陆续向奋战在一线的医护人员和基层工作人员捐赠近300万元的爱心牛奶和必备物资。此外，面对疫情期间销路不畅、产品积压的困境，燕塘乳业不拒收一滴奶，帮助奶农减轻经济压力，充分体现了作为国有企业的责任与担当。

经过64年的发展，燕塘乳业已经成长为广受消费者认可和喜爱的乳品企业。未来，燕塘乳业将不忘初心，砥砺前行，坚持"精耕广东、覆盖华南、迈向全国"的发展战略，以资产经营和资本运作为双轮驱动，充分利用资本市场的广阔平台，着力打造"种植饲养、食品加工、营销网络、物流运输、资本运作"五大产业板块，大力推进实施科技兴乳，为推进中国乳业高质量发展作出应有的贡献。

（本文发表于 2020 年 10 月）

宁夏农垦奶产业发展观察

张国凤　王　壹

塞上江南,风清云阔。七月下旬,午后炽热的阳光照射在宁夏农垦集团有限公司(简称宁夏农垦)第六牧场中。牧场内,牛棚整洁,牛儿悠闲散步;饲料车间内,工人们也正按照配方配制饲料,一切井然有序。这是宁夏农垦集团奶产业发展的一个普通场景。

地处北纬35度至39度之间的宁夏回族自治区气候、环境适宜,光热资源丰富,冬少严寒、夏少酷暑,是最适宜发展高端奶产业的地区之一。奶产业作为宁夏重点打造的"六特"产业之一,是"健康中国、强壮民族"不可或缺的产业。在宁夏150多万名农民中,从事奶产业的有约20多万人。习近平总书记多次强调要振兴民族奶业,提出了"要下决心把乳业做强做优,生产出让人民群众满意、放心的高品质乳业产品"的重要指示。

宁夏农垦作为国家队和排头兵,在奶产业的发展方面有哪些经验做法?

传承历史　夯实基础

习近平总书记2016年、2020年先后两次视察宁夏,都对宁夏奶产业给予充分肯定并寄予殷切期望。

近年来,宁夏农垦以习近平总书记的嘱托为前行的动力,出台多项支持奶产业发展的政策,引导社会资本投入,推动宁夏奶产业步入高质量发展的轨道,产业基础不断夯实。独特的资源禀赋为宁夏奶产业高质量发展奠定了坚实的基础,被农业农村部确定为全国奶牛优势产区,被业界称为"奶牛的天堂,乳企的福地"。

仅有独特的资源是不够的。奶产业发展是一项复杂的工程,涉及从"奶源到餐桌"的各个链条。经过60年的发展,宁夏农垦已经拥有规模奶牛场17个,奶牛存栏11万头,规模奶牛场和奶牛存栏数量占自治区七分之一以上。60年来,宁夏农垦经历了"起步探索、发展提升、整合蓄力、高质量发展阶段",始终引领着宁夏奶产业的发展方向,被誉为"宁夏奶业的摇篮"。

宁夏农垦乳业股份有限公司总经理陈宏亮说,经过60年的探索发展和几代农垦人的不懈努力,宁夏农垦建成了集技术研发、牧草种植、奶牛养殖、乳品生产、粪污综合利用、农光互补新能源等一体的产业发展体系,先后获得国家级农业产业化重点龙头企业、国家级奶牛核心育种场、国家级畜禽养殖标准化示范场、中国农业企业500强等荣誉称号。

科技驱动　创新发展

在初生牛犊区域内,饲养员驾驶一辆自动配比牛奶的运输电动车正在给小牛犊喂奶。

喂奶量由智能机器掌握，解放了人力，又可以保证小牛犊的食量适量，科技感十足。这只是宁夏农垦众多科技运用的一个小例子。"这个饲料配比车也是我们的专利。不仅如此，现在智能化已经遍布整个农垦系统。"宁夏农垦第六牧场场长孙磊介绍，"以科技赋能奶产业发展，优化饲草料原料品控，从种植源头保证奶牛优质饲草料的供应，为奶牛制定专属的营养食谱和营养策略，对牛群的日粮粗细度、粪便、体况、采食等进行严密监控，不断优化日粮配方。"宁夏农垦系统设有六个技术创新中心，制定了覆盖生产经营全过程的标准化生产体系和管理体系，为宁夏奶产业发展提供农垦标准、农垦方案。

在智慧牧场入口前有一块智能屏幕，一系列实时动态数据和图像让宁夏农垦系统的奶牛和奶产业发展情况一目了然。"智慧牧场是我们科技驱动发展的一个重要体现，我们的自主研发犊牛自动精准饲喂系统、牛舍环境监测系统、牛脸识别系统等，可以对每头牛每天的采食量、环境指标、健康指数、发情信息等数据即时采集、实时更新、随时可查，确保每头奶牛保持愉悦的心情和健康的状态，用智慧科技守护点滴鲜活和营养。"孙磊表示。

此外，宁夏农垦还利用粪污沼气发电、沼液无害化处理还田、沼渣用作奶牛卧床垫料等举措提高奶产业发展的综合效益。"优质高产奶牛选育技术示范与应用"等项目获宁夏科技进步一等奖，联合选育的"宁京1号"奶牛种公牛遗传水平达到国内一流，被农业农村部评定为特级种公牛；"全混合日粮搅拌车""奶牛产奶量计量装置"和"压电式计步器"等4项技术获国家实用新型专利，"全混合日粮搅拌车管理系统""牛场牛只基础信息管理系统"等6项技术获软件著作权登记。

优化布局　延伸产业链条

根据宁夏奶产业规划，宁夏农垦布局建设了沿贺兰山核心区、太阳梁发展区、白土岗发展区、红崖子发展区4个奶牛养殖集群，吴忠孙家滩5万头基地正在设计规划中，"一核四区"基地布局初步形成。陈宏亮表示，目前宁夏日产鲜奶超过1 300吨，年产鲜奶50万吨，总产居全国牧业集团前七，成母牛单产11.2吨，高出自治区平均水平1吨，高出全国平均水平2吨。此外，宁夏农垦与伊利、蒙牛建立了稳定的生鲜乳购销合作关系，每天向两家乳企供应生鲜乳1 300吨以上，是两家乳企的高端奶源基地。

产业发展，仅仅停留在初加工环节是行不通的，必须延长产业链条，走精深加工和一二三产业融合发展的路子才能突围。"目前我们的奶产业确实存在产业依存度高、精深加工薄弱的问题。"陈宏亮坦言。今年以来，粗饲料供应趋紧、优质饲草价格持续上涨，养殖成本攀升，利润空间受到严重挤压。摸清问题，就着手解决，突破制约宁夏农垦奶产业发展的"瓶颈"。目前，宁夏农垦集团已经着手与伊利合资在平罗建设5万头高效低碳循环示范园，已经建成2个万头牧场，目前奶牛存栏1.6万头，日产鲜奶120吨。

产业是富民的基础和依托，是群众增收致富的源头活水。奶产业的发展辐射带动了一大批当地农户增加收入，提升生活品质。随着奶产业打造全产业链条，向着一二三产业融合方向发展，奶业附加值不断提升。

宁夏农业农村厅党组书记、厅长滑志敏表示："提出'六特'产业，是立足自治区资源禀赋和比较优势对农业产业发展的聚焦优化。奶产业方面，到2025年，全区奶牛存栏将达到 100 万头，乳制品加工产值达 600 亿元，实现全产业链产值 1 000 亿元。"

"我们第六奶牛场用 5 700 多头牛解决了 120 余人的就业，如果是一个万头牛场，能带动 200 多人就业呢，他们收入也不低，普通的养殖人员每个月工资也能有 3 000 多元！"孙磊说。

今年 6 月，宁夏农垦集团与蒙牛乳业在银川下辖的灵武市合资建设日处理鲜奶 4 500 吨加工厂，走奶产业精深加工的道路。同时开工新建可容纳 2.5 万头奶牛的牧场，建成投产后，合作基地养殖规模将扩大到 5 万头。

宁夏农垦集团党委书记、董事长张戈今年 6 月 2 日在 25 万头奶牛集群合作项目开工仪式上表示："未来，宁夏农垦将再新建 7 个规模智慧牧场，再配套 20 万亩优质饲草基地，参股伊利集团在宁乳品加工企业，扩大自有品牌营销力度，从全产业链提升宁夏农垦奶产业的核心竞争力，带动种植业、饲料加工、肉牛养殖、现代物流等相关产业发展，实现生态效益、经济效益和社会效益的全面增长，在提升宁夏奶产业竞争力和影响力方面持续引领、示范，助力自治区打造'高端奶之乡'和'千亿元奶产业'目标早日实现，为建设黄河流域生态保护和高质量发展先行区作出农垦贡献。"

（本文发表于 2022 年 8 月）

让"三河牛"产业链"全"起来

郑永明　孙海荣　李　昊

草原一隅，水草丰盛。绿色的"海洋"上，盛开着红黄白相间的"花朵"。它们高大健壮，体态优美，耐得了风霜寒暑，健蹄硕躯，劲踏苍茫四野，它们注定为呼伦贝尔草原而生。它们就是闻名遐迩的草原生灵——三河牛。

畜牧业是呼伦贝尔农垦集团有限公司（简称呼伦贝尔农垦集团）的基础产业和集团职工群众重要的收入来源。历经几代农垦人精心选育的内蒙古三河牛至今仍是当地主要畜种。近年来，围绕三河牛产业化发展，呼伦贝尔农垦集团在确保三河牛种群规模和质量的前提下，通过生产具有鲜明地域特色的三河牛产品，积极推进畜牧业与文教、旅游等产业融合，引导产业聚集，实现种、养、加、销、旅全产业链发展。

三河牛生产性能不断提高

三河牛生长于额尔古纳三河地区（根河、得耳布尔河、哈乌尔河）及呼伦贝尔市境内滨洲线一带，因此得名。三河牛是我国有计划、有目标、自主培育的且全国首个具有自主知识产权的优良品种。

20世纪50年代中期，根据党中央号召，在呼伦贝尔地区建立国有牧场，本着"以品种选育为主，适当引进外血为辅"的育种方针，牧场有计划开展科学育种工作。建立种牛场，组织核心群，选培和充分利用优良种公牛，开展人工授精，严格选种选配，定向培育犊牛，坚持育种记录，建立饲料基地，加强疫病防治，这一系列工作轰轰烈烈展开。历经几代农垦人精心选育，在这片幅员辽阔、水草丰美的土地上，自主培育出我国第一个拥有完全知识产权的乳肉兼用型优良品种。

踏进呼伦贝尔农垦集团谢尔塔拉农牧场有限公司（简称谢尔塔拉农牧场）的大门，就能听见牛舍内三河牛嘹亮的叫声。作为全国唯一的三河牛种公牛场，这里承担着三河牛繁殖、育种、冻精细管生产、品种改良、科研和技术推广的重任。呼伦贝尔农垦谢尔塔拉农牧场有限公司党委书记、董事长刘爱荣说："三河牛一直都是农垦及呼伦贝尔牧区养牛业的当家品种，它是呼伦贝尔大草原上当之无愧的美丽生灵！"

目前，呼伦贝尔市三河牛总存栏10万头，主要以传统的半舍饲半放牧家庭散养为主，有少量示范奶牛场（小区）运营。呼伦贝尔农垦集团拥有三河牛核心母牛群和国家级种公牛站，经过长期选育提高，三河牛核心群牛奶单产已达到6.5吨以上，牛奶所含生物活性因子可提高人体免疫力，是生产奶干、奶酪等民族特色产品的理想原料。同时，三河牛具有良好的产肉性能，18月龄短期育肥屠宰率55%，净肉率46%，育肥日增重达1千克以上，特别适合边远牧区饲养，因此多年被全市牧业四旗和周边省市购买，用于育肥或作为

143

能繁母牛饲养。

"我出生在谢尔塔拉。三河牛不仅是呼伦贝尔农垦的宝贵财富,还为这里的职工带来了不少的实惠。"谢尔塔拉农牧场职工马继荣饲养三河牛奶牛十多年。她家的奶牛年产奶量由最初的 3.2 吨上升到现在的 6.5 吨,个别优秀个体奶牛年产奶已达 8 吨,由于三河牛增重快、肉质好,净肉率也上升为 46%。她家的人均年收入由 5 000 多元升至现在的 2 万多元。

三河牛的发展历经多品种杂交自繁阶段、计划杂交改良及品种培育阶段、群体选育提高及新品系培育三个重要阶段。早在 1898 年部分俄国人移居呼伦贝尔三河一带时,他们就先后引进了多品种牛与当地的蒙古牛进行了杂交自繁。1954 年,新中国成立以后苏侨相继回国,呼伦贝尔市政府收购了离境苏侨饲养的杂交牛。坚持以本品选育为主、适当地导入外血为辅的方针,经过多年有计划、有系统的科学育种工作,在呼伦贝尔大草原上相继成立了以养育三河牛为主的国有牧场,三河牛群体生产性能不断提高,产奶量达到与乳用牛相媲美的水平。20 世纪 90 年代以后,依托国家三个五年计划等项目,建立了现代育种技术体系,确定了育种目标,导入外血培育了乳用及肉用两个新品系,丰富了品种结构,实现了三河牛生产性能的不断提高。

用技术和管理提升种源质量

去年 7 月,呼伦贝尔农垦集团 100 头优良品种三河牛育成母牛装车远赴西藏,开启跨越 5 000 公里的安家之旅。这也是历史上三河牛首次进入 3 650 米高海拔地区。

三河牛具有适应性强、耐粗饲、耐高寒、抗病力强、遗传性能稳定、产乳产肉性能好等特性。"三河牛"品种的形成,填补了我国乳肉兼用型牛品种的空白。

多年来,谢尔塔拉农牧场大力发挥品种特性,依托三河牛产业优势,加快产业园区建设,通过核心群选种、选配、选培等工作手段,适时扩大种群规模,全面提升三河牛种源质量和供种能力,全力提高三河牛种质创新和选育提高。三河牛核心群繁育全面应用现代化科技管理厂房,配备了专业牧场管理软件、奶牛电子识别、发情预报、全混合日粮(TMR)饲喂、利拉伐并列式(转盘式)挤奶平台等国内先进设备,实现奶牛饲养管理、繁育、榨乳、粪污处理的自动化、机械化。截至目前,谢尔塔拉农牧场三河牛存栏规模 4 052 头,年可培育后备母牛 500 头。其所辖内蒙古三河牛良种繁育中心为国家级重点三河牛种公牛站,年存栏规模 400 头,可采精公牛 50 头,冻精生产能力 120 万剂,年合作生产性控冻精 1 万剂,培育优秀后备公牛 300 头。

三河牛泌乳性能高,产肉能力强。三河牛奶源品质高,乳脂率达 4.2%,乳蛋白达 3.5%,干物质达 13.5%,优质的奶源适合生产奶酪等高端乳制品。三河牛牛肉也不容小觑。18 月龄阉牛经短期育肥屠宰率达 55%,净肉率达 46%;育肥期日增重达 1.1 千克以上,肉质鲜嫩、氨基酸含量高,是来自草原天堂的高档牛肉产品。

同时,谢尔塔拉农牧场不断建强三河牛培育技术团队,通过与国内专业院校、行业带头企业及领军技术人员紧密合作,三河牛科技、技术发展能力和管理技术水平显著增强。

在做好选育提高的基础上,谢尔塔拉农牧场加大优良种畜及产品的推广力度,已先后在内蒙古自治区绿色农畜产品博览会、自治区推进牧业现代化试点工作现场会和自治区奶业振兴发布会亮相，使三河牛真正成为影响全国的优良畜种品牌。

农牧结合壮大养殖规模

谢尔塔拉农牧场充分发挥地缘优势和产业优势，加快三河牛产业园区建设，秉持"六做一建"的原则，即"做优品种、做实基地、做精加工、做顺饲草料基地、做强市场、做严质量和建设产业园区"，实施"三河牛核心群改良提质行动五年计划"，积极提高选育措施，加大三河牛推广力度，不断壮大养殖规模，发展公管合养、公管托养、公管民养、统管民养的多种经营管理模式，提升科学饲养水平。

谢尔塔拉农牧场积极响应国家推进奶业振兴号召，建立健全全程标准体系，严把产品质量关，挖掘产品特色，丰富产品门类，加快建设绿色有机产品生产加工输出基地，充分挖掘三河牛牛奶特色，以切达干酪、哈罗米奶酪、酸奶和巴氏鲜奶为研发主攻点，以营销渠道创新构建新型消费模式，进一步扩大品牌影响，拓宽市场渠道。同时，充分发挥农牧结合优势，积极贯彻"生态优先、绿色发展"的发展理念，推进草畜配套，推行粪污资源化利用水平，有效利用农作物副产品，形成农牧业循环发展的现代农业格局。与此同时，谢尔塔拉农牧场将积极打造以三河牛产业健康发展为主题，集饲养、加工、旅游、观光、研学、体验、销售于一体的现代农牧业产业园区。

（本文发表于 2021 年 12 月）

永新畜牧，逆势跑出"加速度"

徐 珺 覃 瑶

秋末冬初，阳光依然热烈。位于广西横县六景镇的良圻原种猪场里，停车场上大大小小的车辆排着队，准备接受最严苛的"体检"——经过高压水枪猛力冲刷消毒的车辆，转入烘干房要再进行烘干，专业软件实时监控烘干房内的各项数据，确保不放过任何病菌。这个国内首家车辆洗消烘干站，是广西农垦永新畜牧集团公司（简称畜牧集团）防控非洲猪瘟疫情的第一道防线。

2019 年以来，畜牧集团在全力打好非洲猪瘟防控战的同时，以新技术新装备运用为辅助、以可追溯品牌建设为抓手、以重点项目建设为突破，守住效益点、盯住潜力点，全力推进各项工作。在全国生猪行业遭遇严峻冲击之时，畜牧集团却走出了一条"逆势而上、领跑八桂"的高质量发展路子。

新技术助力企业科学防疫

"没想到良圻原种猪场建立了国内首家车辆洗消烘干站，他们把每个可能带有病毒的传染源都考虑到了。"作为畜牧集团"党建共建"结对单位，广西大学动物科学技术学院的有关领导专家在良圻原种猪场开展主题党日活动时，纷纷为该猪场有效防控非洲猪瘟的创新举措点赞。

自非洲猪瘟疫情暴发以来，畜牧集团多次就防控技术细节与广西大学动物科学技术学院的专家教授进行探讨，不断完善自身的生物安全防控体系，达到先进科研与实际预防结合紧、效果优的目的。

专家们大力点赞的这个车辆洗消烘干站，是良圻原种猪场投资 400 多万元建设的，能对外来车辆进行高压清洗和全自动烘干，高压清洗水的压力达到 200 公斤，烘烤温度达到 72 摄氏度，整个烘干过程约为 50 分钟，有效杀灭车辆上携带的非洲猪瘟病毒及其他致病微生物，杜绝运猪车辆携带病原的风险，确保生猪生产的安全。

车辆洗消烘干站并不是畜牧集团应对非洲猪瘟疫情的唯一武器，多种新技术新装备综合运用，全方位提升企业科技管理能力，才能真正扛住冲击，谋得发展。

"非洲猪瘟疫情不是一天两天的事情，必须以最严格的防疫技术来应对。"畜牧集团相关负责人介绍，"为改变以往平均用力的方式，我们这次以'分清等级，划清界限，设立关口'为整体思路，全面落实各项防控措施。"按照猪场生物安全等级，畜牧集团划分出了 4 个风险区域，分别以红色、黄色、橙色、蓝色标注，每个区域有不同的消毒和更衣换鞋要求。在人流、物流、车流、猪流等关键节点，对人员实行三次更衣制度，加强车辆清洗消毒，加增物资熏蒸棚，并派专人把关。同时，对猪场进行升级改造，增设消毒及隔断设施，还增加对猪场 3 公里范围内散养户的培训和宣教，构建了完整的非洲猪瘟防控体系。

去年以来，畜牧集团加大硬件设施投入，在猪场内加装大栏 PVC 板隔断、防蚊网，采购了荧光定量 PCR 仪、核酸提取仪等设备，加大猪群监测力度，实行 24 小时抽样检测制度，累计支出检测费 677 万元；指派专业技术人员每天对每车原料及饲料运输车进行检测，每周对猪场环境进行检测，确保了原料、车辆、环境安全检测合格，至今垦区种猪种源生产稳定，母猪场猪群监测情况良好。此外，空气过滤猪舍、国内首家高效空气过滤系统公猪站、配套国内养猪企业最高标准的良圻兽医技术中心，是非洲猪瘟防控强有力的技术支撑；作为国内生物安全级别最高、生产效率最高的种猪场，为保障生物安全竖起了坚固的"防火墙"，对非洲猪瘟防控起到决定性作用。

与此同时，畜牧集团还将"不忘初心、牢记使命"主题教育与经营生产有机结合，深入生产一线开展蹲点调研，现场进行"防非"技术指导和监督检查。此外还召开推进会，组织各公司交流研究经验与措施，及时纠正存在的问题，变被动为主动，打好"防非组合拳"，推动非洲猪瘟防控工作取得了积极进展，夯实企业发展基础。

截至 2019 年 9 月，畜牧集团生猪出栏 60 万头，为各大线下实体门店备足了货源，为保障居民生活食品安全、维护社会稳定做出积极贡献；畜牧集团实现营业收入 9.7 亿元，实现利润 1.05 亿元。

质量追溯提升品牌含金量

科学防治疫病，只是畜牧养殖企业的基本功。确保猪肉品质优质安全、充实居民"菜篮子"的同时焐热自己的"钱袋子"，才是企业做大做强的王道。畜牧集团深谙此理，依托无公害农产品质量可追溯体系建设，提升"永新源"品牌含金量。

"永新源的猪肉跟其他猪肉不一样，是有'身份证'的，安全放心！"在广西农垦溯源食品旗舰店内，前来采购的居民赞不绝口。记者发现，每一块"永新源"猪肉外包装上都打有"农垦农产品追溯码"，将其输入农业农村部的农垦农产品质量追溯管理信息系统，猪肉的品种、产地，以及检疫情况便一目了然，还能看到相关各环节负责人的名字及品质检验合格证号等详细信息。

作为广西首家全面实施生猪质量可追溯体系建设的企业，畜牧集团"永新源"猪肉及加工产品已经成为优质、安全的代名词，得到广大消费者的认可和好评，先后荣获中国品牌猪、广西名牌产品、广西优质农产品、广西出口品牌等多项荣誉称号。去年 7 月，第二批广西农业品牌目录发布，畜牧集团荣登农业企业品牌榜首，"永新源"牌生猪及猪肉产品也双双入选农业产品品牌；在去年 8 月粤港澳大湾区"菜篮子"生产基地认定发布会上，首批 245 家生产基地认定名单发布，广西认定 6 家生产基地，畜牧集团良圻原种猪场生猪生产基地就占了 5 家，广西生猪企业"排头兵"的作用彰显无疑。

自农产品质量追溯项目启动以来，畜牧集团不断优化追溯流程和信息采集系统，加强对产品生产全过程的追溯和管理。仅 2018 年，畜牧集团就建立了 15 类 88 个标准的企业标准体系，大力提高了企业科技创新水平。畜牧集团承担的自治区科技厅重大专项计划项目《优质瘦肉型配套系种猪选育与产业化示范》，荣获 2018 年广西农牧渔业丰收奖农业技术推广成果奖二等奖。

重点项目建设夯实发展基础

广西农垦西江畜牧公司（简称西江畜牧公司）万鑫种猪场项目建设正在紧锣密鼓地进行。总投资达 3.26 亿元的种猪场占地面积 426 亩，将设 1 个种母猪区和 1 个保育育肥区，采用大跨度、空气过滤、全封闭连廊通道衔接、全漏缝免冲水、全自动机械刮粪、全环境控制、全自动输料等现代化工艺。项目预计 2020 年 10 月全面竣工投产，达产后可实现年生产种猪 19 000 头和出栏优质生猪 30 多万头、创造就业岗位 300 多个、为合作养猪户年均增收 5 500 万元的目标。按照"公司＋标准饲养大户"的产业化发展模式，还可带动广西农垦玉林片区的五星、旺茂等农场公司实现共同发展。

抓住重点项目建设，就抓住了发展的"牛鼻子"。西江畜牧公司万鑫种猪场的建设，正是畜牧集团充分利用农垦土地资源和技术优势加速发展的具体体现。畜牧集团紧紧围绕广西农垦培育壮大"一核三新"主导产业的战略部署，投资 5.9 亿元建设种猪场、饲料厂扩建等 11 个项目，加快推进全产业链建设，巩固提升生猪产业优势。

目前，畜牧集团的其余建设项目也正在有条不紊地推进：金光同正猪场项目完成前期决策审批手续，土地平整完成工程总量的 90%，围墙工程已开工；良圻饲料厂扩建项目已完成前期准备工作，完成了办公楼的基础土方开挖工程；屠宰加工项目已成立工作组并进行分工，正制定可行性研究报告。

此外，畜牧集团还大胆"跳出"农垦寻找建设用地，拓宽发展空间。下属子公司新兴畜牧公司与广西华盛集团四塘农工商公司成功签订柳城四塘项目 520 亩建设用地合同，投资 3.9 亿元建设 1 个母猪场和 1 座饲料厂，并配套建设车辆清洗消毒站、职工宿舍等附属设施。项目建成投产后，将实现年出栏生猪 45 万头、年产全价猪饲料 40 万吨，提供就业岗位 260 个，有效扩大公司生猪产业链，并带动相关行业协同发展。

滴水穿石，非一日之功。面对各种严峻挑战，畜牧集团保持战略定力，克难攻坚，通过日复一日、厚积薄发的坚守，从疫病防治、品牌提升到项目建设、企业逆势扩张跑出了发展"加速度"。未来，畜牧集团将以发展种猪为引领，将畜牧集团打造成为集种猪、商品猪、饲料加工、屠宰加工、商贸、技术服务为一体的全产业链企业集团。

（本文发表于 2020 年 2 月）

"三部曲"推动广西糖业集团高质量发展

黄 赟

近年来，广西糖业集团有限公司（简称广西糖业集团）党委强化党建引领，以"我为职工办实事"为切入点，提升党史学习教育成效，提高营销能力，走好扩面增量、降本增效、市场开拓"三部曲"。去年，该集团完成订单合同签订面积 155 万亩，营业收入91.06 亿元，利润总额 1.24 亿元。

扩面增量保基地

糖业是广西农垦打造现代一流食品企业的重要组成部分。然而，随着经济多元化发展，甘蔗种植面积受到其他作物挤占严重。扩面增量，成为稳定糖业生产"第一车间"的首要任务。

2021 年 12 月 3 日，上思县平福乡公安村那灵屯，身着志愿者红马甲的糖厂技术人员，正耐心地给蔗农们答疑解惑。在志愿者们的指导下，蔗农们进一步了解了进厂甘蔗质量标准要求、甘蔗病虫害防治技术及政府和糖厂相关扶持政策等。"糖厂技术人员为我们解决了很多难题，教的东西都很实用，很感谢他们。"蔗农们感慨地说。

"我们坚持把党史学习教育与为民办实事紧密结合，组织技术骨干深入各乡镇，以面对面的授课方式，为蔗农解释政策、传授科学种管的相关知识，实现良种良法和科技培训进村入户，助推蔗农增收致富。"昌菱制糖公司党委书记刘俊介绍说。

广西糖业集团党委推动党史学习教育与生产经营深度融合，破解企业发展难点、职工生产痛点，聚焦职工群众急难愁盼问题，成立了"活力广糖·甜蜜八桂"乡村振兴志愿服务队。那一抹鲜艳的"志愿红"活跃在田间地头和工厂车间，成为解决职工急难愁盼问题的急先锋。2021 年，广西糖业集团用于扶持蔗农的资金达 1.3 亿元，其中直接从营销利润中支出的资金达 4 000 万元，这些资金很大一部分投入到甘蔗种植基地的建设和维护中，有力夯实"第一车间"生产基础。

同时，广西糖业集团还因地制宜开展拜访甘蔗基地农场公司、造访甘蔗种植乡镇、走访甘蔗种植户的"三访"活动，助推订单合同签订面积增加 2 万亩、土地租赁 8 300 多亩，完成 1.05 万亩以上的自营基地开发，进一步夯实核心蔗区。

降本增效出实招

设备陈旧、技改成本高……这是制约广西糖业集团发展的"拦路虎"，如何把有限的资金用在刀刃上？为此，广西糖业集团决定围绕核心生产指标，不断提高经济效益，让"甜蜜的事业"更甜蜜。

去年 10 月，地处广西西南部的大新县依然高温炎热，大新制糖公司制炼车间里，工人们正加班加点将从靖西制糖公司迁来的一套蒸发设备进行技改维修并重新组装。"加装这套蒸发设备，能充分利用热水、末效汁汽等低温热源加热蔗汁，达到降本增效目标。为最大限度减少糖分流失，我们还特意加装了捕汁器。"大新制糖公司副总经理何以春介绍。

通过这项技改，大新制糖公司双线榨季实际平均日榨量达 9 865 吨，同比上榨季提高了 505 吨；同时，节约蔗渣率同比上个榨季提高 1.09 个百分点，节约甘蔗渣 10 142 吨，按每吨 380 元计算，增收 385.4 万元。

"日均榨量的提高，对蔗农的影响是很大的，尤其在甘蔗糖分达到峰值的 2 月份，日均榨量提高，甘蔗砍收速度快，蔗农和糖厂都是直接受益者。这对稳定蔗区面积、保证甘蔗订单农业履约率、提高蔗农种蔗积极性都有很大帮助。"广西糖业集团技改主管林金梅说。

去年，广西糖业集团还对澄清蔗汁反应设备、全自动燃硫炉、中和数字硫熏器、高效石灰消和等系统进行技术升级改造等，强化澄清、提高煮糖糖分回收，提升产糖率和产品质量。

过去一年，广西糖业集团还通过严格执行招投标控制价审核制度，项目中标价比送审金额减少 1 496.24 万元；借助物资采购系统集中招标采购，比预算节约 1 512 万元；强化全面预算管理，吨糖费用较上年同期减少约 46 元。

市场拓展见真章

销售，直接与市场"短兵相接"，是实现企业效益的"最后一公里"。主动出击，抢抓商机，无疑是营销制胜法宝。

"做市场，就要像士兵征战沙场一样，必须骁勇善战、越战越勇……"分管市场营销的广西糖业集团副总经理卢文勇说，"去年我们在集团主要领导的带领下，奔赴天津、河北、河南三地与 11 家企业洽谈，快速把中原地区市场摸清搞透，为下一步市场拓展奠定良好基础。"

参加天津糖酒展会、全国食糖产销大会、拜访郑州商品交易所……去年，广西糖业集团市场营销团队马不停蹄地在各地奋战。功夫不负有心人，随着一批调味、药品、饮品等大型终端客户的成功开发，集团营销工作实现新突破。过去一年，供货终端销量达 8.2 万吨；在副产品招标销售上，创新举措，实现副产品销售总溢价 1 435 万元。

与此同时，广西糖业集团的终端市场、期货市场开启"两条腿走路"模式，精准把握期现结合，套期保值效果显著，累计规避价格下跌风险超 3 207 万元。就在刚刚过去的一季度，广西糖业集团贸易糖就获毛利 669 万元。

这些营销工作取得如此亮眼的成绩，背后的"法宝"是什么？

成立市场部。将市场分析从营销部门分开，成立专业团队，每天都对市场做科学、充分的分析，每天提供最前沿的市场行情供领导决策。提高服务意识。主动围绕客户需求，做好全程服务，最大限度提高产品附加值。提高工作效率。为适应市场时间，中午一点半上班，当天的购买合同当天草拟，最大限度提高成交率，有效根除腐败滋生土壤。

八桂初秋，蔗田碧绿如海，广西糖业集团的沃土上正孕育着"甜蜜"的丰收。

"作为农垦集团建设现代一流食品企业的排头兵，下一步，我们继续齐心合奏扩面增量、降本增效、市场拓展'三部曲'，按下'快进键'、跑出'加速度'，让'甜蜜事业'更甜蜜，为农垦集团打造千亿元级现代一流食品企业贡献广西糖业更大力量。"广西糖业集团党委书记、董事长李慈军信心满满地说。

（本文发表于 2022 年 9 月）

提稳首都"菜篮子"

——首农食品集团倾力打造北京鲜活
农产品流通中心

王盼盼

小小"菜篮子",事关大民生。2021年末,习近平总书记对做好"三农"工作作出重要指示,其中强调,保障好初级产品供给是一个重大战略性问题,要真正落实"菜篮子"市长负责制,确保猪肉、蔬菜等农副产品供给安全。中央农村工作会议要求,毫不放松抓好粮食和重要农产品生产供应。全国农业农村厅局长会议提出要突出抓好的"四件要事",其中就有确保"菜篮子"产品稳定供给。

2021年12月28日,北京"菜篮子"再添新成员——北京首农食品集团有限公司(简称首农食品集团)倾力打造的北京鲜活农产品流通中心(简称北菜"鲜农批")开张试营业。亚洲单体建筑规模最大的鲜活农产品交易中心、北京市政府重点工程、"十四五"期间首个投入运营的综合性一级批发市场……一个个响当当的称谓,让北菜"鲜农批"一经问世,就引来万众瞩目。

建起一座新市场:
与新发地错位互补,构成首都农产品保供"双核"格局

"项目建筑规模61.6万平方米,单体规模在全中国、在亚洲是最大的,它的作用就是保证首都农产品供应的稳定和安全,保供稳价是它的主要功能之一,市场化经营也是它的责任。"北京菜篮子集团有限公司(简称北菜集团)党委书记、董事长刘亚洲在北菜"鲜农批"开业当天介绍。

2016年4月,北菜"鲜农批"项目破土动工,由北菜集团建设。2019年初,按照北京市委市政府决策部署,首农食品集团正式托管北菜集团,项目建设进一步提速推进。2020年底,首农食品集团正式将北菜集团列为专业子集团进行管理。历时5年多的辛勤建设,经过各方通力合作,2021年底,项目终于顺利通过竣工验收。

厚积薄发,聚势谋远。2021年8月,北京市商务局、市规划自然资源委、市发展改革委和市农业农村局联合印发《北京市"十四五"时期农产品流通体系发展规划》,提出在北京西南、东南、东北、西北方向建设四个一级农产品批发市场,优化北京一级农产品批发市场布局。这既是北京落实首都城市战略定位、建设国际消费中心城市和国际一流的和谐宜居之都的需要,更是推动北京商业服务业高质量发展,加快构建以国内大循环为主体、国内国际双循环相互促进的新发展格局,更好地满足人民群众日益增长的美好生活需

要的重要举措。

在这一规划召唤下，北菜"鲜农批"应运而生。作为规划中北京确定的四个综合性一级农产品批发市场之一，北菜"鲜农批"将主要承担主城区东部、亦庄开发区、城市副中心的农产品供应保障任务。致力于打造成为北京农产品流通体系中批发环节的重要节点、北京生活必需品供应的应急储备平台、北京农产品交易的大数据平台，与新发地形成错位互补保供模式，构成首都农产品日常安全供应的"双核"格局。

北京市商务局负责人表示，北菜"鲜农批"是满足首都百姓美好生活需要的重要民生保障工程，是按照现代流通业发展趋势和北京农产品供应要求进行规划和建设的，作为规划中的重要节点项目，对调控北京市生活必需品供应具有重要作用，要力争将其建设成为引领行业转型、创新城市农产品供应的标杆，北京鲜活农产品供应流通的示范窗口。

打造一条供应链：
贯通产地端和消费端，打造鲜活农产品供应链完整闭环

首农食品集团党委书记、董事长王国丰在项目试营业启动仪式致辞中表示，作为北京最大的国有农业食品企业，首农食品集团承担着首都"菜篮子""米袋子""奶瓶子""肉案子"的光荣职责，发挥着首都食品供应保障主渠道、主载体、主力军的重要作用。

王国丰介绍，自2019年首农食品集团正式托管北菜集团以来，集团切实提高政治站位，全面履行托管责任，持续用力抓好北菜集团党的建设、改革发展工作，着重抓好北京鲜活农产品流通中心项目规划建设，确保项目如期竣工，发挥应有作用。

首农食品集团在开展党史学习教育中，落实"我为群众办实事"工作，按照《北京市"十四五"时期农产品流通体系发展规划》要求，加快落实集团"控两端、带一链、三共享"战略构想，以北菜"鲜农批""首农大厨房"为抓手，全力推进贯通产地端—消费端，链接上、中、下游的鲜活农产品现代供应链体系。

在上游，建基地。加大农产品生产、加工、分拣基地建设，形成稳定可靠的货源，壮大"产地直供"模式，保障进京农产品供应和食品安全。在中间，建体系。以北菜"鲜农批"为核心，加快构建以"一核三区多节点"为主体，直达配送末端的现代城市物流服务体系。在下游，建客户。全面对接大型商超、电商渠道、农贸市场、机关食堂等供应链下游B端客户，准确掌握下游客户消费需求，通过以销定产的模式，指导上游基地按需生产、按需供给，提高供给侧质量和效率，使供给侧更适应下游客户需求侧结构的变化，使供给侧和需求侧得以合理匹配，形成产地端—消费端精准有效链接的鲜活农产品供应链完整闭环，引领和推动首都鲜活农产品供应链体系的转型升级。

在同日举行的"放心蔬菜进京共筑食安长城"论坛中，北菜集团有关负责人介绍，蔬菜从基地到餐桌一般要经过5～7个主体和环节，多主体、多环节，易权易价，容易造成供应链断链、标准不统 质量难追溯。北菜集团面对蔬菜供应链的难点、痛点，通过对国内外蔬菜产业链、供应链的充分调研和论证，创建了新的流通体系。新的流通体系以净菜

为特征，以数字订单为驱动，以单品规模化、标准化生产为基础，以食品安全和标准物流为准入，实现产加批、仓配售一体化。

建立一种新模式：
打造"12351"运营模式，突出产品高质化和运营数智化

试营业当日，来自山东省兰陵县的"空中草莓""青小脆"黄瓜、"垦星"牌蔬菜新鲜上架。兰陵馆工作人员介绍，北菜集团和兰陵县人民政府签订了合作框架协议，在北菜"鲜农批"设立了兰陵馆，这也是该市场目前唯一的地方馆。通过合作，将蔬菜生产基地和北京市场下游渠道链接起来，兰陵县蔬菜将有力保障首都市民的优质蔬菜供应，北京巨大的市场需求也将为产地提供广阔的商业机会。

鲜活农产品不同于工业品，其生产受区域性、季节性影响明显，运输和存储的成本和要求较高，消费具有普遍性和分散性。"菜篮子"要想持续拎得稳，要有科学的运营模式护航。

按照《北京市"十四五"时期农产品流通体系发展规划》等文件要求和首农食品集团战略构想，北菜"鲜农批"确定了"12351"的运营模式，即：一个平台、两化发展、三个中心、五大业态、一个闭环。一个平台，是指打造北京鲜活农产品现代化交易平台；两化发展，是指产品高质化、运营数智化的功能定位；三个中心，是指将流通中心建设成为北京鲜活农产品的数字交易中心、标准制定中心、价格指数中心的目标；五大业态，是指展览展示、电商集群、共享物流、集采分销、食材体验五大主营业态；一个闭环，是指打造贯通产地端—消费端，链接上、中、下游的鲜活农产品供应链完整闭环。

据介绍，北菜"鲜农批"将实行驻场卖家"注册制"和入场采购"会员制"，突出智能化特点，采取"线下实体采购＋线上电商"模式，通过专属综合体信息化管理平台、集成 App，实现高效管理、便捷交易、智能服务等多种功能，做到线上下单轻松采购。

试营业当日，除常规的粮油食品厅、蔬菜厅、鲜肉厅、水果厅进入试营业外，"一站式集采厅""首农美好生活市集"也开始试营业。在"一站式集采厅"，通过专属农批综合体信息化管理平台和集成 App，可一站式实现货品挑选、下单订购、便捷交易等多项智能服务。首农食品集团全力打造的品牌推广活动"首农美好生活市集"进驻北菜"鲜农批"，将实现"月月有主题，周周有活动"，在这里，消费者可一站式近距离品尝、体验、了解、采购首农食品集团旗下的品牌产品。

（本文发表于 2022 年 2 月）

正阳定食：一份小盒饭　幸福半城人

严文亮

光明食品集团有限公司旗下的上海农场地处江苏省盐城市大丰区境内，占地面积307平方公里，是上海重要的战略"飞地"。经过70余年的发展建设，现已成为长三角地区单体规模最大的国有农场和上海域外最大的现代农业生产基地。

在长三角一体化战略的引领下，大丰区政府携手上海农场推进"区场一体化"发展，共同打造"一厨五基地"项目，其中"一厨"便是由双方合力建设的"中央厨房及净菜加工配送基地"项目——正阳定食。正阳定食作为服务大丰区全体中小学生的民生工程，不仅让学生吃上了营养午餐，还带动了农民增收致富，构建农场"从区域走向领域"的新格局，打造了乡村振兴战略中的"光明模式"，为推动农业高质量发展培育了新动能，拓展了新空间。

用区场联手实现从无到有

上海农场把发挥示范引领作用与打造上海优质农副产品供应"压舱石"相结合，推动区场融合发展，推行"青少年营养计划"，与盐城市大丰区在2020年9月长三角一体化发展第20次城市峰会上正式签约"一园一厨五基地"项目，其中"一厨"就是正阳定食。大丰区政府领导牵头组织相关职能部门现场办公，使得项目进展迅速，共同推进"学生营养餐计划"的升级。区市场监管局携手上海农场联合建立检验检测中心，共同监督学生餐食品安全。

在大丰区委、区政府的支持下，上海农场迅速投入资金、技术及人才，高效完成项目落地并运行。2021年5月实现大丰区70所学校全覆盖，涵盖中小学、幼儿园，每日供餐7万人次。上海农场充分发挥国有农场优质主副食品供应的重要"压舱石"作用，构筑垦区合作新典范，并探索出正阳定食"大丰模式"，实现了从无到有、从有到优的稳步迈进。2021年，正阳定食在大丰区供餐取得了幼儿园满意度98％、小学满意度91％以及中学满意度89.6％的喜人成绩，让大丰区的学生成为幸福的学生。

用"三定"解决不确定

正阳定食秉持源定优质、锁定安全、营养定制的"三定"理念，切实守护学生健康。

源定优质。正阳定食全品类食材主要源自上海农场和"大丰仓"基地，辅助食材由光明食品集团内部单位补充提供，只选用加工不超过7天的绿色食品大米、48小时内的新鲜鸡蛋、农场放心肉、优质水产品以及非转基因的油和豆制品，所有食材源头固定，品质更有保证。

锁定安全。为了保障食品安全，正阳定食制定了高于国际标的质量企业标准，有完善的质量管理体系。同时采用国际先进生产线，加工过程中严格按照规范操作，做到每一批次都抽样检测。盐城大丰区市场监管局与上海农场联合建立检验检测中心，确保检验检测质量有保证。严格执行先进先出（FIFO）原则，层层把控食材品质。

营养定制。正阳定食诚邀专业的营养师，聘请专门的研发团队，根据不同年龄段人群的身体发育和营养需求特点，定制营养、多样、专属的菜单。利用智能信息平台计算营养成分，不断推出符合中小学生生长发育的营养菜谱和膳食计划，确保每个学生营养均衡。大丰校餐已经成为了正阳定食最亮丽的名片，更是正阳定食积累经验、建立模式的重要样本。让大丰的学生开心、家长放心、学校舒心，让大丰学生离不开正阳定食，这是正阳定食始终不变的使命。

用"信息化"全方位保驾护航

正阳定食从项目建设初期就致力于实现全程信息化，通过信息化系统指挥各环节快速高效运转。将运营的实际需求与专业化技术有效联合，一边建厂一边开发，一边运营一边完善。

ERP平台。采用科技化、智能化、信息化的管理平台，工厂所有活动都在信息化管理平台上完成，为实现每日7万份的产能，根据每日学校师生用餐人数和不同的定制菜单，通过智能操作系统指挥计划、采购、品控、生产、物流等，确保生产全流程数据录入有痕迹、来源可追溯、生产过程可监督。

质量追溯平台。建立了入库验收、发货检查、出入库登记等制度，仓库结合信息化系统，严格依照FIFO原则，生产全流程信息录入，层层把控食材品质，做到"一物一码可追溯"。

北斗定位平台。自有冷链物流车实行"定线、定车、定人、定点、定批次"的工作模式，确保在规定的时间内将食材配送到位。禁止运输正阳定食之外的货物，防止交叉污染。智能平台实时监控，全程跟踪位置与温度，确保运输配送全程低温，全程安全监控，锁定食物新鲜。

线上销售平台。可满足不同消费者的个性化需求，实现线上线下融合发展，消费者可利用小程序自主下单，根据订单实现精准生产、精准配送，时效快、有保障，受到消费者广泛关注。

可视化监控。智能网络监控系统实时记录着基地、生产加工、物流、厂区、学校后厨等情况，通过看得见的方式监控食材的安全，接受学校和社会各界监督。

正阳定食的信息化运营管理平台稳步运营，已经成为农场信息化程度最高的单位，全方位为孩子们的学生餐保驾护航。

用"标品"带动农民致富

时任上海市委书记李强视察上海农场时提出"做深做实上海主副食品供应的重要压舱石"的要求，上海市政府和江苏省政府签署了《协同推进上海域外农场高质量发展的合作备忘录》。在此背景下，上海农场与大丰区联合创建了"大丰仓"品牌。上海农场依托正阳定食中央厨房的加工能力，将大丰的农副产品有效组织起来，通过质量标准和质量管理双输出，实现分散的非标品向加工后有规模的标品转变，联合打造30万亩稻米和1万亩蔬菜的产品基地。同时发挥正阳定食龙头企业的优势，加强产品开发、品牌建设、渠道拓展，每年集成加工"大丰仓"基地农副产品2万吨以上，提升农产品附加值，实现了"做给农民看、带着农民干、帮助农民销、实现农民富"的目标。

正阳定食项目经过近两年的运行，进一步调整膳食结构、均衡营养，从根本上保障了中小学生的健康成长，成为了政府满意、家长放心、学生欢迎的营养午餐。正阳定食将继续推动上海农场一二三产业融合，助力农场产业转型升级，同时促进区场产业联动，加快农业转型升级，将"大丰仓"品牌食材通过正阳定食从"学生餐桌"推向"家庭餐桌"。正阳定食坚持"立足大丰、服务上海、辐射长三角"的战略，在服务好大丰的同时，正在积极拓展外部渠道，已和上海、江苏等多个企事业单位、学校、团餐企业展开了合作。同时为了满足不同客户的需求，制定出不同的综合解决方案，例如净菜供应方案、"净菜＋全品类食材供应方案""净菜＋全品类食材＋后厨烹饪采购"等综合服务方案。

下一步，上海农场将致力于将农场打造成为垦地协作的"桥头堡"。以光明食品集团保供体系为支撑，发挥现代农业企业组织、规模、产业链、品牌市场优势，加快建设重要民生商品储藏、加工、物流基地，集成当地粮食、生猪、蔬菜等优质农副产品。一手牵好市民的"菜篮子"，一手牵住农民的"菜园子"，共同推进区域农业食品产业高质量发展，在满足市民美好生活需要的同时，也为实现城乡共同富裕贡献力量，开创区域协同发展新局面。

（本文发表于2022年7月）

贵阳农投：做好三篇文章　装满提稳"菜篮子"

黄　丹

新冠肺炎疫情防控期间，如何把"菜篮子"装得满、提得稳？作为贵阳市"菜篮子"重点工程以及生鲜食材的重要供应载体，贵阳市农业农垦投资发展集团有限公司（简称农投集团）一直在努力。

在贵阳市的各个蔬菜保供基地，人们一边大规模地收获芥菜、豌豆尖、南瓜、西兰花、红蒜苗等蔬菜，一边大规模地种下油麦菜、生菜、上海青、香葱等速生蔬菜；在贵阳农产品物流园，省内外的各色农产品进场、出场络绎不绝，越来越多的批发商和采购商来此采购；在各个农投惠民生鲜超市，"菜篮子""果盘子""奶瓶子""米袋子"等各类农产品琳琅满目，储备充足，价格执行良好……

"在现在这个特殊的关键时期，既要打好疫情防控阻击战，又要打好稳增长促发展攻坚战，我们必须更严更实更细抓好工作，在做好保供稳价工作中践初心、担使命。"农投集团党委书记、董事长冉斌表示。

生产足：5 万余亩蔬菜基地采收补种

2020 年 2 月 14 日，清镇蔬菜基地又收获了 2.5 吨油麦菜菜，接下来，将对这 1 480 亩的空地进行翻耕，补种下十字花科、油麦菜、香葱等速生蔬菜，预计 2020 年 5 月中旬能够逐步收获上市。

疫情发生以来，为保证贵阳市蔬菜足量稳价供应，农投集团以旗下贵阳市扶贫开发投资有限公司（简称扶贫公司）在全省 11 个县实施的 5 万多蔬菜保供基地建设项目为依托，做好采收，积极补种，充分保证了城市"菜篮子"自给能力。

"我们各基地都制定了安全生产方案，共有 500 余人投入生产和安全工作，产品首先直供惠民生鲜超市和物流园批发市场，我们保证疫情防控期间菜价绝不上涨。"扶贫公司党委副书记、总经理程蜀黔说。扶贫公司在印江、清镇卫城、平坝、广顺蔬菜基地种植的芥菜、豌豆尖、油麦菜、南瓜、西兰花、红蒜苗、菠菜等蔬菜，可出地产量达 378.5 余吨，可实现足量供应。扶贫公司还将在乌当、清镇、修文、开阳、息烽等基地，种植速生菜 4 500 亩，大棚种植 990 亩，露天种植 3 510 亩。

同时，扶贫公司还增加蔬菜调运，多渠道多途径组织货源，以满足市民多样化消费需求，消除货品不齐可能造成的部分品种大幅涨价现象。数据显示，2020 年 1 月 28 日至 2020 年 2 月 15 日，采购大白菜、莲花白、青口白、白萝卜、无筋豆、土豆、折耳根等市场消耗量大的蔬菜总量达 202 余吨，蔬菜不仅销往贵阳市各个销售终端，扶贫公司销售团队还发起团购服务，为贵阳市各小区居民团购送菜。

此外，作为农投集团旗下"奶瓶子"主要供应公司，贵阳三联乳业有限公司从奶牛养殖、生产加工、物流销售等环节入手，生产部门春节不放假，全力组织不间断生产，并推出一系列产品促销活动和提供送奶到户等销售服务，保障市民"奶瓶子"平价供应。

供应稳：贵阳农产品物流园货多量足

各市场区域每天要消毒，货车进场前消毒，商户和采购商戴口罩进园……2020 年 2 月 16 日，贵阳农产品物流园的疫情防控工作有条不紊地进行着，相比前段时间，现在开门营业和前来采购的采购商们更多了。

位于修文扎佐的贵阳农产品物流园是全市重要的公益性批发市场、省市"菜篮子"保供稳价的重要平台，也是农投集团从流通端发力，全力确保批发市场发挥"稳定器"作用，充分保障市场供应平稳有序的重要抓手。

"随着疫情防控期间各地交通管制加强，省外蔬菜调运存在较大难度，因此，我们积极对接省内农产品基地，特别是贫困县乡合作社生产基地，重点组织白菜、莲花白、白萝卜等省内蔬菜货源调运。"贵阳农产品物流园发展有限公司董事长黄德泽说，2020 年 2 月 16 日蔬菜进场量 1 775 吨，出场量 1 771 吨，库存 5 079 吨；水果进场量 839 吨，出场量 484 吨，库存 7 708 吨；蔬果供应充足，可满足全市市场需求。

黄德泽介绍，贵阳农产品物流园充分发挥准公益市场的民生保障作用，及时下发了《关于保供稳价的补贴政策的通知》，对在疫情防控期间，持续平价供应农产品的经营户给予一定优惠补贴，同时积极宣传引导商户，严禁供货商在特殊时期哄抬物价，引导采购商合理采购，不跟风盲目哄抢，确保市场持续稳定供应，对违反市场价格经营的经营户给予严厉惩罚。目前，市场大部分蔬菜交易均价低于年前。

此外，农投集团旗下粮油企业积极开展"引粮入筑"，多方发力调运和投放大米等生活必需品，截至 2020 年 2 月 15 日，市级成品粮油储备量为大米 2 650 吨，食用油 707 吨，谷丰市场及其他粮油经营门店库存粮油量日均保持在 33 000 吨左右，其中大米 14 304 吨、面粉 3 730 吨、油 3 401 吨、其他物资 11 800 吨，每天从省外调入的米面油等生活必需物资保持在 1 200 吨左右。农投集团旗下贵州省红枫湖畜禽水产有限公司还积极保障鸡蛋、水产品等供应。

销售畅：154 个惠民生鲜超市价格稳定

白菜 1.6 元/斤，西兰花 4.68 元/斤，猪肉 30.09 元/斤，白条鸡 13.5 元/斤，0.99 元蔬菜区里油麦菜、萝卜、冬瓜等摆放得整整齐齐……2020 年 2 月 15 日早上 9 点，农投惠民生鲜超市新世界门店就和往常一样开门迎接前来购买的市民。

"能够在疫情期间买到这样新鲜便宜的蔬菜，惠民生鲜超市真的做得很好。"家住新世界社区的刘玉萍满意地选购了满满一箩筐食材，尽管戴着口罩，但仍看得到满意的笑脸。

疫情发生以来，超市成为了市民买菜购物的主要渠道，超市的"菜篮子"品类繁多、价格平稳，已成为市场保供稳价的重要阵地。为了更好便民惠民，农投集团把超市搬到线上，为贵阳市小区群众提供线上下单，送货到社区的线上线下一体化的零售服务。线上超市提供多种果蔬粮油组合、还有日常生活用品套餐等，配送范围覆盖贵阳市内数十个小区，市民只需通过微信扫码进入商城找到自己所在小区参与团购，在家就能购买到新鲜、放心、价优的果蔬粮油和安全、可靠的生活日用品。

农投集团旗下惠民公司的154个惠民生鲜超市是全市生鲜商品零售端的主要流通环节，面对着广大顾客现场购资，各超市都采取严格举措防控疫情。员工上班戴口罩，按规定频次用灭菌洗手液洗手，上下班测量体温；对进店顾客提示戴口罩、测体温、提供灭菌洗手液洗手；设置宣传提示牌，在店内循环滚动播放疫情防控提示广播；每日对卖场、购物车、购物篮进行定时消毒，保证卖场良好通风。

"在保供稳价方面，公司成立了保供稳价领导小组，对所有门店物资统一调配，市场采购和配送中心物资统一调度；并组织力量将粮油、蔬菜类市民急需食品直通小区。"农投集团党委委员、专职副书记赵晓敏说，我们要求各合作企业在猪肉的保证供应和价格上做出承诺，在疫情防控期间，惠民生鲜超市销售的猪肉在进货总成本的基础上加价率不超过5%，且经营销售的商品符合国家相关质量和食品安全标准，承诺时间为一个月（2020年2月6日至2020年3月5日），并要求超市张贴《贵阳市惠民生鲜超市猪肉销售承诺书》告知顾客。在蔬菜供应方面，打破原有的供应体系，采用现金直采和周期性采购相结合，按200%的销售计划提前3天货到门店，门店实时更新动态库存，确保供应量充足，蔬菜价格严格执行惠民指导价。

截至2月16日，从全市154个惠民生鲜超市的检查梳理的情况看，检查结果总体向好，门店防控有序开展，措施到位无重大疫情隐患，全市生鲜商品供应充足，价格稳定。

"为了打赢防疫保供战，我们将认真落实省市相关工作部署，以全体党员干部职工为主体，组建稳价保供'主力军'，火力全开迎战'疫'。从产供销三端发力，打好疫情防控期间保供稳价'组合拳'，足量稳价保障人民群众的'菜篮子''果盘子''奶瓶子''米袋子'等不受影响。"农投集团党委副书记、总经理王祖泽说。

（本文发表于2020年3月）

"十四五"时期
推动天然橡胶产业健康发展的思考

刘锐金　黄华孙

　　天然橡胶与石油、钢铁、煤炭并称为四大工业原料，在全球资源竞争中地位日益突出，尤其是高性能特种胶在航空航天、轨道交通和海洋装备等方面的作用不可替代。在我国历代中央领导同志直接关心和支持下，经过几代人艰苦卓绝的努力，国内天然橡胶产量从建国初期的200吨提高到当前的80万吨，实现了北纬18°以北大规模垦殖橡胶树的伟大创举。我国现有种植面积1 700余万亩，分布在广东、海南和云南，年产量约80万吨。国内产区自然条件与东南亚主产区有较大差距，且近期劳动力成本上升较快，2014年以来又遭遇市场价格连续多年低迷、支持政策不到位等不利因素，产业发展基础受到了巨大冲击，实有种植面积连续多年减少，胶园老龄化日趋严重，土壤地力下降，胶园更新速度显著放慢，新技术新模式应用缓慢，林下资源开发利用不足，陷入"效益低、投入少、潜力降、效益更低"的恶性循环，与中央"巩固天然橡胶生产能力"的要求相差甚远。

　　中央高度重视包括天然橡胶在内的重要农产品供给保障。中央全面深化改革委员会第十次会议审议通过的《关于实施重要农产品保障战略的指导意见》提出，要以保障国家粮食安全为底线，坚持数量质量并重，实施分品种保障，增加供给总量，优化供给结构，拓展供给来源，提高供给质量，加强农产品储备和加工业发展调控，健全农业支持保护制度，努力构建科学合理、安全高效的重要农产品供给保障体系。2020年中央一号文件对保障重要农产品有效供给作了具体部署。在当前形势下，保障重要农产品有效供给显得尤为重要。

　　"十四五"是我国天然橡胶产业发展的重要机遇期，为确保天然橡胶资源安全，国家将推进天然橡胶生产保护区建设与管护。本文对未来5年我国天然橡胶产业发展工作进行了较为系统的分析，并对重点工作、工作机制、支撑体系提出了相关思考性建议。

"十四五"时期推进我国天然橡胶产业健康发展的重要意义

（一）是保障我国天然橡胶有效供给的重要举措

　　当前，我国天然橡胶消费量约600万吨，占全球的比重超过40%。其中，国内产量占消费量的比重为13%，起到"压舱石"的重要作用（图1）。从大宗商品国际贸易经验看，一种商品若完全依赖进口，则易受制于人。因此，国际贸易无法保障特殊情形下天然橡胶供给安全。保有国内天然橡胶资源既有利于保障国民经济安全，又有利于畅通国内循环、参与国际循环。美国、欧盟等发达经济体都非常重视天然橡胶资源安全。这些发达国家主要通过大型跨国公司、外交等渠道确保天然橡胶供给安全，并积极开发银胶菊、橡胶草等产胶植物。我国已成为第四大产胶国，这是优势，需要保护好、利用好、开发好。

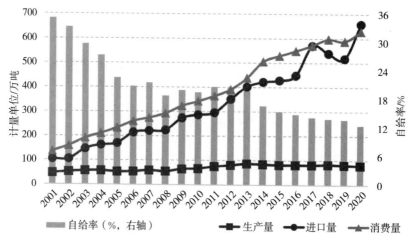

图1　我国天然橡胶供给与消费状况（2001—2020年）

数据来源：产量来自农业农村部农垦局（2020年为估计数）；2001—2011年消费量来自国际橡胶研究小组（IRSG）

（二）是促进我国天然橡胶产业可持续发展的有效路径

受市场整体低迷影响，近年胶园更新速度显著放慢，2018—2020年仅不足总种植面积的1%，这也使新品种、新技术、新模式得不到有效利用。2019年末实有面积1 718万亩，较2016年减少48.6万亩，与1 800万亩生产保护区面积的要求仍有一定差距。单位面积产量逐年下降，2019年71.6千克/亩，较2013年亩产减少了12.5千克，其中海南产区不足60千克/亩。大部分胶园多年不施肥或只施少量肥，胶园土壤地力下降。通过潜力测算发现，国内天然橡胶产能最高峰预计出现在2024年，然后开始逐年下降。割胶是天然橡胶生产的核心环节，技术要求高、劳动强度大、作业环境差，机械化智能化推进难度大，"谁来割胶"问题日益凸显。国内天然橡胶产业起步于建设需求，但当前对工业和高端用胶需求的保障能力弱。这些问题严重影响了我国天然橡胶产业发展工作，亟待整体谋划，出台措施，扭转发展形势。

（三）是加快天然橡胶主产区乡村产业兴旺的具体行动

天然橡胶是我国热带地区农民的主要收入来源。据不完全统计，全国天然橡胶从业人员130万人，涉胶家庭70万户，是热带地区重要的经济作物和支柱性产业之一，尤其是天然橡胶生产大县（市）勐腊、白沙、琼中等地区农民的主要收入来源。这些地区在"十三五"期末陆续脱贫摘帽，但农民增收稳收的基础还较弱。在"三农"工作重心发生历史性转移、实施乡村振兴战略的背景下，我国天然橡胶产业应加快转型升级步伐。

推动产业健康发展的基本考虑

以习近平新时代中国特色社会主义思想为指导，全面贯彻落实党的十九大和十九届二中、三中、四中、五中全会精神，坚定不移贯彻新发展理念，主动适应新发展阶段，深度融入新发展格局，深入贯彻中央农村工作会议、全国农业农村厅局长会议精神，落实《关于实施重要农产品保障战略的指导意见》，扎实推进天然橡胶产业供给侧结构性改革，夯实国内产业发展基础，充分利用国内国际两个市场、两种资源，切实保障天然橡胶资源安全和供给安全，确保我国天然橡胶生产能力得到巩固和提高，加快推动天然橡胶主产区乡村振兴战略实施。

围绕"巩固、促进、提升、保障"八字方针，深化天然橡胶产业供给侧结构性改革，巩固国内生产能力，促进发展方式向量质并重、绿色化转变，提升初级产品品质和产业竞争力，保障国内天然橡胶有效供给以及关键国民经济领域的用胶需求。一是稳潜力。制定胶园更新计划，引导各类资源支持胶园建设，优化胶园结构，稳定种植面积和产能，实施藏胶于林、藏胶于技战略。在优势主产区示范建设一批高标准胶园、生态胶园、特种胶园和智慧胶园，提高胶园建设水平。二是转方式。坚持量质并重，推进绿色发展，强化科技与装备支撑，优化初加工业布局。健全现代生产、产业和经营体系，支持农垦集团聚焦天然橡胶主责主业，发展成为大型跨国公司，培育新型经营主体，推进生产性社会化服务。三是抓关键。抓住天然橡胶良种良苗、非生产期抚管、胶园土壤地力提升、高效割胶、产品质量及其一致性优化等关键环节和问题，建设高标准胶园，确保优势区域产能稳步提高，国内生产能持续满足国民经济关键领域用胶需求。四是强政策。强化政治组织保障，建立健全天然橡胶生产保护区精准支持政策体系，做好建设和管护工作。将天然橡胶纳入农业支持保护补贴、高标准农田建设等现行农业支持政策范畴，切实解决天然橡胶产业支持政策边缘化问题。五是强合作。强化与东南亚和非洲国家的天然橡胶产能合作，对外投资以初加工和贸易为重点。加大对缅甸、老挝等新兴产胶国的产业合作与交流，通过制定规划、科技支持、人员培训等多种方式支持当地橡胶种植业发展，促进互惠互利。

通过实施产业发展的行动和政策，到2025年，将天然橡胶实有面积稳定在1 720万亩左右，胶园树龄结构合理，年产量维持在80万吨以上，占国内消费量的比重不低于13％。国内天然橡胶生产、加工与经营体系更加完善，科技与装备支撑产业发展的能力显著提升，对国民经济关键领域形成持续供应能力，国际合作与投资水平明显提高。

推动产业健康发展的重点任务

（一）加强产业发展顶层设计

根据全国农业农村现代化规划等文件和规划，研究、制定和发布关于促进天然橡胶产业可持续发展的意见，全面谋划部署天然橡胶产业发展工作。在生产保护区内，充分考虑地方经济发展需要，优中选优划定1 200万亩胶园作为永久胶园保护。合理划分中央和地方在天然橡胶产业领域的财政事权和支出责任，主产区地方政府应当在确保支出责任履行方面有适当的编制安排。重新启动并推进天然橡胶资源立法工作，为国内资源保护提供法律依据。建议针对新时期天然橡胶产业定位、发展模式、重点任务、保障措施，开展进一步专题研究，探索全国天然橡胶全产业链"一盘棋"发展的思路和模式。

（二）推进种质资源收集保存评价与创新利用

种质资源是天然橡胶种植材料创新的基础和根本，收集、保存、评价与创新利用是一项长期性工作。橡胶树育种周期长达30多年，需要长期稳定支持。除大规模种植的三叶橡胶树外，世界上至少还有 2 000 多种产胶植物，目前研究较多的有银胶菊、俄罗斯蒲公英（橡胶草）等；与橡胶树通过切割树皮获取原料有显著不同，草本产胶植物的生产模式更容易实现机械化操作，但产胶效率有待提高。下一步，应扩容升级国家橡胶树种质资源圃，在世界范围内收集野生橡胶树资源，与马来西亚等国进行种质资源交换，在常规育种的基础上，运用组织培养、基因编辑等技术研发橡胶树新品种和新型种植材料。推进产胶植物资源圃的基础设施建设，设立产胶植物资源调查专项，在全球范围内收集资源，做好保存、利用和创新工作。利用好海南建设全球动植物种质资源引进中转基地的机遇，支持相关单位在海南开展橡胶树及其他产胶植物种质资源引进和品种创新。

（三）推行良种良苗定向免费供应

种业是农业的"芯片"，品种种苗影响着橡胶树的整个生产周期，良种良苗是胶园生产潜力建设的重要基础，需要予以高度重视。近年，由于缺乏有效指导监督，产业从业者对良种良苗的重要性认识不足，品种环境对口推荐使用不科学，仍有相当部分胶农未能根据植区环境特点选择合适的品种种植，种苗质量也未能得到有效保障。例如在轻寒区种植高抗寒品种、重寒区盲目种植高产品种、超高海拔种植等，品种特性未能得到充分发挥，甚至出现胶树生长偏慢、灾害加重、产量偏低、死皮率高等问题，严重影响胶园生产潜力提升。为确保天然橡胶生产保护区内新植和更新胶园的优良品种纯度、种苗质量以及种植区品种合理配置，可选择科技实力强、基础条件好、信誉程度高的企事业单位，建设国家天然橡胶种苗生产供应基地，向种植农户或农场定向提供免费优良品种的种苗，同时提供关于种植规划、品种配置、栽培措施、林下间作等方面的建议、技术咨询和社会化服务。

（四）实施胶园更新计划

橡胶树经过 25 年左右的割胶生产，产胶能力逐步下降，单位面积有效株数减少，产量降低，为避免橡胶种植区域土地资源浪费，需要及时更新种植。但我国胶园更新速度明显偏慢，据初步估算，广东、海南和云南等 3 个垦区 1990 年及以前种植胶园的占总种植面积的比例分别约为 46%、41% 和 28%。胶园更新种植有利于新品种新模式推广应用，是实现产业可持续稳定发展的最重要举措之一，能显著提高单产水平和土地利用率。比如，在云南优势区种植'热研 879'，可使单株产量增长 50% 以上；在平地或缓坡地采用宽行窄株的种植模式，配以直立型品种，可增加胶园土地利用率 50% 以上，显著提高胶园间作的灵活性；在生产条件较差的地区，种植'热垦 628'等胶木兼优品种，可提高木材产出率。坚持以优良品种种苗为纽带，提高胶园更新的科学性，切实发挥科研单位、大型企业等的技术与资源优势。建议根据各地区胶园结构，结合种植主体更新意愿、资金规模等因素，分省区制定未来 5 年胶园更新计划，在种植规划、品种选择、种植模式与密度、橡胶树根病预防等方面作出安排。

（五）加快高标准胶园建设

采用高产配套生产技术，提高胶园管理水平，建设标准化生产基地，大幅度提高生产潜力。以核心优势区为重点，开展胶园更新抚管、林间道路网络、生产性设施、防护林和土壤改良等胶园工程建设，配套必要小型水利，建成 1 200 万亩集中连片、稳产高产、管理规范、生态友好的高标准胶园。风害区域配套防护林，20 世纪 70—80 年代，我国筛选了防护林速生优质树种，防护林不仅能减低气流动能，还可改变气流结构，通过合理设计防护林结构，能有效降低风害影响，同时提高胶园的生物多样性。西双版纳州、普洱市等优势植胶区建设一批单产超过 110 千克/亩、基础设施良好的高标准胶园；海南中西部优势种植区域建成一批亩产超过 90 千克/亩、基础设施良好的高标准胶园。考虑到在我国民营胶园的占比已超过 60%，高标准胶园选定和建设应充分考虑民营胶园，特别是要加强民营胶园道路建设，改善生产条件。中小苗抚管是胶园建设的关键投入环节之一，是橡胶树资产形成的环节，应予以充分重视。建议加快制定高标准胶园建设规范指南，在生产保护区内划定高标准胶园建设范围，做到四至清晰、主体明确，并将此作为红线划定的先导性工作。

（六）实施胶园可持续发展行动

土壤是天然橡胶生产潜力提升的关键，随着二代、三代胶园比重不断提高，胶园土壤结构发生了较大变化，出现了新情况和新问题，如海南部分胶园土壤酸化严重，亟待开展土壤调查与改良；据调查，云南优势植胶区部分二代胶园根病发生率超过 10%，需要采取切实措施控制根病的蔓延。林下经济是提高胶园土地产出的关键措施，特别是在水源充足的平地缓坡地橡胶园，开发林下资源能够增加收益，但目前新模式、新技术研发应用不足，尤其是"胶园—牧草—养殖—粪便还园改土"的内生循环利用模式缺乏。建议组织开展胶园土壤调查，提出并实施胶园土壤改良计划；研发遴选主推的林下资源利用开发模式，开展集成应用示范。

（七）加快完善与运用生产保护区划定成果

生产保护区划定工作已基本完成，但还存在一些亟待解决的问题。须协调解决好天然橡胶生产保护区划定的胶园与生态保护红线、永久基本农田以及其他产业发展规划冲突等问题，并上图入库，实现"一张图"管理；保护区内地块权属还需进一步明晰，与生产经营主体签订协议。利用好生产保护区具体到地块的特点，建立胶园分级分类技术标准，不同类型胶园服务于不同目的，高标准胶园以高产、高质、高效为目标，特种胶园以特种专用天然橡胶生产为目标，天然橡胶储备林服务于木材生产、环保绿化等。生产保护区涉及的县市，应尽快与生产经营主体签订协议，推动落实天然橡胶种植"一张图"管理，推进研究橡胶林分级建设、分类管理的基础和科学问题研究。

（八）实施初加工业质量提升行动

通过市场化手段，以资本和技术为纽带，形成加工企业和植胶主体间的良好互动关系，借助大型企业的技术和品牌优势，加快区域品牌建设。严格执行质量标准体系，提高产品质量一致性，减少对环境的污染，加大高性能胶的生产，实现高端用胶国产化。在无法保障小工厂的产品质量的情况下，鼓励大企业收购小企业生产的天然橡胶，加工后再出售。尽可能减少胶农直接委托加工的生产方式，支持加工企业通过原料混合等措施来提高一致性。优化天然橡胶质量监测和服务体系，确保做到全覆盖。研究产地溯源系统、质量检测清单等措施的可行性。

（九）建立健全特种胶生产体系

国产天然橡胶质量及其一致性尚无法很好地满足下游制品企业对天然橡胶材料的高质

量发展需求，尤其是高端领域，如飞机轮胎、减震部件、超薄乳胶制品等。需构建从种植品种、胶园管理、初加工到深加工的高端特种用胶生产和研发体系，需划定特种胶园，制定生产技术规程，优化经营模式，建设特种胶生产线，并与下游用胶企业保持沟通。密切与深加工企业、尤其是大型加工企业与植胶生产基地间的联系，鼓励精深加工企业根据各自制品用胶需求，与上游生产主体合作建设原料胶生产供应基地，建立从田间到最终产品的质量控制体系。

（十）构建农垦集团聚焦天然橡胶主责主业的机制

天然橡胶是广东、海南、云南农垦的创业之本、立垦之本，也是作为国有企业而存在的使命。近年，不少农垦胶园被改种其他作物或改作其他用途，部分农场丧失了组织优势、技术优势和规模优势，部分农垦集团对天然橡胶产业的信心不足、定位不清、重视不够、措施弱化。按照"垦区集团化、农场企业化"的改革方向，广东、海南、云南 3 个植胶农垦集团继续深化改革，建立现代企业制度，做强做实国内种植业、初加工业，向海外初加工、贸易、精深加工等领域拓展，力争成为大型跨国企业集团。将天然橡胶生产基地维护作为农垦集团获取中央财政支持的重要依据，支持农垦集团以资本为纽带提升市场影响力。建议探索由中央财政、各农垦集团、橡胶加工企业、大型制品企业等共同出资成立中国天然橡胶产业集团的可行性，持股大型天然橡胶企业开展天然橡胶种植、加工、贸易、金融等业务；借鉴美国联邦农作物保险公司（FCIC）模式，实施天然橡胶政策性保险；协调海外直接投资、股权并购、企业收购等事务。探索建立农垦天然橡胶集团/企业天然橡胶业务发展的评估机制。

（十一）推进原料市场基础设施建设

初加工原料包括新鲜胶乳、胶块、胶片等，新鲜胶乳收入＝胶乳总重量×干胶含量×价格，胶乳中的天然橡胶（干胶）含量测定一直是制约原料市场发展的重要因素。云南省部分主产地农户由于不信任干含测定，转向委托加工再销售，1 桶 35 升的胶乳可多赚 8～15 元，高产期 1 个家庭每月可增加 1 000 元左右的收入，这导致以下问题：一是造成农村污染，胶乳加酸凝固后产生污水和臭气，影响农村人居环境；二是降低产品品质一致性，单个农户加工，单批次原料数量少，产品质量性能参数一致性差；三是错失新鲜胶乳的溢价，浓缩乳胶以及全乳胶等浅色胶的均价高于其他标准胶。需强化干胶含量测定标准在加工原料市场交易中的应用，严格规范干胶测定仪的使用。加强原料收购市场的信息化建设，以"公开"促进"公平"；通过有痕迹的交易，改变现金结算方式，支持银行转账结算。建议在总结已有经验基础上，制定天然橡胶原料市场基础建设工作方案，并在海南白沙、云南勐腊等产胶大县先行开展天然橡胶初加工原料标准化市场建设试点工作。

（十二）推进适度规模经营

小规模经营是制约新技术推广应用的重要因素之一，尤其是无法很好地应用低频采收技术，1 个人 1 天的割胶数量约 300 株，若采用 4 天 1 刀，每个人割胶覆盖面积约 40 亩。胶园适度规模经营，有利于节本增效技术等科技成果应用以及标准化生产管理，比如低频刺激割胶技术可提高劳动生产率，解放劳动力，让种植户在更大范围内配置家庭劳动力。全面落实橡胶林确权颁证工作，试点橡胶树资源资产化，鼓励通过形式多样的流转方式，如租赁、托管、入股等，形成适度规模经营，加快劳动生产率提升技术的运用。全面总结胶园确权颁证进展和胶园流转现状，制定促进胶园流转的试点方案。

（十三）培育新型经营主体

鼓励建立橡胶专业合作社，支持其开展各类涉胶业务。鼓励初加工企业与合作社、种植大户等经营主体建立稳定且多种形式的合作关系，减少原料缺陷对产品质量的影响，形成良好的利益分配格局。建议在海南和云南主产区选择 2～3 家天然橡胶专业合作社作为示范社、标准社建设试点，对于开展橡胶种植规划、割胶、病虫害防控等生产性社会化服务的合作社、种植大户、种植企业给予专项补贴，支持合作社等主体承担国家天然橡胶生产能力建设项目。

（十四）推动生产性社会化服务

基于 1977—2019 年种植面积数据和不同品种的生产周期产量分布的生产能力测算发现，2019 年实际产量和生产潜力的差距扩大到 26 万吨，即有 26 万吨天然橡胶未被采收。一方面是因为市场价格低而导致部分胶园弃割，另一方面是由于生产性社会化服务市场发展滞后。根据作者所在团队在主产区的种植户抽样调查，超过 40％受访者愿意参与统一割胶和测土配方施肥，近 60％愿意统一防治病虫害。目前，民营胶园中割胶服务仅少量存在于个人亲友之间，仍有较大一部分面积处于因无暇顾及而弃割状态。鼓励支持天然橡胶主产区合作社、种植大户、大型农场、科研院所、企业等经营主体试点开展"统采统收"的社会化服务，兼以病虫害"统防统治"、施肥"统测统施"、胶园更新"统一规划、统一定植"等生产性服务。建议将天然橡胶纳入《关于加快发展农业社会化服务的指导意见》的实施范围，在云南勐腊、海南白沙等县市开展割胶服务试点，并对开展病虫害防治的各类主体给予适当补贴。

（十五）加快关键技术研发与集成

创新一批关键核心技术和装备，针对制约天然橡胶产业转型升级的全局性重大瓶颈问题，在品种改良、基因组学、质量调控机制、病虫害防控、生态学、割胶机械化、产品质量、初加工自动化、木材加工利用、大数据、乳胶制品等关键领域，加快攻克关键核心技术和装备，促进产业转型。集成一批科技成果和技术模式，坚持市场需求和产业问题导向，加快林下资源开发与利用领域形成一批可供选择的实用技术模式。加大低频高效割胶技术、新型割胶工具的技术集成，加快研发推广针刺采胶等省工技术。支持农艺和农机融合智慧胶园示范。加快品种选择、采收方式、保鲜技术、初加工工艺等环节的技术集成，支撑特种胶（含浓缩胶乳）的生产。建议国家天然橡胶产业技术体系增岗扩站，增强天然橡胶新材料研发力量，增设橡胶树资源、天然橡胶质量控制、木材改性利用、其他产胶植物等岗位以及海南白沙及云南勐腊、普洱、临沧等主产县市的综合试验站，稳定天然橡胶技术研发队伍和核心力量。

（十六）完善基层技术推广体系

政府农业推广体系是当前农业技术扩散的主要渠道，但存在着数量偏少、层次偏低、工作精力分散、技术获取渠道窄等问题。白沙、勐腊等主产县市设有专门的天然橡胶产业管理和技术推广部门，取得良好的效果，但大部分植胶县市还未设专门部门，基层天然橡胶技术推广力量还比较薄弱。建设多样化技术扩散渠道，充分发挥科研院所、高等学校等在技术推广的作用，以及科技特派员、乡村振兴特派员和驻村干部等人员的积极性。探讨以提高初级产品质量为主线的加工企业、原料收购商、农户之间的技术扩散。将技术已成熟的电动割胶工具纳入农机购置补贴范围，支持自动化采收装备研制。此外，自 2014 年举办全国第四届割胶工技能大赛后，该项赛事一直未开展。建议将割胶技能比赛作为农民丰收节活动之一，将劳动技能与丰收主题结合起来，推动割胶装备新产品研发与推广，并组织开展天然橡胶技术推广力量的摸底调研。

（十七）加强产业监测体系和信息化建设

病害和虫害是影响天然橡胶生产的重要因素，目前已经建立较为完善的监测预警体系，下一步要提高现有病虫害监测体系的响应速度，增强防治的装备水平和实施能力。近年来，各方对天然橡胶成本争议较大，民营胶园面积占比已超过 60%，针对农户经营的成本调查和统计标准一直缺位；垦区生产成本受制于商业机密、职工承包制度改革等因素，原有农垦统计体系已基本无法运行，下一步需建立标准化成本监测统计体系。天然橡胶产业信息化建设相对滞后，需整体推动橡胶产业大数据服务中心、胶园种植管理信息化平台、加工管理信息化平台、仓储物流管理平台等建设。建议继续推进病虫害、产业与市场监测体系以及信息化建设，建立健全生产成本统计体系，或将天然橡胶纳入全国农产品成本收益调查范围。

（十八）发挥橡胶林多功能性

构建以天然橡胶为主，多物种融合、共生共长、相互促进，具有经济功能和生态功能的多物种、多层次、立体型的橡胶林复合生态系统，探索各类胶园的理论基础、建设标准和评价体系。全面分析天然橡胶的林业特征及其在主产区生态文明体系建设中的作用，促进主产区经济社会发展的贡献。总结国内外已有成功的橡胶林以及其他树种碳汇交易案例，探索橡胶林的市场化碳补偿机制。完善产业发展的历史和技术档案，充分挖掘历史文化内涵，发展橡胶森林旅游、康养等新业态，为乡村振兴提供多方位的支持。建议遴选2～3 个橡胶林段与旅游等产业融合发展的试点项目，设立胶园生态功能研究课题。以纪念政务院第 100 次政务会议通过《关于扩大培植橡胶树的决定》为契机，组织编写和出版《我国天然橡胶产业发展七十年》。

（十九）改革天然橡胶储备机制

目前天然橡胶收储由国家粮食和物资储备局负责，一般由该局在昆明、长沙等地直属通用仓库承储。总体上，国家天然橡胶储备体系还较为单一，对市场需求的反应滞后，调节作用弱，轮储机制不完善，在一定程度上还加剧了市场波动；储备布局不够合理，运行效率和安全系数有待提高。天然橡胶储备体系需要加强市场化改革，建立健全收储轮换的市场运作、准入、退出和竞争机制，认定具有承储资格的企业，加快建立商业化收储机制，形成国家收储与商业收储、静态储备和动态储备相协调的储备体系。

（二十）加强国际合作与交流

天然橡胶主产国大多为"一带一路"沿线国家，强化国际合作有利于更好地利用两个市场、两种资源。与泰国、越南、马来西亚等主产国加强科技合作、贸易对话、标准对接等，共同应对产业共性关键技术难题，提高进口天然橡胶品质。充分发挥我国橡胶种植技术和投资资金优势，通过技术服务推广、人员培训等方式，促进柬埔寨、老挝、缅甸、科特迪瓦、尼日利亚等国家橡胶种植业发展，为国内企业在当地投资初加工企业提供原料保障。近期，建议继续加强与澜湄国家的产业与科技合作，重点与柬埔寨、老挝和缅甸加强资源调查、品种交换、试验站合建、示范基地建设、标准体系建设等方面的合作。

（二十一）优化产业对外投资布局

当前和未来，进口仍是我国天然橡胶供给的重要来源，需要更好地利用两个市场、两种资源。产业对外合作重点区域在东南亚，同时兼顾非洲主产国，投资领域以加工和贸易为重点，合理有序规范地在产胶国加大初加工产能布局，逐步提高在天然橡胶贸易领域的影响力和天然橡胶高质量产品的获取能力。橡胶种植业的投资周期长，风险大，重点通过技术援助、培训交流等方式促进优势国家发展橡胶种植业，减少对种植基地的直接投资。建议建立天然橡胶对外投资协调与咨询小组，加强"走出去"企业和机构之间的基础信息共享，协商投资目的国的生产和贸易活动。

（二十二）支持产区延伸产业链

支持海南、云南等产区发展天然橡胶贸易、新材料、橡胶制品业、仓储与物流等下游产业，让更多的附加值留在产区，促进上中下游产业融合发展。海南省可利用自由贸易港机遇，加快建设全球天然橡胶创新中心建设，集聚全球创新要素，深化对内对外开放，打造世界橡胶种业硅谷，吸引国内外大型企业、科研机构和高等院校在海南设立新型研发机构，建设天然橡胶大科学工程，以科技创新链带动产业链发展。云南西双版纳可以跨境铁路通车为契机，加快天然橡胶仓储、物流以及下游制品业发展。

相 关 建 议

对于天然橡胶业的配套支撑体系有如下建议。

（一）组织领导

强化党对天然橡胶产业发展工作的全面领导，主产区省市县党委推进乡村振兴战略实施，应主动将天然橡胶作为产业兴旺的主要抓手之一。将天然橡胶产业稳定发展，特别是保持实有面积稳定，纳入主产省市县政府考核体系，实行党政同责。

（二）科技支撑

多方支持天然橡胶大科学工程、国家重点实验室等科研基础设施建设，多方争取设立天然橡胶质量调控机制与关键技术研究等重大专项支持，多方努力建立健全上中下游研发机构的协调机制。完善技术推广体系，建成一批技术集成试验示范基地。

（三）政策支持

做好天然橡胶产业的农业、林业支持政策协调，避免边缘化。对广东、海南和云南的"大专项＋任务清单"中，明确农业支持保护补贴资金应覆盖天然橡胶，并明确补贴范围和标准，运用生产保护区划定成果和遥感技术，降低政策实施成本。支持主产区开展天然橡胶价格/收入保险试点。

（四）资金保障

胶园更新和非生产期抚管需要大量的资金投入，按每年更新 50 万亩、抚管 300 万亩计算，年总投入达 24 亿元。需要政府投资来撬动社会投资，一是造林和抚育补贴资金；二是将高标准胶园建设纳入基本农田投资范畴；三是大幅扩大国家天然橡胶基地建设项目，至少覆盖民营胶园，并简化申报程序；四是设立产业发展（更新）基金。

（五）人才保障

人才是推进天然橡胶产业发展的关键要素，支持广东、海南和云南等省市区高等院校、职业院校开设橡胶栽培、加工、新材料、机械化等课程。指导主产县市机构和人员编制设计，确保其财政事权、支出责任与编制安排相统一。支持天然橡胶主产区农垦集团加强国际化人才队伍建设。

增强内生发展动力是产业健康发展的根本，政策支持是推动发展的主要动力。一方面要通过胶园更新、新品种新技术新模式应用、基础设施建设等，着力提升生产潜力，充分挖掘多功能、多渠道提高产业效益；另一方面要完善市场和经营体系，生产和销售更优质的产品。本文仅为作者在对有限资料分析的基础上，对推进我国天然橡胶产业发展提出的一些思考和建议，尚有很多不足之处，有些设想建议距离落地实施也还有较大差距，仅供讨论参考。

（本文发表于 2021 年 4 月）

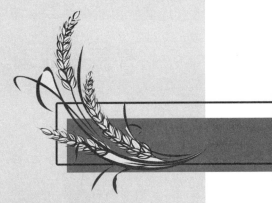

现代农业

现代农业区别于传统农业，是运用现代的科学技术和生产管理方法对农业进行规模化、集约化、市场化的生产活动。

农垦农业生产力先进，在现代农业建设中具有独特优势，在中国式农业现代化中肩负重任。其农业生产经营规模化水平较高，综合生产能力强，农产品商品率高，科技成果推广应用、物质装备条件、农产品质量安全水平、农业对外合作等走在全国前列。《意见》要求农垦完善国有农业经济实现形式，以农业生产经营为主，走规模化发展道路，构建现代农业经营体系，促进一二三产业融合发展，做大做强农垦经济，更好地服务国家战略需要，建设成为中国特色新型农业现代化的示范区。

如何保障粮食安全是农垦现代农业的必答题，而保障粮食安全，关键在于落实好藏粮于地、藏粮于技战略，坚决抓住种子和耕地两个要害。本篇章聚焦农垦打好种业翻身仗、加强耕地保护利用、发展智慧农业、推行全面质量管理、推进农业绿色发展以及热作产业高质量发展等主题，展现农垦在推进现代农业发展的积极实践和有力作为。

智慧农业助力农垦农业高质量发展

秦福增　钟思现　黄　勇　桂　丹

农垦是保障国家粮食安全和重要农产品有效供给的国家队，必须率先实现农业现代化。智慧农业不仅是实现农垦农业现代化必要手段，更是助力建设农垦现代农业大基地、大企业、大产业，强化农业关键核心技术装备创新，率先实现农业物质装备现代化、经营管理现代化、农业生产智慧化的引擎。加快农垦智慧农业的发展，必将更充分地发挥农垦在我国现代农业建设中的示范带动和引领作用，加快打造农垦现代农业"航母"的历史进程。

充分认识农垦发展智慧农业的重大意义

（一）新阶段新形势的迫切要求

习近平总书记去年在吉林考察时指出："农业现代化，关键是农业科技现代化。""十四五"规划明确提出，"提高农业质量效益和竞争力，深入实施藏粮于地、藏粮于技战略，强化农业科技和装备支撑，建设智慧农业"。今年中央一号文件中指出：发展智慧农业，建立农业农村大数据体系，推动新一代信息技术与农业生产经营深度融合。

智慧农业是依托生物技术、智能农机、信息技术，能够实现信息感知、定量决策、智能控制、精准投入和个性化服务5大功能的一种现代化农业生产方式。近年来，随着现代信息技术与农业深度融合发展，农业的第三次革命"农业数字革命"正在到来，为了不错过赶超世界先进农业发展水平，我们要有紧迫感。农垦一定要抓住这次机遇，为率先实现农业现代化，为全面实施乡村振兴作出贡献。

（二）农业高质量发展的现实需要

智慧农业不同于现代农业。是农业生产中一个比较高级的阶段，它集互联网、全球导航卫星系统（GNSS）、云计算以及物联网技术为一体，可以实现对农业生产的全方位管理与控制，对建设高水平现代农业有着重大意义。近年来许多发达国家开始转向发展智慧农业。我国正处在传统农业向现代农业转型的关键时期，必须在汲取传统农业精华和借鉴国外经验教训的基础上，大力发展智慧农业，运用高新技术、科学管理、现代装备等现代文明成果改造传统农业。通过发展智慧农业，促进农垦现代农业发展，提升农垦现代农业发展质量。

（三）实施乡村振兴的重要手段

《国家乡村振兴战略规划》中指出："大力发展数字农业，实施智慧农业工程和'互联网＋'现代农业行动，鼓励对农业生产进行数字化改造，加强农业遥感、物联网应用，提高农业精准化水平。"

发展智慧农业，加速传统农业向智慧农业转型，有利于促进生产成本节约、治理精准高效，有利于推动农业农村发展的质量变革、效率变革和动力变革，更好服务于我国乡村振兴战略实施和农业农村现代化建设。

（四）农垦改革发展的具体要求

《中共中央 国务院关于进一步推进农垦改革发展的意见》（中发〔2015〕33 号）中明确指出，农垦要在良种化、机械化、信息化等科技创新和农业技术推广方面继续走在全国前列。积极推进生产经营管理全程信息化，开展农业物联网等信息技术集成应用和试验示范。新时代农垦坚定垦区集团化、农场企业化改革方向，把农场打造成具有国际竞争力的现代农业企业，这需要科技的引领和支撑，我们就是要以发展智慧农业作为抓手，把农场打造成智慧农场，提升企业的国际竞争力，高质量地完成农垦改革发展任务。

农垦智慧农业发展的路径

一要农业生产智慧化。在种植业、畜牧业、渔业、种业等生产各个作业环节进行标准化、精准化、数字化、智能化改造升级，实现农业生产全过程与遥感系统（RS）、全球定位系统（GPS）、地理信息系统（GIS）、专家系统（ES）、智慧化决策知识系统（IDSS）等技术和"物联网＋"、云计算技术、大数据技术、人工智能、第五代移动通信技术、自动控制技术等的结合，为农业生产提供精准化生产、可视化管理、智能化决策的平台。整合现代农艺和智能农机装备进行全方位的农情信息采集，科学决策、实现农业生产各个作业环节的自动机械化生产，减少农业生产人员投入和劳动强度，提高生产效率和作业质量，打造无人农场。

二要企业经营智慧化。农场从产前、产中和产后全产业链和从"田间到餐桌"全过程的整体系统地智慧化发展，推进农产品生产标准化，农产品质量安全管控全程数字化。发展基于互联网的新业态，创新发展共享农业、云农场等新型经营模式。推动人工智能、大数据赋能，全面打通农产品线上线下营销通道。发展智慧休闲旅游农业，推动跨行业、跨领域数据融合和服务拓展，深度开发和利用农业生产、市场交易、农业投入品等数据资源，推广基于大数据的授信、保险和供应链金融等业务模式，创新供求分析、技术推广、产品营销等服务方式。

三要农场管理服务智慧化。依托农场基础数据资源体系，构建农场大数据平台，利用大数据分析、挖掘和可视化等技术，为市场预警、政策评估、监管执法、资源管理、舆情分析、乡村治理等决策提供支持服务，推进管理服务线上线下相结合，促进数据融合和业务协同，提高宏观管理的科学性。建设农场数字治理体系，提高农场综合管理服务信息化、智慧化水平。

农垦智慧农业建设基础良好

在农业农村部农垦局指导下，农垦系统十分重视智慧农业发展。近年来，随着北斗卫星全球组网成功，卫星终端及配套软件的不断完善，北斗卫星导航设备的优点日益显现，由 GPS 卫星导航设备独占市场的局面被打破，在农垦得到广泛应用，各垦区积极采用物联网、人工智能等先进技术开展智慧农业的建设。

北大荒农垦集团有限公司（简称北大荒集团）把发展农业科技放在更加突出的位置，大力推进农业机械化、智能化。北大荒股份宝泉岭分公司在苗床覆土平床阶段引进全自动水稻育秧平床机代替人工作业，效率相比人工平床作业高出6倍。北大荒集团尾山农场有限公司安装远程监控设备47套，全面实现播种车组速度全程监控，中耕、整地车组深度全程监控，在实际生产中起到了提高作业标准增产增收的示范带动作用。北大荒集团建三江分公司开启黑龙江省首批"无人化农场"，无人驾驶插秧机、智能化叶龄诊断、智能化控制灌溉、无人驾驶收割机已广泛应用。北大荒集团红卫农场全面推进智能化、无人化和集约化备耕生产，通过智慧农业平台和空天地一体的农情监测系统，可以制作出水稻生长的专题图，能够节约肥料7%左右、使水稻增产5%左右。北大荒集团农业产业在集约化程度、科技应用和机械装备水平等方面都走在了全省甚至全国的前列。

江苏农垦农发公司推广的智慧麦作技术将北斗导航、现代农学、信息技术、农业工程等应用于小麦耕、种、管、收全过程，实现生产作业从粗放到精确、从机械到智能、从有人到无人方式的转变。天空地立体化苗情监测诊断技术、无人机支持下的作物精确机喷药技术、基于物联网的灌溉技术等单项技术趋于成熟，已在全国主要麦作区示范应用。

安徽农垦集团有限公司（简称安徽农垦）打造"智慧稻米"全产业链新模板，生产端有农业大数据对基地进行耕"云"，加工端以柔性智能碾米机和智慧码垛生产线升级换代，供应端通过电商平台与皖垦e家实体店互动；用手机扫一下二维码，从餐桌到田头，所有稻米产品全程质量可追溯。安徽农垦龙亢农场抢抓农业物联网发展机遇，与中科院合肥智能研究所合作开展农业物联网建设，建成500平方米物联网演示与控制大厅，核心区增加了20组传感器和50个高清摄像头，初步建成由远程监控、大田数据采集、农机作业监管、"我的农场""网上供销社""庄稼医院"6大物联网系统。安徽农垦龙亢农场现在已成为农业农村部大田物联网技术应用示范区、安徽省大田物联网示范县（场）、安徽省物联网培训基地。安徽农垦大圹圩农场开展农业物联网项目，通过传感器采集、大数据分析，情报精准，为精准施药提供了科学保障，省时又省力。利用"智慧农业云"App，小麦的苗情、土壤肥力等数据一目了然，通过远程智能虫情测报灯、远程智能孢子捕捉仪等高新智能技术设备采集的相关数据进行自动分析后快速发出病虫害预警，为农户防治病虫害提供便捷服务。在肥水管理上，大数据可对整块田进行数据分析后建立智能配肥系统，根据产量模型进行配方施肥。这样不仅可以做到精准施肥，还有利于化肥减量，提高麦稻品质，节本增效。

物联网在农机管理运用上更加精细化。利用"植保无人机监控系统""农机自动导航驾驶系统"等，对农机作业实时监控，作业更高效，作业量更精准。

切实做好农垦智慧农业工作

一是加强组织领导，争取政策支持。各级农垦主管部门要高度重视、突出重点、统筹安排，制定相关的政策及计划，借助中国农垦经济发展中心七大服务平台，积极争取国家试点信息化建设项目，加强与社会资本合作，多渠道扶持智慧农业发展，提升农垦智慧农业应用水平。

　　二是相互借鉴，共同提高。不少垦区的智慧农业开展非常出色，比如安徽农垦的龙亢农场。各垦区要互相学习，采取请进来走出去的方式，学习先进经验和好的做法，共同促进和提高，做好农垦智慧农业工作。

　　三是推动智慧农业与农业生产发展深度融合。加快构建天空地数字农业管理系统，加强遥感技术在墒情苗情灾情监测等方面的应用，推进农业物联网技术示范推广，推动实现作物种植、畜禽水产养殖的精确化管理和全程自动化控制。将来农民搞生产，只需"手指一划"，就全部搞定。

　　四是推动智慧农业与农产品质量安全监管深度融合。实现"从田头到餐桌"全程可控，保障老百姓"舌尖上的安全"，离不开信息技术在农产品质量安全监管中的全面应用。加强农业投入品信息动态采集、分析和监控，推进农产品质量安全追溯体系建设，实现主要农产品生产过程可控制、产品流向可追溯，让老百姓买得放心、吃得安心。

　　五是加强垦区智慧农业知识及应用培训。制定好培训计划，组织好智慧农业现场交流活动，更多地运用现代科技手段，通过互联网、手机 App 开展培训和知识普及。用信息化手段培养出一批善用信息技术、善于网络经营的新型职业农工掌握智慧农业的理念及实操技术。

　　智慧农业建设是一项长期任务、系统工程。农垦各级部门要增强主体意识，以高度负责的态度，切实把这项工作抓紧抓实，抓出成效。要把建设智慧农业放在大力推进农垦农业现代化、加快转变农垦农业发展方式的突出位置，进一步增强紧迫感责任感，推动农垦现代农业走上高质量发展之路。

（本文发表于 2021 年 7 月）

发挥农垦在"三品一标"提升行动中的示范引领作用

季　刚　殷甦雪

在 2020 年中央农村工作会议上，习近平总书记要求深入推进农业供给侧结构性改革，推动品种培优、品质提升、品牌打造和标准化生产。2021 年 3 月 18 日，农业农村部办公厅发布《农业生产"三品一标"提升实施行动方案》，将其概括为"农业生产'三品一标'"，为深入推进农业供给侧结构性改革，提升农产品绿色化、优质化、特色化和品牌化水平提供了方向，成为新时代农业发展的基本遵循。

实施农业生产"三品一标"提升行动意义重大

（一）"三品一标"提升行动是推动农业绿色高质量发展的行动指南

2021 年中央一号文件提出，全面推进乡村振兴，加快农业农村现代化，要以推动高质量发展为主题。8 月，农业农村部、国家发展改革委等 6 部门联合印发《"十四五"全国农业绿色发展规划》，对标基本实现美丽中国建设目标，落实中央碳达峰、碳中和重大战略决策，首次提出打造农业绿色低碳产业链，其中，在生产环节要实施农业生产"三品一标"提升行动。种子是农业的"芯片"，品种优质是种植端高效生产和市场端取得良好经济效益的基础，推动品种培优，重点关注优势、特色品种，加快推进种业研发，可在源头为绿色高质量发展提供保障；产品品质是绿色生产的基本要求，只有生产出安全、优质、营养、健康的农产品，才能更好地服务民生、服务经济高质量发展全局；品牌代表着信誉和认可，是农业市场化与产业化进程的必然产物，绿色高质量发挥农垦在"三品一标"提升行动中的示范引领作用，必然体现在品牌的打造与建立上；标准化生产使得农业生产经营有章可循、有标可依，可为实现农业高产优质高效全面保驾护航。

（二）"三品一标"提升行动是适应新发展阶段消费结构不断升级的现实需要

"三品一标"提升行动从单纯侧重产品向农业生产全产业链延伸。品种是产业链上游的核心，培育优良品种，从源头保障质量和安全；品质是产业链中游的核心，突出产品质量；品牌是产业链下游的核心，强调打造有地域特色、有影响力的品牌；标准化生产则贯穿于产业链全过程，生产标准化是全方位、多角度、深层次的标准，是在品种、品质、品牌等农业生产各个环节的标准。产业链上中下游同时发力，有利于生产、加工、销售各个环节的有效衔接，实现优质、绿色和特色农产品的有效供给，能够在保障产品质量的同时，满足消费者对于产品精神层面的更高要求。

农垦是实施农业生产"三品一标"提升行动的重要力量

农垦是国有农业经济的骨干和代表，是推进中国特色新型农业现代化的重要力量。

"十三五"期间，农垦系统深入贯彻习近平总书记系列重要讲话精神，牢固树立创新、协调、绿色、开放、共享的理念，垦区农业绿色高质量发展取得重大成效。

以中国农垦种业联盟为纽带，推动种业基地建设。中国农垦种业联盟自成立以来，大力推动农垦种业企业利用垦区土地资源加强种业基地建设，持续推进全国农垦良种展示示范基地电子展示平台建设；不断深化联盟各企业交流合作，组织开展了全国农垦良种展示示范基地建设交流活动，推动上海、黑龙江、湖北、重庆、宁夏、甘肃等6个垦区组建"中垦种业股份有限公司"。目前，农垦拥有制种基地近200万亩，约占全国种子基地面积的13%；制种量约为88.5万吨，约为全国种子企业制种量的14.5%；种质资源保存量达11万余份，300余份作物品系参加国家、省联合体区域试验；"育繁推一体化"企业有5家。农垦种业已经为打好种业翻身仗起好了头、迈开了步。

打造"中国农垦"品牌舰队，推进农垦品牌建设。以完善品牌管理体系、扩大品牌影响力为主线，推动中国农垦品牌建设向纵深发展。在农交会、茶博会、糖酒会等知名展会上，组织"中国农垦展团"集体亮相，组织策划中国农垦品牌发布推介活动、中国农民丰收节农垦系列活动等，多方位、多渠道持续宣传推广"中国农垦"公共品牌。2019年起，中国农垦经济发展中心开展了中国农垦品牌目录管理工作，两年来，已有粮油、果蔬、食品、饮料等十几个品类的309个品牌进入中国农垦品牌目录。2021年，又开展了《中国农垦品牌目录》动态管理工作，对16个垦区的84个品牌开展严格的目录动态管理，使农垦企业品牌意识更强、标准更高、过程管理更规范。

新技术示范推广不断深入，推进垦区标准化建设。农垦内部组织实施农业绿色优质高效技术模式提升行动，在全国建立了20个示范点，集成推广了一批适合垦区生产实际的环境友好、品质优良、节本增效的种养新技术、种养循环新模式。同时，积极开展农垦农产品质量安全监管转型升级，将原来单一追溯质量管理，向"生产环境优、产品质标高、品牌商誉广、追溯准快灵"的全面质量管理转变，着力推进稻米、乳品、菜籽油等农垦重点优势产业质量升级。通过组织发布《中国农垦乳业联盟产品标准　生鲜乳》《中国农垦乳业联盟标杆牧场通用要求　奶牛》《农垦稻谷储运技术规范》等团体标准，初步建立与高质量发展相适应的农垦农业标准体系框架。

进一步发挥农垦在实施农业生产"三品一标"提升行动中的示范引领作用

《乡村振兴促进法》第二十二条规定，鼓励国有农（林、牧、渔）场在农业农村现代化建设中发挥示范引领作用。农垦的农业生产经营规模化水平较高，综合生产能力较强，科技成果推广应用、物资装备条件、农产品质量安全水平等均走在全国前列。因此，要利用发挥农垦在打造农业全产业链方面的经验和优势，推进供给侧结构性改革，促进农业提质增效，产业优化升级。

（一）强化种业攻关，不断加强农垦种业创新力

利用中国农垦种业联盟平台优势，深入整合资源，借助多方优势，加强企业与企业间，企业与科研院所、大中专院校间的合作，联合做好现代种业创新工程，推动品种研发逐步从数量优势向质量优势转变。

（二）强化管理宣传，持续提升农垦品牌影响力

一是加强农垦品牌管理。创新开展《中国农垦品牌目录》动态管理，不断优化品质评价标准体系，采取定期考核和随机抽查相结合的考核制度，对进入和退出的产品严格把关，确保经品牌认证的产品品质优良。同时，规范中国农垦品牌标志的授权使用和推广应用，率先在农垦内部建立品牌创建激励和保护机制，加快绿色有机高品质的农产品认证，为农产品参与市场公平竞争奠定基础。二是做好农垦品牌宣传。精心策划重大活动中的农垦品牌推介活动，注重发挥新闻媒体宣传和舆论引导作用，让更多的消费者接受产品的品牌理念，了解品牌内在价值，培养品牌忠诚度。

（三）强化技术支撑，积极推广农业标准化生产

一是充分发挥农垦规模化、模式化、专业化生产优势，开启新模式新业态推广。以农垦技术推广和培训服务平台为抓手，重点围绕稻米、油料、奶牛、生猪等农垦优势主导产业和生产种植技术进行试验示范，通过举办农业技术推广培训班、组织农业技术交流会，线上线下推进先进技术普及与应用。二是发挥农垦信息化服务平台和全面质量管理系统的优势，促进信息交流和资源共享。及时发布问题产品和追溯信息，通过不断扩大全面质量管理系统的应用范围，提高农产品质量安全的社会认知度和公信力。在进行社会推广时，可以以农垦知名品牌为突破口开展试点，以点带面，不断培育市场，逐步实现区域农业生产全流程可追溯。

（本文发表于 2022 年 2 月）

让绿色成为农垦高质量发展的底色

张若凡

党的十八届五中全会首次把"绿色发展"列入新发展理念，强调大力推进农业现代化，走产出高效、产品安全、资源节约、环境友好的农业现代化道路。党的十九大报告把农业绿色发展上升为国家战略，明确农业绿色发展对保障国家食物安全、资源安全和生态安全的重要作用。《中华人民共和国国民经济和社会发展第十四个五年规划和2035年远景目标纲要》提出，推动绿色发展，促进人与自然和谐共生，强化绿色导向、标准引领和质量安全监管，建设农业现代化示范区。农业绿色发展已经成为推进农业农村现代化，推动农业高质量发展的重要途径和必然要求。作为国有农业经济的骨干和代表，农垦如何在绿色发展中发挥好示范引领作用，值得探讨。

先天优势加后天发力，筑牢农垦高质量发展绿色根基

农垦作为国有农业经济的骨干和代表，在生态环境、自然资源禀赋方面有着先天优势。近年来，农垦系统充分利用组织化程度高、规模化特征突出、产业体系健全的优势，在产业标准化、管控数字化、农业科技化、产品绿色化等方面持续发力，不仅为保障国家粮食安全和重要农产品供给发挥了重要作用，也为农垦高质量发展筑牢了绿色根基。

农垦资源禀赋具备绿色发展资源基础。资源节约、环境友好和生态文明是农业绿色发展的基础，也是农垦推动绿色发展的先天优势。农垦的国有农（林、牧、渔）场星罗棋布，大多处于远离都市和工矿区的江湖河畔、山岭腹地、偏远地区。随着交通运输业的发展，曾经的经济劣势如今已转化为生态优势，许多农场成为生产绿色、有机农产品的天然场所。良好的生态环境、优质的耕地资源以及化肥农药减量增效使用为农垦绿色发展打牢了基础。

农垦标准化生产确保绿色发展实施能力。标准化生产是促进绿色优质农产品供给的重要支撑，也是绿色发展实施能力的标志。近年来，农垦系统制定并发布了稻米、乳业等团体标准，从全过程、各环节提出了具体技术要求和操作指标，初步构建起具有农垦特色的全产业链团体标准体系，对于引领优势产业绿色可持续发展起到了重要作用。作为绿色食品的开拓者，农垦绿色食品认证个数和产量连年增长。截至2020年底，农垦已有绿色食品认证个数1 524个，占全国总认证个数的3.6%，其中玉米绿色食品认证产量占全国的44%，大豆绿色食品认证产量占全国的53.9%。农垦系统通过出台切实可行的绿色生产技术标准体系，不断在农业生产全领域、全面积、全过程标准化的路上突破创新，真正做到了用绿色标准、绿色科技、绿色产品引领农垦系统绿色发展。

数字技术应用强化绿色发展保障能力。科技创新是支持农垦绿色发展的动力源泉，也

是强化绿色发展保障能力的关键。农垦系统在数字技术引领农产品质量安全监管，推动农业绿色发展方面一直走在前列。2008年，农垦系统就率先启动农垦农产品质量追溯体系建设，成为我国农产品质量追溯的先行者。2018年又在追溯制度建设基础上启动全面质量管理系统建设。全面质量管理系统以农产品技术法规、质量标准为遵循，对农业全产业链各个环节、各种要素进行对标监管，形成从产地环境、种植养殖到加工流通的全过程智能化数字化质量控制体系。目前，已有16个垦区的121家企业建成全面质量管理系统并开展应用，产品涵盖谷物、水果、蔬菜、蛋、奶等主要农产品以及葡萄酒、罐头等农产品加工品。农垦全面质量管理产品已经成为优质放心农产品的代名词。

对照发展要求，理清努力方向

以绿色发展为导向，走出一条资源节约、生态环保、环境友好和质量提升的新路子，是实现农业高质量发展的基本要求，也是促进乡村振兴、实现农业现代化的应有之义。

农业绿色发展是更加注重资源节约、生态环保、环境友好和产品质量的高质量发展，是以资源环境承载力为基准，以资源利用节约高效为基本特征，以生态环保为根本要求，以环境友好为内在属性，以绿色产品有效供给、农业持续增收为重要目标的人与自然和谐共生的发展模式。绿色发展强调"绿色"是"发展"的一种驱动力，而不是在发展中需要兼顾的部分；强调通过"绿色"和"发展"的良性互动，最终实现农业的效益提升和高质量发展。对照绿色发展的概念与要求，当前农垦系统绿色发展仍存在一些短板与不足。

一是绿色发展的引领位置不突出。目前，部分农垦企业对绿色发展的重要性认识不足，在农业发展中过多地重视数量而非质量，增长而非发展，尚未将绿色发展摆在引领位置。

二是绿色发展的自觉性和主动性不强。对企业来说，绿色生产方式往往意味着前期需要投入更高的生产成本，且增产增收效果存在一定程度的不确定性，因此企业在绿色发展方面的自觉性和主动性往往不强。

三是绿色发展的经济效益不明显。农产品流通市场具有复杂性，由于消费者不易区分、产品宣传力度不够、品牌效应不足等，部分绿色农产品难以实现优质优价，农产品市场一定程度上存在"劣币驱逐良币"的现象，影响企业绿色发展的可持续性。

强化绿色发展理念，走好绿色发展之路

垦区集团化、农场企业化改革为农垦绿色发展注入了强大活力。绿色发展作为提高农业质量效益，推动农业高质量发展的主要抓手，应摆在农垦高质量发展的引领位置。要将绿色发展理念贯穿从农场到市场的全过程，深入环境、种养、收储、加工、制造、运输、销售等各个环节，更加科学、全面、系统地推动绿色发展。到2025年，绿色标准化基地认证面积要达到2 000万亩，一批大型绿色标杆企业被培育，农垦优势产业要基本实现从农田到餐桌绿色化发展。

扩展绿色"大基地"。农垦系统要立足自身禀赋优势，切实做到以绿色促进发展。一是要牢固树立人与自然和谐相处的可持续发展观，推动农业发展与生态环境相协调，与资

源环境承载力相匹配，由单一追求生产和经济发展转向农业经济与生态环境协调发展。二是要在保持现有资源和生态环境绿色的同时，加快绿色农业技术的创新、应用与推广。推行绿色发展方式和生活方式，保护水土资源质量，把农场建设成为适宜高品质农产品种植的区域，打牢产业绿色化基础。

建设绿色"大企业"。农垦企业是农业绿色发展的实施和落实主体。一是要发挥企业在绿色发展中的主体作用。积极引导、鼓励农垦企业引进绿色农产品加工技术、工艺和设备，大力开发绿色深加工产品，提高产品附加值。真正做到将绿色发展转化为驱动农垦企业可持续发展的新动能，从而增强企业在市场中的绿色竞争优势。二是发挥企业在打造绿色品牌方面的优势。鼓励农垦龙头企业围绕影响力大、带动力强、产业基础好的农产品，打造绿色优质、富有特色的绿色产品品牌。依托农垦优势绿色产品，逐步提高绿色农产品的市场认可度，以绿色品牌影响力增强产品溢价能力。

打造绿色"大产业"。农业绿色发展的核心是产业发展，完整的产业链条对于提高产业各环节的整体效益至关重要。农垦系统要围绕稻米、生猪、水果、肉、蛋、奶等优势产业，培育健全覆盖生产、加工、流通等全链条的绿色低碳产业链。一是要构建全产业链标准化体系。要加快建立农垦全产业链绿色发展标准体系，完善产地环境、投入品控制、产品加工、兽药肥料、储运保鲜等重点环节的标准制定，完善绿色、有机农产品的生产技术规程标准。积极开展农垦绿色发展标准化基地认证，要把农垦全面质量管理系统作为构建全产业链绿色标准化体系的重要抓手，进一步丰富完善全面质量管理系统，加快全面质量管理系统应用推广。二是要推动全产业链各环节绿色转型。在生产环节，要重点推进品种培优、品质提升、品牌打造和标准化生产，提升农产品绿色化、优质化、特色化和品牌化水平。在加工流通环节，要发展农业绿色供应链。推动农垦农业生产加工与绿色食品加工融合发展，健全绿色流通体系，推广农产品绿色电商模式，促进绿色产品消费，以绿色产品消费倒逼绿色生产。

农垦绿色发展有着深厚的底蕴，创造了瞩目的成绩，也必定会有光明的前景。面向"十四五"，农垦将继续以建设大基地、大企业、大产业为契机，守好"绿色家底"，培育"绿色企业"，发展"绿色产业"，书写好农垦高质量发展的绿色答卷。

（本文发表于 2022 年 3 月）

我国热带作物种业发展现状、问题及对策研究

孙　娟　钟　鑫　郑红裕　马晨雨　卫晋瑶　符　莉

热带作物（简称热作）主要包括天然橡胶、木薯、油棕等工业原料，香蕉、荔枝、杧果等热带水果以及咖啡、桂皮、八角等香（饮）料，是重要的国家战略资源和日常消费品。热作产业主要分布在我国热带、南亚热带地区（简称热区）48万平方千米的土地上，是海南、广东、广西、云南、福建等9个省（区）农民的主要收入来源。自1986年大规模开发热作资源以来，我国热作产业发展取得了巨大成就，天然橡胶、荔枝、龙眼、香蕉、杧果等生产规模居世界前列，其中热作种业功不可没。热区光热水资源丰富，适宜种植热带、亚热带许多作物，热作种质资源数量占到我国高等植物种类的1/3以上，目前规模化栽培的有50种以上。

一直以来，党和国家高度重视我国种业发展。2020年中央经济工作会议强调，种子是农业的"芯片"，要打好种业翻身仗，开展种源"卡脖子"技术攻关。习近平总书记在2021年7月9日中央全面深化改革委员会第二十次会议上指出，农业现代化，种子是基础，必须把民族种业搞上去，把种源安全提升到关系国家安全的战略高度，集中力量破难题、补短板、强优势、控风险，实现种业科技自立自强、种源自主可控。该会议还审议通过了《种业振兴行动方案》。经过多年努力，我国热作种业取得了很大发展，但仍面临激烈的国际竞争和严峻挑战，还存在一些问题亟待解决。本文从我国热作种业发展现状入手，梳理和总结了当前热作种业中尚存在的问题，并提出相应对策建议，以期对今后研究提供参考和借鉴。

热作种业发展现状

（一）种质资源保护利用体系不断健全

目前，我国已初步建成涵盖热作种质资源收集、保存、鉴定、编目、分发利用及资源信息的全热区工作体系，建立了1支热作种质资源保护利用科研人才队伍，形成了各级农业农村主管部门、农业科研教学机构、育种企业等多方投入、共同参与的种质资源大保护、强利用的格局。建设了橡胶树、木薯、荔枝、龙眼、杧果、香蕉、剑麻、南药等一批热作种质资源圃和种质创新基地，圃存资源涵盖30种热作，总量达3.8万份以上，涵盖珍稀濒危、地方特色品种以及具有潜在利用价值的热作种质资源。热作种质资源保护利用技术水平不断提升，研发应用了超低温保存、组培离体保存、DNA分子生物等先进技术，累计鉴定评价热作种质资源6万余份次，通过杂交、诱变等手段创制了一批高产高抗、绿色优质的优异种质。胡椒、椰子、木薯、杧果、天然橡胶、辣木等作物基因组测序水平世界领先。依托中国热带农业科学院建立了热作种质资源大数据平台和分析测试中心，累计

为科研单位、企业等提供资源信息共享达 45 万人次、实物共享 11.2 万份次，资源利用效率得到有效提升。

（二）育种创新能力不断增强

在国家品种登记、审定等制度的激励下，热作种质挖掘和创新提升、速度加快。近年来，一批热作新品种如同雨后春笋涌现出来。先后组织了香蕉、荔枝等特色作物良种重大科研攻关，通过实生选育、人工杂交等手段，繁育推广了'观音绿'荔枝、'冬宝 9 号'龙眼、'三月白'枇杷、'凯特'杧果、'桂热'系列杧果、'华南'系列木薯、'文椰'系列椰子等一批热作优良新品种，40 多个品种通过国家热作品种审定，制定了 17 个作物的 34 个品种审定规范及试验技术规程。在现代种业提升工程的支持下，依托科研单位等建立了天然橡胶、热带果树等热作品种改良中心。中国种业大数据平台数据显示，农业农村部累计登记橡胶树、香蕉品种 36 个，20 多个热带作物纳入植物新品种保护名录，累计发布荔枝、杧果、菠萝等热作植物新品种权 160 多个。

（三）良种生产供应能力不断提升

我国热作种业生产供应经营主体不断增长，中国种业大数据平台数据显示，热区省（区）建有国家种子生产经营许可企业 300 个以上，其中育繁推一体化种业企业 11 个，育繁推一体化水平不断增强。近年来，通过中央财政良种补贴政策，先后支持建设了国家天然橡胶良种苗木补贴基地 40 个以上，种苗繁育基地面积超过 4 000 亩，年供苗约 1 000 万株，补贴地区良种覆盖率 100%，橡胶树组培苗繁育生产技术获得重大突破。认定建设了三批、21 个南亚热带作物良种苗木繁育基地。热作品种结构不断优化，天然橡胶、香蕉等主要热作良种覆盖率超过 90%，主要热作商品种苗供应率超过 80%，有效保障了热作生产需求。

（四）对外交流合作不断拓展

全球有 130 多个国家种植热带作物。近年来，随着我国种业对外开放进程的不断加快，橡胶树、菠萝等热作种质资源规范交流进一步加强，累计引进 2 000 份热作种质资源，一批抗病、高产或抗寒种质资源的引进，填补了我国热作种质资源空白。同时，我国严格按照有关规定向不同国家和地区出口辣木等热作种子，广泛开展热作技术交流合作，促进了世界热作产业发展。例如，我国企业在柬埔寨推广'华南 5 号'木薯品种 650 万亩，改变了当地多年来无木薯主栽品种的状况，有力服务了共建"一带一路"农业合作。

（五）依法治种能力不断增强

《种子法》实施以来，热区各省（区）加强种子管理和执法机构体系建设，严格种子许可和品种管理，依法治种的能力和水平不断提高，热作种业监管调控能力逐步增强。2018 年海南出台《海南省农作物种子管理条例》《海南省林木种子管理条例》等，积极推动当地种业健康发展；广东出台《广东省种子条例》，并加强种苗生产经验等种业行政许可制度建设，规范种子生产经营活动，并通过传统媒体与新媒体相结合的方式进行宣传。广西、福建、云南等地也通过各种形式，宣传有关种子制度，推进依法治种。截至目前，热区省（区）共建有农作物种子质量检测机构 76 个。

热作种业存在问题

当前，我国热作产业面临着复杂的世界局势与激烈的国际竞争，种业作为热作产业的基础和关键环节，直接影响热作产业竞争力的提升。保障国家战略资源安全和建设现代热作产业，对我国热作种业发展提出了更高的要求。目前，我国热作种业仍然存在发展基础相对薄弱、原始创新能力不足、品种保护难度大、体制机制不健全、种子龙头企业培育不足等问题和短板，制约了我国热作产业转型升级。

（一）发展基础相对薄弱

我国热作种业研究起步较晚，热作种质资源收集保存、鉴定评价等基础性、公益性工作缺乏长期稳定的经费支持，政策不够完善，以种质资源圃为核心，种质库、复份圃、创新基地相配套的热作种质资源保护利用基础设施体系尚不健全，且主要分布在海南、广东等省份，尚未覆盖全国热区，不能满足热作种质资源收集、保存和创制需要。世界热作遗传资源极其丰富，我国目前在引进利用国外起源的种质资源上还有很大空间。我国热作种质资源保护人才队伍培养不足，技术体系尚不健全，缺乏精准鉴定基地和规模化基因挖掘平台，前沿性技术研究薄弱，对现有圃存资源的深度挖掘利用不够。

（二）原始创新能力不足

我国在热带北缘发展热作产业，先天自然资源条件不占优势，随着我国热作产业进入从数量规模到质量效益的转型升级阶段，对种业和科技的依赖程度日益加深。当前，我国热作种业原始创新能力不足，基因编辑技术等核心技术与国际领先水平尚存在差距，跟踪性成果多，缺乏热作育种顶尖人才和突破性成果。部分热作品种选育尚依靠引进国外品种和亲本，缺乏具有自主知识产权的突破性优良品种，如高抗病虫害、抗旱抗寒、绿色高产、适宜机械化等热作品种不足，制约了热作产业高质量发展。

（三）品种保护难度大

我国天然橡胶、油棕、荔枝、龙眼、杧果等热作为多年生作物，育种周期长、投入大，育种人用十几年或一生的心血，甚至通过几代人的努力才能从原始品种培育出 1 个突破性的新品种。但热带作物育种多以无性繁殖为主，新品种扩繁以枝芽、组织的嫁接、扦插、培养等方式为主，成本不高。加之当前我国热作生产经营仍以小农户为主，知识产权保护意识不足，育种者的维权成本高，新品种知识产权保护难度大。此外，还存在部分育种单位只重视品种审定，忽略品种权的申请和保护等情况。客观上制约了热作新品种的创制、推广和应用。

（四）体制机制不健全

一是交流共享机制不完善。热作种质资源交流多通过科普、展示、数据资源共享等方式开展，目前来看，市场化有偿利用机制尚未建立，国际交流合作受限，共享利用水平有待进一步提高。二是以市场为导向的热作商业化育种机制尚未建立。我国热作育种仍以科研单位主导的公益性育种为主，热作生产企业投入育种产业的积极性不高，且科研育种单位与种子种苗企业的高效合作机制尚未建立，种业的市场化程度低，种业研发人才创新活力没有得到有效激发。

（五）种业龙头企业培育不足

经过多年努力，目前我国已经形成北大荒垦丰种业股份有限公司、江苏省农垦农业发展股份有限公司等一批农作物种业龙头企业。但当前国内缺乏专业的热作育种龙头企业，已有大型热作企业集团的种业科研投入占比低，缺乏长远规划和战略布局，自主知识产权成果不多，导致热作科技优势难以转化为产业优势。现有种苗繁育基地存在多而散的现象，难以全面保证种苗质量和一致性，影响了产业的健康持续发展。

热作种业发展对策建议

下一步，热作种业应全面融入《种业振兴行动方案》实施中去，进一步增投入、夯基础、促创新、强龙头、优服务，不断提高核心种源自给率，坚决打好种业翻身仗，全面提升热作种业发展水平，服务热区乡村振兴战略实施。

（一）增投入，强化政策支持

贯彻落实《国务院办公厅关于促进我国热带作物产业发展的意见》文件中"大力支持种质资源的挖掘、引进、保存，大力培育具有我国自主知识产权的优良品种"的要求，加大对热作种业前沿性、基础性、公益性研究的投入。加大热作种质资源保护项目实施力度，提高热作种质资源保护利用水平。研究实施热作种业提升专项，支持热作种质资源圃库建设，打造一批重点研究平台和试验基地，完善种质资源研究利用设施体系，提高资源保护利用条件现代化水平。建议研究恢复实施天然橡胶等热作良种补贴，提高良种覆盖率。建立政府引导、企业主体、社会参与的多元化投入机制，对符合条件的热作种子种苗企业，按照国家有关规定给予信贷和税收优惠，引导开展商业化育种、育种创新、种子生产加工基地等建设。

（二）夯基础，提高资源保护利用能力

深入贯彻落实《中共中央国务院关于支持海南全面深化改革开放的指导意见》文件精神，抓住建设全球动植物种质资源引进中转基地的重要历史契机，面向世界热区相关的热作种质起源地，广泛开展热作种质资源规范收集和共享交流活动。完善热作资源库圃（库）设施条件，丰富热作种质资源储备，加强低温离体保存等先进技术在热作种业中的应用。建设精准鉴定基地和规模化基因挖掘平台，提高种质资源精准鉴定评价和挖掘利用水平。教育培养一批热作种质资源专业人才，打造一批热作育种顶尖人才和团队。

（三）促创新，提升育种技术水平

支持开展热作育种理论方法和分子育种、检测检疫、抗性鉴定、生产加工、信息管理等关键技术研究。大力发展生物育种技术，提高信息化、智能化技术在种业中的应用。支持建设育种协作机制，开展荔枝、香蕉、龙眼、橡胶树、木薯等跨区域、跨单位的试种和良种联合攻关，尽早实现重大良种突破。完善与农业种业大数据平台相衔接的热作种质资源信息平台，提高资源和信息创新利用水平。

（四）优服务，完善体制机制

深入贯彻落实新修订的《种子法》，完善科企合作机制，支持种子企业与科研院所、高等院校联合组建技术研发平台和产业技术创新战略联盟或产学研联合体，围绕种业关键技术开展联合攻关。建立以市场为导向、利益共享、风险共担、产学研相结合的商业化育种体系，完善科研成果转化、保护和共享机制，强化对科研育种人员的激励措施。本着公正、公开、科学、效率的原则，完善品种选育工作的区域协作机制，组织开展优良新品种的审定推广。强化非主要农作物的品种登记制度，扩大登记作物范围，强化植物新品种DUS测试和品种权保护管理，保护育种人的合法利益。加强对种子种苗质量的监督检查，维护热作种业市场秩序。规范种子种苗对外合作程序，确保热作种业安全。加大对热作优良品种的宣传推荐力度，加快热作良种化进程。

（五）强龙头，推进热作商业化育种

突出育种企业主体地位，支持优势种业企业建立自主研发机构，逐步构建以育种龙头企业为主体的热作种业科技创新体系，支持其重点开展瓜菜、果树等热带和亚热带作物种质资源搜集、保护、鉴定以及育种材料的改良和创新研究。整合资源、集中力量，培育育种基础好、创新能力强、市场占有率高的热作种业龙头企业，打造种业核心竞争力，支持发展一批专业化程度高的中小繁育企业。科学规划热作种子（苗）生产基地布局，提高热作良种苗木繁育基地建设水平，提升热作种苗繁育质量。

（本文发表于 2021 年 5 月）

打造首都种业创新驱动发展主力军

马建梅

北京首农食品集团有限公司（简称首农食品集团）是北京市唯一一家大型国有涉农企业，业务范围涵盖生物种业、产品加工、贸易流通、终端销售等，集食品生产商、供应商、服务商于一体。2020年，首农食品集团资产总额1 538亿元，营业收入1 570亿元，利润总额45.8亿元，成为中国农业产业化龙头企业100强第3名。首农食品集团员工近6万人，所属企业500余家，其中上市公司2家，农业产业化国家重点龙头企业7家，中外合作企业30余家，在首都食品供应保障服务中发挥着主渠道、主载体、主力军作用，肩负着"首都食品供应服务保障重要载体，首都食品安全行业表率，首都食品产业发展核心主体"的重要使命。

创新驱动、科技赋能，形成国内领先的育繁推体系

首农食品集团将科技创新作为产业发展的重要引擎，持续以科技创新赋能企业发展，努力打造科学技术驱动型企业。经过70余载辛勤耕耘，其科技发展呈现出"平台强、成果多、基地优、队伍壮"的特点。截至目前，首农食品集团拥有国家级高新技术企业22个，各级创新平台共50个，包括国家奶牛胚胎工程技术研究中心等3大国家工程技术研究中心，形成了一支高水平专业研究队伍，其中，专业技术及高技能人才7 000名，1人入选北京学者，2人入选国家"万人计划"，3人入选"科技北京百名领军人才"。

畜禽种业方面，首农食品集团拥有121个种畜禽及规模化养殖场，形成国内领先的育繁推体系，成为该集团最具核心竞争力的产业板块，持续积蓄打造"高精尖"现代农业的源头动力。

奶牛育种方面，首农食品集团建成了我国最大、国际领先的优秀种公牛自主培育体系和奶牛繁育供种基地，是国内奶牛冻精第一品牌，冻精产品国内市场占有率超过30%。据中国奶业协会统计，全国奶牛单产从2000年的2.78吨提高到2020年的8.3吨，极大地推动了我国奶业的发展。2020年，首农食品集团联合中国农业大学和华智生物等专业单位开发出了"龙牛"芯片，这是我国第一款用于奶牛分子育种的液相芯片，将有效助力我国奶牛全基因组育种的技术升级。

种猪育种方面，首农食品集团目前有三个体系，包括北京黑猪、"中育"配套系种猪和PIC种猪。地方品种北京黑猪，商业品牌叫"北京黑六"，是国家级地方培育品种。多年来，首农食品集团持续加大投入，在北京黑猪的品种保护、品种选育、基地建设、品牌推广上取得了较好的成绩：血统由5个发展到11个，肋骨数从14对增加至15对，并形成了多项标准和专利。该集团与美国PIC公司建立了战略合作关系，引进开发PIC种质，

并开展基因编辑抗蓝耳病种猪研究。

家禽方面，作为全球三大蛋鸡制种公司之一，首农食品集团建立了亚洲最大的蛋鸡良种繁育体系，拥有"红、粉"系列5个完全自主知识产权的蛋种鸡，这是我国目前唯一不受国外控制的畜禽品种。同时，首农食品集团也致力于肉鸡种源自主化，"沃德168"是国内首个获得国家畜禽新品种证书的小型白羽肉鸡配套系，开创了我国白羽肉鸡自主育种先河。

多年来，首农食品集团致力于北京鸭品种资源保护、良种繁育和基地建设，自主选育的'南口1号'是烤炙型北京鸭配套系，经过20多年选育，其皮脂率可达到40%以上，占烤鸭种源市场约60%，占据高端烤鸭种源市场95%以上。

近年来，首农食品集团又经过股权收购和建设原种基地，实现了"樱桃谷鸭"的百年回归。1873年，美国人首次将原产于我国的北京鸭运至北美，几经辗转，英国人将北京鸭品种引入英国。经过一个多世纪的选育，北京鸭成了烤炙型鸭品种，而英国人在北京鸭的基础上选育出的樱桃谷鸭成为分割型瘦肉鸭品种。两种鸭子虽同宗同源，但远隔万里。2017年，首农食品集团与中信农业科技股份有限公司联手全资收购英国樱桃谷农场有限公司100%的股权。2021年，樱桃谷鸭原种基地落地北京平谷，这一"流失"海外一个多世纪的北京鸭品种终于重返家园。

目前，首农集团集团种鸭、蛋种鸡规模居世界第一，种公牛冻精市场占有率居全国第一。近年来，首农食品集团参与的中国荷斯坦奶牛、高效瘦肉型种猪两项种业成果均获得了国家科技进步奖。

战略引领、聚焦关键，打造国际一流的畜禽种业强企

习近平总书记高度重视种业发展，多次作出重要指示，强调"农业现代化，种子是基础，必须把民族种业搞上去"。党中央、国务院已全面部署了《种业振兴行动方案》。北京是我国生物种业科技资源最发达、聚集程度最高的区域，《北京加强全国科技创新中心建设总体方案》中将现代种业作为重点产业技术创新板块。

首农食品集团深入贯彻习近平总书记重要指示精神，落实党中央、国务院和北京市关于种业振兴的总体要求，编制了集团"十四五"科技发展战略，提出构建"四纵四横"的科技发展布局，强化生物种业的源头作用，推动首农食品集团到2025年由产业型集团发展成为产业科技型集团。

在生物种业创新领域，首农食品集团重点聚焦种质资源保护与新品种攻关、生物技术创新和重大平台建设。对北京黑猪、北京油鸡等优势畜禽种源进行强势保护，对牛、猪、鸡、鸭等优势物种开展高水平自主创新，强化育种数据资产的严格管控和高效利用，推动种源自立自强。紧跟国际生物技术前沿，加强基因编辑、全基因组选择、性别控制等核心技术的创新与应用，为突破种业"卡脖子"技术提供坚实支撑。首农食品集团将整合内外部科技创新资源，打造国家战略性科技平台，在技术创新、科技服务、产业孵化等方面为打好种业翻身仗贡献首农方案。

2021年，首农食品集团启动了第一批"十四五"科技项目征集工作，共征集生物种

业方向科技项目 9 项，任务紧扣北京市对集团产业发展的要求，目标直指制约集团种业发展的"卡脖子"瓶颈。这项工作将充分论证、科学决策，确保科技项目切实发挥产业引领作用，真正实现科技创新驱动产业高质量发展。

"十四五"时期，首农食品集团生物种业将充分利用产业与科技融合的发展思维，建设开放式平台，打造育繁推业务体系，进一步强化数字化和资本要素，夯实集团种业板块的国内领先地位，大幅提升国际竞争力。

开放合作、协同创新，共襄民族种

在生物种业发展中，首农食品集团始终秉承着科技创新和体制机制创新双轮驱动的理念，打开大门与国内外科技企业、高校、科研机构等创新主体开展多层次合作，不断探索产学研深度融合的新机制、新模式。

2019 年，首农食品集团与平谷区、中国农业大学签订战略合作协议，牵手构建"金三角"模式，积极推动平谷区农业科技示范区、国家现代农业（畜禽种业）产业园建设，着力打造"农业中关村"。3 年来，首农食品集团与平谷区共同出资组建了"首农·平谷农科创公司"，携手推动园区规划、园区建设与项目落地。预计到 2021 年底，由首农食品集团投资 10 亿元，占地 1 100 亩的原种猪场、种牛育繁、蛋鸡扩建、樱桃谷鸭原种场等一批项目将在平谷投产运营或启动；畜禽育种大数据中心、科技国际交流中心和成果孵化中心等一批公共平台将全面配套建成，平谷农科创示范区畜禽优异种质资源集聚效应将得到充分发挥，"畜禽品种全、种源代次高、科技实力强、市场影响大"的种业特色优势将得到充分彰显。

2021 年，首农食品集团牵头联合平谷区人民政府、中国农业大学、北京科技大学、北京农林科学院、北京农学院、中信农业科技股份有限公司、袁隆平农业高科技股份有限公司、华智生物技术有限公司等高校院所及种业龙头企业，共同组建了北京生物种业创新联合体，并在第二十九届北京种业大会第二届畜禽种业峰会上公布了 4 个畜禽种业重点研发项目。

创新联合体不仅是首农食品集团生物育种创新的重大战略性平台，也是北京"种业之都"建设的核心平台。未来，联合体将承载四项核心职能：一是高标准构建畜禽种质资源基因库及数据分析平台，集中保护优势种源，创新生物育种数据资产应用的新模式；二是组建全球一流的，以畜禽种业为优势，兼顾作物和微生物种业的创新团队，成为"种业之都"建设的科技主力军；三是承担国家和北京市重大科研任务，开展"卡脖子"技术攻关、新品种培育等创新活动，助力打好种业翻身仗；四是落实人才引进、成果权益分享等创新机制，充分激发各方创新活力。

首农食品集团将始终坚持创新驱动，担负起振兴民族种业的历史使命，不负重托，乘风破浪，扬帆远航，为北京建设"种业之都"，打造"农业中关村"，为民族种业振兴作出更大贡献。

（本文发表于 2022 年 1 月）

以新型思维打造现代农业新标杆

何 勇

2022年是"十四五"时期承上启下的关键之年。重庆市农业投资集团有限公司（简称重庆农投）在为重庆农业打造新标杆、创造新形象、开启可持续的高质量发展之路方面，做了充分准备。

创造高品质生活，持续满足人民美好生活需求

作为重庆市属国有重点企业中唯一从事农业全产业链经营的大型产融集团，重庆农投认真贯彻"高质量发展、高品质生活"的目标，持续为人民提供满足美好生活所需的优质、健康、美味、生态的奶、肉、鱼、蛋产品以及高品质服务。

乳业方面。严控奶源质量，在重庆、四川、陕西、宁夏布局奶源资源，掌控牛群规模5万余头。在陕西、宁夏黄金奶源带新建3个规模化万头牧场，生鲜奶关键指标高于欧盟标准，重庆农投旗下中垦乳业、天友乳业双双通过"中国优质乳工程"验收；在重庆、陕西建有两个大型现代化加工厂，年乳制品加工能力达60万吨；拥有重庆唯一的"重庆市乳制品工程技术研究中心"和"市级企业技术中心"，先后与陆军军医大学、西南大学、江南大学、西北农林科技大学、中国农业大学等知名高校开展科研合作，成立了优质乳工程专家工作站、陆军军医大学·天友乳业乳制品营养与安全研究中心等机构，共同开展多项创新型产品研发项目。目前，益生菌研发建设工程等重大创新项目推进取得积极成效。

肉业方面。着力构建养殖、屠宰、深加工、销售一体化的生猪全产业链，全力保障重庆市中心城区生猪稳产保供；着力打造"大厨良选"优质生鲜猪肉品牌，为市民提供安全优质健康的"放心肉"。按照"十四五"规划，将进一步在重庆及临近有关地区，新布局总计200万头生猪养殖体系。

渔业方面。实施鱼产品生产、销售全过程质量安全管控，保障优质"三峡渔"鱼产品持续稳定供给。探索出"三不投"的以水养鱼、以鱼净水的生态养殖模式，自主研发大水面捕捞和无水运输等多项技术，建立了有机产品质量管理体系，水域牧场鱼产品连续10年通过有机认证。

蛋业方面。重点突出安全、新鲜、营养平衡三个特点。建造100％智能化专业养殖场，正大品牌鸡蛋实现72小时从下蛋到市场售卖。

现代服务业方面。"十三五"期间，承接运营全市万台消费扶贫智能专柜项目。目前，建成覆盖半径1 000多公里的干线冷链物流运输网络，年物流配送能力逾60万吨；募集社会资本近10亿元，管理基金规模近20亿元。

持续稳产保供，立足新发展格局，更好履行社会责任

今年，立足新发展格局，重庆农投将从承担保供责任、乡村振兴帮扶责任、"六稳"责任、生态责任等方面入手，在持续稳产保供，确保市民"奶瓶子""肉盘子""鱼池子""蛋篓子"产品供应充足、价格稳定的同时，根据事业发展需要，着力引进一批优秀大学毕业生以及一批懂经营、懂生产、懂管理的中高端人才。

值得一提的是，重庆农投创新建立了环保顾问制，聘请专业环保单位开展重大项目环保咨询等工作；加强环保系统性治理，在所出资牧场实施"资源化利用＋循环农业"生态环保治理项目，通过技术手段变粪污为粪肥，为牧场周边农业生产提供良好条件。

建设现代高效特色农业带，推动成渝地区双城经济圈建设

2021年12月，《重庆四川两省市贯彻落实〈成渝地区双城经济圈建设规划纲要〉联合实施方案》印发。为助力该纲要及联合实施方案的落地，目前，重庆农投做了两方面的工作。

一是设立西南首只种业振兴基金。重庆农投所属农投基金公司联合成都乡村振兴基金、天府现代种业园建设公司共同发起设立西南首只种业振兴基金。基金首期规模1.5亿元，旨在培育孵化一批拥有新育种技术、能解决种源"卡脖子"问题、具备"育繁推一体化"经营能力的高科技领军型种业企业，促进西南地区种业企业蓬勃发展。

二是布局生猪养殖项目。重庆农投所属农投肉品公司积极论证在成渝布局生猪养殖项目，在丰都、富顺、广元等多地深度考察，充分论证，积极推动生态智慧化生猪养殖体系项目落地。目前，80万头生态智慧化养殖体系项目已经在市内落地并在有序推进中，待未来项目全部建成投产后，可达到年出栏量200万头的规模。

融入乡村振兴，进一步巩固已有帮扶成果

作为市属国有重点企业中唯一从事农业产业链经营的企业集团，重庆农投积极发挥龙头企业带动作用，打造现代化高标准农食品产业集群，为重庆市乡村振兴工作注入源源活力。

重庆农投党委成立了参与乡村振兴领导小组，组织专题研究中央一号文件精神和全市脱贫攻坚大会要求，多措并举，多点发力，围绕"产业振兴、生态振兴、人才振兴"三条主线，积极融入乡村振兴各项领域。

产业振兴。以重点带全局，抓关键促提升，积极打造重庆现代化农业发展新样板。一是优化产业布局，重点围绕乳业、肉业、生态渔业、蛋业、冷链物流等五大农业产业，加快构建现代农业产业体系、生产体系、经营体系，落实"一区两群"总体部署。二是实施品牌工程，打造"农投良品"母品牌，对内培育"天友""淳源""百特""华山牧""三峡渔""正大蛋""大厨良选"等子品牌，对外立足各区县资源禀赋，培育"三峡蜜罐""三峡阳菊"等8个区域品牌。三是加强科技实力，实施产学研协同创新，与中国工程院、中国农业大学等建设国家级奶牛核心育种场和生猪核心育种场，大力推进物联网、数字化在

环境管控和健康管控场景中的融合应用，发展食品全生命周期可追溯体系。四是畅通产品渠道，建设中央厨房食品产业园，打造全市冷链运输三级节点，多点发力解决优质农产品销售难题。

生态振兴。贯彻低碳环保发展理念，在绿水青山中创造金山银山。一是发展循环农业，集中处理养殖粪污，加强环保设施设备投入，转化天然有机肥料，促进可持续发展，近 3 年，环保相关投资达 1.5 亿元以上。二是促进节能降耗，智能化加工项目，通过云计算精准分析，严格控制资源消耗。

人才振兴。积极打造创新发展平台，培养一支满足农业高质量发展的人才队伍。一是聚集高端人才。依托西南大学、江南大学、重庆师范大学等高校农学专业学院，培养一批高技能人才。二是促进人才流动。做好"筑巢引凤"，鼓励善经营、懂技术的优质人才投入集团乡村振兴项目建设，对于有突出贡献的人才优先考虑重用。三是提升农户技能水平。通过"公司＋合作社＋农户"模式，带动农户参与生猪养殖体系建设，为合作农户提供全方位知识普及和技术指导，提升农民素质。

（本文发表于 2022 年 4 月）

全面建设现代农业大基地大产业
努力提升呼伦贝尔农垦品牌价值

胡兆民

2020 年是呼伦贝尔农垦集团有限公司（简称呼伦贝尔农垦集团）进一步深化体制机制改革、全面建设新时代新农垦的再出发之年，呼伦贝尔农垦集团要把思想和行动统一到党中央的决策部署上来，按照自治区党委政府和呼伦贝尔市委市政府的工作要求，增信心、强定力、抓机遇、谋发展，坚决做到疫情防控和恢复生产两手抓、两手硬，奋力开创呼伦贝尔农垦集团工作新局面。

呼伦贝尔农垦改革发展面临的机遇

一是党的十八大以来，国家大力实施乡村振兴战略，全力支持农垦改革，制定了一大批有利于农业农村和农垦发展的好政策；二是内蒙古自治区在优化区域布局结构、保障优质绿色农畜产品供给、推动农牧业产业升级、加强农牧业科技创新和金融服务支持等方面加大了力度；三是呼伦贝尔市将深入实施农牧林业品牌提升行动，为推动呼伦贝尔农畜林产品占市场、上规模、走高端，加快建设绿色有机农畜林产品生产加工输出基地带来新机遇。

发挥优势，全面建设现代农业大基地、大企业、大产业

2020 年，呼伦贝尔农垦集团要突出"一个核心""一条主线""一个目标"，即以保障国家粮食安全和重要农产品有效供给为核心；坚持垦区集团化、农场企业化的改革主线；以建设现代农业大基地、大企业、大产业，形成农业领域"航母"为目标。

（一）呼伦贝尔农垦的发展定位和发展方向

根据中央和上级党委政府对农垦改革发展的要求，结合实际进一步明确了呼伦贝尔农垦 6 个方面的发展定位，即保障国家粮食安全和重要农产品有效供给的国家队、中国特色新型农业现代化的示范区、对外农业合作的排头兵、安边固疆的稳定器、内蒙古农牧业产业化的领军企业、呼伦贝尔绿色农畜林产品生产加工输出基地和健康食品产业化"航母"。制定了推动高质量发展的具体措施，构建米、面、油、乳、肉、草、糖（甜菜）、薯、药（中草药）和矿泉水等 10 个产业链条。

（二）提高农牧业生产能力，夯实高质量发展基础

按照"绿色化、优质化、特色化、品牌化"要求，要在稳定粮油合理产能的基础上，优化品种结构、品质结构和品牌结构。要统筹实施奶业振兴计划，积极盘活闲置规模化养殖场、养殖小区和在建牛场，扩大养殖规模，加快推进岭东、岭西两个 5 000 头奶牛规模

养殖场建设。要加强农牧业基础设施建设，加快推进高标准农田建设和粮食仓储设施建设项目，适度更新农机具，主要农作物耕种收综合机械化水平继续保持在 99.9% 以上。要做好动物疫病防控和农业防灾救灾保障服务体系建设，毫不松懈地强化风险防控。要积极推进集团国土绿化和生态修复，完成补植造植林 21 万株、天然草场恢复治理 80 万亩。要支持有条件的所属单位依托草原、水面、林下独特资源发展特色种养业及深加工，将小品类做成大集群、以小产业占领大市场。

（三）提高产业化水平，补齐高质量发展短板

优质农产品必须通过深加工才能提高附加值。要围绕粮油、饲草、乳、肉四大主业和特色农畜林产品种养产业、大兴安岭林下优质林产品产业、优质矿泉水产业、旅游业四个辅业，谋划补齐深加工短板。要加快建立以产权联结为主导的利益联结机制，促进产业链战略协同，要解决现有龙头企业数量少且企业发展中存在的一系列问题，大力推进现有加工企业改革创新，强化科学管理，解决发展中的困难，遏制亏损。要完善市场运作机制，积极寻求与实力强、信誉好的国内外大企业和域内知名加工企业合作，充分利用其渠道、市场、资金、人才等优势资源为呼伦贝尔农垦集团可持续健康稳定发展助力。要加快芥花油和马铃薯产业发展壮大，加快培育优质非转基因大豆深加工、牛奶和牛羊肉深加工、小麦和有机杂粮深加工、牧草和中草药深加工，深入研究上述产业的发展方式和定位，谋划一批项目，制定行之有效的措施和方案并积极推进。要融入呼伦贝尔打造的冰雪产业，积极推进旅游产品开发，发挥服务和提档升级作用。

（四）提高科技应用水平，增强高质量发展动力

要深化科技体制改革，加快建立呼伦贝尔农垦集团科技研发和技术创新服务平台，提高自主创新能力和企业知识产权数量，培育具有影响力的加工品牌和精深加工产品。要创新机制引进、使用和培养高层次人才，与科研机构和高等院校建立科研对接机制，加大科技攻关，做好新科技、新产品、新技术试验，满足加工企业关键技术需求。要加快引进转化国际先进农业标准，健全农业生产标准体系，推行农业标准化生产。要加大现代种业发展，整合各方面科技力量，围绕粮食、奶牛、肉牛、肉羊、饲草、马铃薯等优势特色产业，全力开展关键技术攻关，健全良种繁育体系，增强生产和供种能力。要加强三河牛种公牛站和基础母牛核心群建设，保护、提升、推广三河牛品种。

（五）加强市场开拓，突破高质量发展瓶颈

全力落实好"品牌打造和市场攻坚年"部署。要按照"立足内蒙古、保障呼伦贝尔、服务北上广、辐射黑吉辽"的市场布局，深入谋划推进产品销售工作，推动工商企业转型发展，加快食品公司营销综合体建设运营，完善为营销服务的粮食仓储和物流等基础设施建设，加快发展冷链物流、连锁经营等经营业态。要做好消费者分类，开辟样板城市和形象店、社区终端直营店、商超专区专柜，多维度全方位开展产品营销工作。要积极参与全国农垦战略联盟，加强与黑龙江、北京、上海等兄弟垦区，中粮、中储粮等大型央企，中科院、农科院、中国农大等科研院校，以及电信、银行等机构的对接合作。要创新营销手段，加强与融媒体、电商等新平台、新业态的合作，建立适应消费升级的宣传推介机制。要关注国际贸易，积极与满洲里、黑河、绥芬河、天津、大连等口岸对接，了解国际市场

变化情况。要做好产品销售后续服务，制定服务管理流程和制度，维护好客户资源。

（六）加强品牌培育，提升高质量发展水平

品牌是企业重要的无形资产，体现企业价值，必须全方位实施品牌引领战略。要结合呼伦贝尔农垦集团农畜林产品特点和市场渠道建设实际需要，加快商标注册和保护，尽快建立以"呼伦贝尔农垦"为主商标的品牌体系。要加大品牌管理力度，完善品牌管理制度和知识产权管理办法，制定战略规划和安全预警方案，统一品牌宣传口径、标志体系和宣传推广，建立品牌培育、发展和保护体系。要转变品牌营销方式，增加资金投入和广告投放，不断提升集团品牌竞争力、影响力和认知度，通过品牌建设带动提高产品市场占有率。要培育标准化生产、产业化运营、品牌化营销的产业运营模式。要按照不同的细分市场设定品牌定位和传播策略，通过构建主品牌的强大影响力提升子品牌和相关产品的知名度和溢价能力，提升集团品牌价值。要加快建立质量安全体系，加快建设农产品质量检验检测中心，完善农产品质量安全网格化监管制度，让产品实现"持证上岗"。

（本文发表于 2021 年 7 月）

绿色健康产品汇聚兴安农垦发展新动能

武宝林

近年来，内蒙古兴安农垦集团（简称兴安农垦）深入贯彻"生态优先、绿色发展"理念，以农业供给侧结构性改革为主线，加快培育壮大垦区优势产业。通过发展呼和马场的大米、索伦牧场的"索伦河谷"面粉及"豆尚索伦"豆制品、公主陵牧场的黏玉米等产品，注册并着力培育兴安农垦的全新商标"遇见农垦"，延伸开发"遇见农垦"系列产品，以绿色、健康汇聚起推动农垦经济高质量发展的新动能，开创了农垦经济社会发展的崭新局面。地区生产总值突破 10 亿元，职工人均收入超过 2.8 万元。

规模化经营提质增效

兴安农垦作为内蒙古自治区主要商品粮基地和全国生态高效农业示范园区试点建设单位，辖区内有辽阔的优质天然草牧场和丰富的水资源，土地肥沃。目前，兴安农垦垦区122.4 万亩耕地已被农业农村部认定为国家绿色食品原粮标准化生产基地，是兴安盟粮食主产区和农业产业重点单位，下属 10 个国有农牧场（分、子公司）分布在全盟 5 个旗县（市），耕地集中连片，机械化、集约化程度高，每年小麦、大豆、玉米等农作物播种面积在 100 万亩以上。

规模化经营是现代农业的基础，是向集约化农业迈进的必由之路。兴安农垦因地制宜，充分发挥 10 个分（子）公司的特点和优势，着力扩大规模化经营面积，坚持"不求所有，但求集约"的原则，把发展重点从扩大经营面积向节约生产成本、提高单产效益上转变，呈现出规模化经营面积逐年扩大、经营方式丰富多元、经济效益显著提高的良好发展态势。兴安农垦在继续做大做强一产的基础上，重点围绕二、三产业发展做文章，推动产业发展相辅相成、协调促进。

"一园八基地"夯实产业根基

2020 年，兴安农垦提出"一园八基地"建设，即万亩绿色水稻产业基地建设、万亩牧草产业基地建设、十万亩中草药基地建设、"两牛"产业基地建设、万亩专用玉米产业基地建设、万亩大豆繁育基地建设、万亩优质小麦基地建设、"双十"基地建设以及兴安农垦绿色农产品加工产业园。

抓住"兴安盟大米"地标注册契机，在优势产区加快水田建设力度，实现农垦稻米的基地化生产，积极争取"兴安盟大米"公用品牌的使用权，提高产品加工转化率，提升产业附加值。提升牧草产业基地建设力度，以跃进马场草业公司为主体，持续扩大优质牧草种植面积，为盟内外畜牧产业发展提供充足饲料。全系统分 5 年打造北方最大的药材种植基地，力争合资成立中草药材切片厂，延长中草药材产业链条，促进中草药产业多元、健康发展。加快推进3个千头肉牛养殖示范基地：吐列毛杜农场兴垦鸿安联合公司要在3年内达到5 000头肉牛养殖规模；巴达尔胡农场肉牛养殖场和八一牧场肉牛养殖场尽快实现肉牛规模化养殖；加快呼和马场5 000头奶牛牧场的筹建工作。

玉米种植是兴安农垦的传统产业，积极支持公主陵牧场鲜食玉米加工厂的扩能改造工程，扩大鲜食玉米种植面积，打造集种植、加工、销售于一体的鲜食玉米产业链，提升玉米全产业链效益和产能。结合兴安农垦绿色农产品加工产业园启动建设，在北部农牧场集中发展优质小麦种植基地，实现产加销一体的小麦产业链布局。在跃进马场分3~5年完成10万只肉羊养殖和10万羽草原大白鹅养殖基地建设，带动垦区职工群众积极发展舍饲养殖业。

品牌农业助推产业起飞

兴安农垦积极响应盟委、行署"两袋米、两头牛，红红火火搞旅游"的战略部署，一二三产进一步融合，结构调整步伐加快。

目前，已注册成立兴安农垦粮油公司、物资公司、融媒体文化传播公司，在绿色农产品深加工，物资流通领域和文化产业方面深度布局。依托"遇见农垦"自主品牌，推出"索伦河谷"系列面粉、"豆尚索伦"豆制品、"麦源谷面"食品店、阿力得尔牧场可追溯羊肉等10余种产品，着力打造电子商务平台和产品直销店，实现了线上线下同步销售；推进垦区传统农业向标准化、品牌化、产业化的现代农业换代转型。

如今，以绿色、健康为主打的"呼禾大米""索伦河谷"面粉及"豆尚索伦"豆制品、"玉迷公主"等兴安农垦特色农副产品，越来越受到消费者的青睐。

"内引外联"做强产业转型

种植业方面，兴安农垦倾力打造万亩大豆繁育基地，推进呼和马场、吐列毛杜农场、索伦牧场科技示范园区向智慧农业示范园、采摘观光园转型。探索推进水稻产业发展，进一步完善水稻种植、生产加工、产品销售等环节要素，启动建设万亩水稻观光园。推动中草药材基地建设，打造北方道地药材生产基地，成立草业公司，启动建设万亩牧草基地，依托国家退耕还草政策，发展牧草产业。围绕兴安盟经济技术开发区玉米深加工龙头企业布局，推进万亩专用玉米基地建设，扩大工业用玉米种植面积，以公主陵牧场、八一牧场鲜食玉米加工厂为依托，扩大鲜食玉米种植面积，提升玉米效益和产能。通过自建和外商合作，在城镇近郊农牧场建设千亩露地蔬菜示范基地，重点围绕庭院中草药、庭院林果业、庭院肉牛产业等方式发展庭院经济，让小庭院向大产业方向转型。

畜牧业方面，近年来，兴安农垦实施"稳羊增牛"工程。以各农牧场集体养殖与职工群众个人散养相结合，推动畜牧产业快速发展。通过与山东省鸿安集团合作，做大肉牛养殖产业，紧紧抓住伊利集团同兴安盟的合作机会，完成伊利集团在呼和马场总投资10.5亿元的中利牧业2.5万头奶牛养殖项目，为伊利集团供应优质鲜奶。推进吐列毛杜农场与山东鸿安集团合作的5 000头肉牛养殖项目。

目前，兴安农垦绿色农产品加工产业园项目占地 178 亩，一期工程（面粉加工厂）即将试车生产。开发高端产品和专用粉，日处理小麦 500 吨、年生产专用面粉 15 万吨，建成投产后将成为东北和蒙东地区最大的专用粉生产企业，安置就业岗位 50 人。农产品加工产业园分 3 年实施，2021 年启动杂粮杂豆、水稻深加工项目，2022 年启动豆制品深加工项目。

"十四五"期间，兴安农垦将继续依托既有品牌，逐步建设和完善该集团特色农产品加工业。进一步推进大豆深加工产业发展，开展大豆深加工项目招商引资；继续扩大面食品制造加工业规模，扩大优质小麦、大豆的种植面积；增加优质原粮储备，升级改造现有绿色食品园加工设备，不断丰富兴安农垦面食品、豆制品等系列产品。力求以更绿色、更安全、更健康的产品体验，让"遇见农垦"品牌真正成为消费者信得过的绿色、健康名片。

（本文发表于 2021 年 1 月）

江西农垦：经营服务闯新路
稻渔工程谱新篇

曹平贵

近年来，在江西省渔业局大力支持下，江西农垦系统稻田综合种养模式发展迅速。恒湖、康山、乐丰、恒丰、云山等垦殖场先后推广稻虾（鳖、鳅）共作项目，稻渔综合种养面积达到 12 万亩，并向周边农村迅速发展。截至 2019 年底，全省稻渔综合种养面积达到 151 万亩，成为江西省深化农业供给侧结构性改革、推进农业结构调整和促进农民增收致富的一道亮丽风景。

主 要 做 法

（一）提高认识、高位推动

进入 21 世纪以来，由于农资价格连年上涨，虽然稻谷产量连年丰收，但农民种粮收益增长缓慢。稻渔综合种养模式具有亩产效益高、发展方式绿色、增收效应明显等诸多优点。为千方百计促进农工增收，推进农业供给侧结构性改革，加大农业结构调整，自 2014 年以来，江西农垦把稻田综合种养作为一项调结构、促转型、惠民生的重要项目来抓，先后多次组织滨湖垦殖场有关专业技术人员前往湖北省潜江市考察学习小龙虾养殖技术，精心选择恒湖、康山等垦殖场开展稻虾共作项目试点。通过试点，逐渐掌握了小龙虾养殖技术以及稻虾综合种养技术，江西农垦及时组织有关专业技术人员提炼总结经验，制定技术规范，为顺利实施稻虾综合种养奠定了坚实的基础。随着农场职工对稻田综合种养模式认识的不断加深，以及政府部门的政策扶持引导，稻田综合种养模式已然成为带动周边农民增收致富的"明星模式"。

（二）因地制宜、突出特色

由于小龙虾、中华鳖以及泥鳅等水产品养殖离不开丰富的水资源，对水质有较高要求，江西农垦在推进稻渔综合种养过程中，选择鄱阳湖地区的农场开展试点。恒湖、康山、乐丰、恒丰等垦殖场地势平坦、水量充足，充分利用江西省开展高标准农田建设的有利时机，广泛开展稻渔综合种养基础设施建设。在开展稻渔综合种养过程中，江西农垦始终突出绿色生态发展底色，打造"生态鄱阳湖、绿色水产品"品牌特色，充分利用稻渔生物特性互补，不施化肥，用足有机肥，不打农药，利用食物链规律消灭害虫，从而确保稻米和水产品品质优良。

（三）加强指导、强化服务

稻渔综合种养模式是在国家统筹实施乡村振兴战略，大力推进农业供给侧结构性改革的背景下，涌现出来的一种绿色生态种养模式。江西农垦启动稻渔综合种养试点以来，高度关注试点进展情况，在职工种养出现严重亏损时及时介入，通过机制创新，改进种养技术服务与指导，进一步坚定了农垦场干部职工干事创业的信心和决心。2017年，恒湖垦殖场稻虾共作项目遭遇严重亏损，江西农垦果断牵头，探索形成"省农垦办＋农垦场＋稻虾种养大户（合作社、家庭农场、龙头企业）＋小龙虾养殖技术专业服务公司"的稻虾综合种养新模式。省农垦办、农垦场、种养大户分别按照5∶3∶2的比例付给专业技术服务公司每亩100元/年的技术服务费，由专业技术服务公司全程负责稻虾种养大户的稻虾综合种养技术指导，稻虾种养大户按照专业服务公司技术指导开展稻虾综合种养。江西农垦和农垦场负责专业服务技术落地的监督与协调，较好解决了技术服务方与农户之间信息不对等的问题，防止出现利益单向流动情况。实践证明，这种购买技术服务模式不仅有效地破解了稻虾种养户的技术难题，也通过利益联结形成了紧密互惠的合作机制。2018年，恒湖垦殖场稻虾种养大户大获丰收，由2017年80%的亏损面扭转为94%的盈利面，稻田养虾面积也由8 000亩发展到18 000亩。

（四）总结模式、全力推广

恒湖垦殖场地处鄱阳湖区域腹地，在开展稻渔综合种养方面具有优越条件。江西农垦以恒湖垦殖场稻虾共作项目为抓手，积极探索稻渔综合种养模式的发展规律和生产技术，深入研究种养过程中遇到的困难和问题，组织有关专业技术人员外出学习，聘请专业技术队伍加强指导，目的就是通过精心培育，在滨湖地区走出一条农业结构调整、促进农民增收致富的新路。实践证明，稻虾综合种养项目比单纯种植稻田增收明显，亩产效益是单纯种植水稻的4倍，实现了"一水两用、一田双收、稻虾共赢、稳粮增收"。在恒湖垦殖场稻虾综合种养丰收的带动下，康山、乐丰、饶丰、共青等环鄱阳湖国有垦殖场迅速跟进，稻田综合种养面积达12万亩，并迅速向垦殖场周边辐射，全省稻渔综合种养面积达到151万亩。

经 验 启 示

（一）积极引导是关键之举

农业产业模式的培育和孵化，离不开有效引导和正确指导。近年来，江西农垦把稻虾综合种养模式作为一项促进垦区现代农业结构调整的重点工作来抓，通过项目政策引导，积极鼓励农垦场和职工群众开展稻田综合种养项目。在推进高标准农田建设过程中，大力实施稻田综合种养基础设施建设，鄱阳湖地区农垦场纷纷在稻田四周开挖小龙虾、甲鱼、泥鳅等水产品养殖沟渠，为推广稻田综合种养模式打下了坚实的基础。通过畅通生产、销售和物流渠道，为职工群众售卖优质稻米和水产品提供有效服务。

（二）绿色发展是鲜明底色

稻田综合种养模式之所以风靡江西农垦滨湖地区，除了能够促进增产增效外，更重要的是这种模式的绿色化、有机化。稻渔综合种养遵循水稻与水产的和谐共生关系，充分利用食物链原理，把稻田害虫变为优质饲料，转化为高质量水产品，最终实现稳粮增收的美好愿景。在实施稻田综合种养过程中，江西农垦始终坚持绿色生态发展理念，做到"四确保一提高"，即确保数量安全、质量安全、资源安全、生态安全，提高稻田综合生产效益。

据测算，稻渔综合种养基地减少化肥农药使用量 30% 以上，对减少农业面源污染具有重要作用。

（三）强化服务是重要保障

江西农垦稻渔综合种养模式的迅速推广，离不开健全的社会化服务体系。近年来，江西农垦有针对性地组织各种稻渔综合种养技术培训，多次邀请省外技术专家对基层专业技术人员、养殖大户和有关企业授课，充分讲解种养技术以及注意事项。同时经常性组织省内水产体系专家开展现场技术指导和科技服务，发放有关技术资料，有力地提高了农工综合种养技术水平。在农工生产遭遇严重亏损时，迅速组织有关专家会诊，以最快的速度找出致损症结，并提出解决方案。通过精心服务和耐心引导，坚定了职工群众种养的信心和勇气。加快建立健全社会化服务体系。目前，在恒湖、康山、乐丰等环鄱阳湖垦殖场，虾苗、饲料、水草、肥料等社会化服务一应俱全，社会化服务体系初步形成。

（本文发表于 2020 年 9 月）

湖南农垦现代农业发展调查

湖南省农业农村厅农田建设与农垦处
湖南省农垦管理服务站

湖南农垦建立于 20 世纪 50 年代初期，现有国有农场（管理区、区、镇）61 个，分布在除长沙、娄底以外的 12 个市、州。其中行政区 1 个（君山区）、管理区 6 个（县级 5 个、副县级 1 个）、建制镇 3 个。全省垦区总人口 73.9 万人，土地面积 16.62 万公顷，其中耕地面积 7.79 万公顷，水面面积 2.71 万公顷，林地面积 3.04 万公顷。农业支柱产业为水稻、生猪、油料、水产、茶叶、水果。2020 年，全省垦区粮食产量为 69.31 万吨，当年生猪出栏 112.38 万头，猪肉产量 9.33 万吨，水产品产量为 13.89 万吨，油料产量 4.96 万吨，实现国民生产总值 325.6 亿元。

2015 年，中共中央、国务院出台了《关于进一步推进农垦改革发展的意见》。2017 年，中共湖南省委、湖南省人民政府出台了《关于进一步推进农垦改革发展的实施意见》。根据中央和省农垦改革发展文件要求，要着力将农垦建设成为现代农业大基地、大企业、大产业，全面增强农垦内生动力、发展活力和整体实力，努力将农垦打造成为农业领域的"航母"，不断提高粮食和大宗农产品的保障能力和示范引领现代农业发展的能力。

为全面了解湖南省农垦国有农场现代农业发展现状，探索农垦改革发展的制约因素，促进农垦加快发展，湖南省农业农村厅农田建设与农垦处、湖南省农垦管理服务站联合对君山、西湖、西洞庭、大通湖、屈原、回龙圩和东山峰等 7 个管理区（区）进行了调研。调研地点涉及常德、益阳、岳阳、永州四市，从人口规模、面积、经济总量上来看，此次调研覆盖面广，调研结果能够较客观地反映全省农垦现代农业的整体发展状况。

发 展 成 就

近年来，湖南农垦认真贯彻落实农垦改革发展文件精神，围绕建设现代农业大基地、大企业、大产业目标，加快推动垦区集团化、农场企业化改革，农垦农业生产关系进一步转变，生产力得到了较大提高，集约型、规模型、高效型农业实现较快发展，农业现代化水平显著提升，农垦现代农业发展已走在全省前列。屈原管理区、大通湖管理区、西湖管理区、西洞庭管理区已建设成为国家现代农业示范区。

（一）现代农业经营机制初步建立，垦区农业实现了规模化发展

农业适度规模经营是实现农业第二次飞跃的基础。"十三五"以来，湖南农垦加快推进垦区集团化、农场企业化，积极创新适度规模经营的有效机制，促进农业经营方式由兼业化的分散经营向专业化的适度规模经营转变。

一是建立了现代农业生产组织机制。农垦改革后，7 个管理区（区）以原农场为基础，分别成立了西洞庭现代农业开发有限公司、西湖丰润农业发展有限公司、大通湖土地资产经营有限公司、屈原农垦集团有限公司、君山农垦有限公司、回龙圩农垦集团有限公司和湖南东山峰现代农业有限公司等农垦经济组织，承担农场国有资源资产包括农场国有土地的统一管理职能职责，并按照市场化运作要求，与农业大户、合作社、龙头企业开展农业生产经营合作，建立了大农场统筹小农场的现代农业经营机制，改变了过去以农户为单元的小农生产方式，实现了农业生产关系的大转变，有力地推动了农业的专业化、规模化经营，降低了农业生产成本，提高了农业生产效益。

二是建立了土地有序流转机制。2000 年湖南省农垦改革时，各农场将国有土地以"责任田"和"经营田"方式分配给农场职工，造成农场土地碎片化。2018 年，各农场通过开展农垦国有土地使用权确权登记发证，将农垦国有土地使用权确权到农场经济组织名下，进一步明确了农场国有土地使用权的权属关系。各农场正在探索通过回收、流转两种方式逐步实现土地集中整合，再次形成土地规模优势，推动农场适度规模经营。2017 年以来，西洞庭管理区大力实施规范国有农用地改革和资源资产清理回收工作，出台了《规范国营西洞庭农场国有农用地管理推进方案》，对全区国有农用地和资源资产进行全面清理登记，实行台账管理。完善责任田、经营田退出机制，对所有"经营田"和闲置地全部收回公司进行统一管理，对分配到职工的"责任田"，要求职工退休领取养老保险之日，必须全部退交公司管理，实现农场国有土地管理一盘棋。西湖管理区、大通湖管理区、屈原管理区和回龙圩管理区则通过土地流转方式，逐步实现土地集中。根据土地整体条件，按照每亩每年 400~600 元的价格从职工手中统一流转，再由农场经济组织统一流转给农业企业和农业生产大户，为农业规模化、产业化发展提供了用地保障。君山区在集约土地方面进行了很好的探索。该区成立了湖南省君山农垦有限公司，所辖乡镇为子公司。君山区将 60.94 万亩农垦国有土地使用权全部确权在君山农垦公司名下；建立了农垦国有土地管理信息平台，平台建设以分公司为单位，掌握了农垦职工家庭人口、种田面积及类别、土地租赁流转等情况；成立了流转服务中心充当全区农垦土地流转中介，既大大减少了流转方单个谈判时间和费用，又可以让农工安心从事其他事务，还可以最大限度发挥土地的作用，促进规模化农业发展。目前，7 个管理区（区）流转土地面积达 52.63 万亩，收回土地面积 6.69 万亩，经营非农垦土地面积 0.68 万亩。

三是建立了现代农业投入机制。近年来，7 个管理区（区）加大对现代农业的投入力度，整合财政资金和项目，大幅度增加政府资金对现代农业的支持力度。发展农业保险，完善现代农业巨灾风险转移分摊机制。积极盘活农垦国有土地资源，推进资源变资产、资产变资本，以土地抵押担保和入股等形式，积极引导金融资本和社会资金进入垦区现代农业发展领域。以西湖管理区为例，2020 年，现代农业共吸纳投资 54 267 万元，其中政府资金 17 000 万元、金融资金 12 000 万元、社会资金 25 000 万元、农业保险 267 万元。垦区基本形成了政府资金带动、金融资金和社会资金共同投入、农业保险分摊风险的现代农业投入机制。

四是建立了农场与农民的利益联结机制。各管理区（区）充分发挥市场配置资源的决定性作用，探索出多种形式的利益联结模式，建立并完善适应不同产业、不同发展阶段的企农利益联结机制，让农民分享更多二、三产业的增值收益，实现企业与农民的双赢。稳固的利益联结机制，为现代农业长久、可持续发展奠定了坚实基础。西湖管理区按照"区域中心、农业公园"的总体构想，重点培育以德人牧业、丰润公司、明穗生态园为龙头的农业产业发展经营主体，采取"龙头企业＋基地＋农户务工""合作社＋农户务工＋土地流转""产业大户＋普通农户"等模式，通过土地流转、就业工资、资产分红"三大收入"，实现了与全区 932 户农户的利益联结，仅德人牧业一家就帮助 200 多名农民成为产业工人。同时，乳业上下游产业链也得到延伸发展，带动发展起 13 000 亩草业产业，公司与农民签订合同，所生产的牧草由公司保底价收购，农民收入更有保障。目前，农业产业发展经营主体就近为群众提供就业岗位 500 多个，人均年收入达 2 万元左右；各类新型企业流转原贫困户土地收入达 2 000 万元以上；年累计发放农户务工工资和劳动报酬 1 500多万元。

（二）农业产业结构进一步调整，垦区农业实现了产业化发展

各管理区（区）充分发挥农场土地规模优势，通过招商引资，培育出一批有特色、有知识产权的高科技农业，并积极推动一二三产融合发展，形成了现代农业全产业链。

一是建成了一批特色种养基地。各管理区（区）在提高粮食产能和保障国家粮食安全的基础上，建成了虾蟹、柑橘、茶叶、奶牛、栀子、朝鲜蓟等一批各具农场特色的现代农业产业基地，进一步丰富了产业结构，提高了农业效益，增加了农工收入。如屈原管理区大力发展栀子产业，发展栀子基地 10 万亩，建成省内第一个栀子小镇，形成"10 万亩基地，10 亿元产值"栀子果产业；西洞庭管理区着力培育朝鲜蓟产业，种植面积近 3 万亩，占全国种植面积的 90%；西湖管理区全力发展奶牛产业，养殖奶牛 1 500 头，建成 5 000亩优质牧草种植核心示范基地、4 万吨健康乳品生产线、1 万吨有机肥加工生产线、10 万吨牧草饲料加工生产线，建成了全程可控的南方特色奶牛养殖基地；大通湖管理区和君山区大力发展稻虾共作，稻虾共作面积分别达到 5.6 万亩和 7 万亩，每亩可为农户增收近4 000元；回龙圩管理区发展标准化柑橘种植基地面积 10 万亩；东山峰茶叶种植面积达1.8 万亩，基本形成了"一场一特"的发展格局。

二是打造了一批核心产业链条。7 个农场以拳头产品为核心，推动"一产往后延、二产两头连、三产走高端"，培养了"饲料、栀子、朝鲜蓟、奶牛、茶叶、大米"等 6 条核心产业链，推动全链条增值、全产业融合、集群化发展，农业抗风险能力和经济效益均显著提高。屈原管理区以正虹科技为龙头，积极做大主业，盘活肉食品深加工，创新生猪养殖模式，发展生猪冷链物流，打造"饲料-养殖-加工-物流"产业链；以海泰博农为龙头带动栀子产业发展，形成了"种植-研发-加工-销售-观光"全产业链。西洞庭管理区着力培育朝鲜蓟产业，形成了"生产-加工-销售-旅游"朝鲜蓟全产业链，产品远销欧美市场。西湖管理区大力发展以乳业为主体的"种-养-加-销-游-创"全产业链。东山峰围绕做大做强"一杯茶"，发展了 3 家以品茶鉴茶为特点的旅游产品经营店和 2 家以茶叶为主的特色农产品电商企业，极大促进了东山峰茶叶生产、销售水平的提升。君山、西湖、西洞庭、大通湖、屈原 5 家农场，扩大香米、黑米等优质品种种植，培育起金燕子、金健粮食、天下洞庭、宏硕生物等龙头企业，打响了"大通湖""丰翼""洞庭晶玉""岳球牌"

等大米地域品牌。全产业链经营已经逐渐成为湖南农垦农业领域最有竞争力的产业模式。据初步统计，7个管理区（区）围绕打造核心产业链共培育农业产业化龙头企业69家，其中国家级产业化龙头企业3家，省级产业化龙头企业14家，市级产业化龙头企业52家。

三是培育了一批国内知名品牌。近年来，各管理区（区）积极推进农产品质量追溯体系建设，不断加大农产品质量管控，农产品质量得到显著提升，培育了一批绿色食品、有机食品。据统计，全省农垦推广可追溯农业产品规模达30多万亩，追溯范围已覆盖茶叶、大米、蔬菜、柑橘、蟹等主要农产品。继"正虹饲料""乐宝食品""国泰食品"获中国驰名商标后，西洞庭管理区的"湘雅"食用油脂、"鑫湘汇"罐头商标亦被认定为"中国驰名商标"。大通湖大米、大通湖大闸蟹、迴峰蜜柑、君山芦笋等多个农产品成功获评国家地理标志产品。回龙圩管理区的迴峰蜜柑、脐橙荣获中国绿色食品发展中心A级绿色食品认证，成功列入中国农垦品牌目录，并获得湖南省著名商标、马德里国际商标。据统计，7个管理区（区）共获"三品一标"认证78个，拥有中国驰名商标6个，省著名商标7个。

四是探索了一批农业新业态。各管理区（区）结合本地资源特点，坚持创新驱动发展，在垦区发展起了康养农业、文创农业、休闲农业等一批农业新业态。东山峰管理区利用其独特的地理、气候、环境、产业等条件，推动农业与健康养老融合发展，大力发展"茶叶＋康养"农业，打造体验式茶园，将茶叶采摘与避暑相结合，带动了民宿发展，现有民宿50余家，每年给茶农带来经济收入200余万元。东山峰管理区被评选为"中国长寿之乡"。西湖管理区推动农业与文化产业融合发展，大力发展"奶牛＋文创"农业，将有关奶牛的知识和文化创意元素融入农业开发中，打造了奶牛科普、奶制品制作、奶牛酒店、农事活动等文创项目和活动，极大地丰富了农业内涵，提升了产业价值。君山区农业与休闲旅游融合发展，大力发展观光休闲农业，打造了君山野生荷花世界、洞庭湖博览园、良心堡万亩油菜花观光农业与乡村旅游新景点，建成了柳林洲葡萄走廊和新洲村农家乐特色一条街、洞庭湖生态渔村等一批休闲旅游基地，带动了农家乐、休闲农庄、观光农园的发展。

（三）先进科学技术广泛应用，垦区农业实现了科技化发展

各管理区（区）充分发挥农垦的体制机制优势，加快新技术、新品种、新装备的研发和推广应用，有力地促进了科技农业、高效农业、绿色农业的发展。农垦也逐步成为全省现代农业科技孵化的实验地和示范区。

一是推动新技术集成应用。各管理区（区）在推进现代农业发展过程中，积极推动新技术集成应用，重点集成推广了"两优两省"四大生产技术。"两优"即大力推广优质品种和优质栽培技术，提高农业的品质及产量。如君山区新泰和绿色农业集团，通过引进'瑞克斯旺35-522'再生辣椒新品种并开展试验示范，每年可以收获三季，每亩收入可达4万元，极大地降低了劳动强度和生产成本，提高了经济效益。"两省"即推广全程机械化省力省工技术，提高农业耕种收综合机械化率。屈原管理区以机育、机插、机防、机烘为重点，推广水稻全程机械化生产技术，积极推广履带式耕田机、大型高效农药喷雾机、收割秸秆还田一体机、秸秆打捆机、节能烘干机等新型高效机械以及与其相适应、相配套的高产高效农艺技术，提高生产效率和现代化水平。全省农垦系统近年来农业机械拥有量保持了较快的增长速度，农业机械化水平得到了迅速发展。据统计，截至 2020 年末，7个管理区（区）农作物耕种收综合机械化率达 86.14％，全省农作物耕种收综合机械化率为 62％，屈原管理区比全省平均水平高 24.14 个百分点。

二是信息技术广泛运用。以电子商务为代表的信息技术在农垦农业产业领域得到深入的应用和推广，逐步实现多渠道销售、在线支付、物流配送等全流程服务。在《"十三五"期间电子商务发展的指导意见》《关于加快农村寄递物流体系建设的意见》等文件出台后，农产品商品化、品牌化进程加快。2021 年，大通湖管理区的大闸蟹再次火遍全网，以食安天下农业为代表的闸蟹企业，与盒马生鲜、叮当买菜等平台合作，产品入超市、进社区，拓宽销售渠道后，经济效益大幅提升；该企业还开发出香辣闸蟹等熟制蟹产品，打破产品的季节限制，实现大闸蟹全年销售，利用线上销售形式，实现了消费人群、消费场景拓展，形成了基于互联网的新型产品销售方式。

三是智慧农业加快发展。数字化技术应用已经运用到农垦大米、柑橘、闸蟹、饲料、奶业、栀子等领域，垦区智慧农业实现较快发展。西洞庭管理区与中联重科合股份有限公司作建设智慧农业（水稻）项目，大力发展数字农业，初步建立了空天地一体监测体系、全生命周期的数据管控模型、智能控制的农事服务中心。2021 年是该管理区智慧农业（水稻）项目运行首年，农药、化肥使用量显著减少，其中早稻、晚稻、一季稻氮肥使用量分别降低 30.10％、37.72％、37.27％，总药剂使用量分别降低 34.1％、31.7％、30.0％，大米品质更好、口感更佳、成本更低、收益更高。

四是研发出一批创新型产品。各管理区（区）坚持以特色产业为依托，通过科技攻关，研发出一批拥有自主知识产权、具有市场发展潜力的创新型农业科技产品，有力促进了产业的高质量发展。西洞庭管理区通过与湖南农大联合科技攻关，利用朝鲜蓟茎叶研发出可以预防"三高"的保健茶，实现了变废为宝。屈原管理区大力扶持栀子产业开发，通过在企业设立院士工作站，加大新产品的研发力度，成功研制出天然色素、藏红花素、植物精油、天然香料、金栀甜茶等一批新产品，计划实现 10 亿元栀子 GMP 精源深加工产值目标，栀子价值成几何式增长。

（四）农业发展方式不断创新，垦区农业实现了联合化发展

近年来，各管理区（区）不断创新农业发展方式，大力实施"三联"战略，通过"引进来"和"走出去"两条腿走路，实行强强联合，在加快自身发展的同时，还积极参与并服务地方经济发展，充分发挥了农垦在推进农业现代化中的示范引领作用。

一是推动垦垦联合发展。大通湖、屈原等垦区本着"优势互补、共同发展"的原则，加强垦垦合作，推动现代农业发展。2019 年，大通湖垦区、屈原管理区与上海光明食品集团上海农场有限公司签订了战略合作协议，大力发展订单农业，结成长期、全面的战略合作关系。两个管理区通过光明食品集团上海农场有限公司连锁配送网络，推动名特优农产品进入"长三角"，进一步拓宽销售市场，促进垦区产业提质升级。

二是推动垦地联合发展。各管理区（区）充分发挥农业机械化水平高的优势，组建农垦农机合作社，全面推广"农垦职工＋合作社＋社会化服务主体"模式，为当地农村和农民提供播、插、收、烘、储等全环节、全过程服务，把农垦和农民连在农业产业链上，结成生产联合体。如屈原管理区在粮食生产农机服务方面，大力实施"六统一"模式，即由农机专业服务队为当地农民统一供种与催芽、统一机直播、统一排灌、统一机耕、统一防治病虫害、统一收割，既解决了"谁来种地、怎么种地"问题，又带动了当地现代农业的发展，实现了垦地联合发展。

困 难 与 问 题

近年来，湖南省农垦现代农业虽然实现了较快发展，但仍面临一些困难与问题，制约着农垦现代农业的可持续发展。

（一）土地集中成本较高，规模经营受到制约

一是土地回收阻力大。目前，7个管理区（区）共有经营田 22.32 万亩、责任田 26.03 万亩。2000 年湖南省农垦改革以来，农场土地参照周边农村的做法分给了农工。按照新一轮中央农垦改革的意见，通过确权颁证收回农工手中的农场国有土地存在很大难度。

二是流转成本逐渐上升。在发展适度规模农业时，随着土地流转兴起，流转费也水涨船高。目前，7个管理区土地流转费普遍为 400～600 元/亩，有的甚至高达 800～1 000 元/亩，土地流转成本的上升，影响了规模企业到农场进行投资，阻碍了产业规模化发展。

（二）优秀人才极度匮乏，企业发展遭遇瓶颈

一是企业经营人才稀缺。农垦改革的主线是垦区集团化、农场企业化，目标是打造具有国际竞争力的现代农业企业集团，从而更好维护国家粮食安全和主要农产品的有效供给。2000 年湖南省农垦改革时，农场已经实行属地化管理，本次调研的 7 个农场均已成为行政单位。在此基础上成立的农垦公司，如西洞庭管理区的现代农业投资开发有限公司、东山峰管理区现代农业有限公司、回龙圩管理区农垦集团公司等都是行政事业单位人员兼任公司领导，仅西湖管理区的丰润农业发展有限责任公司于 2021 年完成与行政事业单位的脱轨，实现市场化运作。二是农业科研人员流失严重。受地域环境、平台空间、科研实力、外界竞争和工作性质等诸多因素影响，在农场企业的农业科研人才流失严重，面临人才"新的引不来、旧的留不住"的窘境，尤其是高层次人才引进流出比例严重失衡。如何应对激烈的人才竞争，进一步留住和用好人才，已经成为当前现代农业发展的一项重要课题。例如，新泰和绿色农业集团 2018 年高薪聘请 8 名大学生专业技术人才，因企业平台有限、上升空间不足、农场生产生活条件有限等，虽然工资比一般企业还要高，但截至 2021 年 11 月，已有 6 名大学生选择离职，仅 2 名专业人才继续在基地工作。

（三）资金投入渠道狭窄，产业提升后续乏力

一是农垦没有专项。农垦农场争取项目比较困难，特别是自 2019 年起，省级财政农垦唯一专项"富民工程"也被整合，支持农垦发展的渠道进一步被压缩。二是湖南省"一同步，两覆盖"的扶持政策未全面落实。《中共中央 国务院关于进一步推进农垦改革发展的意见》明确"稳步加大对农垦投入，将农垦全面纳入国家强农惠农富农和改善民生政策

覆盖范围",但在具体落实过程中存在一定差距。一方面小农场在县市中被边缘化,难以享受国家政策。以人居环境整治村庄清洁行动和"厕所革命"为例,全省 61 家国有农场中,已纳入农村人居环境整治工作范围的农场只有 36 家,覆盖率为 59%;需要开展改厕的农场 53 家,已纳入"厕所革命"实施范围的农场只有 24 家,覆盖率为 45%,未纳入"厕所革命"实施范围的农场需要改厕的总户数有 6688 户。另一方面,农场没有行政代码,难以申报国家大型项目。目前,湖南省有副处级以上的农垦管理区(区)7 家,除君山区外,其他管理区(区)在申报国家项目时,不能直接申报,只能挂靠周边县,导致申报国家大型项目难以成功。

(四)农业科技投入有限,农产品科技含量仍普遍较低

农业科技创新前期投入大,单个公司或单个农场目前还难以独自承担。农产品精深加工不够,诸多农产品仍停留在初级产品和简易加工阶段,附加值不高。数字化、智能化农业缺乏大型试验示范,农民对新技术缺乏了解。受冷链物流、信息渠道等制约,高效优质农产品难以迅速从田间走向餐桌,科技投入不足影响产业做大、做强、做优。例如,东山峰管理区依托优良的自然条件,生产出的茶叶口感佳、品质高,获国家质量银质奖、湖南省名茶杯金奖、全国公认名牌产品、国际文化名茶评比金奖、绿色食品、"湖南十大名茶"湖南省著名商标等美誉。但东山峰管理区在茶叶生产过程中缺乏科技投入,生产管理方式落后,依赖于传统种植经验;生产设备换代滞后,产品质量无法保持稳定;新产品开发缓慢,茶叶产品单一;网络信息技术应用缺乏,优良的品质特点难以直观地被消费者了解,产品价值被忽略,严重制约了产业的发展。

对 策 与 建 议

农垦不但承担着保障国家粮食安全和大宗农产品有效供给的重大责任,同时还肩负着示范引领现代农业发展的重要使命。各垦区要坚定不移深化农垦改革,突破体制性、制度性障碍,着力将农垦打造成为现代农业的示范区、智慧农业的引领区、乡村振兴的样板区和体制机制的创新区。

(一)深入推进农垦改革,破解体制机制障碍

一是推进集团化改革。以西洞庭现代农业开发有限公司、西湖丰润农业发展有限公司、大通湖土地资产经营有限公司、屈原农垦集团有限公司、君山农垦有限公司、回龙圩农垦集团有限公司和湖南东山峰现代农业有限公司为重点,以优势产品、优质品牌为纽带,通过参股控股、联合联营,发展股份制经济、合作经济,壮大农垦现代农业企业集团,不断增强国有经济活力、影响力、控制力。推动各农垦现代农业企业集团建立股东会、董事会、监事会和经理层等机构,逐步规范公司治理结构,推动公司发展与市场经济相融合。二是要完善农场国有土地管理办法。加快出台土地管理办法,逐步建立国有农用地管理长效机制。明确农垦土地承包租赁的债权关系,构建权利义务清晰的国有土地经营制度,落实好退休退田制度。建立土地流转价格评估和担保体系,加大农垦农场土地统一集中流转力度,实现农垦农场对土地的统一管理,并按照产业发展总体规划统一配置土地资源,实现土地集约经营,推动产业规模化发展。三是要探索农场国有土地"三变"改

革。积极推进农场国有土地资源变资产、资产变资本、资本变股本的"三变"改革，盘活农垦国有土地资源，提高利用效率，破解农场产业发展资金瓶颈。

（二）加大农垦投入力度，构建投入长效机制

一是加大财政资金投入力度。加大与省发改委、省财政厅的协调力度，争取设立省级农垦产业发展专项，加大政府投入力度，着力开展数字农业、智慧农业、绿色农业等办点示范以及新品种、新技术、新装备的推广实验，提升科技攻关等补贴，努力将农垦农场打造成为全省现代农业的先行区和示范区。各级农业农村部门的农业项目要加大对农垦农场的倾斜力度，支持农垦先行、先试，努力为全省现代农业发展探索经验、创造模式。二是推动涉农政策全覆盖。督促各地全面落实中共中央 2015 年 33 号文件和湖南省委省政府 2017 年 3 号文件精神，在项目规划和安排时，要将农垦农场纳入其中，确保各项惠农强农富农政策全覆盖农垦。三是撬动社会资本投资产业发展。要充分发挥欠发达农场巩固提升等财政资金的引导和杠杆作用，通过政府与社会资本合作、政府购买服务、以奖代补、风险补偿等方式，带动金融和社会资本投入农垦产业发展；健全完善企业与农户的利益联结机制，鼓励农户通过产权、技术、产品等与农场开展多种形式的合作与联合，逐步建立以政府为主导，企业、社会、农户相结合的多元化、多渠道、可持续的投资体系。

（三）搞好产业发展规划，制定产业发展标准

一是制定产业发展总体规划。各农垦农场要按照"突出区域特色，优化区域布局，培育优势农业产业集群"的思路，科学制定产业发展整体规划。要结合农场发展特色和地理环境优势，将农场的产业纳入全省各类优势产业布局中，争取各类支持，活用各类优惠政策。二是制定产业发展标准。各农垦农场要围绕农业标准化生产，制定农业产业发展品种标准、生产技术标准、产品质量标准、产地环境标准等。要建立统一的技术服务体系，大力推广统一农业投入品供应、统一农业生产模式、统一技术规程、统一农机作业、统一产品质量、统一产品品牌、统一收购销售，推进农业高质量发展。

（四）加强人才队伍建设，激活农垦发展活力

一是建立农垦人才培养长效机制。推动农垦农场与湖南农业大学、湖南生物机电职业技术学院等高校建立产学研合作，搭建农垦人才培训平台，使高校成为农垦人才的培养基地、农垦农场成为高校的教学实践基地。组织农垦企业管理人员到沿海发达地区、先进垦区、国内外知名企业进行锻炼培养，学习先进理念和管理经验。二是健全农垦人才双向流动机制。各垦区要建立行政、事业单位与农场企业之间的双向人才流动机制，鼓励行政、事业单位优秀人才到农场企业任职、交流、锻炼，也为农场企业人员到行政、事业单位任职开辟通道，使农场企业人才出得去、进得来，激励更多的管理型人才愿意到农场企业工作。三是完善人才激励机制。各农垦农场加快形成底薪＋奖金、年薪、股票期权、利润分成等多形式的物质激励方式，吸引更多企业管理人才、农业科技人才到农场干事创业。

（五）提高农业科技含量，推动产业提档升级

一是加快新产品的研发。要围绕本地特色产业、主导产业，以龙头企业为主体，着力研发一批具有知识产权的新产品，不断拓展产业链，提升产品附加值。二是大力推广应用现代农业新技术、新装备。要加强绿色高效新装备新技术示范推广，特别是要大力推行农

业机械化作业，不断提高农业综合机械化水平，提升农业生产效益。三是用现代信息技术提升农业。要围绕打造一批数字农业示范区，着力推进农产品质量安全溯源、"互联网＋销售"、远程病虫害诊断、智慧气象服务等技术的应用，实现环境精确监控和水、肥、药等农业投入品精量控制，拓宽绿色优质农产品营销渠道，进一步提高农业信息化、智能化水平。

（本文发表于 2022 年 7 月）

打造高效现代设施农业"北京标准"

蔡朝晖

包衣种子、悬空种植、无土栽培、营养液滋养；碳中和、零排放；温度、湿度、光照全自动调整；全天候生长，周年供应……走进翠湖智慧农业创新工场，这里正颠覆着人们对农业的传统认知。

翠湖智慧农业创新工场由北京首农食品集团有限公司西郊农场投资建设，被北京市定为 2021 年"3 个 100"重点工程，是北京市高效设施农业发展计划的第一个示范项目。创新工场园区位于北京市海淀区上庄镇，前身是 20 世纪 50 年代欧式风格奶牛养殖场。随着城市的发展，按照北京市对畜牧养殖业的政策要求，2017 年养殖业正式迁出。为盘活奶牛场的国有资产，翠湖智慧农业创新工场应运而生。

创新工场园区占地面积约 1 000 亩，以"生产＋科研"两种业态为主导，分为研发创新基地、20 万平方米绿色蔬菜示范工厂和配套协作区三个功能区。意在形成以设施农业为核心的现代农业示范模式，带动区域农业科技化、标准化、优质化发展，同时对北京市农业发展起到引领示范作用，实现集成创新和产业驱动，以打造中国全新的高品质果蔬生产为目标。

宽敞明亮的绿色蔬菜示范工厂温室内，一排排、一个个番茄已陆续成熟，氤氲着特有的芬芳，一派生机盎然。据园区工作人员孙靖雅介绍，示范工厂一期智能连栋温室占地100 995平方米，高 8.16 米，东西长 544.8 米，南北宽 185.3 米，是北京市最大、京津冀地区单体最大的智能温室。温室主体骨架为钢结构，顶部覆盖材料为高透光减反射玻璃，透光率 95％以上，顶部采用双翼开窗系统，开窗面积占比 45％以上。示范工厂完全国产化设计，温湿度等数据采用智能控制，设施设备国产率达到 80％，是世界一流标准的智能温室。

在相当于 14 个足球场大小的温室内，首批种植的 24 000 平方米番茄已经进入收获期，几名工作人员正通过可升降的轨道车有条不紊地忙碌着。值得一提的是，温室内还常驻着一群系统外的"小员工"——示范工厂选用北京蜂业的雄蜂对番茄进行授粉，提高结果率。

在番茄生产线上，看不到一粒土，所有的种子植根于一种叫"椰糠"的绿色基质中，中控室通过一根根筷子粗细的白色管子将"营养套餐"注入其中，以供番茄生长。番茄生长主要依靠的是光、温、水、气、肥，示范工厂通过智能技术，从这五个关键点着手，为番茄提供最适宜的生长环境，并对每一株番茄的生长状况进行监控。当水分、温湿度任何一项指标不适合番茄生长时，系统会自动进行调整，实现一对一精细管理，使番茄品质更高，更具商品性。

"我们的温室特别环保，有新型水肥循环系统、环境控制系统，就连整个温室锅炉供暖产生的废弃二氧化碳都被收集起来，输送给每一株番茄进行光合作用呢！"孙靖雅自豪地说。

温室内，各个品种的番茄长势喜人。2021年12月31日，示范工厂完成首批番茄定植，实现了当年建设、当年完工、当年运营。这里主要种植了串收小番茄、口感番茄和试验品种三类。温室内种植的番茄每一串都控制在12个左右，主要为红色和黄色两种，还有粉色、绿色、橘黄色的。其中，一种黑紫色、有西瓜纹路的，被称为"紫金"的番茄和一种柿子椒形状的番茄更是引人注目。孙靖雅指着一个大个儿番茄说，这个可好吃了，就像糖拌西红柿的味道，不用放糖也那么甜，沙沙的。

小番茄既是蔬菜又是水果，有着迷人的外形和多重的功效，被称之为神奇的菜中之果，深受女士、限糖人士的欢迎，近些年越来越被认可，已成为主流食品，有着广阔的市场前景。高产、高品质是高效设施农业的最突出特点，这里的番茄产量是普通农业设施的3~5倍，一期全部达产后，每天产量可达10吨。示范工厂种植的番茄果实圆润、果形整齐、口感酸甜，富含丰富的番茄红素，营养价值高。示范工厂将通过"会员＋商超＋新媒体"的组合营销模式进行产品销售，保障北京市民"菜篮子"供给。

翠湖智慧农业创新工场项目将融技术集成、科技创新、成果转化、蔬菜生产、生活服务于一体，为所在区域的农民就业增收和农业提质增效起到带动和示范作用。项目将引入栽培技术研究、作物生理研究、温室环境研究等10个领域的科研团队入驻，开展技术攻关。今后，园区将与农业院校、科研院所、科技公司等合作共建，推动专业、产业、院企相互促进、共同发展。目前已与农业农村部规划设计研究院、中国农业科学院、中国农业大学等单位达成合作意向。

"智能温室生产将现代生产方式植入传统农业生产中，创造出适宜植物生长发育的环境，提高了单位面积产出率、资源利用率、劳动生产率，是高科技农业的典型代表，符合首都功能定位，引领农业科技创新。"示范工厂负责人李新旭说，"推进高效设施农业技术，关键是要有专业人才作为支撑。高效设施农业更容易吸引年轻的技术人员投入农业、发展农业，是未来农业的发展方向。公司将广泛吸纳人才，助推农业科技的发展。"

近年来，在严格保护耕地和永久基本农田的前提下，北京积极开展高效设施农业用地试点工作，形成用地空间合理、管理规范有序、产出效益良好的高效设施农业发展格局，推动了首都农业高质量发展。翠湖智慧农业创新工场被列入北京市政府重点工程和"十四五"攻关项目，园区运用数字技术，实现人工到智能的升级；打破土壤连作化肥农药施用、劳动力成本增加等制约我国蔬菜产业的发展瓶颈。项目在设计建设过程中考量、运用高校及科研院所的成果，提高国产化率，有效降低建设运营成本。通过对园区内产生的二氧化碳回收再利用，年固碳量可达2 000吨，栽培基质采用环保材料，减少对环境的破坏。园区有机集成农业技术、设备、智能化和网联化，并根据当地20年的气象数据，对温室的设计、建设、生产模式进行创新，使其有利于在中国推广借鉴，引领生产经营向智慧农业发展。

2022年中央一号文件中提出"加快发展设施农业"。翠湖智慧农业创新工场致力于打造高效现代设施农业"北京标准"，助力北京农业高质量发展。

（本文发表于2022年5月）

为"中国粮"装上更多"北大荒芯"

——北大荒集团强势发力为国家
"解决好种子问题"纪实

张克华　鲁宏杰

北大荒农垦集团有限公司（简称北大荒集团）旗下的北大荒垦丰种业股份有限公司（简称垦丰种业）作为一家国家高新技术企业，在多次评比中连续获得"年度最具影响力企业""智慧农业典范案例奖"等殊荣。这是北大荒集团构建现代种业体系，着力开展种源"卡脖子"技术攻关，打造种业创新高地，为"中国粮"装上更多"北大荒芯"，努力当好保障国家粮食安全压舱石的一个缩影。

仅"十三五"时期，北大荒集团审定农作物新品种就达 200 个，获得植物新品种权 87 个，自主研发的优质水稻品种累计推广 1 000 多万亩……垦丰种业的玉米、水稻、大豆种子销售额行业排名第一，国内种业企业综合排名第二。

北大荒集团不断夯实种子产业发展根基，以龙头企业为载体，以科技创新为核心动力，全面推进种子"育繁推一体化"建设，以高度的政治责任感和使命感，坚决为国家"解决好种子问题"贡献一份力量。

培育壮大种业龙头企业

创新决胜未来。企业作为创新的主体，是推动创新创造的生力军，也是创新成果的使用者、受益者。做大做强种业企业是北大荒种业振兴的重要举措。2001 年，北大荒垦丰种业股份有限公司挂牌成立。经过多年的发展，垦丰种业已发展成集研发、生产、加工、销售、服务及进出口业务于一体，具有完整产业链、多作物经营的现代化大型综合性种业公司。连续多年被评为国家高新技术企业、全国信用骨干企业、中国种业明星企业、黑龙江省诚信企业，获批第十批黑龙江省农业产业化重点龙头企业，"垦丰"商标被认定为中国驰名商标。

近年来，垦丰种业坚持自主创新，建立起以商业化育种为核心的研发创新体系、以全程质量控制为核心的生产加工体系、以全方位终端服务为核心的市场营销体系和支持与服务型总部的"3＋1"总体架构，形成标准化、程序化、信息化的高效运营模式。

数据显示，垦丰种业运行质量持续向好，2019 年，实现营业收入 13.8 亿元，净利润 1.23 亿元。

但是在垦丰种业看来，与行业巨头相比，育种关键技术落伍、种质资源匮乏、品种水平落后三大"卡脖子"问题仍是企业发展的软肋。为此，垦丰种业投资 4 亿元建设了 1.3

万平方米的研发中心，加大科技投入，加强种质资源开发利用和自主创新技术攻关。其中，种质资源库面积 1 000 平方米，库存容量可达 40 万份。目前，一期工程共保存有各类种质资源 9 万余份。

不仅如此，垦丰种业还首创了国内"Pipeline 育种"模式，按照育种流程设立种质资源研究、育种创新、生物技术、基因技术、产品测试、农艺配套和南繁加代等专业团队，组成创新链，构建起由首席科学家负责、团队成员分工协作、流水线运行的商业化育种体系。

目前，垦丰种业每年投入研发资金 8 000 万元以上，有效保障了研发能力和水平持续提高，新品种不断产出，形成了年参试品种 400 个、年审定品种近 30 个的育种研发能力。

科研机构聚力种业创新攻关

种业发展离不开科技支撑，最重基础的就是种质资源开发与利用。北大荒集团深刻地意识到，只有加快关键技术的创新攻关，才能打赢种业翻身仗。

作为北大荒集团直属的农业科研机构，黑龙江省农垦科学院聚焦农作物种质资源创新与利用，在种子培育上嵌入"农业芯片"，大力开展抗逆、优质、高产水稻品种，早熟、耐密、高产专用型玉米，高蛋白、高油大豆品种，以及特色经济作物、有机绿色果蔬品种的种质资源搜集、保护、鉴定及育种材料的改良和创制，为北大荒集团种业核心科技创新注入了"新动能"。

农垦科学院谋划建成北大荒集团种质资源圃，引进一批优质、高产、多抗种质资源，力争用两年选育出大豆、玉米、水稻新品种 10～12 个，引进和培育经济作物新品种 15 个以上。开展育种理论方法和技术、分子生物技术等基础性、前沿性和应用性科研，以及常规作物育种和无性繁殖材料选育等公益性研究，应用分子标记、单倍体等生物辅助育种手段，提高育种质量、加速育种进程。通过现有品种筛选、优质资源引进和新品种选育三种途径，选育出适合北大荒集团种植的优质品种。

"十三五"期间，农垦科学院共有 58 个农作物新品种通过审定。其中，大豆品种 31 个，玉米品种 10 个，水稻品种 17 个；申请植物新品种保护权 10 项，包括大豆 1 项，玉米 3 项，水稻 6 项。新审定的'垦裕甜 1 号'是北大荒第一个可以生食的水果玉米。'垦豆''垦丰'系列大豆品种先后荣获中华农业科技奖、全国农牧渔丰收奖。长粒水稻品种'垦稻 51'单产高达 11.5 吨/公顷，创下高产王的美誉。'垦研 017'水稻抗倒伏性经受住三次强台风恶劣天气的考验，'垦豆''垦丰'系列大豆品种累计在全省推广 7 500 多万亩，新增社会效益 45 亿余元。

突破地域限制加快种业发展

地处祖国东北角的"北大荒"，每年作物耕种只有一季。因此，为加快种业发展，北大荒集团采取南繁北育的科研育种方式，每年在秋季收获后，把育种材料拿到南方热区进行繁殖和选育，收获后再带回北方，全年无休。这样可以缩短 3～4 年育种周期，大大加速育种过程。

垦丰种业南繁育种的历史可以追溯至 20 年前，南繁育种成为这个公司商业化育种体系的重要一环。

为提高南繁工作专业性，垦丰种业设立了南繁公司，提供南繁工作全程专业化生产、生活管理服务，制定《南繁管理办法》，以规范南繁科研育种工作的运行和管理。不仅如此，垦丰种业还做好了为第三方提供南繁服务的准备。

正是通过南繁北育相结合，垦丰公司的优良农作物新品种快速涌现。近 5 年来，垦丰种业共审定农作物新品种 134 个，推广的'垦沃'系列、'龙垦'系列玉米新品种，为黑龙江省北部地区实现合理轮作、粮食增产、农民增收作出重要贡献；'龙垦 306''龙垦 310'等'龙垦'系列大豆新品种，有效加快了黑龙江省第四积温带等主栽区大豆品种的更新换代；'龙垦 2021'等优质香稻新品种，填补了黑龙江省第二积温带早熟、长粒、优质品种的空白。

近年来，农垦科学院南繁基地建设也取得了突出成绩。科学院结合国家玉米产业技术体系，近两年完成杂交组合 5 600 多份、24 个品系加代；水稻南繁配制杂交组合 3 970 余份，F_1 代、F_2 代以及高世代群体材料选育加代共 10 010 余份；大豆种植杂交组合 F_1 代 73 个组合 154 行，种植杂交组合 F_3 代 87 个组合 2 557 行。

全面推进育繁推一体化建设

"育繁推一体化"是推动种子产业化的巨大动力，在狠抓品种选育核心攻关的同时，必须同步推进良种生产繁育和推广。

垦丰种业目前具有国内领先的种子生产加工基础设施条件。在新疆、甘肃和黑龙江均有稳定优质的种子生产基地；玉米种子机械去雄技术趋于完善，具备了玉米制种全程机械化的基本条件；玉米种子从果穗入仓到成品种子入库，初步实现全程自动化、数字化、智能化；在梧桐河农场建成的种子加工中心，具有 3 万吨水稻种子加工能力，区域水稻种子集中加工完成初步布局。

有了自己的新品种、新品牌和优质的扩繁生产基地，下一个环节就是健全种子推广服务体系，打造品种展示中心，辐射带动周边农村共同发展。北大荒集团将以垦丰种业为主体进行整体规划、整体布局，以高标准农田为载体，辅以高产、优质、高效的栽培模式和标准化的管理手段，打造 30 个新品种展示中心，面向种植户、面向农村，通过示范展示，把适合当地种植的高产、优质、抗逆性好的品种推广出去，让更多的农民受益。

在全球农业竞争中，掌握了种业的核心技术，才能在竞争中掌握话语权。2020 年 12 月，中央经济工作会议把"解决好种子问题"列入国家 2021 年 8 项重点任务，提出要"开展种源'卡脖子'技术攻关，立志打一场种业翻身仗"。北大荒集团党委书记、董事长王守聪表示：作为我国国有农业经济的主力军、农业领域的国家队和保障国家粮食安全"压舱石"的北大荒，国家需要、省委省政府的要求就是我们的职责所在；我们要在省委省政府的坚强领导和大力支持下，着力开展种源'卡脖子'技术攻关，以选育玉米、水稻、大豆等主要农作物新品种为核心，以新品种产业化为目标，集团良种统供率要达到90％以上，从而打赢种业翻身仗，实现种业强国梦想。

未来，北大荒集团将扛起打造农业领域"航母"的责任使命，发挥自身优势，在种业创新体系、繁育体系、服务体系上精准发力，加快构建"育繁推一体化"的产业新格局，打造具有国际竞争力的"种业航母"，让更多农民用上"中国种子"。

（本文发表于 2021 年 3 月）

长三角一体化战略形势下中垦
种业的发展思考

王 怡

农垦是国有农业经济的骨干和代表,是保障国家粮食安全和重要农产品有效供给的国家队。农垦从成立至今,始终将种子产业建设作为农业结构调整和农产品竞争力提升的关键点和突破口。2015年《中共中央 国务院关于进一步推进农垦改革发展的意见》明确指出,整合种业基地和科研资源,实施联合联盟联营,做大做强"育繁推一体化"种子企业。

中垦种业基本情况

种子是重要的粮食生产资料,种子安全粮食才安全。因此,组建中垦种业股份有限公司(简称中垦种业)并将之打造成为现代大型综合性的粮食综合性种源企业,既体现了国家种业发展战略要求,又符合农垦种业改革需求。

中垦种业成立于2016年9月,注册于上海市虹口区,首期注册资本1亿元。由光明食品集团上海农场有限公司、北大荒垦丰种业股份有限公司、湖北联丰现代农业集团有限公司、重庆农投种业有限公司、宁夏灵武农场有限公司、甘肃省农垦集团有限公司共同出资组建。目前中垦种业注册资本3.086 8亿元。

中垦种业遵循现代企业管理制度,建立了股东大会、监事会等决策和监督机构,实行董事会领导下的经理负责制。目前主要在长三角地区开展水稻、小麦种子的研发、生产、经营,年销各类种子5万余吨,综合实力与销售规模、销售利润居上海市粮食作物种子行业第一,在华东地区处于市场前列,是华东地区单体最大的农作物种子生产加工企业。

通过两年多时间的正式运营,中垦种业取得了国家级水稻"育繁推一体化"企业资质、国家级高新技术企业资质、上海市重点农业企业称号,公司的研发中心被农业农村部农垦局认定为全国农垦种业科技创新中心,公司联合中科院遗传与发育所、江苏(武进)水稻研究所共同成立了绿色水稻研发创新中心,公司试验基地被认定为国家第一批农垦种子试验示范基地。

中垦种业融入长三角一体化战略的思考

2019年12月1日,中共中央、国务院印发了《长江三角洲区域一体化发展规划纲要》,这是指导长三角地区当前和今后一个时期一体化发展的纲领性文件,是制定相关政策和规划的依据。绿色发展是长三角一体化战略规划的重要内容和目标,纲要提出,加快长三角生态绿色一体化发展示范区建设,在严格保护生态环境的前提下,率先探索将生态优势转化为经济社会发展优势、从项目协同走向区域一体化制度创新，打破行政边界，不改变现行的行政隶属关系，实现共商、共建、共管、共享、共赢，为长三角生态绿色一体化发展探索路径和提供示范。

在长三角一体化发展国家战略背景下，中垦种业要抢抓机遇，乘势而上，做强做优做大。

（一）指导思想

以习近平新时代中国特色社会主义思想为指导，深入贯彻党的十九届五中全会和中央经济工作会议精神，努力践行习近平总书记关于"中国饭碗，中国粮食""中国粮，中国种"的重要指示。充分发挥企业市场主体的作用，实现基础研究与应用研究无缝对接，把中垦种业打造成全国有影响、长三角领先的具有原始创新的科技型种业企业。

（二）发展方向

依托科技创新，打造高科技种业企业，坚持绿色理念，坚定"双节"水稻种业为主要发展方向，努力将中垦种业打造成为全国创新型种业的标杆。

（三）发展举措

1. 创建"长三角双节高效水稻产业化创新联盟"。 以"集聚资源、共享共赢、开放协作、产业服务、市场运作"为理念，联合国内致力于绿色水稻种质资源创新的单位，以互利互惠、优势互补、资源共享、合作共赢为原则，整合育种产业链上资源，形成发展合力，搭建绿色水稻产业技术创新、公共服务和产业开发平台，解决科研机构、种业企业技术需求以及产业发展需求，为长三角绿色水稻的发展提供科技支撑，加速推动我国水稻绿色革命发展。

集成和共享绿色水稻种质资源，加强合作研发，突破绿色水稻种质资源创新共性和关键技术瓶颈，搭建绿色水稻新品种技术创新平台；运用基因编辑、信息化等现代技术，开展资源数据共享、仪器设施共用、资源条件保障、试验基地协作、专业技术服务、技术转移服务、成果孵化服务以及国际科技合作与交流等，构建开放的科技基础设施和公共服务平台。

拟联合中科院遗传与发育生物学研究所、中国水稻所、上海农科院、江苏农科院、南京农业大学、扬州大学、武进水稻所、大华种业、皖垦种业、勿忘农种业、垦丰种业、光明米业、苏垦米业、北大荒米业等产业链的上中下游企业共同创建"长三角双节高效水稻产业化创新联盟"，形成从基础研究到科研育种、到良种良法配套技术研究、种业推广服务、稻米精深加工全产业链的深度融合发展模式，促进科技资源高效共享，创新主体高效协同，基础研究与应用研究融通发展。到"十四五"末，将"创新联盟"打造成全国领先的科技创新共同体，打造全国种业科技服务的"上海样板"，中垦种业在"创新联盟"中发挥引领作用。

2. 组建"中国双节高效水稻研发中心"。 计划依托中国农科院钱前院士团队、中国科学院傅向东研究团队、江苏（武进）水稻研究所、中垦种业四方共同组建"中国双节高效水稻研发中心"。以"绿色、优质、氮高效"为主攻方向，建设绿色水稻功能实验室，以生物工程育种为主要手段，加速推进基础研究与科研育种的应用衔接，打造专业化、集约化、信息化、自动化的商业育种程序，争取建成在长三角地区乃至全国有较大影响力的水稻专一方向的研发中心。

（四）具体目标

一是研发出一批具有自主知识产权和重要生产应用价值的绿色优质节氮水稻新品种，以氮高效、优质食味、高产稳产、抗病抗逆为目标，挖掘并利用高产与氮高效协同改良的优异基因，优化抗稻瘟病、抗条纹叶枯病、抗飞虱等多个性状的多基因耦合，优化设计育种技术体系，创制出一批综合性状优良的育种中间材料，集成一批规模化种植生产技术体系，培植一批顶尖的科技人才、产业人才和创新团队。

二是提升长三角绿色水稻核心竞争力和种业企业自主创新能力，在体制机制创新、科技成果转移转化、领军人才及梯队培养、营销服务能力提升等方面持续发力，通过科技创新引领绿色水稻发展方向，为水稻产业高质量发展提供解决方案。

三是建立健全优质氮高效水稻推广及营销网络，优化渠道建设，发挥长三角农垦示范引领作用，以上海为中心，在长三角地区进行产业化示范，通过百亩示范点、千亩示范方、万亩示范片，构建"品种—种植—加工—销售"全流程体系，创建氮高效稻米品牌，推动绿色水稻的产业化应用和开发。

四是以减少肥料用量、提高产量且同步提高稻米品质为目标，研究探索绿色高产高效优质栽培技术，率先研究制定"双节"绿色水稻系列标准化栽培技术规程，形成长三角"双节"水稻品种的行业标准，引领行业发展。

雄关漫道真如铁，而今迈步从头越。中垦种业将在农业农村部农垦局的关心支持下，在各大股东的帮助下，立足长三角，在种业振兴的东风中，继续艰苦奋斗，为中国种业的崛起做出应有的贡献。

（本文发表于 2021 年 9 月）

大华种业：扛起打好种业翻身仗
的责任和使命

陈付祥　曹宏毅　洪　洁

国以农为本，农以种为先。2020 年中央经济工作会议提出，"要开展种源'卡脖子'技术攻关，立志打一场种业翻身仗"。2021 年中央一号文件提出，"打好种业翻身仗"。

江苏省大华种业集团有限公司（简称大华种业）作为国有大型种企，身处全国现代农业发展高地的江苏农垦，自觉扛起打好种业翻身仗的责任，使命光荣，责无旁贷。必须勇挑重担，攻坚克难，努力解决种子"卡脖子"问题，建设现代"种业航母"。"十四五"时期，大华种业将聚集主业，发挥自身基地优势，致力打造现代化自主可控种业产业链，不断构建新发展格局。

强基础、抓优势，打好种业翻身仗

大华种业是集农作物种子研发、生产、加工、销售、服务于一体的国有大型现代种业集团，是国内生产经营量最大的种子企业。公司总部位于南京，下辖 21 家分公司、6 家控股子公司，广泛分布在江苏省徐州、连云港、宿迁、盐城、淮安、南京等市和陕西、安徽、河南、山东等省，员工 600 多人。"十三五"以来，大华种业坚持以提质增效为发展主线，全面建设现代种业产业体系，取得了显著成效。

多年来，大华种业潜心耕种、久久为功，为打好种业翻身仗奠定了坚实的基础。

（一）完整的产业体系

江苏农垦是"从土地到餐桌"纵向一体化、全产业链的国有农业产业集团。大华种业依托江苏农垦的资源优势，形成了科研、良繁、收储加工、销售、技术服务、特色产品回购加工 6 大体系。构建了完整的农业产业链，上下游高度协同，产业链运转高效。

（二）良好的发展基础

过去 10 年，大华种业一直坚持提质增效，始终保持小步快走、良性、可持续的发展态势。在整合资源上市的过程中，公司持续优化、完善内控制度体系，提升投资、科研、管理的效率，提升风险防控能力，打造企业规范高效的运营管控体系，保障企业行稳致远。"十三五"期间，公司种子的销售量、销售收入年均保持在 10％以上的增幅，利润稳定在 6 000 万元以上。2020 年，大华种业销售各类农作物种子 41.8 万吨，营业收入 13.8 亿元，利润总额 6 200 多万元。2013 年、2016 年、2019 年，公司连续三次被中国种子协会认定为"中国种业信用明星企业"，从第十名逐年晋升，目前综合排名第四。

（三）雄厚的企业实力

大华种业注册资本达 5 亿元，在国内居于行业前列。近 10 年来，公司效益平稳发展，企业实力不断增强。截至 2020 年底，公司资产总额 13.5 亿元，净资产 11.2 亿元，近 5 年企业的资产负债率都在 20% 以下。近 6 年企业年均净资产的增加都在 5 000 万元以上。雄厚的企业实力，为投资研发解决"卡脖子"问题、投资装备提升保种能力、打好种业翻身仗奠定了坚实的基础。

（四）完善的科研体系

大华种业建有完整的企业科研体系，建有大华育种研究院，研究院下设 3 个研究所、1 个分子育种中心、2 个南繁基地和 15 个生态试验站，拥有高标准的试验基地近 2 000 亩，拥有各类研发人员 60 多人。与省内外 20 多家农业科研单位建立了长期合作关系，参加国家小麦良种重大科研联合攻关。每年参加国家、省级各类试验的新品系有 40 多个，育成水稻、小麦、玉米新品种 50 多个。

（五）坚实的基地保障

依托垦区耕地资源，大华种业现已建成稻麦高标准繁种基地 80 万亩，种子生产实行"统一连片布局、统一农资供应、统一技术措施、统一机械作业、统一质量标准、统一种子收储"的"六统一"规范管理。高标准的繁种基地、标准化规范化的管理，是公司繁种最坚强的后盾。2019 年、2020 年苏垦农发近百万亩的小麦繁种，平均亩产为 577 公斤（世界平均亩产为 267.4 公斤，中国为 382.2 公斤），麦稻年亩产近 1 200 公斤，苏垦农发常年亩产量比地方高 15% 以上。较高的繁种产量，提升了基地种植效益，推动了整个产业链上下游良性循环。

（六）一流的加工能力

大华种业拥有国内一流的种子烘干及加工成套设备，装备了厢式低温干燥机近 200 台、塔式干燥机 14 套、种子成套加工线 30 多条，可日烘干种子 1.5 万吨、日精选种子 5 000 吨。公司种子仓储面积 10 多万平方米，仓储容量约 35 万吨以上，拥有种子专用水泥晒场 100 多万平方米；种子检验室面积 2 000 多平方米，拥有种子标准发芽室 22 个，配备各类种子检测仪器 800 多台。这些装备不仅保证了种子加工产能和加工质量，还极大提高了极端天气下的抗灾保种能力。

（七）全程质控体系

大华种业在全国种业企业中率先建成种业农产品全面质量管理体系和农产品质量安全控制系统，种子生产、加工、销售过程中的每一个关键信息都记录在系统中，做到"源头可追溯、风险可管控、流向可跟踪、信息可查询、责任可追究"，行业内大华种子质量有口皆碑。

（八）广泛的品牌美誉度

伴随着公司发展壮大，"大华"品牌价值凸显，行业地位持续提升。大华种业是"农业产业化国家重点龙头企业"、国家"育繁推一体化"种子企业。2017 年，大华种业当选为中国种子协会副会长单位及其小麦分会会长单位。"大华"商标是中国驰名商标。

攻科研、创新举，扛起打好种业翻身仗的责任

（一）聚焦科研，全力解决"卡脖子"问题

1. 自主研发，整合资源。 在自主品种研发上，逐步从数量优势向质量优势转化提升；在资源整合上，进一步加强与科研院所合作，推进种质创新项目的稳步实施；在科研创新上，积极运用分子辅助、基因编辑等先进的技术手段，破解品种卡口，攻克技术难关；在育种体系上，积极推进常规品种的商业化育种体系建设，赋能育种目标决策系统、育种技术研发系统、生物信息处理系统、田间测试评价系统、生产与市场反馈系统、种子资源利用系统等六大系统的融合配套。凡此种种，旨在培育出符合市场需求的新品种，做成大品种。

2. 加强合作，联合攻关。 深化与科研单位紧密合作，深入实施良种联合攻关和现代种业创新提升工程，特别重视参与重大攻关行动，有序推进育种产业化应用。大华种业已牵头成立江苏省小麦创新联合体、水稻创新联合体，并成为长三角种业创新联盟副理事长单位、全国小麦良种攻关唯一企业成员单位。

3. 对外合作，加强交流。 加强与省内外科研单位在品种审定前的合作，联合开展种源"卡脖子"技术攻关和转化应用。大华种业已建成品种鉴定体系，利用"大华"生产、推广和品牌优势，提前 2～3 年将科研单位优势、特色明显的品系，征集过来集中试验、鉴定，加速特色品种的鉴定、审定、推广、应用，更好发挥良种的社会效益，保障国家粮食安全。

2020 年，大华种业先后与中国农科院、山东农科院、西北农林大学、安徽农业大学建立合作关系，开展育种方面的研究；与鲁研种业、伟隆种业、大地种业、众信种业等种子企业加强品种开发合作；与扬州农科院、武进水稻所、淮阴农科院、河南农科院深化合作关系，开发转化部分品种。良好的信誉、一流的良繁能力、完备的销售体系和品牌影响力，吸引科研院所都愿意将最新最好的科研成果拿来与大华合作，公司品种合作多点开花局面正在形成，合作效率和效果明显提升，整合社会研发资源建立公司可持续品种创新能力的目标正在逐步实现。

（二）增加投入，持续提升保种能力

1. 推进农产品全面质量管理。 大华种业出台《农产品全面质量管理实施细则》，建立公司两级全面质量管理组织体系，明确质控平台管理、过程管理、事故应急管理三个方面工作要求。实施农产品全面质量管理绩效考核，构建起全面质量管理严密的组织、运行、考核体系。

2. 优化良种繁育体系。 良种繁育是常规种子生产的基础和核心，公司制定实施《良种繁育管理办法》，原种的质量，规范繁种的流程。出台《自主经营品种内部调拨管理办法》，引导繁种布局向优势产区集中，实行原种内部订单调拨制。全面推动公司良种繁育向规范化、集约化、精准化方向发展，深度发掘公司生产基地优势。

3. 实施技改创新项目。 为发挥基层员工的主动性、创造性，控制良繁成本，保证良繁质量，推动技改创新项目落地实施，达到降本增效的目的，大华种业先后出台了《技改

创新激励方案》，制定了《种子设备专家库建立及管理办法》，遴选出首届十名设备专家，建立了设备专家库。积极推动技改项目的申报、立项、实施、验收，并对技改项目进行评比，年终对技改成效明显的单位、个人进行表彰。

（三）完善服务，创造服务价值

1. 推进服务体系建设。 大华种业以技术服务体系为核心抓手，开通大华农服微信公众号，创建直播平台，组建总部和区域市场种植大户服务群，开展在线直播讲堂、专家问答培训、网上示范播台、农技知识推送、自主品种推荐等服务活动，为公司和客户之间搭建技术沟通桥梁。服务体系投入运营以来，已建立大户服务群 25 个，发表原创技术文章 43 篇，开展技术服务视频直播 11 次，服务农户数万人次，活跃粉丝 3 500 人以上。大华农服在建设客户"农友之家"的道路上稳步前进。

2. 不断提升服务品质。 一是始终牢牢树立"服务创造价值"的理念，品种推广中坚持做到良种良法配套。二是积极向社会推广苏垦农发先进的高产栽培技术，通过高产栽培技术的推广应用助力农户实现高产高效。三是提升大华农服内容质量，解决技术的及时性、针对性，增加粮情等内容，通过服务质量、服务创造的价值来吸引、增加粉丝人数，增加粉丝活跃度，使大华农服成为大户离不开的参谋、军师和良师益友。四是提升线上线下互动水平，重点提高线下服务农技水平，瞄准把每个销售员培养成农业技术员的目标，强化销售人员农业生产经营全程知识、技能的学习培训，把销售人员培养成技术员，持久打造强大的线下售后服务能力。

（四）种粮一体，加粗延长产业链

深入研判、分析市场，了解加工企业的需求，并与科研单位合作，研发企业、市场需要的特色品种，发挥种子企业在农户与企业之间桥梁纽带作用。联合粮食加工企业收购特色粮食，实现农户种植的高产高效，同时解决加工企业特色原料基地质量不稳定、数量不足等问题，拉长加粗产业链，推动整个产业链上下游良性发展。

"十四五"期间，大华种业将以农垦基地为支撑、科研创新为抓手、常规稻麦为核心、双杂及蔬菜为两翼、强强联合为动能，发挥优势，勇挑重担，为扛起打好种业翻身仗逐梦远航，冲锋在前！

（本文发表于 2021 年 6 月）

以"育繁推一体化"推动皖垦种业创新发展

陈　军

在竞争日益激烈的市场环境下,许多传统的国有企业面临生存的危机。为了化"危"为"机",解决生存问题,获得更广阔的发展空间,企业必须适时进行战略转型。

2019年9月以来,安徽皖垦种业股份有限公司(简称皖垦种业)紧紧锚定三年上市目标,坚持"育繁推一体化"发展,一手抓深化改革、一手抓创新发展,各项工作稳步推进。

以深化改革为重点,构建皖垦种业发展新体制

皖垦种业于2018年被省国资委遴选推荐,入选成为国务院国资委国企改革"双百行动"企业。综合改革方案涵盖了推进股权多元化和混合所有制改革、健全法人治理结构、完善市场化运营机制、健全激励约束机制、全面加强党的领导和其他综合配套改革,共六大方面。截至2020年12月底,"双百行动"工作任务已基本完成。

为推进双百行动各项任务的顺利完成,安徽省农垦集团公司出台了皖垦种业体制改革试点工作方案,重点改革皖垦种业的管理体制。经过近一年的体制改革,理顺了皖垦种业总部与分公司的经营管理体制与机制。在上市战略引领下,公司营销、科研、生产资源得到整合加强,进一步增强了皖垦种业"育繁推一体化"发展能力,巩固和强化了产业优势,高起点的育繁推体系建设正全面铺开。截至2020年12月底,安徽省农垦集团有限公司关于皖垦种业体制改革试点工作方案各项任务已全面完成,进一步夯实了皖垦种业发展和上市基础,形成种业发展新体制。

以统一科研体系为突破,培育科技创新新动能

皖垦种业提出坚持以市场需求为导向,按照"科研一盘棋"的思路,制定了研究院中长期发展规划和科研育种目标三年计划。全院下设四个科研所,成立白麦玉米(大豆)和水稻红麦2个综合性育种课题组,对应营销两大中心,科研连接营销、连接市场的态势基本形成。在安徽省农垦集团公司的支持下,落实科研首批用地1 000亩,在海南建立崖城和陵水南繁基地近50亩。

皖垦种业牵头发起皖垦黄淮南片小麦试验国家联合体和水稻国家科企创新联合体。发起成立安徽省唯一特殊用途的软麦育种联合体。牵头承担安徽省抗赤霉病小麦新品种选育项目、省科技厅优质抗病两系杂交稻新品种选育项目。2020年公司在科研上累计争取和投入资金近1 000万元。

皖垦种业在不断夯实常规稻麦的同时,着眼长远发展,与省农科院、安徽农业大学

杂交水稻育种团队充分对接,从基础做起,并借船起航,坚定拓展两杂种子新业务。

以统一生产体系为抓手,构建皖垦种业发展新路径

皖垦种业在夹沟农场建立万亩原种基地,在分公司建立三圃田生产体系。夹沟万亩原种基地的建成,将是我国小麦唯一万亩规模的原种基地,配套三圃田生产体系对良种进行提纯复壮,从源头提升种子质量,力争3年实现万亩全覆盖。

皖垦种业修订统一的良种生产技术管理规程,实现全公司种子生产加工仓储的制度化、标准化,种子生产环节质量把控开始有章可循。

皖垦种业建立市场化预约繁殖。公司在2020年小麦秋种布局中,取消传统的种子粮定价询价方式,按照市场化原则,建立了稳定的定价政策,符合公司上市对规范性、独立性的要求。

以统一市场营销为龙头,构建皖垦种业发展新引擎

皖垦种业围绕"做稳小麦、做强水稻、做开玉米、做新经作"的发展思路,根据种业的企业属性,将"市场营销"定位为种业"育推繁一体化"发展的龙头,以营销引领企业发展,按市场需求指导育种方向和目标。

皖垦种业在原有三个事业部的基础上整合营销资源,成立营销中心和水稻发展中心。两个中心根据品种和区域市场特点,统筹开展种子营销,并加强对分公司营销业务指导,统一营销策略,统一营销价格,基本形成"两大中心为主体、分公司有益补充"的统一营销体系,形成合力。

对全部自营品种进行了摸底调查和系统分析。皖垦种业从技术、市场、运营等多要素进行了充分论证,在业内首提"绿稻红花"产品概念,联合紫云英有关种业企业,开展万亩种植试点。结合公司沿淮基地较多,适合繁殖软质小麦的资源禀赋,加快皖垦软麦业务产品创新,形成皖垦小麦产业的新特色。

以统一内部管理为要求,构建皖垦种业发展新标准

皖垦种业加强财务精细化管理,加强财务分析,对试点分公司完成了会计集中核算试点,今年公司将全面推行会计集中核算。

皖垦种业党委自成立以来,按照"双百行动"和种业体制改革文件的要求,着力推进三项制度改革。2020年,公司总部率先优化了部门、优化了人员配置,制定考核办法。三项制度改革将在分公司全面推行到位。

皖垦种业按照上市"三创四新"和发展的需要,加快"互联网+种业"全新课题的落地,与爱种网开展全面合作,将大数据、物联网、5G、区块链等新技术合理运用到皖垦种业生产加工、市场销售、品种研发、基地升级等方面,着力推动公司信息化发展。

厚积薄发,开创种业上市新局面

产业发展推动效益增长。一是扎实推进皖垦种业与三家农场公司融合发展。积极推进

其与种业融合发展，尽快彻底完成改革任务。在中介机构的辅导下，按照改革文件的要求全面落实到位，尽快实现人财物管理体系的全面融合。二是以"营销一盘棋"思想为指导，建立"统分结合、以统为主"、直销与经销并举的小麦营销体系。强化总部营销统的功能，并充分调动分公司积极性，形成"二级组织，三层管控"的营销组织架构。三是优化种植结构，做好种植管理。加快公司种子良种繁育体系建设，抓好万亩原种基地，加强种子标准化生产体系建设，落实好各类品种繁殖面积，严格分公司种子生产加工流程，着力提升良种生产供应能力。

加强科技创新支撑力度。一是加强对外科研育种合作。继续抓好常规小麦、水稻、玉米、大豆等主要农作物育种，在软质小麦、优质水稻、虾稻米等细分市场提供品种支撑。持续加大科研投入，做好夹沟等四个科研基地建设。二是树立品种选育的皖垦特色。品种研发以市场为导向的思路更加明确，品种区域化发展定位更加明晰。在 3～5 年时间里，常规稻麦努力实现以"皖垦"命名的良种占公司市场销售种子总量的 50% 以上，稳住常规稻麦业务的基本盘。三是加速科研转型升级，科技创新重点向杂交水稻、杂交玉米倾斜。加强与有关科研院所在杂交水稻育种方面的合作，引进杂交水稻、杂交玉米育种高端人才。力争在 2～3 年时间内，自主和合作选育有市场推广价值的杂交水稻、杂交玉米品种，初步拓展杂交水稻、杂交玉米市场。

夯实种子生产质量基础。一是全力打造夹沟万亩小麦原种基地，在各分公司基地新（扩）建种子原种圃田基地，确保作物繁殖用种质量和数量，把好原种繁材源头关。二是加大对东西部寿县、凤阳两个分公司及有关分公司的投入，建成东片、西片生产加工示范分公司，落实生产过程的标准化、生产设施的实用装备化、全面实现生产环节的信息化，将生产出安徽省质量最好的常规种子作为质量追求的第一要务。

深化管理创新与制度创新。一是加强管理创新，加快推进分公司三项制度改革，按照安徽省农垦集团有限公司出台的三项制度改革专项行动实施方案，制定符合发展需要的三项制度改革实施办法，加快形成新机制。二是建立统一的财务集中核算体系，提升公司内控管理水平。在推行"互联网＋种业"的信息化建设，在全公司建成以精细化管理为显著特征，满足上市要求的管理新机制、新体系。

（本文发表于 2021 年 5 月）

利用南繁硅谷优势
走种业科企联合发展之路

徐强富

海南农垦南繁产业集团有限公司（简称南繁集团）成立于 2016 年 9 月 26 日，是海南省农垦控股集团有限公司下属全资子公司。公司注册资本 1 亿元人民币，现有海南南繁种子基地有限公司、海南农垦南繁种业有限公司、海南农垦南繁生产服务有限公司、海南省南繁科技有限公司、海南农垦南繁种子烘干精选服务有限公司、天津南繁小站香米业有限公司等 13 家专业化下属企业。

南繁集团依托得天独厚的气候优势、优质的土地资源和优良的区位优势，以习近平总书记"中国人的饭碗任何时候都要牢牢端在自己手中，我们的饭碗应该主要装中国粮"的重要论述为基本遵循，紧紧围绕海南自贸港"三区一中心"的战略定位，以"做大做强南繁产业、推进传统农业向南繁产业转化、调整橡胶产业、开发南繁配套设施建设及南繁旅游服务业、创建南繁'互联网＋产业'、推进南繁产城融合科技创新发展"六大战略为目标，以育种、育人、育健康为理念，以国家南繁生物育种专区为核心，以南繁育制种和南繁服务为主产业，以南繁种业联盟为载体，把南繁育制种产业与休闲、观光、旅游、食宿、农业体验、科技、科普会展等服务相结合，建设"产、学、研、推"一体化的南繁服务平台和国际合作平台，着力打造国家南繁生物育种专区、南繁种业公司、南繁农产品运营管理公司、南繁生产服务公司、南繁科技城、南繁蔬果公司等六大金字招牌，力争成为国内外同行业中产业化、市场化、专业化、集约化、国际化的龙头企业，为建设中国特色自由贸易港作出海垦贡献。

加快项目推进，助力"南繁硅谷"建设

南繁集团位于被誉为"中国南繁圣地"的海南省三亚市崖州片区，热带海洋季风性气候，阳光充足，生态良好，区位优势显著，交通便利。每年全国各地 200 多家南繁科研育种单位到辖区从事南繁科研育种，目前可为南繁育种科研单位提供优质科研育种基地近30 000 亩。

近年来，南繁集团践行国家战略，深化改革开放，强化企业管理，扎实推进南繁育制种基地建设，做好基地配套服务。同时，围绕种业创新链、产业链，积极探索新发展空间、新发展模式，助力"南繁硅谷"建设。

一是建设国家南繁生物育种专区。项目总面积 5 000 余亩，共分两期建设，其中一期面积 3 280 亩，二期 1 760 亩，总投资 3.23 亿元。专区将建成一个用地稳定、运行顺畅、监管有力、服务高效、科研配套设施齐全、田间试验设施完善、布局科学合理的具有国际

先进水平的南繁生物育种专区，成为国家南繁育种核心区的"核心"，为生物育种科研试验提供强有力的支撑。

二是投资 16 亿元建设中国南繁大厦。该项目位于海南省三亚市副中心崖州湾科技城内，区域规划为三亚市新兴产业集中区，崖州区域作为三亚今后发展以深海科技、南繁科技为重心的高科技板块，随着三亚产业结构调整步伐的加快，发展潜力巨大。项目地块周围紧邻着大学城、深海科技城，交通条件良好，项目开发用地面积约 40 亩，总建筑面积约 18 万平方米，地表建筑高度约 150 米，项目定位为"海南自贸港首席南繁产业综合体"，规划业态有办公、酒店、商业，目标是打造成为集产业办公、科研转化、高档商业、品质商旅服务为一体的地标级产业综合体。

三是流转和整理南繁科研用地。为落实南繁规划，保障南繁单位科研用地集中连片和助力三亚市破解耕地占补平衡难题，2018 年以来，积极开展南繁科技城周边科研用地流转和整理工作，累计签约流转南繁科研用地 1.26 万亩；同时，加快推进土地开发整理项目，项目完成后新增耕地面积 1 万亩，为南繁科研单位用地提供有力保障。

四是积极参与南繁科技城建设。南繁科技城是"南繁硅谷"的重要载体，也是海南自贸港建设的重点项目，南繁集团积极参与科技城开发建设的各项工作，目前南繁集团已提供 1 380 亩土地用于开发建设；与中国金茂控股集团有限公司、三亚城市投资建设集团共同成立了南繁科技城开发平台公司，认缴注资 2 亿元，并完成了首期 4 块建设用地的竞拍工作，拟建设开发南繁人才公寓，为南繁科研专家提供宜居场所。

五是在崖州国家现代农业产业园建设了占地 500 亩的农作物新品种新技术田间展示推广中心。承接了中国种子大会的田间展示工作，参展企业 200 多家，展出品种 1 600 多个，从中将评选出适合海南的常年瓜菜品种，推广种植，缓解海南蔬菜保供问题。

六是在海南省东方市投资 6 000 万元，建成了年加工量为 5 000 吨的种子烘干车间、制冷面积 2 400 平方米的冷库、日产量 60 吨冰块的制冰车间等。目前已通过验收并投入使用，有效解决种子无法及时晾晒导致种子报废、蔬果保鲜储藏等问题。

走科企联合发展之路

（一）科企合作是打造"南繁硅谷"的现实需要

打造"南繁硅谷"是党中央立足海南资源和区位优势，推进种业全面深化改革开放的重大举措，对加快农业科技创新、促进现代农业发展具有重大意义。

2018 年 4 月，习近平总书记考察南繁工作时强调，十几亿人口要吃饭，这是中国最大的国情。良种在促进粮食增产方面具有十分关键的作用。要下决心把中国种业搞上去，抓紧培育具有自主知识产权的优良品种，从源头上保障国家粮食安全。国家南繁科研育种基地是国家宝贵的农业科研平台，一定要建成集科研、生产、销售、科技交流、成果转化为一体的服务全国的"南繁硅谷"。

"南繁硅谷"的建设离不开专业的科研团队和优质的科研用地，种业发展需要科研单位的创新，更需要企业的推广应用，只有科企加强合作，才能提升我国民族种业的竞争优势，这是我国种业发展的长期战略。

（二）科企合作是破解种业发展难题的重要途径

由于种业的特殊性，且处于农业生产的核心位置，关乎国计民生，各国都很重视种业的研发。与国际大公司比较，当前我国种业企业创新之路迫切需要科技合作的支撑。当前我国建立了较为完备的种业科技研究体系，拥有领先的科研平台条件、科研种质资源和科研人才团队。而创新型国家建设需要以企业为主体的创新体系，现阶段大部分企业盲目投入大量人力物力建设育种研究体系缺乏科企合作，不能把握发展方向，并未有效地发挥相应功能。

积极探索科企合作的方式。科研院所与企业可采用签订合同的方式，明确双方的责权利，开展以企业为主的商业化育种之路。科研院所帮助企业培养人才，提供设备和技术服务，选派专家进驻企业的育种基地和实验室工作；企业投资共建科研研发和人才培养基地，并每年向合作的科研院所支付技术服务费等费用。最终的育种成果双方共有，品种经营开发权归企业。

近年来，南繁集团不断在种业科企合作方面进行探索，并取得了一定的成效。

一是 2019 年，南繁集团在天津设立天津南繁小站香米业有限公司，以种业为抓手，带动发展天津小站稻产业。通过在当地建立品种测试站，与天津农科院作物所建立长期研企合作关系，并与当地企业天津金世神农种业有限公司进行品种合作。目前，南繁集团经营的'津粳稻 22''津粳稻 919'水稻新品种已经成为天津市小站稻的主栽品种，市场种植面积达到 40%，还有两个新品种即将通过审定上市。

二是 2020 年，南繁集团与中国种子协会鲜食玉米分会合作，联合北京、上海、武汉等鲜食玉米批发商组建成立鲜食玉米产业链公司：东方农垦南繁果蔬产业链有限公司和海南农垦南繁生鲜供应链有限公司。通过与中国农业大学、中国农科院、北京农林科学院、山西农科院等全国鲜食玉米研发单位、专家进行合作，形成技术创新、品种研发、栽培技术攻关、订单生产、农资产品与技术配套、产品收购与冷链加工运销的全产业链运营模式。

三是长期与育种科研单位紧密合作的基础上，为进入种业主战场积极做品种储备。目前在大田玉米领域已筛选出优质的品种进行合作，2020 年制种 2 万斤，2021 年计划在黄淮海区域进行布点试验示范，并参加国家审定。适宜黑龙江地区的玉米、水稻品种目前也在筛选中。

四是探索进入微生物种业领域。2019 年，南繁集团结合全球动植物种植资源引进中转基地建设，开展微生物种业研究，发展微生物种业与相关产业，目前微生物肥料已经完成初级实验。

中国种业的科企合作是振兴民族种业的共同目标，南繁集团将以保障国家南繁科研用地、加快科研生产生活配套服务建设为己任，从种质资源保护利用、科企联合发展、生物技术产业化、种企发展、国际合作、产业对接等多个维度共谋新时期种业发展大计，共商种业发展新路径，为打好种业翻身仗、提升粮食安全提供重要保障。

（本文发表于 2021 年 5 月）

充分利用西北玉米制种基地优势
建设玉米制种龙头企业

龚建国

农业现代化，种子是基础，种子作为农业的"芯片"，是国家战略性、基础性的核心产业，是农业创新驱动发展的突破口，也是促进农业长期稳定发展、保障国家粮食安全的根本。西北地区具有很好的种业发展基础和资源优势，面对激烈的市场竞争，充分利用区域优势，加强垦区企业合作，提升龙头企业实力，扛稳粮食安全重任，是我们为之奋斗的目标，也是我们担负的时代责任。

宁夏引黄灌区杂交玉米制种基地的自然资源优势显著

（一）地理优势

宁夏回族自治区地处中国内陆，为典型的大陆性气候，冬少严寒，夏无酷暑，春暖宜人，秋高气爽。宁夏引黄灌区地处宁夏中北部，北纬 $37°11'—39°8'$，东经 $105°27'—106°38'$，海拔在 1 090～1 260 米，贺兰山脉绵亘于西北部，山势巍峨雄伟，既削弱了西北寒风的侵袭，又阻挡了腾格里沙漠流沙的东进，成为宁夏平原的天然屏障。土壤主要以灌淤土为主，土壤肥沃，有机质含量高达 1.7％以上；水源丰富，排灌畅通。近年来，宁夏农垦通过连续五期实施河套地区农业综合开发项目以及坚持不懈地大搞农田水利基本建设，使灌排功能得到进一步提升，为建设制种基地创造了有利的条件。

（二）气候优势

宁夏引黄灌区属大陆性干旱气候区，日照充足，无霜期 160 天左右，年降水量 188.5 毫米，病虫害少；全年晴朗天气 300 天左右，年日照时数约 3 000 小时；年平均气温 5～10℃，日平均气温≥10℃的积温近 3 400℃，昼夜温差大，气温日夜温差平均 13℃，有利于玉米在白天进行光合作用，而夜晚气温低，呼吸作用弱，能量消耗少，使得营养物质积累多。在 7 月份玉米吐丝散粉生长发育期，气温超过 35℃的天数少，时间短，有利于玉米的散粉和受精。同时在吐丝散粉期，降水日数为 7.5 天左右，平均风速为 1.7 米/秒，空气相对湿度为 64％，非常有利于花粉传播和去雄工作。适宜的气候有利于籽粒灌浆，玉米种子籽粒大而饱满，千粒重[①]高，发芽势强。在玉米收获时期的 10 月份，早霜来得晚，降水量仅为 14 毫米左右，空气相对湿度低，比较干燥，光照强烈，平均气温 9.1℃左右。籽粒干燥快，遭遇霜冻的概率低，霜变率低，生产的种子干物质积累多，色泽鲜亮、籽粒饱满、病虫害少，商品性好，产量高。无论是地理环境还是气候条件，均非常有

---

① 千粒重是以克表示的一千粒稻谷的重量。——编者注

利于玉米杂交种制种。

多措并举加快宁夏垦区种业发展

农作物种业是国家战略性、基础性核心产业。农垦种业是我国种业的重要组成部分。宁夏农垦按照"一特三高"现代农业发展理念，引领全区现代农业，集成高新技术，力争多出人才、多出技术、多出经验、多出效益。把粮食生产作为发展现代农业的首要任务，稳定面积，增加单产，提高品质，充分发挥农垦种业联盟的纽带作用，建设一批稳定可靠的现代化种子展示、示范、生产基地，培育一批种业龙头企业。

《宁夏回族自治区人民政府关于加快推进现代农作物种业发展的实施意见》（宁政发〔2012〕46号）、《宁夏农业农村厅现代化"十四五"发展规划》和《宁夏现代农作物种业发展"十四五"规划》提纲（2021—2025），提出加强高标准种子生产基地建设，提升种业"五化"基地的生产能力。明确了发展原则，即区域优势原则、企业主题原则和品牌带动原则，其中区域优势原则中提到按照种子基地布局现状，立足区域资源禀赋，综合考虑产业基地，市场条件及生态环境等因素，合理规划，促进制种基地向优势产区集中，提高集约化水平。科学规划，合理布局，分步实施，均衡发展，在满足区内供种需求的前提下，重点发展外向型繁制种，建立长期稳定的市场供给关系，提高效益。在重点任务种子企业培育中提道：支持有实力的优势种业企业兼并重组，实现强强联合、优势互补、资源聚集，通过并购、参股等方式进入种子领域，壮大企业实力。

宁夏各级政府以及宁夏农垦集团不断加大对种业资金支持力度，专门设立现代种业提升工程专项资金，扶持种业发展壮大。无论从政策扶持层面，还是资金项目支持力度，种业企业都将迎来良好的发展机遇。

以基地设施、科技创新、人才队伍建设为支撑

（一）建立种子加工能力体系，夯实发展后劲

2019年宁夏农垦贺兰山种业有限公司（简称贺兰山种业公司）总投资3 439万元，新建一座设备先进、功能齐全、加工能力强的现代化种子加工中心，年可加工玉米种子13 300吨，稻麦种子6 500吨。拟计划在加工中心的带动下，在已有2.8万亩玉米制种面积的基础上，新增1万亩玉米制种基地、1万亩水稻制种基地、5 000亩小麦制种基地；新增高标准规范化优良稻麦两圃一田制常规种的繁育生产基地500亩、杂交玉米新品种研发培育、优新组合适应性试验基地200亩、优质稻麦原种生产基地1 500亩，使基地成为西北重要的优质高产种子生产加工一体化基地，夯实公司发展基础。

（二）重视科研育种和创新力度，取得喜人成果

贺兰山种业公司始终把科研育种作为可持续发展的内生动力。突破"卡脖子"问题，关键靠创新。如果种业不能及时补上研发短板，就可能受制于人。2020年，公司一次3个品种通过宁夏回族自治区品种委员会审定，并完成了科技成果登记，拟计划以后每年推出1~2个新品种。目前，贺兰山种业公司自育玉米品种已达到5个，即'宁单31号''正业8号''兴贮88''宁垦糯1号''宁垦糯2号'；甜菜品种7个，即'宁甜301''宁

甜302'‘宁甜303'‘宁甜201'‘单优1号'‘双优1号'‘双优2号';具有独家经营权水稻品种1个——‘宁粳57号'。2009年建成的马铃薯脱毒种薯繁育中心，年繁育微型薯2000万粒，年生产原种8000吨，生产一级种80000吨，可满足宁夏及周边53万亩商品马铃薯生产的种薯需求，带动了宁夏马铃薯产业的发展。

科研育种的不断研发和创新，提高了公司核心竞争力，使公司获得了持续发展的源源不断的动力，形成了育繁推一体化1:1:1均衡发展的良好态势。

（三）重视人才队伍建设，技术力量雄厚

宁夏农垦贺兰山种业有限公司隶属于宁夏农垦集团公司，是宁夏农垦唯一的大型种子生产加工型基地企业，也是宁夏农垦农作物种子生产组织、专业管理、技术指导、产品加工经销、科研开发、"育繁推一体化"的种子产业化龙头企业。贺兰山种业公司现有正式职工40多人，其中高级农艺师3人、研究生2人，80%以上人员具有大专以上学历，在科研育种、制种生产及科技推广方面具备人才基础优势。贺兰山种业公司具有强烈的人才意识，寻觅人才求贤若渴，发现人才如获至宝，举荐人才不拘一格，使用人才各尽其能，切实引才、育才、留才。人才培养始终坚持人人能成才、人人能发展的理念，实时合理多岗锻炼，培养人才全面发展，激发人才成长活力；强化政治引领，加强思想教育，树立典范，培育榜样，把握育才方向；强化人文关怀，定期交流，了解思想、生活情况，及时掌握动态，帮助解决困难，营造育才氛围，用"人情"优化培育人才的环境。切实提升人才的经济、政治待遇，搭建发挥才能的平台，充分释放人才潜能，使想干事、能干事、干成事的人才有为有位有绩。

主动利用现有基础，与大型种子企业开展多领域合作

贺兰山种业公司以"企业＋基地＋农户"的产业化运作模式，繁种基地涵盖农垦14个国有农场及周边农村，有近百名农业技术人员、专业质检人员和种子管理人员，产业惠及数千户职工和周边农户。贺兰山种业公司已与国内知名企业康农、腾龙、长城、绿丹、登海、正大等建立了良好的长期合作关系，在华南、华中、西南有广阔的销售市场。常年杂交玉米制种基地2万亩左右，年可生产有效种子850万～1200万公斤，年产值达7000万元。贺兰山种业公司利用江苏大华种业股份有限公司的资本、人才、管理、市场、技术优势拓展全国种业市场，并以此为契机，允许管理、技术及其他人员参股持股，改制形成农垦种业股份公司，增强企业发展活力。整合区内优势资源、资产、资本，充分发挥公司制种地域优势，逐步将贺兰山种业公司打造成全国有一定影响力的亿元玉米制种龙头企业。

（本文发表于2021年5月）

甜水农垦：做质量兴农行动的先锋

车路静　宁　鹏

千里辽河从这里入海，塞外"江南"是这里的美誉。北有"北大荒"，说的是黑龙江；南有"南大仓"，说的就是辽宁盘锦。

辽宁盘锦农垦是我国开发建设最早的垦区之一。2017年10月，按照中共辽宁省委、辽宁省人民政府《关于进一步推进农垦改革发展的实施意见》和《辽宁省深化农垦改革专项试点实施方案》，辽宁盘锦盘山农垦集团有限公司成立；同年12月，该集团下属的甜水农垦有限公司（简称甜水农垦公司）成立，甜水农垦新一轮改革就此完成。

甜水农垦公司位于盘锦市盘山县西北部，垦区内辖有三河一沟（西沙河、鸭子河、月牙河、张家沟）。这里有5.56万余亩水稻金色田园、8 000亩甜水湖碧波荡漾、南锅分场翰林文化穿越世纪、海云寺香火不断百年传承、朝鲜民族特色村寨招揽四方游客。垦区主要种植盐丰系列品种的水稻，生产加工负有盛名的盘锦大米，并注册了"盘农鑫田"大米品牌。

创立之初，甜水农垦人在贯彻农业"八字宪法"过程中，结合自身盐碱地的特点，大胆创新，推行水稻种植生态化，生产加工标准化，投入品使用减量化的生态环保种植模式，在农垦质量兴农的道路上，甜水农垦公司要做"先行者"！

甜水农垦公司在南锅分公司建立了农垦精控农业示范基地，基地土地肥沃、阳光充足、水质优良、排灌通畅，种植水稻主要品种为'盐47'，采取稻蟹综合种养模式。该基地从建立之初就扎实推进农垦农产品质量追溯体系建设，从生产环境的净化到生产加工销售各环节全程质量监控，确保每一粒"盘农鑫田"大米的质量安全。同时，甜水农垦公司启动"优质米工程"，不断发挥示范区优势，通过"七大行动"不断提升农产品质量安全水平。

1. 水稻产地环境净化行动。为加强资源保护，保障耕地可持续利用和生产，甜水农垦公司在全域开展了水稻产地环境净化行动，不断推进化肥农药减量使用，在水稻生产大户开展有机肥替代化肥试点、水稻种植病虫害全程绿色防控试点。支持家庭农场、种植大户推进生物肥利用，加强耕地土壤与农产品协同监测。甜水农垦公司全部耕地实现深松深耕，并选择一批重点户开展有机土地保护推进试点，有效地防止了害虫的滋生。

2. 水稻种植标准推进行动。为规范垦区水稻绿色生产，甜水农垦公司依照农垦农产品质量安全综合服务点为盘锦垦区量身制定的《优质水稻绿色生产技术规范》，严格实行标准化生产，使这片土地上生产的"盘锦大米"远近闻名，成为全国知名品牌，为公司产业化发展奠定坚实基础。

3. 质量兴农科技支撑行动。质量兴农，科技为基。甜水农垦公司依照《盘锦垦区稻米质量提升技术规范》，重点推广一批提质量、保安全的生产技术。深化水稻良种联合攻关，加快绿色优质品种更新换代。在全区域启动特色作物良种联合攻关，发掘优质特色种质资源，选育一批优异性状的绿色优质新品种，推进水稻种植生产全程机械化，打造示范基地，实现技术规范常态化。

4. 水稻生产质量监测行动。 甜水农垦公司积极配合国家农产品质量安全例行监测（风险监测）计划，在农业农村部农垦局委托的部级质检中心的大力支持下，重点对水稻化肥、农药等使用情况进行例行监测，扩大监测范围，覆盖全域各类品种、各个地块，针对一些品种开展专项监测。深入开展水稻品质质量安全风险评估，促进"盘农鑫田"大米质量安全和品质营养水平同步提升。

5. 生产经营能力提升行动。 甜水农垦公司全面启动精准管理服务试点示范，大力提升家庭农场和种植大户的生产经营能力。培育一批规模适度、经营稳定、效益明显的高质量家庭农场开展农民合作社示范点，将落实安全间隔期和休药期制度作为评定标准，围绕"质量兴农、农垦先行，绿色兴农、农垦闻名"等要求，开展专题培训。全年培训包括小农户种养能手在内的新型职业农民 500 余人，辐射带动农垦职工 2 000 余人，为推进垦区质量兴农带动引领奠定了良好的基础。

6. 水稻质量安全创建行动。 甜水农垦公司开展质量安全示范户创建工作，推动水稻种植户农产品全面实现质量可追溯。同时，发挥垦区家庭农场和种植大户的带动引领作用，建设农垦绿色发展先行示范区。下属的专业化分公司发挥订单农户水稻种植质量安全示范作用，举办产销对接活动，推动线上线下市场设立安全优质水稻大米专区，扩大市场影响力。

7. 水稻品质安全执法行动。 甜水农垦公司始终围绕水稻《农产品质量安全法》和《农作物病虫害防治条例》等制度推进稻米食品安全。把农药残留、化肥残留等农产品质量安全突出问题作为工作的重中之重专项整治，严厉打击违法违规行为。建立农产品质量安全信用档案，实施违法失信主体"黑名单"制度。

随着垦区改革的不断深入，甜水农垦公司将始终坚持把提升垦区稻米质量作为工作的核心。继续提升管理水平和质量安全水平，加快推进水稻农产品质量安全追溯平台推广应用，将水稻农产品质量安全追溯与农业项目安排、农产品品牌评定等挂钩，率先将绿色、有机、品牌农产品纳入追溯管理，选择追溯示范地块。强化订单农户水稻质量安全监管机构的条件、手段和能力。

同时，进一步加强"盘农鑫田"品牌培育，大力发展绿色有机农产品，登记保护农产品地理标志，遴选推介一批叫得响、过得硬、有影响力的优质农产品。通过开展农产品质量安全系列公益宣传活动，推进公司生产的绿色食品进超市、进社区、进学校。继续加强对区域公用品牌的考核、管理和保护，制定品牌培育塑造、宣传推介、监管保护等办法。积极参加省内外举办农产品出口促销系列活动，提高甜水农垦出口农产品品牌影响力。

甜水农垦公司将发扬辽宁盘锦农垦"南大仓"精神，大力加强干部职工队伍建设，着力打造忠诚干净担当、懂经营善管理的高素质领导班子和干部队伍，团结带领全体甜水农垦人以海一样的胸怀、山一样的境界投身农垦事业。

（本文发表于 2020 年 9 月）

推进水稻生产全程智能化建设
开启北大荒智慧农业崭新时代

彭荣君　唐庆刚　呼大明

2018年9月，习近平总书记来到黑龙江垦区七星农场（简称七星农场）考察，对农场的农业信息化建设成绩给予高度评价，并提出"农业要振兴，就要插上科技的翅膀"的要求。在习近平总书记指示精神的激励下，七星农场从当前农机装备、农艺技术和信息化建设等方面评估分析，认为已经具备了进入农业智能化发展的新阶段，因此在垦区率先提出实现水稻生产全程智能化的建设目标。七星农场与哈尔滨工业大学科研团队合作编制完成了水稻生产全程智能化规划和实施方案，正式开启了智慧农业建设的新征程。

位于三江平原的七星农场现有耕地122万亩，其中水田105万亩，是垦区水稻种植面积最大的农场，年生产粮食15亿多斤。2011年，七星农场被科技部确定为国家农业科技园区，2019年被农业农村部、财政部列为国家现代农业产业园建设单位。近年来，七星农场不断加大科技投入，农机化率达到98%以上，科技贡献率达到70%以上，水稻生产基本实现全程机械化。2017年七星农场还完成了全国最大的大田种植业物联网平台项目建设，通过物联网设备自动采集与人工智能输入方式，形成了覆盖122万亩耕地的农业大数据，拉开了农场数字农业建设的帷幕。

准确界定水稻生产全程智能化的定义及内涵

水稻生产全程智能化，是通过田间智能化物联网设备实现信息采集，构建起农业大数据，在融合农学理论和农艺技术的基础上，综合利用5G技术、无人驾驶技术、地理信息等现代技术，实现农业生产耕、种、管、收、运等全过程的数字化和无人化。具体包括以下4项：水稻生产全程智能化是农业大数据参与管控下的从种子到收获、仓储、加工、销售有效衔接的系统的智能化管理过程；水稻生产全程智能化是现代信息技术、智能装备技术与农艺技术等全方面集成组装。水稻生产全程智能化是基于大数据构建的优质、高产、高效模型通过智能装备的充分体现；大数据驱动的"农业大脑"是实现水稻生产全程智能化的核心，"农业大脑"的管控依据是农学理论与农艺技术；水稻生产全程智能化是降低水稻生产成本的主要措施，"无人化农场"是主要表现形式。

认真破解水稻生产全程智能化的瓶颈问题

（一）开发水稻叶龄智能诊断系统

叶龄诊断技术是寒地水稻种植的核心农业理论，而农学与信息科学之间的学科壁垒，制约了信息技术在农业生产上的有效应用。为了使信息技术真正在水稻生产领域扎根，七星农场以开发水稻叶龄智能诊断系统为突破口,通过部署在田间的专用采集设备获取相关的信息,经由后台云服务系统实现高效智能叶龄诊断,取得技术突破。经过两年的研发和试验,农户现在可以用手机 App 获取田间水稻龄期信息,根据龄期相适应的栽培指导信息、植保指导信息及时执行相应的农艺措施,提高肥、药施用精确性和及时性。

(二)建立农业大数据应用水稻生产智能管控平台

水稻生产全程智能化的本质是农业大数据在水稻生产上的具体应用,运用大数据高效指挥调度农业生产是实现水稻生产全程智能化的核心任务,这个指挥平台是由评估决策体系、知识管理体系和大数据分析工具组成的"农业大脑",其工作模式如下。

1. 采集和管理大数据信息。通过数据采集系统及时感知各种农作物长势、墒情、作业标准等信息,形成大数据后通过地理信息系统将农业大数据分类分区域管理,实现点对点匹配。

2. 建立大数据应用模式。"农业大脑"依据大数据总结的各要素对作物生产影响的规律,以优质高产为目标,结合农艺要求、品种信息及成本控制等条件进行深度分析和决策。

3. 对各生产环节智能设备发出指令。"农业大脑"将决策通知调度系统,由调度系统生成作业任务,传导给不同的智能装备单元。

4. 执行任务。每个智能装备单元接收到任务之后,把任务分解变成具体装备的动作细节。安排装备在指定的时间到达指定的位置,按照指定的任务、指定的轨迹完成作业,并按照指定的路径返回。

5. 执行反馈。信息采集系统监测智能装备作业质量、进度等信息,再反馈给"农业大脑"评估作业质量以及后续策略,形成闭环控制。

(三)加强大田物联网和 5G 专网建设

七星农场借助国家大田农业物联网应用示范项目,通过在田间布置的 240 余套水稻生产数据监测采集设备、20 处农业气象站和 20 处地下水位监测点、70 余处病虫害监视点、100 套农机作业监测设备,实时采集作物的各类信息并形成大数据,为"农业大脑"提供管理和决策支持。同时,2019 年七星农场与中国移动合作,在水稻生产智能化示范区建成垦区首个 5G 基站,开展了 5G 应用场景下的无人农机作业实验。七星农场将继续加强5G 专网建设,实现场区内 5G 信号全覆盖,快速推进水稻生产智能化建设进程。

(四)开发应用智能化农业装备

七星农场从实现全程智能化需求出发,明确了育苗、插秧、管理、收获仓储和整地作业等生产过程的具体研发任务。一是侧重研发智能装备技术的实用性,以水稻生产的现状为应用场景,在控制成本的前提下重点开展智能叶龄诊断、导航无人驾驶、生产信息自动获取等技术和装备的研发和应用。二是侧重研发以育秧工厂和无人农场为应用场景,重点开展"农业大脑"管控、工厂化育秧、农业机器人、智能遥感诊断等技术和装备的研发应用。当前,七星农场以无人驾驶农机为代表的智能化农业装备逐渐走向成熟阶段。

不断完善水稻生产全程智能化载体建设

为推进水稻生产全程智能化,七星农场确定了以建设"两园三区一平台"的全程智能化技术支撑与推广载体。"两园"即农业、农机科技园，作为科技创新平台，重点开展农业生产技术、智能农机装备的试验示范和叶龄诊断技术的数字化研究。"三区"即农业标准种植示范区、节水智能灌溉示范区和无人农场示范区，作为试验示范基地，重点开展智能化技术田间验证和技术集成组装。"一平台"即大数据平台，重点进行大数据的采集、处理、分析，开发应用程序，努力把北大荒的智能化农业生产提高到一个新水平。

（本文发表于 2020 年 7 月）

苏垦农发推进农产品全面质量管理体系启示录

路 辉

江苏省农垦农业发展股份有限公司（简称苏垦农发）成立于 2011 年 11 月，是江苏农垦实施农业资源战略重组，按照现代企业制度建立的全新农业企业，于 2017 年 5 月 15 日在上交所主板挂牌上市。苏垦农发是目前江苏省内规模、现代化水平都位于前列的农业类公司和商品粮生产基地，具有明显的规模、资源、技术、装备、管理及绿色产品优势。公司下辖 19 家分公司、5 家子公司、1 家农科院、1 家中外合作示范园。

近年来，在农业农村部农垦局大力支持下，在中国农垦经济发展中心技术支持下，按照中央"切实发挥农垦在质量兴农中的带动引领作用"要求，借助农垦全面质量管理系统思路和方法，结合苏垦农发稻麦产业实际，开发建设稻麦产业全程质量管理体系，为数字化助力农业高质量发展积累了经验，提供了有益借鉴。

推进全领域、全方位、全过程质量控制体系建设

质控体系是一项系统性工程，苏垦农发以稻麦产业全程质量管理体系建设为主线，把质量标准、管理制度、绿色基地创建、质量检测等各项工作紧密融合起来，大力推进全领域、全方位、全过程质量控制体系建设。

（一）质量标准

2016 年起，苏垦农发邀请江南大学、江苏省农科院的农产品质量安全管理专家，共同逐项梳理分析稻麦生产、种子繁育、大米加工等全产业链质量安全风险，并编制控制大纲，出台《总部》《种植业管理》《种业加工》《米业加工》4 套标准化质量管理制度手册。制度共梳理了与苏垦农发产业链相关的管理体系和法律法规 112 项，融合了 8 个国际管理体系，6 项国家相关法律法规，32 项农业和粮食的行业标准，64 项国家标准，设置了 90 个关键控制点，280 多个控制表单，近 1 000 个质量安全域值参数指标。

（二）管理制度

先后出台了涉及苏垦农发全产业链管理的《农产品全面质量管理办法》《大宗农资统一采购供应办法》《年度农业投入品采购目录》《农产品质量管控情况专项监督办法》《年度"三夏""三秋"工作考核办法》《订单产品（小麦、水稻）交售（抽）留样管理办法》《农产品质量安全事故应急预案》《农产品质量安全控制系统信息采集管理规范》《农产品质量安全考核管理办法》等制度文件，强化了农产品全面质量管理组织领导，规范了从农资供应、种植、加工、仓储、运输、应急管理到绿色基地（产品）管理流程，强化了质控平台管理、产品质量溯源、售后服务、应急事故处理等制度化管理，构建了公司农产品质

量安全管理制度体系，推动公司全面质量管理工作走向标准化、制度化、规范化的轨道。

（三）绿色大基地建设

2020 年，苏垦农发完成绿色标准化生产基地创建面积 92.86 万亩；持有水稻、大麦绿色食品证书 21 张，认证绿色产品产量 16.81 万吨；获有机农产品认证面积 4 565.55 亩，有机稻谷认证产量 1 172.5 吨，有机大米认证产量 414.5 吨，有机蔬菜认证产量 28.2 吨；获得欧盟有机水稻认证面积 3 500 亩。绿色、有机等标准的认证管理，不断丰富农产品质量安全管理内容和举措，全面提升了种植基地标准化、规范化管理水平，为生产合格原粮提供了强有力的保障。

（四）检测体系建设

2017 年，苏垦农发制定了较为完善的《苏垦农发全国绿色食品原料（小麦、水稻）标准化生产基地综合监督管理及检验检测制度》，组建了基地监督管理队伍，定期对基地环境、投入品、原粮、产品等进行检验检测。近几年共开展环境检测 6 098 个抽样点，投入品检测 135 次，产品检测 651 次。随着农产品质量安全管理体系的不断完善，特别是质控平台的不断优化，苏垦农发建立了完备的基地环境、投入品、原粮、产品的检验检测体系。苏垦农发投入 1 033.203 万元，为下属农科院配备了 1 373 台（套）检测设备，建立检验检测中心，每年对基地环境、原粮农残进行普遍检测；质量管理部门通过综合研判质控平台数据，重点对订单原粮、投入品进行抽检；苏垦米业、大华种业根据各自行业要求，成立质检科，对进厂原粮、出厂产品进行"车车检、库库检、批批检"，检测数据进质控平台，做到检测报告随车同行，追溯信息实时可查。

（五）数字化质控体系建设

目前，已完成涉及苏垦农发稻麦（种子）全产业链的条田环境、种植、投入品、生产加工、运输、仓储等 6 大方面的管控，涵盖 130 多项业务功能、200 张重点表单、90 个质量安全关键控制点、500 多种农药、化肥等农资投入品，将苏垦农发总部、分子公司（所属机构）183 个部门、129 个生产区、615 个生产大队、11 家农科所等近千个管理单元和 6 102 台套设备（机械、加工、烘干）、19 570 个条田、2 201 个仓库、842 块场面、25 263 个零散用工人员等信息全部纳入信息化平台实时监管，真正实现"标准化生产、数字化管理、智能化监管、全程化追溯"。截至 2020 年底，平台有效数据达 2 400 万条，消费者查询记录 17 198 条，分布 463 市县，初步构建了苏垦农发农产品质量安全大数据中心。

通过一组数字，看农产品全面质量管理体系应用成效

苏垦农发质控体系建设，强化质量控制，提升产品质量保障能力，赢得了社会及市场多方面认可，取得了多方面成效。

（一）从 150 人到无人，提升了产业数字化管理水平

质控体系集生产管理、质量管理、追溯管理于一体，形成集成化、数字化平台。建立质控系统之前，农忙季节从事统计工作人员达到 150 名，质控系统建立后，利用手机能够实时精准掌握每一袋米、每一袋种子的生产履历，精准掌握每块条田种植全过程，精准掌握"三夏""三秋"收种进度，动态掌握每座粮库原粮存储情况、每种产品每天加工情况

和销售信息，产业数字化管理水平大幅度提升。

（二）从 935 块条田超标到全部合格，推进了农业标准化落实落地

2020 年水稻种植季，由于虫害大发生，绿色种植标准水稻出现 953 例超标用药情况，通过质控平台及时发现，苏垦米业对涉及条田原粮进行降低标准收购；2021 年长江中下游赤霉病大发生，周边脱氧雪腐镰刀菌检测值普遍在 2 000 微克/千克以上，苏垦农发在种植基地发生 0 例超标用药情况，23 个批次小麦抽检报告显示：脱氧雪腐镰刀菌烯醇检测值 300 微克/千克以下的 14 个批次、300～500 微克/千克的 3 个批次、500～800 微克/千克的 6 个批次，最高检测值 798 微克/千克，远低于 GB 2761《食品安全国家标准食品中真菌毒素限量》中 1 000 微克/千克的限值。

（三）从 4.6 元到 14.1 元，扎实推动了农业高质量发展

借助质控体系，苏垦农发全面强化统一各项农艺措施，把农业高质量发展落到实处。2021 年为确保小麦赤霉病防治效果，提高原粮质量安全，苏垦农发毅然决定使用药效好的丙硫菌唑（每次防治成本 14.1 元/亩）代替常规药多菌灵（每次防治成本 4.62 元/亩），在苏垦农发强有力管控下，2021 年苏垦农发小麦原粮检测全部合格，水稻经过质控平台农药施用判定全部合格。

（四）从 99 万亩到 121 万亩，体现了"苏垦模式"社会价值

"土地流转、土地托管、订单服务、合资公司"等可复制的"苏垦模式"在江苏省各地市不断开花结果。2020 年苏垦农发与连云港市农发集团、苏州市农发集团分别签订土地战略合作协议，在江苏省灌云县、东海县、海门区等新增托管耕地。苏垦农发已签署土地战略协议合作面积 182 万亩，实际耕种 22 万亩，土地利用总面积由 2011 公司年刚成立时的 99.362 7 万亩扩大到 121 万亩。子公司江苏农垦农业服务有限公司建立社会服务网点 185 个，服务农业大户 9 316 户，折合面积 619 万亩。苏垦农发始终坚持农业土地拓展到哪里，标准化生产开展到哪里，农产品质量安全管理推广到哪里。苏州市政府部门相关领导在调研公司质控体系后指出："如果没有全程的农产品质量安全控制体系，江苏农垦跟种植大户有什么区别。"正是苏垦农发的农产品质量安全控制体系，使公司得到了苏州市农发集团的认可。

（五）从"0.92～0.94 元到 1.28 元"，提升了苏垦农发市场竞争能力

由于质量安全管理执行到位，20 家基地公司生产的小麦脱氧雪腐镰刀菌烯醇检测达标，苏垦农发小麦价格普遍高于江苏及周边市场价格，江浙普通小麦价格平均在 0.92～0.94 元，苏垦农发小麦价格达到 1.28 元，优质小麦脱氧雪腐镰刀菌烯醇值在 400 以下的，结算价格高达 1.4 元。2020 年在苏垦农发与五粮液公司洽谈原粮供应业务时，五粮液公司原料采购检测人员库内现场多点、多层取样，检测结果全部达标。五粮液公司原料采购人员了解苏垦农发农产品质量安全管理体系后，认真听取质控体系介绍并查看用药情况，对江苏农垦全产业链一体化管理和全面质量管控体系的建立，确保能生产出标准统合格达标的原粮充满了信心。苏垦农发种植的绿色、有机、亨氏等优质订单标准水稻，销售到老娘舅、卡夫亨氏（中国）、五粮液等公司，价格也普遍提高 10% 以上，真正做到了"好米卖好价"。

（六）农垦怎么做我们就怎么做，彰显了农垦示范引领作用

农垦现代化农业生产方式得到周边农村的高度认可。2021 年夏季，宿迁市部分乡镇党委书记到公司种植基地调研，明确表示要学习江苏农垦稻麦生产管理模式，按江苏农垦的稻麦生产技术规程组织生产，要求所在区域镇村"以后农垦怎么做我们就怎么做，农垦打什么药我们就打什么药"。

江苏省农垦米业集团有限公司 2017 年被评为"中国好粮油"示范企业，其'南粳 46''南粳 9108'入选"中国好粮油"产品名录；"苏垦 SUKEN"商标被国家工商行政管理总局认定为"中国驰名商标"，商标成功入围"我最喜爱的江苏商标"，成为江苏省唯一入选的大米品牌。"苏垦"牌大米是江苏省稻米行业第一批中国名牌产品、中国名牌农产品、江苏省重点名牌产品。苏垦农发被评为 2020 年中国最美绿色食品企业。

江苏省大华种业集团有限公司（简称大华种业）"大华"牌种子荣获"中国驰名商标"称号。公司拥有自主研发农作物新品种 44 个，推广面积超亿亩，已成为国内最大的稻麦常规种生产商。2019 年，大华种业入选"中国种业信用明星企业"，排名第四。

江苏农垦农业服务有限公司 2019 入围"南京市服务型企业 100 强""成长型企业 50 强"榜单，2020 年荣获"2020 年度中国农资最佳渠道品牌"。苏垦农服子公司淮安大华生物公司被省总工会授予"江苏省工人先锋号"荣誉称号，"润垦"牌系列化肥荣获江苏省著名商标。

农产品全面质量管理体系的经验与启示

（一）农产品全面质量管理体系的经验

1. 45 次通报、取消 6 家企业优秀评选资格，为质控体系建设提供坚强组织保障。 建立质控体系，大量数据采集工作聚集在生产一线，苏垦农发质控体系涉及一线生产管理人员 800 人，如何确保及时准确采集数据成为系统运行成败的关键。系统初次上线遇很多阻力，但苏垦农发领导锚定目标不放松，建章立制，把质控体系运行纳入绩效管理，从组织层面为质控体系运行提供保障。针对不规范运行情况，取消 6 家分公司优秀单位评选资格。经过 3 年努力，质控系统运行进入正轨。一位分公司管理人员说道："生产档案记在脑子里容易忘掉，记在本子里容易丢掉，记在系统里永远能查到"。质控体系运行由"要我做"提升为"我要做"。

2. 15 000 人次专项培训，为质控体系规范化运行奠定人力基础。 目前各分子公司在"三夏""三秋"前进行农产品质量安全管理相关培训已成惯例，部分分子公司自行培训人数每年在 1 000 人次以上；组织各类知识竞赛、活动 100 次以上；公司设置"年度农产品质量安全管理先进个人"奖，对基层农产品质量安全管理优秀员工进行奖励。

3. "1＋N"互联互通体现质控系统价值，夯实质控体系可持续发展能力。 与财务对接、物资采购对接，初步实现大数据治理，数据准确性得到保障；与客户对接、市场对接，质控系统得到市场认可，经济效益、社会效益充分体现。米厂管理人员表示"客户来了看什么，主要看质控系统"，这充分体现质控系统价值所在。

（二）农产品全面质量管理体系的启示

目前，农垦全面质量管理平台经过近 3 年研发应用，已经进入实施推广阶段。已有 156 家企业完成全面质量管理系统的现场实施。深入剖析苏垦农发稻麦产业全程质量控制体系运行情况，我们可以得到 3 点启示。

一是明确全面质量管理系统定位。把全面质量管理系统作为推进农业高质量发展的基础性工作，鼓励企业把全面质量管理系统建设与标准化生产、绿色化发展、规模化经营、市场化运营机结合起来，推动农业生产"三品一标"和农产品"三品一标"落地实施。

二是发挥全面质量管理系统作用。把全面质量管理平台作为新时期农垦高质量发展的管理平台、展示窗口，形成"农垦模式"，并运用市场机制，通过土地流转、合作经营、农资供给、农技服务等各种形式，在推动农业高质量发展中发挥好示范引领作用，同时壮大农垦自身经济势力。

三是加快全面质量管理系统应用。进一步丰富完善全面质量管理系统，形成集农业生产、经营、管理、营销一体化平台。加大全面质量管理系统推广力度。制定全面质量管理系统运行管理办法，对系统运行情况进行量化评价，提升规范化运行水平，数字赋能农业高质量发展。

（本文发表于 2022 年 1 月）

为现代农业腾飞插上"数字"翅膀

孙远辉　邓利萍

湛江农垦现代农业发展有限公司广前核心区分公司（简称广前公司）位于广东省湛江市遂溪县，这里人杰地灵，地处热带季风气候区，这里是醒狮之乡、中国第一甜县。常年自然渗出的矿泉水，优越的自然环境，让这里成为种植特色热带水果的沃土。2019年以来，广前公司立足区域优势、资源优势，利用云计算、大数据、移动物联网等现代信息技术，成功打造了广前名优水果标准化生产示范基地（广前名优水果公司），大力发展绿色生态优质水果产业，提高农业现代化水平，带动雷州半岛农业高质量发展。

科学规划引领　合理布局设计

为推进湛江农垦果蔬产业发展，贯彻落实国家农业发展战略，辐射带动雷州半岛发展"规模化、标准化、品牌化"优质果蔬产业，加快推进乡村振兴战略和农业信息化、现代化，2019年起，广前公司充分利用农业生产发展资金项目，规划发展1万亩水果标准化生产示范基地，主要发挥广东农垦湛江垦区国家级现代农业产业园果蔬产业资源优势，旨在通过示范基地建设，发挥产业园示范引领作用，以现代信息技术推动农业全产业链改造升级，推进云计算、大数据、移动物联网技术的应用，提高农业现代化水平，努力把公司打造成为垦区乃至全国现代农业的引领者。

在基地总体规划上，广东农垦集团有限公司多次组队实地察看，对资源整合、项目选址、项目建设内容、水果品种、种苗优选等方面进行了深入调研，聘请专业机构规划设计，最终将项目落户在广前公司背靠螺岗岭、牛鼻泉、现代农业产业园的地块，并与中国热带农业科学院南亚所、广东农垦科学研究所开展种苗与技术合作，使项目建设既有独特资源优势又有科技支撑，也为加快第三产业融合发展奠定基础。

基地建设总体规划：一期工程建设为基地主要道路建设和热带名优水果的种植；二期工程建设为基地入口景观区、林下种养区、种植观光体验区、生产管理房、生产设施服务区的建设；三期工程建设为基地农业培训区、泉水保护区、林泉游览区及滨水景观带的建设，最终建成"农产品种植—精深加工—生态旅游"的发展模式，将三产整合成一个综合性的新型产业，实现资源的共享利用、产业链条的有效延伸和成本的合理控制，实现经济效益和生态效益同步发展，达到"绿色、生态、高效"的目标。

产业优化提质　示范效应彰显

为全力打造水果标准化生产示范基地，充分发挥项目效益，从2019年开始，广前公司整合农业生产发展资金项目和农综两个重大项目资金共2943万元，企业投入

463.5万元，完成基地一期工程建设，建成名优水果标准化生产示范基地，种植火龙果、杧果、牛油果、澳洲坚果、阳光玫瑰葡萄、树葡萄、番石榴、沃柑、凤梨等热带水果9种，面积1 469亩，并率先试点建设农业大数据综合信息服务平台。目前，基地管理及基础设施设备基本完善，水果标准化生产示范基地建设初具规模，2021年火龙果、阳光玫瑰葡萄、番石榴、凤梨等水果试产成功，经济效益初步显现，种植模式逐步在周边地区推行。

经过两年多的精心打造，水果基地示范效应也逐步突显，先后带动周边农户种植香蕉42 005亩、火龙果11 164亩、蔬菜2 000多亩，有力地改变了广前公司一直以来以甘蔗为主的产业现状（果蔬产业已成为公司第二大主产业），推动了广前公司作物种植结构的优化，提高了土地经营效益。据统计，与种甘蔗相比，种植果蔬的土地，亩均经营效益高出3 000元以上。同时，通过示范展示和技术服务，带动广前公司及周边农户建成火龙果、香蕉等各种经营模式的优质果蔬基地几十个，示范作用初显成效。

此外，基地推动第三产业融合发展。项目集中连片种植名特优稀水果，同时配套运用智能水肥一体化技术、智能防虫技术、全园防草布覆盖技术、蔗渣基质覆盖等先进农业技术。项目建成以来，吸引前来参观学习、采摘人员达3 000多人次，为推进一二三产业融合发展，持续打造集"休闲、科技、示范、智慧"的农业综合体打下了基础。

拥抱数字科技　赋能现代农业

数字农业，为果园插上科技的翅膀。基地建立了由"农眼"田间智能监测系统、"气候云"大数据平台、"农眼"App三大模块构成的农业大数据综合信息服务平台。该平台以智能水肥一体化灌溉系统为载体，综合运用了物联网远程控制、GIS地理信息系统、气象墒情监测等信息技术，能够采集基地所有果树地上部、地下部的生长数据，指导农产品标准化生产，提高集约经营水平。同时利用监控摄像头、无线传感器等物联网感知技术（如图像检测数据分析），全程监控作物生长，并基于感知系统采集到的大数据进行决策，进行远程水肥一体化自动灌溉等农事作业，大幅度提高劳动效率，从而降低成本。

生态循环农业，绿色新果园的营养剂。广前公司推行蔗渣基质覆盖技术，发展循环农业，基地充分结合垦区甘蔗主业工业废弃物蔗渣的回收利用，率先在水果种植中探索实施蔗渣基质覆盖技术。蔗渣基质覆盖有利于作物保肥保水，能增加土壤有机质，改善土壤结构，提升果品口感，这一技术目前已在公司水果种植中广泛推广。

光学农业，优质果品的催化剂。基地成立以来，与华南农业大学、岭南师范学院、广东农垦南亚热带作物科技中心合作，将联合研发的LED人工光源以及配套补光技术应用于基地火龙果花期、产量及品质的调控。园区内整齐布列着一排排的灯，那就是面向光学农业的LED补光技术，点灯时间为每年9月下旬到第二年3月下旬，花期延长（尾果）和花期提前（首果）分别比传统种植开花延后和提前约40天，让果树在冬季、春季也能像夏季一样有足够的光照时间，更有利于调控火龙果开花、提高坐果率、提升果品质量，使果品甜度提高8.2%。通过采用自主研发的火龙果催花LED集成技术，较大幅度地增加了收入，落实了国家科技兴农的政策方针。

强管理立标杆　重质量创品牌

基地按照农场企业化改革要求，采取以公有制为主体的自主经营模式，实行与企业功能定位、经营性质和业务特点、行业对标水平相适应，与经营业绩、风险和责任相匹配的分类差异考核，坚持效益优先、独立核算、自主经营、成本控制的管理办法，这是全新的符合农场实际和产业特点的现代农业生产经营组织形式。

种植管理标准化，从产前的基础设施、品种、种苗培育、生产环境实施标准，产中的肥料、农药用量、田间管理，到产后的品级分类、初加工、包装，水果基地在每一个环节上都统一标准，全方位确保果品质量稳定，为品牌化夯实基础。

立足特优稀的优势，基地的水果在坚持最高品质的基础上，通过融入新营销理念，加强营销策略研究，在品牌设计、品牌故事、品牌包装、渠道选择等方面进行最优整合，实现有好的产品，有好的品牌。目前，广前公司已成功注册果蔬品牌商标2个（仙伦优果、火福娃），并积极搭建果蔬销售渠道和筹划成立电商销售平台，运用物联网与大数据助力水果产业品牌化运作，走优质热带水果品牌化路线。2021年阳光玫瑰葡萄首次投产，为加强销售，广前公司积极拓展渠道，与湛江市语程网络科技有限公司合作，不断在抖音、快手、"微湛江"等新自媒体平台投放广告，为"仙伦优果"品牌推向市场和广前公司下一步发展优质热带水果产业，建成区域优质品牌热带水果产业园奠定了良好的基础。

回首使命犹在，展望未来可期。水果基地全部投产后，预计水果年总产值达2 100万元。将来，在实现显著经济效益的同时，依托产业园综合区位优势、资源优势，公司将加快推进基地三期工程建设，积极拓展休闲旅游农业，推动农业一二三产业融合。同时，加强农业大数据平台的建设，推进管理技术集成，把规模农业与精准农业结合起来，建设智慧农业，提高农业现代化水平，为广东农垦农场产业转型升级树立优良的典范，推动垦区最终成为南亚热带休闲农业精品旅游点、数字化农业现代化基地和独具特色水果综合性示范基地。

（本文发表于2021年11月）

以数智科技铸造越秀集团核心竞争力

程 敏

在数字经济、智慧经济加速发展的背景下，广州越秀风行食品集团有限公司（简称越秀集团）围绕"成为湾区第一、全国一流、世界知名的食品集团"的战略愿景，提出了数字技术响应业务变化、赋能业务智慧创新的要求，通过加强数智科技创新，稳步打造具有核心竞争力的大湾区都市食品集团。

越秀集团于1985年在香港成立，通过粤港两地互动以及"4＋X"多元化业务协同融合，截至2020年底，越秀集团统计口径总资产约7 300亿元。越秀集团下属食品板块始建于1949年，由广州农垦整体改制而来，经过近70年农工商一体化运作，已构建了从"田间到餐桌"的一二三产业融合的全产业链发展模式。面向"十四五"，越秀食品研究确定了"321"战略目标，分别是全力实现3个"5"的业绩目标（总资产超过500亿元，营收突破500亿元，利润达到50亿元），做大做强乳业和生猪两条产业链，跻身中国农业食品行业第一梯队，成为粤港澳大湾区领先的优质食品供应龙头企业。

打造五大数字化集中平台

为了实现"十四五"战略发展目标，越秀食品依托统一数字化底座（含AIOT中台、数据中台、共性服务、数据中心等），汇集采、种、养、加、销等产业链核心环节的共性数字化需求，集中打造数字招采平台、数字营销中台、智能物链平台、食安溯源平台以及风控决策平台，以数字化技术赋能食品业务高效运营，实现建设集中化和价值最大化，打造支撑企业长期持续发展的核心竞争力。

一是数字招采平台。通过建立供应商资源库、价格信息库、品类物料库、评审专家库等4个资源库，数字招采平台围绕合作伙伴中心、采购管理中心、采购商城中心等3大业务中心，实现供应商全生命流程和业务采购全流程循环管理。通过定义供应商绩效评价与评估模型，实现供应商评价线上化，持续完善供应商的全生命周期管理。通过业务数据分析挖掘，不断优化招采业务流程，实现业务效率与寻源质量的双重提升。

二是数字营销中台。凭借One ID平台统一客户体系，数字营销中台实现对下属乳业、农牧、肉制品加工销售等多业态客户数据的汇集打通。对客户基础信息、订单信息、活动信息、购买路径信息等大数据进行建模分析，建立完善的客户标签和画像，基于预设规则自动推送营销活动，真正做到千人千面的精准营销。借力数字营销中台，充分发挥越秀食品多业态经营优势，最终实现营销精准化、订单统一化、产品组合化、分销共享化。

三是智能物链平台。以现代物联网、人工智能等先进技术为基础，智能物链平台通过建设贯穿物流供应链的综合服务平台，整合物流资源，实现物流全过程的自动化监控和智慧化决策。依托订单主数据、地图主数据、客户特征等数据，针对多场景需求进行订单合并、承运商分配、车辆智能配载和路径优化，实现自动化调度以及资源全局配置，提升配送的时效性，保障食品质量。

四是食品安全溯源平台。通过集成养殖、生产加工、仓储物流、销售等各环节的数据信息，食品安全溯源平台实现从养殖端到销售端的正向信息可追踪、从销售端到养殖端的逆向信息可追溯，助力公司提升食品安全追溯能力。结合区块链技术，食品安全溯源平台将关键信息存储上链，实现信息高度透明、不可篡改。通过数据报表分析功能，识别潜在的伪造、窜货风险，并及时预警，当发生食品安全事件时可快速精准地进行追溯和召回。

五是风控决策平台。通过数据自动汇集和实时监控机制，风控决策平台全方位囊括食品业务信息，从乳业、生猪、肉制品加工、生鲜、商贸、冷链、物业等多模块切入，对数据进行自动计算与分析，通过设置关键指标阈值进行动态风险自动识别，实现即时监测、全盘操控，提升公司风险管理效能。

数智转型助力企业竞优争先

基于统一数字化底座和五大集中平台，越秀集团充分利用云计算、大数据、物联网、人工智能、区块链等新兴技术，前瞻探索智慧养殖、智能工厂、智慧物流、智慧营销、智能溯源等5大数智转型场景，驱动业务升级和产业发展。

一是智慧养殖。利用物联网、机器人、大数据分析等技术准确掌握猪牛等生物资产的生理动态与生长环境，智能化、无人化对生物资产及养殖环境进行动态监测与自动控制，防范疾病风险，实现低人工、高产能、低消耗的现代化养殖范式。智慧养殖具体场景包括智能养殖环境控制、精准饲喂、智能生理监测以及疫病智能监测等。例如，通过为成年母牛佩戴智能项圈，实时记录奶牛生理数据信息，对比分析牛只反刍量曲线、活动量曲线以及休息量曲线情况，对牛只进行健康状况智慧判断；同时基于大数据模型，提前预判奶牛发情期，为奶牛育种工作提供有力的数据支持。

二是智能工厂。利用虚拟现实（VR）、增强现实（AR）、物联网、人工智能（AI）、机器人等先进技术建设智能工厂，提升工厂生产的效率、质量、安全等。通过更加智能、敏捷、灵活的方式，有效解决供应侧与需求侧一致性及协同性的顽疾，加快市场响应速度，提升市场竞争力。智能工厂具体场景包括数字化工厂、无人车间、智能仓储、智能分拣以及柔性制造等。目前，肉食制品工厂已实现切割、漂洗和腌制三大工艺自动化与智能化，通过肥肉自动切丁漂洗系统，高效去除肥肉粒表面油脂，较传统漂洗工艺，能保证肉粒漂洗干净，有效防止肉粒温度过高引起脂肪的氧化，同时设备用水量能节省30%以上。

三是智慧物流。利用物联网、人工智能、机器人等技术加强智慧物流建设，将物联网、传感网与现有的互联网技术结合起来，通过精细动态科学的管理，实现物流的自动化、可视化、可控化和智能化，提高资源利用率，降低物流成本。智慧物流具体场景包括智能精准路由、物流环境监测、智能选址决策以及智能无人仓储等。针对生鲜农产品流通供应链长、损耗大等现实问题，可通过物流网络算法以及运筹学算法，对人、车、货进行合理调度。通过打通销售订单、仓储信息、物流信息等，结合机器学习与大数据分析，优化物流中心与仓库智能选址。依托智能仓储机器人，探索货物上架、拣选、打包、贴标签等自动化操作，大幅提高仓储管理效率。

四是智慧营销。利用云计算、区块链、人工智能等技术，以客户为中心，全面感知并深刻理解客户需求，实现多触点、跨渠道、场景化、精细化的智慧营销，提升客户体验，扩大营销效果。智慧营销具体场景包括拓客地图、数字画像、VR购物、无人门店、外呼机器人、智能预测、新品洞察以及线上验资等。目前，已在乳业、熟肉制品等多个业态开展了智慧营销探索，通过独立App、微信小程序、小红书、抖音、盲盒销售、天猫京东旗舰店等多种平台和方式，积极践行品牌传播、流量获取、私域运营、销售转化、业务促进等多重使命，致力于为客户提供更创新、更便捷的智慧营销新体验。

五是智能溯源。利用物联网、区块链、大数据等技术，通过传感设备自动采集、关联各生产流通环节信息，为企业食品安全管理、供应链管理、信用管理以及政府监管提供数据支撑。智能溯源具体场景包括自动赋码、可信溯源、智能稽查、智能召回、智能客服以及舆情监测等。目前，乳业已对婴儿奶粉进行溯源管理。奶粉装罐产线上实现一罐一码喷印，在生产线中安装印贴机打印箱标并贴至箱上，通过AI相机及自动装箱设备实现罐箱关联。消费者在购买奶粉后，仅需扫描奶粉罐的二维码，即可查询产品检验报告单等质量溯源信息，让消费者更放心。

以数智科技创新驱动企业核心竞争力建设，意义重大、影响深远。越秀集团将从业务战略出发，通过推进产品创新数字化、生产运营智能化、用户服务敏捷化、产业体系生态化，加速产业数字化创新，进一步夯实企业数字化转型基础，推动企业高质量发展，为最终打造湾区第一、全国一流、世界知名的大湾区都市食品集团贡献数智科技力量。

（本文发表于2022年2月）

风起洞庭西

——湖南农垦西洞庭、西湖管理区大力发展数字农业纪实

周勇军　卓　萌　吴籽剑　孟　维　周　浩

"湖广熟，天下足"这一说法，自明朝起就广为流传。长期以来湖南便是物产丰饶的天下粮仓，而洞庭湖区的冲积平原更是著名的"鱼米之乡"。

又是一年盛夏，笔者一行人沿着杭瑞高速，来到洞庭湖西畔的常德西洞庭、西湖管理区。目光所及之处，只见广袤的原野上，牛羊成群，绿意盎然；整齐的大棚里，芦笋拔节，青翠诱人；葱茏的果园里，柑橘初挂果，香梨正丰收。

而操控这一切的，竟然是手机中的 App。如果不是亲眼所见，你很难想象，传统的养殖、种植竟能够在手掌中完成。这种颠覆了认知感的发展趋势，显示着数字农业正在洞庭之西悄然兴起。千百年来，农民"面朝黄土背朝天"辛苦劳作的历史从此改写。

"数字"帮决策 种田有"军师"

田家少闲月，五月人倍忙。农历五月，正值农忙时节，西洞庭管理区祝丰镇紫湾村的智慧水稻产业园里却一片宁静，鲜少人影。水稻田一格一格铺开，向天边延伸，偶尔有白鹭扑腾着翅膀飞过。

产业园办公室里，一名工作人员打开手机"中联智能云"App，看到水情板块呈现红色预警，立即点开排涝程序，300 亩稻田 46 处沟渠闸口随即打开，将连日来降雨的积水排出。

园区负责人王伟介绍："每块稻田我们都安装土壤、气象、水情、虫害等测报仪器，能迅速准确地将稻田的温度、湿度、水情、用肥等数据实时传输至大数据中心。只要打开手机 App，各项数据指标一目了然，而且一键操作，快捷高效。这就是数字农业的魅力。"

"当然，除了抽象的数据，我们还能通过监控，直观地查看水稻生长状态。"王伟逐一点击屏幕上各个地块，旋转摄像头，早稻、再生稻、一季晚稻，一一呈现。"你看，这里 2 号稻田已经泛黄吐金，数据也显示这块田已进入灌浆期。开镰收割的日子近了，咱们很快就能吃上香甜的'数字大米'了。"王伟高兴地说。

西洞庭水稻种植初尝"数字之甜"，正是顺应了数字农业发展的大潮流。

2017 年，农业部开始组织开展数字农业建设试点项目；之后 3 年，有关部门连续出台多个文件，加快农业数字化进程。今年，中央一号文件再次明确提出"实施数字乡村建

设发展工程"。

这一切，昭示着农业数字化进入重要战略机遇期。作为农业大市，常德抢抓时机，顺势而为，在优势地区大力发展数字农业。自 2017 年以来，西洞庭管理区充分发挥国家现代农业示范区先行先试和示范引领作用，推动大数据、云计算、物联网等现代信息技术应用，加快推进农业生产智能化、管理数据化，全面提高农业现代化水平。今年 4 月 15 日，中联智慧农业（水稻）项目正式落子西洞庭管理区，到现在已发展了 300 亩试验田。

"在湖南，最适合发展数字农业的就是环洞庭湖区域，我们在这一带建设了 4 处智慧产业园，其中一处就选在西洞庭。"王伟说，西洞庭管理区拥有大面积的高标准农田，土地平整、集中连片，机械化水平高，管理非常便利，为数字农业发展起步提供了优厚的条件。再加上项目得到常德市委、市政府和区里的大力支持，进展非常顺利，年底就能出科研成果。

"现在农村会种田、愿种田的人越来越少。智慧水稻项目就是要依靠大数据和算法，利用智能化农机，为新时代农民提供种田指导，解决这一痛点。"王伟告诉我们，项目预计明年推广至 1 万亩，2025 年推广至 5 万亩。届时，当地老百姓不再"靠天吃饭"、靠经验种田，而是靠数据、靠科技种田。

据该区负责人介绍，数字水稻农田每亩可节约人力、农资成本 100～200 元，亩产增收 14.3%，同时还能减少环境污染。"西洞庭管理区将与中联重科一道，将西洞庭中联智慧农业（水稻）项目打造成为全省乃至全国智慧农业的新标杆，奋力建成以智慧农业为引领的乡村振兴示范区。"王启武说。

漠漠水田飞白鹭，阴阴夏木啭黄鹂。离开水稻产业园，沿笔直的公路行驶不到十分钟，我们就到达湖南家家红现代农业科技有限公司的柑橘产业园，只见这里绿树成行成列，鸟儿在林木间、草丛里蹦跳着啄食小虫，一派生机勃勃的景象。

家家红农业公司主打蔬果加工产业，其招牌产品蜜橘片罐头深受消费者喜爱。为了确保橘片罐头原材料的品质和供应量，2019 年，该公司开始在西洞庭管理区建设万亩柑橘种植基地，现已发展 3 000 多亩。

公司技术部经理唐帅告诉我们，基地新引进以色列水肥一体化灌溉设施。工作人员依据传感器收集的数据，判断柑橘生长需求，在手机端可操作智慧水肥管理系统。肥液与灌溉水按合适的比例混合，定量、均匀、准确地输送到橘树根部土壤。只需要一两名员工，就能保障 3 000 亩柑橘地的水肥供应。

"宅家"能种果 喂牛也体面

与西洞庭管理区一衣带水的西湖管理区，数字农业却呈现出另一番风景。德人牧业奶牛养殖基地里，4 万多亩紫花苜蓿牧草一片连着一片，微风吹过，蝴蝶翻飞；2 000 多头奶牛低下头悠闲地啃食牧草，时不时扬起脑袋，发出满足的"哞哞"声。

走近一瞧，这些"黑白花"奶牛不仅生得俊，"打扮"也俏：耳上挂耳标，脚上戴脚环。德人牧业集团总裁丁润良说："耳标是咱们奶牛的'身份证'，一牛一号，可以追溯牛的品种、来源、生产性能、免疫状况。脚上戴的是'运动脚环'，可以监测奶牛的心率、运动量，判断身体状况，预估产奶量，从而提示我们的饲养员及时调整饲喂策略。"

德人牧业奶牛养殖基地已成为当地数字农业的典范。去年，西湖管理区成立乳业发展领导小组，全力支持乳业产业发展。2021年初，基地一次性引进400头荷斯坦母牛，现奶牛存栏量达到2 000头。

"别看奶牛多，实际上除了农忙时季节性用工较多外，长期用工只有260人左右，负责种草、养牛等。平均算下来，一人能管30头牛。"丁润良说。原来，德人牧业150亩的牛舍采用自动化精准环境控制系统，实现饲养环境自动调节；电子识别、自动称量、精准上料、自动饮水等现代化设备一应俱全，实现精准饲喂与分级管理；粪污全智能收集，处理生成有机肥和燃料，实现绿色循环。乳品生产线上，机械化自动产品收集系统，将自动挤奶、产品包装一条龙完成，现代化程度令人叹为观止。

脱贫户卿宗美过去守着几亩薄田过日子，一度陷入贫困。当地乳业兴起后，卿宗美在家门口找到工作，脱了贫。"牧场配料、喂食、清粪都是全自动化，操作很简单。牛棚干干净净，闻不到一点臭味。想不到，现在养牛也能养得这样轻松体面。"卿宗美连连感叹。

自2012年授牌国家现代农业示范区以来，西湖管理区大力发展特色农业、规模农业、高效农业。今年，该区以现代农业示范区建设为抓手，进一步完善农业生产条件；以乳草业、特色果蔬产业为核心，推动产业融合发展。西湖管理区负责人表示："全区上下要全域建设农业公园、全域实施乡村振兴、全域推进融合发展，共同建设美好西湖。"全域发展进程中，西湖不少种植大户、家庭农场也在经历智能化、数字化转型。

西洲乡田园村的芦笋园里，芦笋长势正旺，一株株青嫩的小笋亭亭玉立。村民忙着采摘、整理和打包新鲜芦笋，装车销往外地。

2013年，西湖青年周继新返乡创业，租地100亩成立了西湖穗丰芦笋种植农民专业合作社。通过引进新技术、发展设施农业，配合智能系统科学管理水肥，周继新将芦笋从定植到产出收益的时间从3年缩短到1年。现在，合作社芦笋种植面积达700亩，其中150亩已经进入丰产期，可年产芦笋400多吨，且不愁销路。基地还雇用了几十名当地农民务工，带动村民致富增收。

裕民村的楚峰梨园也迎来了丰收。枝头挂满圆润饱满的翠冠梨，一口下去，口齿生津。望着眼前的1 200亩梨园，负责人何新寿喜上眉梢："再过几天，这一批梨就到了最好吃的时候。现在咱们可不能松懈。"他打开手机，仔细查看各项监测数据后，点击"水泵"按钮为缺水地块"补水"。

"现在做农业真是大不一样啦！数字农业发展起来，不仅提醒我们什么时候该浇水该施肥，还帮着咱们浇水施肥。"何新寿大笑着说。过去，农民要肩挑手提，下地干活；后来，只需走到泵房打开阀门，就能控制水肥；到现在，农民足不出户，就能"掌上"控制果园。田地里仿佛有一支"隐形"的队伍在听取号令、默默工作。

"数"花遍地开 前景无限广

西洞庭、西湖管理区数字农业的发展，得到了常德市的充分肯定与重视。要重视农业种植技术，提升现代农业机械化水平，用现代理念推动"互联网＋农业"发展。要将农业产业化与农业工业化有机结合，大力发展智慧农业，打造乡村振兴"常德样板"，不断提升老百姓的幸福感、获得感。

西洞庭、西湖管理区地理环境优越，成为数字农业集中连片发展的示范区域。事实上，常德全市各地也都已出现数字农业，数字技术应用范围正在扩大：汉寿、鼎城等地在水产养殖中使用水体氧浓度自动调节设备；安乡在省内率先采用智能监控系统；石门在秀坪建设 5 000 亩高标准柑橘基地，平均每 5 亩地配备一台传感器……

数字化程度还在向纵深推进：中联智慧农业项目计划将水稻种植的算法模型开发经验，推广应用于其他作物；家家红农业公司正在寻求与大型农机公司合作的机会，计划研发和推广自动摘果机；物联系统与智能农机的衔接进一步加深，力求实现"监测—决策—操作"智能化全自动，进一步节省人力……

这一场"数字农业之风"，风起洞庭西，还将继续吹往辽阔的沅澧大地。

（本文发表于 2021 年 9 月）

以节水新概念试点建设助力宁夏农垦现代农业高质量发展

屈晓蕾　马文礼　王　昊　陈永伟

为深入贯彻落实党的十九大精神，《中共中央 国务院关于进一步推进农垦改革发展的意见》和《乡村振兴战略规划（2018—2022 年）》中关于"实施国家农业节水行动，建设节水型乡村"的要求，着力发挥农垦在现代农业中的示范引领作用，突出资源优化、绿色发展、环境友好，实现农业增效、职工增收、垦区增绿和农场振兴，农业农村部农垦局启动实施了农垦现代节水农业新概念示范行动。

2019 年，宁夏农垦集团有限公司（简称宁夏农垦）被确定成为农业农村部农垦局"农垦现代节水农业新概念实验试点"建设单位，随后宁夏农垦整合资源，稳步推进，分别在渠口农场、暖泉农场和平吉堡农场建立了现代节水农业新概念实验试点基地，通过集成示范展示以滴灌水肥一体化、互联网、物联网为核心的智能控制技术和农业精准灌溉与施肥等技术及应用效果，重点开展节水农业产业示范基地建设、节水农业技术模式示范、产品质量控制与提升、经营管理机制创新等工作，探索绿色节水农业发展模式，集成了生态建设、产业发展、经营管理等要素，集成开展工程节水、农艺节水、生物节水和管理节水措施，提升试验基地水资源利用效率，提高经济效益，实现了企业增效、职工增收、垦区增绿和农场振兴的目标，推动了垦区现代农业高质量发展。

试 点 建 设 思 路

（一）打造三园两中心，提升现代农业园区建设水平

2020 年，宁夏农垦以现代节水农业新概念实验试点建设为契机，以龙头企业为依托，强化"三园两中心"，即平吉堡农业生态园、暖泉生态循环农业园、玉泉营葡萄一二三产融合园、连湖种子加工中心和特色农产品加工中心建设，提升现代农业园区和中心建设水平，引领现代农业示范区高质量发展，探索开发集生态观光、农业采摘、休闲娱乐于一体的一二三产融合的新发展模式，培育农场新的经济增长点，推动特色产业布局区域化、经营规模化、生产标准化、发展产业化，努力让宁夏农垦优质粮食瓜菜产业更"绿色"，酿酒葡萄、枸杞产业更"红火"，奶牛肉牛产业更"牛劲"，肉羊产业更"洋气"，在奶牛、葡萄酒两个千亿级产业发展中走在前、显担当。

（二）强化高效节水技术试验示范，辐射带动效果显著

结合项目区农业生产实际，以小麦、玉米为主要作物，在宁夏农垦渠口农场、平吉堡农场集成引进筛选示范优良品种 43 个，在平吉堡农场开展智能测墒灌溉、植保无人机、精准灌溉施肥施药及全程机械化栽培等技术，以解决项目区小麦、玉米生产过程中存在的

农业水资源和养分利用率低、灌溉施肥量大、增产增效不明显等问题，开展了小麦、玉米肥料氮、磷、钾及微量元素肥料、密度试验，创新开展了小麦"干播湿出"技术试验示范，成功试制了小麦浅埋滴灌播种机械，形成了粮食作物小麦、玉米及麦后复种水肥精准管理绿色生产技术模式，为提升农业高质量水平发展奠定基础。通过项目实施，筛选出适合宁夏地区优良青贮、籽粒玉米品种各 2 个，实现节水 30％、节肥 20％ 的良好效果，示范辐射面积超 20 万亩。

（三）智能水肥一体化技术应用，促进高效节水再上新高度

为进一步提高宁夏农垦高效节水现代农业发展速度，以渠口农场 500 亩苹果和 1 000 亩梨智能水肥一体化设备为依托，引进经果林智慧管控系统，显著提高了经果林生产管理水平，彻底解决了山地果园因低洼长期盐渍化、水涝造成的危害，平衡了不同地力条件下经果林的水、肥需求，提高了果园整体商品率，实现了节水 36％，节肥 54％，省工 6.6％ 的示范引用效果。在暖泉农场建立智能化水肥一体化核心示范区 1 000 亩，集成示范滴灌水肥一体化、智能管控、精准灌溉与施肥、病虫害绿色防控和全程机械化等栽培技术。

（四）大力发展废弃物循环利用模式，促进农业绿色发展

根据宁夏地区的气候条件和地理条件及病虫草害发生规律，在渠口农场和平吉堡农场全面开展物理防治、生物防治试验示范，研究制定出节水灌溉模式下病虫草害有机防控技术方案。在渠口农场通过对奶牛粪污应用干湿分离、生物发酵及应用蚯蚓养殖转化粪污等技术，实现粪污资源化肥料化利用。在渠口农场创新开展玉露香梨、葡萄蚯蚓套种套养模式等试验研究，丰富奶牛粪污循环利用模式。通过试验示范，促进果园化肥用量降低 20％ 以上，农药使用量降低 30％ 以上，产品品质明显提升，亩均产量提高 10％ 以上。项目执行期间，先后组织宁夏农垦各农场 500 余人召开现场观摩培训会，取得了较好的示范推广效果。

（五）创新节水新概念运行机制，提升技术应用和管理水平

1. 创新生产模式。 充分发挥农场组织化、规模化的生产优势，以宁夏农垦农林牧技术推广服务中心为技术依托，通过新概念实验基地建设及运行，开展土地托管、订单生产、果品产业化生产销售等管理模式；结合党建，在新概念所有项目区建立党员先锋示范岗，以科技促生产，以党建促落实。

2. 创新经营机制。 经营方面，结合节水新概念运行机制，创新企业经营管理方案，盘活农场土地资源，增强土地资源的创收能力，平吉堡农场试点将土地进行了公开竞包，有力地推动了土地承包公开公正进行，为下一步提升土地经营管理能力开辟了一条新路。销售方面，通过创新利益分配机制，培育自主品牌（"渠口"有机苹果），开拓线上线下销售渠道（开发推广"宁垦鲜生"微信小程序），增强企业的市场竞争力，提高企业及职工收入。

3. 创新技术服务。 通过项目合作，积极与上海交通大学、宁夏大学、宁夏农林科学院、宁夏林业和草原局等单位合作共建项目基地，共同申请项目资金；特邀区内外知名专家学者成为企业专家和技术顾问，以农垦技术人员与专家结对的形式，服务农垦特色产业发展，提升技术人员水平。

试点建设成效

通过新概念试点建设，宁夏农垦两园一中心初步框架已经形成，作物高效节水逐步向规模化、标准化、智能化、精准化方向发展，实现了农艺、工程和管理措施节水，垦区各作物高效节水技术示范推广应用面积 30 万亩以上，整体节水达 30% 以上，核心示范区较辐射示范区节水 5%～10%，3 年来累计节水达 1.62 亿立方米。

（一）集成农艺技术措施，提升农艺节水效果

1. 深入开展水肥一体化技术。 在宁夏农垦渠口、平吉堡和暖泉农场开展玉米、小麦和经果林水肥一体化技术应用，建成玉米滴灌水肥一体化试点基地 46 000 亩，经果林水肥一体化试点基地 13 000 亩，小麦滴灌水肥一体化试点基地 460 亩；通过滴灌核心参数的研究与示范，"干播湿出"技术较常规滴灌节水 22%，较常规漫灌节水 46%，节氮肥 18.4%。

2. 大力示范推广增施有机肥及秸秆还田技术。 在宁夏农垦暖泉农场开展秸秆粉碎还田技术推广示范，示范面积超 5 000 亩，通过秸秆粉碎还田技术，提高土壤有机含量，改善土壤团粒结构，使土壤容重降低，孔隙度增大，增强土壤的渗水能力且减少了水分蒸发，增加了土壤的蓄水保水能力，提高根系吸收水分的能力，达到以肥调水、提高水分生产率的效果。

3. 积极推进农机农艺深度融合。 在宁夏农垦渠口农场、平吉堡农场和暖泉农场推广机械深翻深松技术，示范面积 12 000 亩，在水稻、玉米收获并进行秸秆粉碎处理后，及时进行机械深翻，翻深要保证在 25 厘米以上，深松 40 厘米以上，将地表覆盖水稻、玉米秸秆均匀翻埋地下。通过机械深翻，打破犁底层，加深耕作层，营造耕地土壤上下通透的疏松环境，改善土壤理化性状和通气透水性能。深耕后土壤的容重降低，孔隙度增加，作物根系生长量增加，生长深度延伸，增加了对深层土壤水的利用率。进行激光平地，冬春季节及时指导农户积极开展耙糖保墒作业，切断土壤毛细管，减少地表蒸发，从而达到提高用水效率目的。

4. 大力推广农田覆膜覆草地技术。 在宁夏农垦平吉堡农场、渠口农场大力推广设施蔬菜膜（稻草）下滴灌技术，示范面积 3 600 亩。通过覆膜、覆草等技术改善田间小气候，减少田间水分无效蒸发，能抑蒸保墒，有效促进了"土壤—作物—大气"体系中水分循环利用，增加了耕层土壤贮水量及供水量，改善作物吸收水分条件，提高水分的利用率及作物产量。

（二）加大基础建设投入，提升工程节水效率

1. 喷灌技术应用。 在宁夏农垦黄羊滩农场、简泉农场开展供港蔬菜、玉米和苜蓿喷灌技术应用示范。利用加压水泵、动力机等喷灌机器把水通过管道输送到田间，再由喷嘴将水喷洒到空气中形成水滴，均匀地分布在作物和农田之间，通过喷灌，实现水、肥、药同步施用，提高灌溉设备的利用效率，提高工程节水效率。

2. 渠道防渗技术应用。 在灌溉过程中，沟渠渗透是水资源浪费的重要原因。防渗技

术是通过降低土质渠道的通透性，从而形成渠床透水的保护层，常用混凝土衬砌、浆砌、石头衬砌、塑料薄膜防渗、多材料组合防渗等技术手段。在宁夏农垦综合开发项目高标准农田建设项目的大力支持下，防渗技术在各农场陆续实施，逐年推广，目前漫灌渠道衬砌率已达到80%以上，并保持逐年增加的趋势。

3. 低压管道输水应用。在宁夏农垦暖泉农场、长山头农场推广低压管道输水技术，通过项目带动，工程建设，提取机井内的水源，再通过灌溉管道系统将水输送到灌溉区域。

4. 智能滴灌水肥一体化技术应用。在渠口农场建成500亩苹果智能滴灌水肥一体化技术示范区，在暖泉农场建成的1 000亩玉米滴灌水肥一体化技术示范区，改变了传统靠经验施肥灌水的方式，通过土壤墒情实施测定，精准开启滴灌设备，以供作物在需水关键期获得足够水源，避免了水资源的浪费，实现了水的高效利用。

（三）创新管理制度，丰富管理节水方式

完善和构建垦区现代化农业高效节水灌溉工程管理体系，辐射带动垦区及周边区域，把农业高效节水灌溉技术推广工作提升到新高度，通过工程管理措施达到了农业可持续节水目标。

1. 创新工程管理机制。新概念试点建设采取了集中负责与分立负责有机结合的创新管理机制，设立"集团＋农场＋农业部门＋生产队"的四级管理模式，宁夏农垦设立了高效节水灌溉项目管理部，总体把控工程管理，监督工程运行，确保各项管理措施落实到位，总体负责垦区内工程管理工作，同时将具体工程管理实施工作下放到各农场，确保工程管理工作既不脱离集中管控又能高效和实时推进；同时农场成立领导小组，农业部门具体负责，生产队实时管护，按灌区划片指定专人负责，保证了灌水定额、灌水周期、单次灌水延续时间按既定方案实施，做到了科学精准灌溉，提升了灌溉水利用率。

2. 健全技术服务体系。在宁夏农垦农业发展部统一部署下，成立以宁夏农垦农技推广中心为高效节水灌溉技术核心、各农场农业技术人员为基础、高校和科研院所专家为指导的综合技术服务体系，通过理论培训、实地观摩、现场教学、田间指导等多元化技术服务，为高效节水管理措施不折不扣落实奠定了坚实基础。

3. 统一生产管理模式。为解决过去因农户小片种植和分户灌溉等造成的灌溉水量大、灌溉时间长、灌水周期乱等问题，不断摸索和改进管理方式，探索出了适宜垦区的统一生产管理的新模式。首先，工程管理权集中，采取划片划区域指定专业人员专人负责制；其次，通过流转集中土地，达到从种到收全过程的统一管理，做到了统一机械作业、统一灌溉、统一施肥、统一收获、统一维护的"五统一"。通过统一管理模式的推广应用，既达到了节水目的，又解放了劳动力，在提高企业增效、职工增收的同时，也保障了区域内和谐社会建设与发展。

4. 强化技术培训深度。不断提高垦区高效节水灌溉技术管理水平，提升技术服务能力，年初做计划，年中做培训，年终做总结。对基层专业技术人员进行培训，提升管理水平，对农户进行培训，提高节水意识，同时邀请专家教授进行讲解和实操，提升农技服务人员专业素养，为高效节水灌溉持续推进创造了良好的氛围。

5. **落实调查研究。**在强化管理的同时，通过不定期调研提问题、找差距、补短板，发现问题及时解决，存在不足及时调整，不断探索新方法，力促管理机制不断优化、管理方法趋于科学、管理能力逐渐提升，为高效节水灌溉提供保障。

（四）加大质量监测检测力度，保障农垦农产品质量

1. **农产品质量安全全程可追溯体系建设。**2020年，在宁夏农垦全垦区范围共采集15种水果和42种蔬菜合计289份样品，高于计划采样11.2%，其中采集蔬菜214份，占总采样量的74.1%，水果采集75份占总采样量的25.9%。测定有机氯15个参数和有机磷12个参数，共计测定7 803批次，确保了垦区农产品质量安全。

2. **开展田间试验土壤检测化验。**2020年累计检测垦区各农场田间试验点土样、各农场试验示范项目土壤样品260多份，包含常规七项及多项重金属监测指标，为垦区测土配方技术应用及土地质量安全提供保障。

3. **实施稻米质量提升技术示范。**2020年，在暖泉和渠口试点基地实施了稻米质量提升技术示范，围绕生态循环农业模式，采取质量提升技术示范、全面质量管理体系建设、全面质量管理体系宣贯和稻米质量检测工作等措施，垦区水稻全面质量管理生产规模达1万亩，通过强化基地生产组织管理责任制度、"五统一"生产管理制度、基地生产投入品（生产资料）管理制度、基地节水灌溉制度、秸秆还田培肥地力农机作业制度、监督管理制度、技术指导和推广制度、技术培训制度和基地环境保护制度等9个制度建设，基本实现了水稻生产过程和各环节的标准化、统一化、绿色化，稻米质量显著提升。

（本文发表于2021年9月）

"秸"尽所能　变废为宝

陈晓娟

过去,农作物收割后,秸秆何去何从是摆在呼伦贝尔农垦集团特泥河农牧场有限公司(简称特泥河公司)面前的一道难题,但随着对国家政策的深入理解和把握,以及"互联网＋"的推广使用,特泥河公司不仅破解了这个难题,还从中找到了商机——通过竞标,实现大小麦秸秆和农机服务的网络销售,助力职工增收。

"以前,每到秋收工作结束后,职工就到麦地里烧荒,也就是对秸秆进行焚烧处理,每到那个时候,漫天烟雾,一条条'火龙'在田间环绕。现在想想,烧荒不仅污染环境,还影响了群众健康,并且存在许多安全隐患。"特泥河公司党委委员、副总经理杜增友说道:"公司创新发展,开启多元产业发展模式,我们把农作物秸秆也纳入了多元产业发展规划。"

近年来,特泥河公司积极响应国家号召,践行"生态优先,绿色发展"的理念,摒弃焚烧秸秆的做法,探索新的秸秆处理方式。特泥河公司将避灾型农业作为发展方向,启动黑土地保护性耕作,推广秸秆还田,开展技术革新,在联合收割机上安装秸秆还田设备,确保秸秆覆盖率,使农田充分保墒,以抵御自然灾害。

经过验证,秸秆还田的地块在防风防沙、保水保墒方面表现尤为突出,对农作物出苗期苗全苗齐有很大帮助。但是大家发现,时间久了,部分地块如果秸秆全部还田,覆盖过厚,会影响第二年春播工作。如果全部搂成趟、打成捆,不及时处理,刮到田间道上,又会影响交通,阻碍生产。这些多余的秸秆,该如何处理?企业现存的剩余生产力,该如何消耗……

带着一系列问题,特泥河公司全面启动了产业规划布局。按照呼伦贝尔农垦集团有限公司的企业发展方向和定位,将积极构建现代农资农机社会化服务体系纳入公司"十四五"规划的重要板块,充分发挥其在重型农机设备上的优势,依托已有的现代农机装备水平、信息化建设,推动大数据、物联网、虚拟现实等在农牧业中的融入应用,以实现农牧业标准化生产为目标,建立统一管控、绿色健康、可持续的农资农机服务体系。在保障特泥河公司正常作业的基础上,覆盖该公司周边半径30公里,为周边的小型个体农户、家庭农场提供代种、代耕、代收、田间管理等全方位服务,在提高机械设备利用效率的同时,增加其现代农机服务收入。

今年,特泥河公司早谋划、早动手,秋收工作开始前就着手秸秆销售工作,进入8月中旬,将特泥河公司16.4万亩大小麦秸秆和配套的现代化农机服务,在网络上公开竞拍,先后有18标竞标,经过激烈竞价,大小麦秸秆最终以12~19.5元/亩的价格中标,并在竞拍结束后与中标客户签订了购销合同。在第二轮的竞拍过程中,特泥河公司还将现代农机服务以"卖方负责秸秆的打捆作业，费用由中标买方承担，中标买方以80元/吨的价格支付给卖方"的条件一同竞拍，实现呼伦贝尔农垦集团有限公司在现代化农资农机服务体系上的破题。据统计，今年，特泥河公司大小麦秸秆竞拍增收近240万元，现代农机服务费增收58万余元，此两项内容累计为企业增收近300万元。

农田里，两台秸秆打捆机正在田间忙个不停，一排排"平躺"着的大小麦秸秆瞬间被"吸走"，在打捆机里自动旋转、压缩、捆绑，"吐出"了一捆捆断面整齐、弧度均匀的捆包。特泥河公司在多元产业发展中，将继续延伸种植业产业链条，把秸秆产业单独列为一个课题，转化产能，为秸秆肥料、饲料、燃料、制油、工艺品及畜牧业产品源源不断地输送高质量的原材料。通过对秸秆综合利用先进技术、工艺、理念、模式等的了解，进一步激活企业秸秆综合利用产业化、规模化发展，实现企业综合收益逐年增加。

秸秆的综合利用是特泥河公司产业结构调整的创新探索。经过不断努力，秸秆综合利用率不断提升，这不仅有效解决了秸秆焚烧问题、减轻病虫害利于春播，还可以为公司带来经济效益，为中标方提供服务，同时也推动土地利用效益大幅提高。

（本文发表于2021年11月）

培育良田沃土　筑牢丰产"地基"

——贵阳市农业农垦投资发展集团有限公司 推进现代山地高标准农田建设

杨小慧

100多台挖掘机、推土机、压路机等机械不停作业，40余辆运输车往来穿梭……4月15日，由贵阳市农业农垦投资发展集团有限公司（简称贵阳农投）负责的贵阳市现代山地高标准农田建设示范项目现场一片热火朝天的景象。

在项目核心区域，整治过的土地平整、连片，新覆的土壤厚实、肥沃，最大的一个地块面积达125亩。而在半年前，这片土地还很分散，碎片化、坡度大。如今，随着贵阳推进现代山地高标准农田建设，一块块小散的土地正在变成规模化、标准化、设施化、宜机械化的良田沃土。

建设高标准农田，破解农业发展难题

贵阳是贵州省唯一没有万亩耕地大坝支撑的市（州），喀斯特地貌突出，耕地分散破碎，土地和土壤资源非常珍贵，农业发展受限重重。如何破局解困？高标准农田建设是"关键一招"。

为此，贵阳市认真贯彻落实习近平总书记对高标准农田建设的系列重要指示精神，按照党中央、国务院和省委、省政府的决策部署，大力推进高标准农田建设。这项任务，落在了以"服务城市、发展农业、繁荣农村、富裕农民"为目标的贵阳农投肩上。

"耕地是粮食生产的命根子，建设高标准农田对贵阳巩固和提高粮食生产能力、发展现代山地特色高效农业、推进乡村振兴具有重要意义，作为国有农业企业和高标准农田建设的主要实施单位，我们深感使命光荣、责任重大。"贵阳农投党委书记、董事长唐樾表示。

2020年6—9月，经过现场勘查、分析、讨论和两轮选址，最终从4个区县、15个乡镇、25个项目备选地址中，确定将开阳县宅吉乡列为试点示范项目。项目计划投资30亿元，分两期在宅吉乡堰塘、潘桐、保星、三联、官庄等5个村建设2.5万亩高标准农田，其中一期建设面积约5 000亩。

项目确定后，贵阳农投强化责任担当，立即召开专题会进行安排部署，以时不我待只争朝夕的劲头狠抓工作落实，成立由董事长担任指挥长的指挥部，制定项目建设方案，编制可研报告，组建项目专班，派驻工作组，实行日调度和周总结制度，倒排工期，挂图作战，实施一系列"硬核"举措，与各部门各单位及县乡村形成合力，确保项目按目标、按

进度顺利进行。

"三改四化"高标推进，筑牢高产稳产"地基"

在建设现代山地高标准农田过程中，贵阳因地制宜，突出山地特色，宜梯则梯，宜平则平，按照"三改"（坡改平、旱改水、瘦改肥）和"四化"（规模化、标准化、设施化、宜机化）要求，高标准推进。

"项目区域原来农业基础较好，但是耕地较为破碎，坡度 6°～15° 的占比超 52%，15° 以上的达 12%。"开阳县宅吉乡项目负责人徐海峰介绍，按照"三改四化"要求，一期主要建设内容为土地治理、灌排水设施、机耕道及农业设施建设等工程。其中，土地归并整理 3 200 余亩，配套机耕道 19.25 公里、沟渠 26.42 公里、供水管道 61.36 公里、提灌 2 处、水池 3 座，提质增效历史高标农田 1 900 余亩。

"原来项目区域耕地有 3 426 块，连片实施土地归并后，地块将减少到 233 块，其中 10 亩以上耕地达 170 多块，耕地破碎化将得到有效治理。耕地平整度也将明显提升，耕地坡度将全部降至 5° 以下，可全程机械化耕作。"徐海峰说，现在是按照"人休息，机器不休息"全力推进项目建设。

项目自 2020 年 9 月建设以来，项目一期已建 3 200 亩（其中已整治 2 370 亩），预计今年 10 月完成验收。届时可建成高标准农田 5 220 亩（其中：新增耕地 115 亩，旱改水 1 975 亩），耕地质量提升 3～5 个等次，每亩增加粮食年产能 400～1 000 斤。

曾经地碎、坡高、路陡的山地，在几个月后将成为一片路相通、渠相连、涝能排、旱能灌、生态友好、高产稳产的良田沃土。

最大程度助农增收，带动现代农业高质量发展

土地流转是项目建设的重要保障，但要村民把赖以生存的土地流转出来，难免会有一些顾虑。如何消除村民顾虑也是项目建设中的重要问题。

在开阳县、宅吉乡和相关各村积极配合支持下，贵阳农投通过召开组长会、群众代表会等向村民介绍宣传项目规划建设、利益联结、未来发展等情况，还组织群众代表去参观高标准蔬菜基地，赢得了村民的广泛支持。

"这个项目很好，以前自家的地这一点那一点，种庄稼风险大、收益低，现在流转来建高标准农田，一亩地一年有 500 元土地流转费，建好后还能来这里打工，收入更高还有保障。"宅吉乡堰塘村高一组村民龚治平自项目开建后，便经常来现场看看进度。

龚治平家有 16 亩地，但是以前不集中不连片，种烤烟成不了规模，种传统农作物收入又低，规划建设宅吉项目时，他便积极地把自家所有的土地都流转来建高标准农田。

"为了让村民得到更多实惠，不仅前期可以通过'土地租金＋务工收入'保障收益，建成后也将通过'龙头企业＋合作社＋农户'的模式，把村民嵌入到建设生产运营的各环节，助农增收。"贵阳市农投集团党委委员、副总经理吴太君介绍，项目建成后，将建设高标准蔬菜保供基地，平均每亩耕地年产值可达 3 万元以上，是种烤烟的 8 倍、种玉米油

菜的 20 倍。每亩耕地可使村集体年增收 50 元，农民土地承包权年分红增收 500～1 200 元，农民就业务工增收 12 000 元以上，将有力地示范带动贵阳现代山地高效农业高质量发展。

（本文发表于 2021 年 6 月）

构建黑土地保护"大河湾模式"

陈海华　田林鑫

"2022 年，我们要与呼伦贝尔农垦大河湾农牧场公司合作，在 3 700 亩耕地上陆续开展各模式的实验对比。"在 1 月 14 日召开的中国科学院（简称中科院）"黑土粮仓"大河湾战区 2022 年工作计划报告会议上，中科院计算所研究员、"黑土粮仓"大河湾示范区负责人张玉成博士说道。

据介绍，大河湾示范区由中科院计算所牵头，呼伦贝尔农垦集团有限公司（简称呼伦贝尔农垦）、中科院东北地理所等多家单位共同参与，旨在探索构建"数字化智能决策＋无人化精准执行"的黑土地保护"大河湾模式"，并面向五大黑土典型区域大兴安岭东南麓 8 000 万亩黑土地进行复制推广。自 2021 年 4 月正式实施以来，各方积极组织中科院内外以及地方力量，为大河湾黑土地保护出谋划策。截至目前，大河湾黑土地保护项目已经初步打通了多源数据采集、融合，分析决策到智能农机装备无人化精准化执行的全环节与全流程。

黑土地是大自然给予人类的得天独厚的宝藏，是一种性状好、肥力高、非常适合植物生长的土壤，被誉为"耕地中的大熊猫"。目前，全球仅有四大黑土区域——乌克兰的乌克兰平原、美国的密西西比平原、南美洲阿根廷至乌拉圭的潘帕斯草原以及中国的东北平原。东北平原是我国最重要的粮食生产基地和商品粮输出基地。然而受长期过度开发利用、气候变化等多种因素的影响，东北黑土地出现了不同程度的退化，直接影响到区域粮食产量的稳定。

如今，黑土地保护已上升为国家战略。对此，中科院充分发挥成建制、学科全的优势，迅速组织中科院内外数十家相关单位，齐聚黑土地，共同打响"黑土粮仓"科技会战。中科院黑土地保护项目目前设置有 6 个共性技术攻关和 7 个示范区的建设，大河湾示范区就是 7 个示范区中的一个。大河湾示范区属于我国 5 大黑土典型类型之一的大兴安岭东南麓区，主要特点就是漫坡漫岗、耕土层薄、大陆季风气候、降雨量不多但集中，很容易造成风蚀水蚀。大兴安岭南麓区占整个黑土地区域总面积的 9%，大河湾是其典型代表，在大河湾实施黑土地保护具有重要的代表性，价值巨大。此外，大河湾示范区位于呼伦贝尔农垦辖区，土地统管统种，特别适合与中科院成建制的合作，能够保证项目的高执行性和可持续性。

大河湾示范区项目主要针对大河湾示范区的气候、地形、作业方式以及规模化作业的产业特点，从风蚀水蚀治理、地力提升、农机装备智能化改造、农机农艺结合实现保护性耕作以及建立科学的黑土用养评价体系等几个方面展开。在各成员单位共同努力下，在呼伦贝尔农垦以及其大河湾农牧场有限公司的大力支持下，取得一系列进展。

1. 绘成了一张图。有效获得了呼伦贝尔农垦大河湾农牧场有限公司全域 16.8 万亩黑土本底数据一张图。充分利用遥感、无人机、传感器以及人工取样等多种手段，结合信息技术、人工智能技术与农艺技术充分结合，开发了土壤养分反演算法、地物识别模型等 8 种模型与算法，实现了土壤物理性质、养分（氮磷钾）、有机质、地界、作物、水蚀沟分布、气象等全面信息在 16.8 万亩区域的反演，经过和人工检测数据比对，整体准确率能够达到 85% 以上。此外，基于反演模型与历史遥感数据的结合，成功反演出从 2014 年到 2021 年整个大河湾地区有机质、氮磷钾的历史数据，对于今后详细分析各种植模式对黑土地的具体影响具有重要意义。

2. 有了一个解决方案。切实探明了水蚀沟的分布成因并提出了解决方案。目前已经探明了整个呼伦贝尔农垦大河湾农牧场有限公司水蚀沟和干沟的分布，共约 290 多亩，形成原因是漫坡漫岗、雨水集中加上大陆季风气候和传统地表扰动性耕作。因此，有针对性地提出了生物篱网降低风速、秋季收获后机械镇压、留茬秸秆覆盖、免耕播种等综合模式，形成了"休闲期固土降速减蚀，生长季防蚀保墒促肥"的一整套技术方案。目前，已经完成了秋冬季降速减蚀技术措施的田间布设。

3. 项目建设部分成型。设计并完成了部分大型基础设施配套建设工作。目前，呼伦贝尔农垦投资数千万元建设的大数据指挥中心已经完成封顶，将成为呼伦贝尔农垦乃至大兴安岭南麓的数据中心，对黑土地保护起到重要作用。另外，野外台站、风光储能项目也完成了选址及第一版技术设计方案设计。在有机肥制备方面，完成了测土配方和稳定性复合肥料配方设计，并充分利用当地秸秆畜禽粪便资源，形成了有机肥制备技术方案。

4. 应用示范有成果。实现了智能化农机改造与保护性耕作相结合的应用示范。对大河湾农牧场有限公司传统柴油动力农机进行了智能化改造，目前共计改造 687 台，可实现位置跟踪、计亩统计、油耗监测、深耕深松监测等功能。自主研发了清洁能源全程无人驾驶智能农机"鸿鹄 T30"和"鸿鹄 T150"，结合条耕机、免耕播种机等保护性耕作农机具进行了小规模示范。同时正在开发农机社会化服务平台，实现智能农机装备需求和作业的网联化管理，有效解决农垦大量保护性耕作高端装备闲置与周边农民无机可用的矛盾。

5. 建立种植信息化大数据系统。全面梳理整个大河湾农场的种植体系，建立了种植信息化大数据系统，实现地块级"耕种管收"的精细化管理和全生命周期的数据采集。2021 年，大河湾农牧场有限公司秋收时已经测试应用大数据平台，在一定程度上提高了作业效率，已计划从 2022 年春播开始系统性地应用大数据平台。这些数据的积累，将从数据上说明如何养好黑土地，形成科学的黑土地保护评价体系。

下一步，各成员单位将稳扎稳打，进一步夯实项目基础，成功构建"数字化智能决策＋无人化精准执行"的黑土地保护"大河湾模式"，将大河湾农牧场有限公司打造成黑土地保护与产业融合发展的现代化农业示范标杆与典范，并面向整个大兴安岭东南麓黑土区域进行复制推广。

（本文发表于 2022 年 3 月）

"一管控五优化"打造现代农业产业高地

童金炳　伍守恒　郭　俊

近年来，地处鄱阳湖畔的江西省南昌市恒湖垦殖场（简称农垦殖场）坚持"绿色、循环、低碳"理念，发展绿色生态农业，"三链同构"建立现代农业产业体系，以稻米质量提升与农产品质量安全示范区创建为目标要求，以"一管控五优化"为路径方法，深入推进产地绿色化、种植技术标准化、质量自主控制与监管体系建设、产地产品检测达标为主要内容的全面质量提升工作；建立农产品质量管理体系，树立恒湖品牌农业，质量效益显著提升、职工收入显著提高。

"一管控"建立农产品质量安全管理体系

垦殖场采取"自主可控＋监管"双向管控措施，开展农产品全面质量管理工作。

一是建立"自主可控"的质量提升体系。按照"生产有记录、田间有档案、信息可查询、流向可追踪、责任可追溯、产品可召回、风险可控制、质量可保证"的原则进行质量提升。

二是建立全面质量监管体系。聘请农垦农产品质量安全技术服务专家，开展农产品质量安全技术综合服务，制定《农产品质量综合服务工作手册》《农产品质量综合服务工作日志》，组织专家对标查验。信息包括企业信息、投入品使用信息、生产加工信息、仓储信息、物流信息、销售信息以及市场准入数据进行采集、汇总、备案，实现全场农产品生产、加工、流通过程的完全监管；对产地环境检测数据、农产品抽检数据、生产过程和各项制度的执行进行综合分析研判，确认农产品的质量指标安全可靠性；开展以组织管理建设、基础条件建设、日常监管质量控制为创建内容的农产品质量安全示范区创建活动；投资 30 多万元集中采购配置和使用农产品质量检测设施装备，建立场农产品检测中心，实现全场农产品快检全覆盖。

"五优化"促质量自主内控全面提升

（一）优化结构，选良种、种养结合、实现优质高效化

长期单一水稻种植严重制约了恒湖的农产品质量和效益提升；地势低洼，常受内涝之患，导致排灌费用高，调水矛盾多。如何化危为机？2015 年，恒湖把发展稻田养虾综合种养模式作为农场调整农业产业结构的主攻方向。通过合作社、示范户的带动引领，到 2020 年，已发展稻田小龙虾养殖面积达 25 000 亩，总产量 2 250 吨，新增产值 5 400 万元，新增纯收入 2 500 万元，此外，每年还可节省排灌费 200 万元。

高端产品源自优良品种。垦殖场大力开展优质稻品种选育、推广示范工作。围绕选品

种、提品质、鉴品味、创品牌的目标，建立以市场为导向的优质稻品种选择体系。按照优质稻标准（国标二级以上）加大引进示范推广应用，开展优质稻、虾田稻品种观摩示范，优质稻米品尝鉴定及推介活动，选出适合鄱阳湖区域种植的水稻品种。高产优质，抗性强的品种有'野香优系列''百香125''农香42'等；适合垦殖场推广应用主栽品种是'黄华占''华润2号''外引7号'等。同时对当家常规优质稻品种开展提纯复壮工作，实行全场基地统一供种，确保优质稻粮源纯度高、品质优。

（二）优化种植环境条件，实现产品绿色化

垦殖场地处赣江下游，鄱阳湖畔，土壤肥沃、土层深厚有机质含量高，场区20公里内无工业污染，农田采用赣江水自流灌溉。为了保护生态，垦殖场推进化肥、农药投入品减量使用，生产清洁化、秸秆废弃物资源化、产业模式生态化，强化农药包装废弃物和农田残膜回收处理。整体推进生态环境治理工作，投资7 000万元，开展易涝区灌沟、渠治理；投入5 000多万元，实施畜禽粪便和生活污水无害化处理；引进楚锴生态农业科技公司，投入3 000万元实施污染治理和秸秆资源饲料化、肥料化利用。垦殖场还成立机构，对全场5.5万亩农田资源实施动态跟踪监测；建立基地投入品准入制度和管理体系，实现产地绿色食品要求检测达标。

（三）优化标准规程，实现精准化操作

为了改变生产经营粗放，农产品的质量差的状况，垦殖场首先从稻米产业开始制定企业标准和操作规程并强化宣标、贯标。与南昌市农业科学院共同编制完成技术标准4个、技术操作规程3个、稻米产品质量管理制度10个。每年开展绿色食品生产技术培训和农产品质量安全培训3次，参训人数300人次。

垦殖场按照集中连片、因地制宜、规模发展的原则，坚持统一农作物品种布局和良种供应，统一生产操作技术规程和服务指导，统一生产资料等投入品供应和使用，统一基础设施建设、农机作业和田间管理，统一农产品收储加工、销售。以基地为单位绘制基地分布图和地块分布图，对地块统一编号登记名册入网，在基地显要处竖立标示牌，统一印发投入品购物记录、田间农事操作与投入品使用技术记录、收货记录、仓储记录、出库记录和生产指导书等，完整收集数据信息入库。加工企业从原粮收购烘干、储存、加工、运输、销售等过程，把控好加工、销售质量关键点，记录数据信息入库，为农产品质量管理提供准确、真实、可靠信息。

（四）优化栽培技术措施，实现质量提升科技化

垦殖场制定基地许可使用农药的清单及肥料使用准则，所有农药和肥料，必须在基地允许使用的目录中采购；开展高效低残留农药的筛选试验，大力推广应用农业防治、生物防治、物理防治等生态绿色防控技术。建立投入品使用监督检查制度，每年开展4次抽查，实行专业化统防统治，实施标准化操作，规范田间作业行为，推广农药化肥使用减量技术，保证作物成熟间隔期内不施药，降低农药残留对农产品质量的影响。

（五）优化收储、加工，实现品牌化营销

垦殖场重视产后服务质量提升工作。开展农机标准化管理和作业，全面实现机械化作业，机械化收割率100%；建设有2万平方米晒谷场和8个烘干场，日处理能力2 000吨。

稻谷机割后由大粮车直接运到烘干厂，实现稻谷从田头到仓库不落地；稻谷原料严格按品种、等级、杂质、黄变粒、不完善粒的关键控制点进行收储，按照品种分级存放，防止混杂。

在稻谷加工过程中，严格把控清理、磁选、去石、色选、砻谷、碾米、配米以及成品包装、物流运输、售后环节的质量管理。农产品流通和营销是价值实现的关键。

品牌是质量、技术、信誉和文化的重要载体，是提升质量的重要标志。垦殖场立足资源优势，围绕优质稻和特色水产完善标准体系，加大政策支持力度，扶持龙头企业塑造和培育恒湖品牌大米、小龙虾开展营销，恒湖已成功申报"三品一标"农产品20个，其中江西农多利农业科技公司（简称农多公司）生产的"赣垦香"虾稻米荣获17届国际农交会、鄱阳湖生态农产品金奖，2020年农多利公司还被评为江西省农业产业化龙头企业。

为了扩大销售渠道，垦殖场运用信息化平台发展电商开展线上线下销售，建立农产品直供连锁店，实行农社对接，推进"生产基地＋粮油加工厂＋中央厨房＋餐饮（商超）门店"模式，强化打造恒湖标准、精心培育恒湖品牌、宣传恒湖优质大米和特色小龙虾产品。通过新闻媒体等多种形式的品牌宣传推介活动，提升透明度、公信力、美誉度，扩大产品影响力。

（本文发表于 2021 年 1 月）

加大资源整合力度
推动海垦胡椒产业高质量发展

张　军

习近平总书记对海南省发展热带特色农业寄予了厚望，2013 年他在海南视察时强调指出，要推动传统农业向标准化、品牌化、产业化的现代农业转型升级，做强做精做优热带特色农业，使热带特色农业真正成为优势产业和海南经济的一张王牌；在 2018 年 4 月 13 日的讲话中他再一次强调，海南要发挥热带地区气候优势，做强做优热带特色高效农业，打造国家热带现代农业基地，进一步打响海南热带农产品品牌。胡椒是海南农垦重点支持发展的热带特色农业产业之一，当前海南自贸港建设正在如火如荼地进行着，《海南自贸港建设总体方案》中出台了一系列免税、减税等税收政策，为发展包括胡椒产业在内的热带农业带来了重要的历史机遇。

产 业 发 展 现 状

胡椒是热带农作物，种植和出口国主要集中在印度、越南、巴西、印度尼西亚及马来西亚等国家。根据联合国粮食及农业组织（FAO）统计数据显示，世界胡椒年总产量一直呈上升趋势，其中 79.4% 的胡椒产自亚洲。胡椒也是我国重要的消费品，近年来我国胡椒产量维持在 3.6 万吨以上，2018 年我国胡椒产量约为 4.51 万吨，国内表观消费量为 4.88 万吨，并且以年均 20% 左右的速度增长。目前，我国胡椒产品种类比较少，胡椒出口产品占世界市场份额较小。

海南省是我国最大的胡椒生产区，占据全国胡椒生产总量的 96%，是海南省农业经济收入的重要来源。据农业农村部农垦局统计，2019 年海南省胡椒种植面积 33.5 万亩，收获面积 29.4 万亩，胡椒总产量 4.5 万吨。

海南省 90% 以上胡椒分布在以农垦东昌农场有限公司、东路农场有限公司、文昌橡胶研究所、红昇农场有限公司、南金农场有限公司、东升农场有限公司、东兴农场有限公司及中建农场有限公司等东北中部农场为枝干的周边地区。根据 2019 年海南农垦统计年鉴显示，农垦胡椒种植面积约 9.4 万亩，总产量约 1.2 万吨，占全国胡椒产量 25% 左右（见下表）。已注册的品牌有"昌农""贡布""飘仙"等。海南农垦主要有海南海垦胡椒产业股份有限公司（简称胡椒公司）和海南农垦东昌农场有限公司（简称东昌公司）2 个经营主体。

海南农垦主要胡椒数据调查（2019 年）

单位名称	全场胡椒种植面积/亩	归属于公司直接管理的种植面积/亩	总产量/吨	产品形式
东昌	28 000	500	2 940	白胡椒、黑胡椒、冻干胡椒、胡椒根
东兴	8 179	0	981	白胡椒
东路	12 000	0	1 200	白胡椒
红昇	9 574	0	1 245	白胡椒
东太	4 112	0	286	白胡椒、黑胡椒
南金	11 829	0	1 129	白胡椒、黑胡椒
科学院	7 500	0	790.6	白胡椒、黑胡椒
红明	4 673	0	841	白胡椒

注：数据来源于海南垦区各单位。

存 在 的 问 题

（一）适宜种植区域少、种植集约化程度不高、单位产量低、品种老化、抗性差

胡椒原产于热带雨林，适宜在高温、潮湿、静风环境中生长，怕冷、怕旱、怕渍、怕风，对生长环境具有较高的要求。受地理气候条件的限制，海南垦区可大规模种植胡椒的地较少。同时胡椒品种也较少，优良品种单一。现阶段，海南农垦胡椒种植品种主要是印尼大叶种，种苗仍依靠国外的胡椒植株插条继代繁殖获得，胡椒新品种研发和更新慢，植株产量、抗病、抗逆等农艺性状已退化，出现生长适应能力差、产量低、病虫危害严重等问题。目前，海南农垦胡椒平均产量约 142.2 千克/亩，低于世界各主要产椒国。

（二）胡椒生产组织化、规模化、标准化程度低

当前，海南农垦的胡椒生产经营仍以分散自主经营为主，大部分胡椒生产者个体规模小，栽培模式单一，集约程度不高。海南农垦胡椒种植面积占全省的 28%，但直接归属公司的不多，企业收益不高。比如，东昌公司胡椒种植面积 2.8 万亩，是全国最大的连片基地，但大部分属于在职职工，直接归属公司管理的仅 500 亩；2019 年全公司胡椒产量 2 940 吨，产值 9 702 万元，直接归属农场公司胡椒收入仅 240.6 万元。同时，海南农垦胡椒的标准化生产技术应用推广程度低。初加工主要以椒工分散为主，椒工很少进行产品分级、筛选、按照统一标准进行包装，也很少有加工企业统一收购和加工处理。种植、加工、贸易等信息不对称，抵御和规避市场风险的能力不强，使胡椒生产经营的效益不稳定，胡椒生产者信心不足，阻碍了产业的健康发展。

（三）胡椒加工技术落后，缺乏精深加工产品，产业链条单一，产品附加值低

衡量胡椒品质的重要指标是胡椒碱含量。海南胡椒碱含量为 5%～6%，属于中上水平，从品质上与国外比较并不差。但由于海南胡椒产业存在加工工艺落后、加工方案与品质无关等原因，胡椒产品品质难以保障，海南农垦的胡椒大部分还停留在种植端，销售初级农产品，国内市场也倾向于进口国外胡椒。当前主要胡椒商品为初加工形成的黑胡椒和白胡椒，再加工产品为胡椒粉，深加工基本上空白。海南农垦主要生产白胡椒，在生产过

程中，多数农户仍沿用传统的静水浸泡脱皮方法，不仅外观色泽差（呈灰），而且杂质较多，质量低下。出口价比东南亚国家的价格低 300～500 美元/吨，与伦敦价格差 700 美元/吨。同时精深加工缺乏，没有胡椒油树脂、胡椒碱、胡椒油等特色、优质、高附加值的中高端产品，影响了市场竞争力，制约了整个胡椒产业发展。除此之外，胡椒种植、加工、贸易等环节脱钩现象时有发生，产业链条不健全。

（四）垦区内部产业发展缺乏有效协同

海南农垦虽高度重视胡椒资源整合和产业协同，也出台了《胡椒产业整合方案》并积极推进，但是由于拥有胡椒种植资源的各农场公司之间、现有胡椒产业公司同各农场公司之间、胡椒公司不同股东之间的利益分配难达成一致，同时由于在农垦层面缺乏科学的产业发展顶层设计等原因，造成各企业之间产业协同不够，产业同质化竞争问题突出。

进一步发展海南农垦胡椒产业的建议

针对海南农垦胡椒产业发展中存在的问题，建议要抓住海南自贸港建设的机遇和胡椒产业发展的大势，进一步加大垦区胡椒产业资源整合力度，推动海垦胡椒产业高质量发展。

（一）加强顶层设计，组建包括胡椒产业在内的热带作物产业集团

考虑到海垦集团其他热带作物产业同样存在着"小散弱"的现状，为进一步利用农垦企业组织化程度高的制度优势，最大化整合垦区热作资源，发挥规模效应，建议在编制垦区"十四五"产业发展规划和农垦发展战略规划的基础上，制定好胡椒等热带作物产业规划，由海南省农垦投资控股集团有限公司出资组建海南农垦热带作物产业集团（简称热作集团）。热作集团主要包括胡椒、咖啡、茶、槟榔等四大产业业务板块，其中胡椒产业板块可设立在东昌农场公司，主要对东昌公司、农垦科学院、垦区胡椒种植规模较大的农场公司（东路、红昇、东兴、东太、南金及南阳等），以及胡椒种植大户等胡椒产业资源进行整合，明确利益分配机制，并逐步实现对全垦区胡椒产业的整合。通过成立热作集团，强化产业公司与农场公司协同发展的思路，按照产业公司专业化、利润中心的定位，加大对垦区乃至海南全省的热带作物产业整合力度。

（二）加大科技投入，改进生产工艺

通过热作产业集团公司平台，加强与国内外胡椒科研机构和企业合作，全面改变传统"静水浸泡"胡椒初加工技术，引进培育适宜海南种植的高抗高产优质胡椒品种。建立胡椒标准化高效种植示范基地，引进先进的胡椒生产配套设施，推广配方施肥、抗病等先进实用生产技术，完善和健全胡椒及相关产品的标准及农药残留限量标准。同时推广应用产品质量安全追溯技术，建立胡椒种植、加工、销售等产品信息体系，保障垦区胡椒产业的可持续发展。

（三）延长产业链条，提升附加值

借助政府大力扶持地理标志品牌建设契机，与国内外科研院所合作，加强胡椒深加工技术研发和引进，建设品牌调味品深加工生产线，开发胡椒油、胡椒酱、胡椒碱和胡椒油树脂等深加工产品。补填国内胡椒深加工产品的空白，不断满足市场需求。将热作集团胡

椒产业板块打造成集胡椒种植、收购、加工、仓储物流、贸易、研发、文化旅游于一体的全产业链生态复合型产业，引领海南胡椒产业由原料生产向产加销一体化转变、由资源型向高效利用型转变，成为海南热带特色农业"王牌"的精品。

（四）充分利用自贸港的政策，不断做大胡椒产业

自贸港建设为发展胡椒产业带来难得的发展机会。东南亚是热带作物的主要产区，建议充分利用海南的地理位置优势，大量进口包括胡椒在内的热带作物，把海南打造成东南亚热带作物农产品的重要聚集地，同时利用《海南自贸港建设总体方案》中的税收政策，不断做大胡椒产业。一是利用"对鼓励类产业企业生产的不含进口料件或者含进口料件在海南自由贸易港加工增值超过 30％的货物，经'二线'进入内地免征进口关税"的税收政策，对进口胡椒进行加工增值超过 30％后，经"二线"进入内地，可以免除进口关税。二是利用"对岛内进口用于生产自用或以'两头在外'模式进行生产加工活动所消耗的原辅料，实行'零关税'正面清单管理"的政策，对进口的胡椒原料进行生产加工后再销往国外。由于降低了成本，增强了市场竞争力，有利于企业获取更多的效益。

（五）坚持标准化建设，做足产业的"特"色文章

要充分考虑胡椒产业对环境依赖性较强、规模适度、品质独特、人工要求多等特点，在做强做精做优上下功夫。以垦区东昌公司种植的 2.8 万多亩胡椒基地为核心资源，参照国际和国内先进地区标准，加强胡椒产业的标准化建设，扎实推进胡椒产业的技术标准、管理标准、工作标准和工程建设标准建设，形成与市场接轨，具有海南特色、涵盖种苗繁育、基地建设、栽培、采收、采后处理与加工、分等分级、包装、贮运、销售及售后跟踪等全过程的产业标准体系，使胡椒产业能够小而特、特而优。

（六）夯实产业发展的用地基础，实现规模化发展

在东昌公司等胡椒主要产区，产业协同用地主要向胡椒产业倾斜；更新低产天然橡胶园时，严格按"四高""五统一"的要求，整片推进胡椒种植；在种植园区规划范围内属职工种植的，可通过置换或补偿青苗费的方式，将零散的土地整合起来，打造成片园区；对存在争议的土地，采取分利不分地的方式，形成利益共同体，共同合作推进种植项目，实现规模化发展。

（本文发表于 2021 年 2 月）

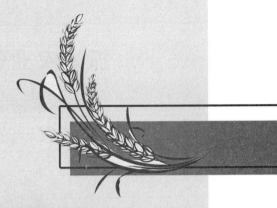

垦地融合 · 乡村振兴

乡村振兴战略是关系全面建设社会主义现代化国家的全局性、历史性任务，是新时代"三农"工作总抓手。党的二十大明确指出，"全面推进乡村振兴，坚持农业农村优先发展"。实施乡村振兴战略的总目标是农业农村现代化，作为推进中国特色新型农业现代化的重要力量，农垦在坚持推进自身高质量发展的同时，始终承担着为我国农业现代化发展提供示范样板的历史使命。

《意见》要求加快推进农垦现代农业发展，示范带动现代农业和区域新型城镇化发展。《乡村振兴促进法》规定，各级人民政府应当加强国有农场规划建设，推进国有农场现代农业发展，鼓励国有农场在农业农村现代化建设中发挥示范引领作用。

实践证明，推进垦地融合发展，既是农垦发挥示范引领作用、全面推进乡村振兴的应有之义，又是地方突破瓶颈、破解难题的有效法宝。本篇章聚焦全国各垦区在加强垦地合作、推动产业发展方面的实践探索，展现农垦如何示范引领农业农村现代化，做好乡村振兴这篇大文章。

抓好农业领域的"国之重器"

——2021年地方党委政府及有关部门关心支持农垦改革发展纪实

王盼盼

"三农"问题是全党工作的重中之重。农垦作为农业领域的国家队，在农业现代化建设和经济社会发展全局中发挥着重要作用。2021年，各地党委政府及有关部门继续关心支持农垦改革发展，抓好用好这一农业领域的"国之重器"，推动破解发展中遇到的各类难题，促进经济社会高质量发展。

抓重点：他们赋予农垦粮食生产主力军职责

食为政首，谷为民命。在2021年中央经济工作会议上，习近平总书记谆谆告诫："越是有粮食吃，越要想到没粮食的时候。我反复地讲，中国人的饭碗任何时候都要牢牢端在自己手中。决不能在吃饭这一基本生存问题上让别人卡住我们的脖子。"2021年，中央首次实行粮食安全党政同责，要求地方各级党委和政府共同扛起粮食安全的政治责任。具体到各地，抓粮食安全，谁能当抓手，谁可堪大任？

从餐桌溯源农田，陕西省在农垦大地上找到了答案。

这一年，心系粮食安全，陕西省省长赵一德、时任省委副书记胡衡华、时任副省长魏建锋、时任省国资委党委书记刘斌、省农业农村厅厅长孙矿玲等领导先后多次到陕西农垦集团调研。

2021年6月5日，秦东大地"三夏"正忙。赵一德、胡衡华来到位于陕西省渭南市大荔县的陕西农垦朝邑农场调研。他们现场查看小麦机收、玉米机播和秸秆综合利用情况，深入了解夏粮收获形势，仔细询问市场行情。赵一德强调，粮食安全是关系国计民生的重大国家战略，要始终心怀"国之大者"，认真落实粮食安全省长责任制，自觉从政治高度谋划推动粮食生产工作，深入实施"藏粮于地、藏粮于技"战略，牢牢把握粮食安全主动权。要牢牢守住耕地"命根子"，深入开展撂荒地整治，坚决遏制耕地"非农化"，防止耕地"非粮化"，确保粮食面积只增不减，夯实粮食稳产基础。

11月2日，胡衡华带队再赴陕西农垦，在华阴农场实地调研之后，胡衡华主持召开了农垦改革现场办公会。会议听取了陕西农垦集团有限公司（简称陕西农垦集团）负责人关于推进农垦改革发展、落实规模化粮食生产和高标准农田建设等有关情况的汇报。与会的省农业农村厅委领导、渭南市和华阴市主要领导围绕会议主题分别交流发言。

密集调研释放关注和重视的信号。陕西农垦集团董事长郭剑在2021年中国农垦经济研究会年会开幕式致辞中介绍，陕西省委书记刘国中就解决全省粮食安全和陕西农垦改革发展问题作出批示，要求陕西农垦集团"探索两个模式"，即探索创建高标准农田农垦代建模式；探索农垦在农业农村现代化建设、乡村振兴、垦地融合发展中的共建模式。郭剑表示，刘国中书记的批示赋予了陕西农垦集团新时代新的历史使命，为集团的转型发展指明了方向、提供了遵循。

郭剑介绍，胡衡华两次组织召开专题会议，研究陕西农垦集团粮食规模化生产有关议题。魏建锋亲临朝邑农场一线，检查部署农垦规模化粮食生产工作。

深入调研推动科学决策。据了解，陕西省制定了《推进粮食规模化生产经营三年行动方案》，明确由陕西省农垦集团主导，建设"吨粮田"核心示范区 280 万亩（其中关中地区 200 万亩、榆林市 80 万亩），占全省粮食用地面积的近 10%；产量 260 万吨，占全省粮食总产的 20%。在 9 月 26 日召开的全省推进粮食规模化生产经营工作会议上，陕西农垦集团还作为重要一员作了表态发言。

在地方党委政府的信任和支持下，这家在中国农垦发祥地建起的省级农垦集团，正把握机遇、踌躇满志，以农业国家队之力撬动全省粮食规模化生产经营，以更大的作为为夯实粮食安全"压舱石"贡献自己的力量。

促引领：他们推动农垦在农业农村现代化建设中发挥示范引领作用

2021 年 6 月，《中华人民共和国乡村振兴促进法》施行。本法第二十二条明确提出，"推进国有农（林、牧、渔）场现代农业发展，鼓励国有农（林、牧、渔）场在农业农村现代化建设中发挥示范引领作用。"

一边是人多地少、大国小农的基本国情，一边是具有大基地、大产业和大企业独特优势的农垦，如何在全面推进乡村振兴战略中将二者有机联结，答案就在"鼓励国有农场在农业农村现代化建设中发挥示范引领作用"中。

2021 年 3 月 24 日，时任黑龙江省委书记张庆伟深入北大荒农垦集团所属企业调研企业改革发展情况，他强调，"要充分发挥农垦在现代农业建设中的龙头作用""当好维护国家粮食安全的压舱石和国家队"；10 月 30 日，时任黑龙江省副省长李玉刚到北大荒集团，就党史学习教育、改革发展、环保督察整改等情况进行调研并座谈，他强调，"要坚持以改革促发展，着力打造科技农业、绿色农业、品牌农业、质量农业，引领示范带动全省农业农村现代化，加快建成农业领域航母"；11 月 27 日，黑龙江省委主要领导调研佳木斯区域农服中心……数次调研，"龙头""压舱石""国家队""引领示范带动农业农村现代化""农业领域航母"等关键词频频出现。

黑龙江是农业大省，国家统计局公布的 2021 年全国粮食产量数据显示，2021 年，黑龙江粮食总产创历史新高，达到 1 573.54 亿斤，占全国的 11.5%，新增粮食产量 65.34 亿斤，占全国增量的 24.47%。这其中，北大荒集团有限公司（简称北大荒集团）的分量举足轻重，据报道，北大荒集团 2021 年粮食总产预计突破 460 亿斤，新增粮食产量 30 亿斤。"牢牢把住粮食安全主动权，粮食生产年年要抓紧"。对于肩负着保障国家粮食安全和发展区域经济双重重任的黑龙江省而言，如何进一步挖掘潜力、提高产量、提升效能，是必须面对和解决的问题。在这样的背景下，垦地双方以"农业社会化服务""合作共建"之名，开启了一场又一场的"双向奔赴"。

5月7日，北大荒集团党委书记、董事长王守聪在友谊农场会见双鸭山市委书记邵国强一行，双方围绕垦地合作等方面工作进行探讨和交流；

5月8日，王守聪在集团总部会见佳木斯市委书记王秋实一行，双方就推进一体化区域融合发展、提升农业现代化水平等方面事宜进行深入交流；

7月6日，北大荒集团党委委员、副总经理唐浩带队赴五常市，就深化垦地合作，推动区域一体化发展进程开展洽谈；

7月13日，北大荒集团与佳木斯市举行战略合作共建协议签约仪式，王守聪，王秋实等出席，双方签署战略合作协议及6个合作项目协议，北大荒佳木斯区域农业综合服务中心揭牌；

8月24日，黑河市与北大荒集团举行垦地合作共建恳谈会，王守聪，时任黑河市委副书记、代市长王玉升出席并分别介绍双方基本情况，双方签署战略合作共建协议；

8月31日，北大荒集团与鹤岗市政府垦地共建座谈会召开，北大荒集团党委副书记、副董事长、总经理杨宝龙，鹤岗市市长王兴柱出席会议，双方围绕推进重点项目合作和共建宝泉岭经济开发区有关事宜进行座谈；

11月26日，北安市与北大荒集团北安分公司召开战略合作交流研讨会，垦地双方就生态环境保护、农业生产经营等方面工作进行深入交流研讨，还就如何进一步探索建立战略性、全面性、深层次、可持续的合作机制进行座谈……

一次次高层次会见，促成了垦地双方合作的默契与共识，也将北大荒现代农业的触角延伸到四方。2021年，北大荒集团深入推进垦地合作，按照农业农村部《关于支持农业生产社会化服务工作的实施指导意见》，在保证粮食产量稳步增长的同时，踏上发展现代农业经营体系的社会化服务之路。通过实施"1213"高质量发展工程体系，打造"北大荒区域农业综合服务中心"，把"小农生产"引入现代农业的发展轨道，示范辐射带动地方农业发展，实现小农户与现代农业、政府与农民有效衔接。截至目前，以开展农业生产托管为抓手，北大荒集团先后在旗下9个分子公司、佳木斯市、安徽凤阳县、冀鲁豫等地成立12家区域农业综合服务中心。

在地方党委政府的推动和支持下，在北大荒集团的主动作为下，北大荒这艘"农业领域航母"将更多单打独斗的"小舢板"带动起来，在农业农村现代化建设的征程上集结出海，乘风破浪，笃定前行。

抓保供：他们要求农垦切实保障好百姓"米袋子""菜篮子"

百年变局加速演进，世纪疫情冲击仍在。全国"十四五"农业农村工作将"保供固安全，振兴畅循环"作为工作定位。2021年中央经济工作会议明确提出"要正确认识和把握初级产品供给保障"。"保供"成为时代背景下的热词。

翻开中央农垦改革发展文件，其中仿佛早有回答——"新形势下农垦承担着更加重要的历史使命""当前和今后一个时期，我国农业发展资源环境约束不断加大，国际农业竞争日趋激烈，保障国家粮食安全和重要农产品有效供给的任务更加艰巨""努力把农垦建设成为保障国家粮食安全和重要农产品有效供给的国家队"。

在人口和资源密集的都市型垦区，农垦保供的使命显得尤为重要。

2021年2月12日，牛年新春第一天，天津市委书记李鸿忠轻车简从，深入天津食品集团菜市场、利达粮油公司粮食储备库调研检查春节期间市场供应和物资储运情况。这是疫情暴发以来首次倡导"就地过年"，天津作为超大城市，确保节日市场供应稳定、充足，成为重中之重。

在天津食品集团天明放心菜市场，李鸿忠走访摊位、询问价格、了解食品安全和菜市场防疫管理等情况，对加强春节市场价格监测、精心组织货源、保证品质质量、更好满足节日市场供应需求提出了要求。在天津食品集团利达粮油公司粮食储备库，李鸿忠调研检查大米、面粉物资储备、组织调度、流通运输等工作，对精准掌握粮食储备家底、加强统筹预判和组织管理、确保全市粮食市场供应稳定提出了要求。

调研中，李鸿忠要求，"要进一步加强节日期间市场保供稳价各项工作，强化采购、收储、调度、物流、投放、监管等各环节协调联动""加快农副产品批发交易市场建设，畅通进货组织渠道，切实保障好大都市的'米袋子''菜篮子'"。

2021年秋冬之交，受气温骤降和疫情影响，国内多地菜价出现上涨，天津本地市场蔬菜供需偏紧，蔬菜价格较同期偏高。根据天津市政府有关会议精神，天津食品集团党委迅速召开蔬菜供应保障工作调度会，成立"稳价保价领导小组"，作出加快生产、加强产销衔接、协调菜源、确保储备、全面下调菜价、拓展销售网点、丰富菜品种类等一系列环环相扣的有力安排。集团系统销售蔬菜价格全面下调5%，带头平抑物价，给天津蔬菜市场注入了一剂强心针，在实战中彰显了这支"关键时刻拉得出、冲得上、打得赢的过硬队伍"的担当。

而保供的意义并不仅限于城市本身，还通过供应链牵动着更多初级产品原产地的生机。

2021年5月24日，时任北京市委书记蔡奇，时任市委副书记、市长陈吉宁，时任内蒙古自治区党委书记、人大常委会主任石泰峰来到呼伦贝尔大红门肉类食品有限公司调研，北京市国资委主任张贵林，首农食品集团党委书记、董事长王国丰等陪同调研。

这是一家由首农食品集团有限公司所属北京二商肉类食品集团在呼伦贝尔开办的企业。通过京蒙扶贫协作，不仅盘活了当地政府闲置资产，还拉动生猪全产业链发展，带动当地贫困户脱贫，现已吸纳当地就业人口200多人，其中建档立卡贫困户28户，实现了精准扶贫。满产后年屠宰加工生猪可达100万头以上，直接吸纳500余名员工就业。同时，每年向北京供应3万至4万吨生猪产品，进一步保障首都市民的"菜篮子"。

蔡奇走进生产加工车间实地调研生产情况，他强调，国企要有担当、带好头，通过一个个产业项目带动当地经济发展；要发动社会资本参与，发挥龙头企业作用，带动产业链发展，让更多当地农户增收致富。

像首农食品集团有限公司、天津食品集团有限公司这样，越来越多农垦企业将城市保供列为发展重点。光明食品集团有限公司着力打造上海特大城市主副食品供应的底板、广东农垦提出全力提供城市优质安全食品、广西农垦"落子"大型食品集团……承载着国家和地方党委政府赋予的光荣使命，农垦发挥全产业链优势，一头连接产地——带动引领，一头连接城市——保供稳价，以积极有为的姿态融入国内大循环中，为履行好稳产保供的使命自我赋能、驰而不息。

寄厚望：他们期待农垦赓续红色基因　作出更大贡献

2021 年，中国共产党迎来百年华诞，与党和国家同向同行的农垦系统，也在这一年迎来了南泥湾大生产运动 80 周年，和广东农垦、广西农垦、云南农垦等多个垦区建垦 70 周年的历史节点。

百年大党风华正茂，农垦事业行稳致远。2021 年 10 月，"感党恩　跟党走　强农垦"广西农垦建垦 70 周年改革发展大会在南宁隆重召开，广西壮族自治区副主席方春明出席并讲话。方春明指出，回顾 70 年，广西农垦是当之无愧的建设拓荒牛、是当之无愧的社会稳定器、是当之无愧的边疆守卫队、是当之无愧的现代农业排头兵。方春明寄语广西农垦，坚持姓农为农的基本定位，努力建成乡村振兴主力军；坚持市场经济的基本规律，努力打造特色农业产业集群；坚持高质量发展的主题主线，努力建成一流的农垦企业集团；坚持改革创新的基本方略，进一步激发垦区发展新活力，为加快建设新时代中国特色社会主义壮美广西作出新的更大贡献。

是充分肯定，更是重任在肩。经历了新一轮农垦改革，一些集团化垦区呈现出良好的发展势头和强劲的发展潜力，赢得了地方党委政府的肯定，也被寄予了新的厚望。

2021 年初，江苏省副省长马欣到江苏农垦集团有限公司调研，对江苏农垦在保障粮食安全、推进农业供给侧结构性改革、推动高质量发展等方面取得的成绩表示充分肯定。他指出，江苏农垦集团秉承红色基因，推动改革创新，加快绿色发展，经济指标稳步增长，产业后劲显著增强，在省属企业和全国行业中做出了示范。

马欣对江苏农垦提出充分发挥生产优势、规模优势和技术优势，切实担负起"争当表率、争做示范、走在前列"重大使命；聚焦主责主业，优化产业布局，适应消费趋势变化，推进农业生产标准化和绿色发展，进一步提升对外开放水平；认真落实国企改革三年行动，推进重点领域改革迈出实质性步伐，在发展中妥善处理历史遗留问题，增强企业活力和内生动力等要求，希望江苏农垦"努力推动各方面工作走在前列"。

2021 年 8 月，云南省委副书记、省长王予波，时任省委常委、常务副省长宗国英一行调研云南农垦集团有限公司。王予波指出，云南农垦集团有限公司是一个具有光荣传统的企业，在云南省农业发展中作出许多的贡献，特别是在促进云南省农业组织化、产业化，打造"绿色食品牌"，带动农民增收致富以及 2020 年承接省委省政府捐赠农产品支援湖北省采购运送工作等方面做了大量工作。

王予波要求，云南农垦集团有限公司要发扬光荣传统，发挥和利用好自身优势，找准发展定位，在结构优化上实现质的突破，大力推进品牌化、标准化发展，做大做强茶叶、咖啡、花卉等农垦优势产业，努力实现经济效益、生态效益、富民效益最大化。同时，希望云南农垦集团有限公司通过自身的发展，不断深化改革、开拓市场、扩大规模，抓品种，提品质，创品牌，增强发展活力，全力打造成为高原特色现代农业领军企业，行稳致远，用特色品牌为云南农业产业、绿色发展作贡献。

区域发展战略深刻影响着垦区改革发展的进程。2021年，海南自贸港建设为海南农垦带来了崭新机遇。海南省将垦地融合作为"十四五"时期深化海南农垦改革发展的主基调和海南自贸港建设中推进"全省一盘棋、全岛同城化"的关键。海南省委书记沈晓明作出继续深化农垦改革，做好垦地融合发展这篇大文章的指示要求。2021年11月，海南省深化海南农垦管理体制改革领导小组第20次全体会议召开，时任海南省委副书记、省深化海南农垦管理体制改革领导小组组长李军提出"继续深化农垦改革，加快消除一切束缚高质量发展的观念和体制机制障碍""在空间规划、产业融入、公共基础设施建设、土地利用等方面取得实质性融合""市县要一如既往加大对农垦改革发展的支持，在推进垦地融合发展中实现共建、共赢、共享"的要求，为海南农垦投身海南自贸港建设、推动农垦高质量发展保驾护航。

新征程召唤新担当。2021年全国农垦改革发展工作视频会提出，农垦系统要坚持"牢记历史使命、立足特色优势、聚力改革发展、促进乡村振兴"的基本思路，切实增强为国担当的责任感使命感。在各地党委政府和有关部门的关心支持下，农垦这一农业领域的"国之重器"将不辱使命，为推进现代农业高质量发展、全面推进乡村振兴、加快农业农村现代化作出新的更大的贡献。

（本文发表于 2022 年 1 月）

加强垦地合作 共创美好未来

季 刚

《中共中央 国务院关于进一步推进农垦改革发展的意见》指出，引导农垦企业开展多种形式的垦地合作……增强对周边区域辐射带动能力；要加大区域资源共享共建力度，推动垦地城镇融合发展。

这些年来，各垦区高度重视与地方的战略合作，在进一步做强做大农垦经济的同时，不断促进区域经济稳步发展。从一些垦区的实践来看，垦地合作形式多种多样：北大荒集团着力推进场县共建，强化带农服务和社会事业共建共享；湛江市和广东农垦建立合作机制，将垦区纳入全市经济社会发展规划之中；安徽农垦采取项目开发、产城融合、园区共建等模式，实现产业发展新飞跃……

搭建平台，加强社会化服务，示范带动周边发展

农垦机械化、规模化、智能化水平较高，将发挥各垦区农机装备、科技示范推广等现代农业发展优势作为垦地合作共建的切入点，通过为周边农村提供跨区代耕、代种、代收服务，可推进农垦广泛参与农业生产全过程。近年来，通过整村推进的方式，农垦先进的农业生产模式，如保护性耕作、栽培模式和测土配方施肥等迅速扩展到农村，加快了我国传统农业向现代农业的进程。

为促进农业生产关系适应生产力的发展，助力农民实现"离乡不丢地、不种有效益"，北大荒农垦集团成立区域农业综合服务中心（简称农服中心），深入整合涉农服务资源，不断探索现代农业服务体系模式，把"小农生产"引入现代农业的发展轨道，实现小农户与现代农业、政府与农民有效衔接，从而辐射带动地方农业，促进区域经济一体化发展。据了解，农服中心着重在"服务"上下功夫，围绕产前、产中、产后全过程，构建"供、管、服"全过程专业化服务体系，不仅向农民提供农业生产资料、农机作业、统防统治、金融保险等农事服务，还依托数字农服平台，将小农户吸纳到垦区农业生产、加工、销售全产业链中，带动地方农村和农户实现共同富裕。

土地托管是打造农业标准化、管控一体化、营销多元化发展的新模式。北大荒集团以农服中心为抓手，发挥垦区大型农业机械优势，在耕、种、防、收各个环节对乡镇农民农业生产进行托管服务，积极与地方开展土地托管项目合作。2021年，集团与北安市政府签订"量身定制"的托管服务协议，由农服中心具体实施"一站式、保姆式、诊所式"的全程服务。除了农业生产全程托管、关键环节托管服务外，农服中心还针对地方特殊需求，开展技术指导服务。2021年，受黑龙江省依安县太东乡邀请，农服中心派出7名专家驻村开展技术指导、装备改造及田间标准化管理工作。为弥补农业服务短板，农业综合

服务中心还推出"入驻平台"的方式，联合外部企业，充分发挥农业科技、仓储物流、金融服务、产品服务、信息服务等优势，联合推动农业综合服务向深层发展。

自 2021 年 2 月 23 日北安分公司成立第一个农服中心起，北大荒集团有限公司（简称北大荒集团）已经实现垦区内农服中心全覆盖。按照"依托垦区、立足龙江、辐射全国"的发展思路，集团还在小岗村、南泥湾、日喀则建立了示范区，加快了在全国布局农服中心的进程。截至 2021 年 9 月中旬，农服中心农地运营面积达 510 多万亩，带动农民 7 万余户，深入周边乡镇技术指导超过 28 万亩。下一步，北大荒集团还将充分发挥北大荒基地规模和农机保有量优势，持续发挥农机跨区作业的作用，计划通过进一步整合农机资源，不断扩大农机服务平台规模，促进农机作业手职业化进程，提高优质高端农机产品的引入和应用，推动农机产业向更智能、更高效、更先进转变。

优势互补，架起合作同心桥，实现产业高效发展

垦地合作的实质是土地资源与行政资源的结合，农垦拥有土地资源，但没有土地规划权、处置权等行政资源；政府拥有行政资源，但缺少可支配的土地资源。两种资源只有相结合才能顺利地转化成实际利益，这是垦地双方合作的动力和要求。

安徽农垦自 2003 年开始探索建立工业园区，省农垦集团公司坚持从实际出发，根据农场的实际情况，分类指导、一场一策，按照合作的难易程度、受益程度，以及对农垦长远发展战略的影响程度选择垦地合作的类型。如今，垦区内几乎所有的农场都以不同的形式与地方建立了合作机制，大体可以分为项目带动、整体联动、体制创新三种形态。

一是以项目合作求发展。敬亭山茶场紧邻安徽省宣城市城区，当地政府财政紧张，基础设施建设滞后。结合实际情况，垦地双方沟通协调后决定，由皖垦集团为政府提供土地代建公益型项目，政府则以行政资源帮助茶场土地运作上市，推动农场职能由生产管理和行政管理向资产经营和社区服务转变，实现资源资产向资本的转变和扩张。这种项目开发模式既促进了宣城市政建设，又调整了敬亭山茶场产业结构，改善了茶场职工居住条件。

二是以整体开发谋长远。淮南农场位于淮南市大通区，京福高铁淮南站、淮蚌高速公路等国家重大建设项目均在农场区域内，区位优势和发展潜力不言而喻。为加强区域经济合作，促进垦地共同发展，淮南市人民政府与皖垦集团签订合作开发淮南农场协议，协议内容主要概括为"五有"：有平等健全的组织保证；有整体开发，全面融入的具体规划；有明确合理的"游戏规则"；有实体性合作平台；有"准政府"的名分和职权。有了"五有"的保证，农场可以在制度和契约的框架内实现永续发展，长远利益得到了保障。目前，安徽农垦许多农场都建立了工业园区，走上了与地方整体合作开发的道路，虽然类型有所不同，但在共同规划、利益均等、政策优惠等基本方面则大同小异。

三是以越界开发赢主导。2009 年 9 月，经安徽省农垦集团有限公司与蚌埠市委市政府充分协商，建立了龙亢农场现代农业自主创新综合改革试验区，成立了试验区管理委员会，主任由龙亢农场场长兼任。试验区统筹一场三镇（龙亢农场、龙亢镇、河溜镇、徐圩乡）的发展。不难发现，龙亢农场与地方政府的合作已经超越了农场地域，不再是单纯的农垦融入社会，而是地方融入农垦，从而把垦地合作以及发挥农垦在现代农业中的示范作

用带入了更高的实践境界。

越界开发是整体开发的升级版，为农垦赢得了更大的主导权和发展空间，实现以农场为主导，发扬优势、整合资源、总体开发。如今，与蚌埠市共同成立的蚌埠龙亢农场现代农业自主创新综合改革试验区不断深化，龙亢产业集中区形成了改革创新模式。

此外，皖垦集团与郎溪县合作开发的十字工业园于 2010 年升格为省级开发区。与寿县合作的寿西湖工业园，在场县共同努力下，较好地解决了诸多遗留问题，步入正常发展轨道，形成了"共建园区模式"。与天长市政府合作、集团控股的天长粮食产业园 5 万吨粮食仓储于 2014 年建成并投入运营，产业园依托农场生产基地，现已发展成为集种植、烘干、仓储、加工、销售、物流于一体的复合型企业。

明确定位，探索合作新模式，建立长效共享机制

坚持从制度上规范共建，政策上予以引导支持，垦地合作才能行稳致远，双方才能长久受益。在 2022 年年初刚刚结束的海南两会上，海南省人大代表、荣光农场公司党委书记、董事长母连云在接受记者采访时表示，作为海垦二级企业负责人，政府工作报告中提及农垦、农业，以及与海垦改革发展相关的方面，都是他关注的重点。当前海南农垦被占地调处、收回、确权发证工作中，还存在着部分土地被占时间久远收回难度大、部分被占土地存在一地多证情况、部分被占土地确权登记发证手续不完善等问题。他建议，要进一步明确垦区被占土地调处收回工作责任主体，支持各农场公司和有关产业集团依法收回被占土地。同时，协调市县政府推动垦区被占土地调处收回工作，督促属地公安机关、土地和林业行政主管职能部门加大被占地执法力度，依法维护垦区土地合法权益，促进垦地社会和谐稳定，实现垦地互利共赢。

确保垦地合作效用最大化发挥，根本上还是要确保各方主体定位清晰、责任明确，为此，垦地双方会成立协调领导小组，来整合农垦和地方两个管理主体，统筹推进农场和城镇建设管理各项工作。安徽农垦集团、龙亢农场与怀远县政府以利益为导向，通过积极探索创新农场新型城镇建管模式，明确了各方职责，建立了垦地长效合作机制。怀远县政府采取派驻服务人员以及授权委托的方式解决场办城镇社会管理权限问题，并通过购买服务的方式支持农场开展城镇管理与服务，不直接参与；农场在政府的指导下，具体负责日常事务管理和提供公共服务。

垦地合作中，农垦注重找到利益共同点和平衡点，在主动融入地方发展的同时，也积极争取自身利益最大化。广西农垦红河农场主动为政府排忧解难，通过创建农业示范园区，发展高效现代农业，促进区域产业转型升级；通过完善红河红园区各项工作，推动地方逐步实现农业强、农村美和农民富的目标。在农场工作遇到困难时，也积极向地方党委政府寻求帮助。2014—2018 年，红河农场开展大型国有土地收复的 3 次行动中，兴宾区人民政府都协调当地职能部门协助依法收复国有土地。据统计，在红河农场收复国有土地行动中，各职能部门出动人次均超过百人，其中 2017 年红河农场收复 1 067 亩国有土地行动中，各职能部门 400 多人到现场协助。

河南省商丘市民权农场的做法也值得借鉴。该场坚持场地共建、互惠互利、职工得实

惠、企业得发展的原则，一方面积极配合地方政府城市建设，另一方面积极争取农场利益最大化。在地方政府先后征用农场土地用于城市和产业集聚区建设时。农场除留置部分土地用于自身发展外，还与政府协商，让政府把失地职工纳入地方基本养老、医疗保险、就业、生育及再就业培训体系，并一次性给予每个失地职工 10 多万元的补偿。同时，农场利用政府补偿资金，在民权县城黄金地段购置了商业门面房用于出租，增加了农场资产和租赁性收入。

垦地是唇齿相依、休戚与共的关系。良好的垦地合作，能够展示农垦形象，提升农垦品牌的实力和影响力；也是农垦企业融入经济社会发展大局，创造社会财富，履行社会责任，赢得宝贵的发展空间和舆论环境的重要机遇。秉承"同呼吸、共命运、一条心"的发展理念，更好地融合，更高效地运作，垦地合作大有可为，也必定大有作为。

（本文发表于 2022 年 3 月）

北大荒：打造垦地合作新样板

张克华

"帮农民省钱、带农民挣钱、让农民享受美好生活。"谈到打造"北大荒乡村振兴模式"时，北大荒农垦集团有限公司（简称北大荒集团）党委书记、董事长王守聪表示，作为现代农业典范的北大荒集团，引领示范带动周边农村发展始终是其不变的责任和使命。

那么，问题来了：在分散经营及信息化、数字化、智能化应用率不高的地方农村，农民怎样才能省钱、挣钱，过上美好生活，享受较全面的专业化、标准化、企业化、社会化农业服务？又怎样才能实现"离乡不丢地、不种有效益"？

主要农作物耕种收综合机械化水平保持在 99.7％以上、农业科技进步贡献率达76.28％的北大荒农垦集团有限公司，有了一个全新的答案——加强垦地合作，通过实施"1213"高质量发展工程体系，打造"北大荒区域农业综合服务中心"，把"小农生产"引入现代农业的发展轨道，示范辐射带动地方农业发展，实现小农户与现代农业、政府与农民有效衔接。

北大荒区域农业综合服务中心标准配置是提供"产前、产中、产后"全过程、全要素的农业生产资料供给、农机作业、统防统治、金融保险等农事服务，并依托数字农服平台，将成千上万的小农户吸纳到北大荒"供、种、管、收、储、运、加、销"全产业链中，带动地方农村和小农户实现共同富裕，努力形成"北大荒乡村振兴模式"。

搭建平台——发力现代农服

"食为人天，农为正本。"为破解新时代农民和土地之间的关系，促进农业生产关系适应生产力的发展，推动先进农业生产方式从潜在生产力转化为现实生产力，北大荒农垦集团谋划成立区域农业综合服务中心以整合涉农服务资源，致力于黑土地保护、探索现代农业服务体系模式，实现垦地深度合作，辐射带动地方农业，促进区域经济一体化发展。

自今年起，北安市有 5 万亩耕地的农户就要当起"甩手掌柜"了。发挥垦区大型农业机械优势，采用先进的生产技术标准和耕作模式，由农垦在耕、种、防、收各个环节对乡镇农民农业生产进行托管服务，推进土地托管项目合作。2021 年完成 5 万亩土地从春播到秋收全程托管服务。北大荒集团与北安市政府签订"量身定制"的托管服务协议，由区域农业综合服务中心具体实施"一站式、保姆式、诊所式"一系列的全程服务。

"不服都不行，同样一块地，托管的地苗就壮、齐！"端午节刚过，北安市杨家乡民主村村民邢海军到地里查看作物长势时说。农垦和地方在农业种植上差的不仅是作业机械的功率，还差了标准化的意识和科技应用。

"雷达显示近期有强对流天气，大家要密切关注，随时准备进行防雹作业。"进入雷暴多发季节，赵光农场科技服务中心主任李海成每天都会接收到"数字农服"平台的系统报警信息，他负责给托管地块的"田保姆"作出风险提示。托管合同签订后，赵光农场将前进村、杨家乡等周边村屯的托管土地纳入农场的数字管控中，同步提升了耕地的科技化、信息化水平。

据赵光农场农业发展部部长黄继明介绍，托管合同签订后，作为北安区域农服中心服务地方的"触角"——赵光农场科技服务中心第一时间对耕地土壤养分进行了检测，根据化验结果精准施肥，玉米提前7天、大豆提前5天完成播种任务，抢回积温120摄氏度。

据统计，北安分公司为地方村屯开展的全程托管、关键环节托管等直达式服务，预计可提供秸秆还田免耕、卫星导航播种、分层定量施肥等技术30余项，真正做到了"做给农民看、带着农民干"。

广泛联合——共谋农业未来

土地托管是垦地合作打造农业标准化、管控一体化、营销多元化发展的新模式，是纵深推进区域一体、优势互补、互利互惠、共同发展的有益探索。

除了农业生产全程托管、关键环节托管服务外，区域农业综合服务中心还可针对地方乡镇特殊需求，推出技术指导服务。

今年，依安县太东乡准备将10万亩耕地进行有机转换。由于缺乏有机种植经验，计划差点泡汤，幸好北大荒北安区域农业综合服务中心紧急驰援，派出7名专家驻村开展技术指导、装备改造及田间标准化管理工作。"常规种植每亩地施传统化肥60斤，有机转换地块每亩地施有机肥334斤，是常规种植的近6倍。施肥量变化对施肥机械有很高的要求，要经过调试精准后才能田间作业。"依安县田野农业种植专业合作社理事长徐付介绍说，有机种植并不是用有机肥替换化肥那么简单，从耕地准备、播种深度到除草方式、收获仓储等各个环节都需要有成熟的经验。

北大荒区域农业综合服务中心不仅能为农户提供更优质的服务，还得到了诸多企业的青睐，通过"入住平台"的方式，充分发挥农业科技、仓储物流、金融服务、产品服务、信息服务等优势，联合推动农业综合服务向深层发展。"我们利用先进的产品、科技、仓储等优势与北大荒区域农业综合服务中心合作，共同服务'三农'领域。"黑龙江北大荒农化科技有限公司总经理陈大亮说，"公司将围绕黑土地保护为农民提供最有效的合理植保方案。"

"保姆式"全程服务可以实现投入品直供、农产品直销、好服务直达、没有中间商赚差价，个性化需求、规模化定制、集中化采购，保障投入品质优价廉，而且能够快速提升农业综合生产能力，有效解决农村地区农业生产力水平相对低下的现状，让农户降低生产成本、增加经济效益，实现百姓叫好、企业创新的"双赢"。

北大荒区域农业综合服务中心坚持开放包容、共生共享的理念，团结各方力量，共同推进区域农业综合服务中心建设。

值得一提的是，北大荒现代农业服务模式已经走出黑龙江省，开始扎根安徽小岗村、陕西南泥湾、西藏日喀则、湖北松滋等地。

截至目前，北大荒区域农业综合服务中心已与黑河市、齐齐哈尔市、鸡西市所属市县乡镇对接实施土地农业生产托管服务 273.2 万亩，涉及 8 个市县 156 个乡镇 273 个村屯 5 万多农户。

创新思维——聚焦乡村振兴

打造乡村振兴模式是作为农业现代化典范的北大荒集团的天然责任和使命。

"一方面，围绕提供种子、肥料、农药、柴油等农业投入品集团化运营供给，降低生产成本，为农户种地'降一块'；另一方面，围绕提供仓储物流、金融保险、管理咨询等服务，降低市场风险，为农户种地'保一块'；同时，借助北大荒营销渠道，在粮食和农产品销售环节，为农户种地'增一块'。"北大荒农垦集团有限公司党委书记、董事长王守聪表示，北大荒集团通过土地托管、技术环节承包、专业化服务等形式，帮助农户在获得土地租金收入的同时，还能获得务工收入。

乡村振兴，产业先行。在乡村振兴战略背景下，北大荒集团分（子）公司、农（牧）场依托自身资源，大力发展农产品产地初加工和精深加工，推动由卖"原字号"向卖制成品转变，建立更加完善的现代农业产业体系。2020 年，北大荒集团位列"中国企业 500 强"第 173 位，是唯一上榜的农业生产企业，在农业农村部发布的"全国农产品加工业企业 100 强"居第 2 位。

"做好巩固拓展脱贫攻坚成果同乡村振兴有效衔接，既要巩固脱贫攻坚成果，又要培育长效脱贫机制，推动乡村全面振兴。"王守聪表示，北大荒集团将以各农（牧）场有限公司为实施主体，通过星级农场创建，带动周边村庄和小农户共同富裕，最终将垦区打造成东北地区乡村振兴先行区、全国乡村振兴样板区、国家农业经济示范区，形成"北大荒乡村振兴模式"。

新时代、新征程、新使命。伴随着农垦改革取得丰硕成果的洪流，北大荒集团将不断加大农业创新力度，深入落实"粮头食尾""农头工尾"要求，加强"垦地"合作，继续发挥示范引领作用，在机械化、规模化、科技化和农业创新、人才引进、人才激励等方面继续当好排头兵，把农垦的好经验、好做法复制到全省、全国，为中国农业现代化和黑龙江省农业强省建设输出"北大荒样板"，贡献北大荒力量。

（本文发表于 2021 年 8 月）

区场一体发展　联动带动互动
打造国有农场助力乡村振兴"光明模式"

光明食品（集团）有限公司

农场是光明食品（集团）有限公司（简称光明食品集团）最好的根据地，也是打造食品全产业链的源头和重要承载地。光明食品集团始终以"艰苦奋斗、勇于开拓"的农垦精神为本色，努力建设好、发展好老一辈农垦人披荆斩棘创建的国有农场，支持国有农场主动融入当地经济发展，发挥国有农业经济示范带动作用，积极探索国有农场助力乡村振兴的"光明模式"。

2019年7月，时任上海市委书记李强亲临上海农场调研，提出了"农场是上海优质主副食品供应的重要压舱石和上海城市未来发展的重要战略空间"的新定位，上海农场与大丰区融合发展也进入了新的阶段。2020年4月27日，大丰区与上海农场联合出台了《关于推进大丰与上海农场一体化发展的意见》，进一步明确了"基础设施、产业发展、人才培养"一体化发展的内容、目标、方式。

设施联动，筑巢引凤，构筑垦地协同发展新优势

近年来，上海农场抓住沪苏两地政府对接和规划农场发展的机遇，首先在农场内外道路建设上争取到大丰区的支持，贯通南北的G228国道以及连通沈海高速的G1516高速公路先后建成并在上海农场境内交汇，农场进入了盐城"半小时圈"和上海"三小时圈"。光明食品集团推动下属企业在大丰区进行布局，糖酒集团投资近9亿元，在大丰港建成100万吨精炼糖厂；良友集团投资近5亿元，在大丰港建设了30万吨储备粮库。

为充分发挥区域优势，上海农场提供4平方公里土地，参股由上海市和江苏省共同建立的首个省级合作共建园区——沪苏大丰产业联动集聚区，自2020年以来已签下超50亿投资项目，涉及新能源、5G装备、超高清显示器等高端制造领域，预期未来3年总产值超100亿元。该集聚区建设已列入长三角一体化三年行动计划重点项目。

龙头带动，共建基地，拓展区域农业高质量发展新空间

上海农场加强产品开发、品牌建设、渠道拓展，"上海农场"品牌下共有130多款产品在售，在上海消费者及商户中形成较高的知名度。上海农场帮助大丰区设计"大丰仓"品牌商标，按照上海农场质量标准生产的"大丰仓"品牌荠菜、禽蛋、鸽子、菌菇、早酥梨等优质农产品已经进入了上海市场，实现品牌共创、渠道共享。

2020年5月，光明食品集团与盐城市大丰区签订了"一园一厨五基地"优质农副产品加工合作协议，进一步集聚旗下企业力量，建设光明食品产业园、中央厨房及净菜加工

配送基地、1 000 万羽蛋禽养殖及深加工基地、粮食储备加工基地、20 万吨水产品生产加工基地、奶牛养殖及乳制品深加工基地等项目，拓展从上海农场 307 平方公里区域走向大丰 3 059 平方公里的全域发展的新空间。

人员互动，双向服务，赋予区场一体化发展新动能

事业成败的关键在人。光明食品集团发挥总部在上海的优势，与大丰区建立人才挂职锻炼机制，增进双方深度了解和同向合力。上海农场与大丰区创新组织推动，通过盐城市委和光明食品集团党委的共同推荐，互派兼职副书记，即大丰区委派班子领导担任上海农场党委副书记，上海农场党委书记兼任大丰区委副书记，畅通信息交流渠道，统筹协调推进"区场一体化"工作落地生根。

农场人才引不进、留不住曾经一度成为制约农场发展的瓶颈。上海农场积极争取大丰区的支持，解决了农场职工落户、子女教育等后顾之忧。同时，落实光明食品集团培养本土化人才的战略要求，扩大上海农场在大丰区的招聘比例，既带动了大丰区市民就业，又深化了区场文化融合。目前，农场职工中大丰户籍人员占 34％，已超过了上海户籍人口。

虽然上海农场在"区场一体化"发展上取得一定成绩，但与全面推进乡村振兴、长三角一体化发展新要求还有较大差距。我们将认真贯彻落实这次会议精神，深化"一体化""高质量"发展意识，加强与农场所在地的合作，将农场打造成为区域协作的"桥头堡"和"根据地"。以光明食品集团保供体系为支撑，发挥现代农业企业组织、规模、产业链、品牌市场优势，加快建设重要民生商品储藏、加工、物流基地，集成当地粮食、生猪、蔬菜等优质农副产品，一手牵好市民的"菜篮子"、一手牵住农民的"菜园子"，在沪苏两地政府的领导支持下，大力推动上海农场融入盐城市"北上海一体化"示范区建设，深入参与乡村振兴建设行动，共同推进区域农产食品业高质量发展，既满足市民美好生活需要，也为实现城乡共同富裕贡献力量，开创区域协同发展新局面。

（本文发表于 2022 年 1 月）

"皖垦-大路"乡村振兴模式调查

王　洪

村集体经营性收入从不足 2 万元到 210.5 万元，从全县 171 个行政村中排名第 161 位一跃晋级为第 6 位，村民年人均收入从 2 000 元攀升到 2 万元左右。仅用 1 年时间，合肥市长丰县大路村如何实现由耕地抛荒、信访不断的后进村到"千企帮千村"示范村的蝶变？

考核为王，"523 分红"调动三方积极性

事情还得从 2021 年 4 月安徽农垦农产品公司（简称农垦农产品公司）与合肥市长丰县大路村签订的一纸合作协议说起。协议约定，大路村把 4 000 亩土地流转给农垦农产品公司，合作经营期限暂定 5 年。农垦农产品公司付给村民每亩 400 元的租金，首先解决村民保底收入问题。尽管如此，大多数村民并不看好这一次合作，因为有"前车之鉴"。

大路村地处江淮分水岭，共 584 户 2 416 人，耕地面积 6 065 亩，主要从事小麦和水稻种植。大路村虽然在 2016 年实现脱贫摘帽，但村集体经济一度处于长丰县的洼地。在脱贫攻坚与乡村振兴有效衔接中，大路村积极寻求与企业合作，希望通过"公司＋农户"的方式集中流转土地，解决耕地抛荒问题，增加农民和村集体收入。

2018 年，大路村与某企业合作，集中流转土地，计划开发大棚蔬菜项目。没想到该企业经营效益不佳，严重拖欠土地租金，造成村民情绪不稳定，引发了新一轮土地撂荒。大路村党支部书记董永含说："当时的情况是大路村 6 000 多亩耕地 80% 抛荒，村民连土地流转的租金这个保底收入都拿不到手，老百姓怨气大，经常上访。村干部干着急，没办法……"

董永含把话题一转，说："我们这次之所以把'宝'押在农垦企业身上，是因为农垦有专业化、机械化等现代农业科技优势，又有市场销售渠道，不用担心地种不好的问题。"

农垦农产品公司负责人从大路村与某企业合作失败的案例中汲取教训，"关键在于建立一套科学的考核体系，充分发挥考核指挥棒的作用。"农垦农产品公司党委书记、董事长汪登松说，"让农垦农产品公司、村集体合作社、生产骨干三方同经营、同参与、同负责，把一个积极性变成三个积极性。"

这份合作协议的核心条款是"523 分红"，即农垦、村集体、农民分别按照利润的50%、20%、30% 实行分成。农垦农产品公司以粮食产量和成本控制为基础指标，根据三方责任分工进行分类考核，首先对大路村集体合作社实行成本考核，大路村集体合作社作为组织者，不仅要组织生产骨干把农艺措施落实下去，还要对他们进行有效管理，从而把生产成本控制在合理的区间。具体量化指标：水稻亩产在 450 公斤以上、亩成本控制在 1

055 元以内,小麦亩产在 350 公斤以上、亩成本控制在 655 元以内,高粱亩产在 300 公斤以上、亩成本控制在 755 元以内;在完成基础指标后,亩纯利润在 300 元以内时,按 20% 奖励,亩纯利润超过 300 元时,300~500 元区间的部分按 30% 奖励,500 元以上按 40% 奖励。

2021 年,农垦农产品公司在大路村合作项目首战告捷,4 000 亩统一流转地纯收益达到 110 万元,根据协议约定,返还 40 万元用于村集体分红。村集体经营性收入 200 多万元,一举甩掉了后进村的帽子,利润达到 50 万元,是 2020 年的 20 倍。

大路村村民童德凤是村企合作项目的职业农民,去年由他负责管理的 500 亩高粱地平均亩产 650 斤以上,高产田块 800 斤以上。加上网格管理的工资和分红,一年仅此项收入就有近 3 万元。

安徽农垦在大路村蹚出了"国企+村集体合作社+职业农民"的乡村振兴模式,通过"523 分红"考核,农垦拓展了土地经营收入增长点,彰显了国有企业保障国家粮食生产安全的社会责任;村集体合作社获得经营性收入和利润分成,实现了村集体经济的发展壮大;农民获得"租金+工资+利润分红"三方面收入,有效提升了共同参与乡村振兴的积极性。

共建为要,"1+1+1"联结利益共同体

安徽农垦也探索过"出场进村"的土地流转模式,但始终走不出"大包大揽、单边作战"的误区,总体成效不佳。2015 年,农垦集团将农垦农产品公司与大圹圩农场、倮倮米业和皖垦农产品超市整合,探索一二三产业融合的产业模式,经过两三年的运作,初步形成了生产、加工、销售一条龙产业化发展的格局。随着脱贫攻坚与乡村振兴的有效衔接,农垦农产品公司把目光投向了有着强烈产业振兴愿望的大路村。

2021 年 4 月初,农垦农产品公司安排陈从贵、王玉虎、孙治国 3 名农业技术骨干到大路村蹲点,负责 4 000 多亩农作物的生产组织、农资供应和技术指导。"在地里看到一人多高的荒草,心里凉了半截,说实话,当时心里真没底!"陈从贵谈及当初的感受,颇多感慨。

高级农艺师王玉虎则认为经营这 4 000 多亩地,仅靠他们 3 个人是玩不转的,必须依靠村集体合作社、村干部发动当地农民参与生产管理全过程,摆在面前的首要任务是抓紧培训一支"职业农民"队伍。首先,这支队伍人数不在多,而在于精,有较强的组织能力,能及时有效地组织当地劳动力开展生产;其次是生产技术,要把农垦农作物高产栽培技术迅速传授给他们,并通过他们推广给参与生产的农民;再次是以职业农民带动农机专业服务,就地就近解决农业社会化服务问题。

3 个人把 6 名村干部组织起来,吃住在村里,起早贪黑在地里摸爬滚打,手把手向他们传授水稻和高粱的生产技术,并定期邀请农业专家开展技术培训,组织他们到农垦现场考察,以各种方式"速成"培育"职业农民"。同时推行地块网格化管理,通过卫星遥感测绘将大路村流转的土地测绘入图,每 500 亩土地作为 1 个网格单元,由 1 名职业农民负责管理。职业农民根据网格化管理要求,有效落实自己负责的单元管理任务,提高农艺措

施的针对性和实效性，确保完成农作物产量。村集体合作社将农民收入与田间管理、作物收成等挂钩。

今年 70 岁的原大路村村支部书记董善业说："农垦技术员真是种地的高手，什么时候排水、什么时候除草、什么时候打药都算得清清楚楚，打药用无人机，除病虫害药里还加了营养液，难怪高粱长得这么好！干了一辈子农活，现在真是长见识了！"

董善业掰着手指头算了一笔账：2020 年，他家 6 口人 28 亩地，每年总收入 6 000 多元；2021 年农垦流转土地后，每天务工收入 100 元，一年有 120 天务工，1.2 万元收入进账；加上每亩 400 元保底收入，还有村集体分红，如今每年已有 2 万元的收入，年收入一下子翻了 3 倍。

在外发展有成就的小老板、大路村村民董吉豹看准村企合作项目的商机，在大路村成立农机服务公司，投资 170 多万元，购置了大型拖拉机、旋耕机、播种机、无人机等机械 15 台套，去年农机作业收入 60 万元。

"大路模式"突出乡村振兴垦地合作共建，共建的核心是形成了农垦、村集体、农民三方共建共享的利益共同体，完善了责权利的再分配。农垦从中获取了拓展土地资源的红利，以大农垦带动小农户，承担了资金、技术、培训和订单销售等责任；村集体合作社一手连着农垦，一手连着"职业农民"，发挥了杠杆作用；而当地农民积极主动参与农作物的全程生产管理，不再是持有地租的旁观者，将雇佣关系转换为利益共同体，形成了"1＋1＋1"大于 3 的倍增效应。

党建引领，"5 同 4 联"探索共同富裕路

在大路村 3 000 亩高粱地里，一面党旗猎猎飘扬，一群戴着党徽、团徽的人们唱起劳动号子。一个"忆田头党史、谋乡村振兴"的主题党日、团日活动正在这里进行着……这是 2021 年 8 月 27 日农垦与大路村党支部共建活动的一个场景。

在合作之初，农垦农产品公司与大路村除了签订农业经营合作协议外，还签订了一份特别的协议——《支部共建协议书》，农垦农产品公司总部党支部和大路村党支部围绕生产经营开展结对共建，形成"理论同学、组织共建、品牌同筑、服务同行、成效同享"的五同模式。农垦驻村蹲点的陈从贵、王玉虎两名党员临时参加大路村支部组织生活。在党史学习教育中，两个党支部组织党员共同开展了参观安徽农垦博物馆、云峰村史馆等红色资源活动，多次在田间地头开展了"忆党史、学农技"主题党日活动，建立了以农垦技术人员党员、村干部党员和农民党员为主体的村企共建机制，重点围绕生产经营开展支部活动，有效促进了党组织和村集体组织的振兴，为产业振兴打下了坚实的思想基础。通过党建引领，连成了党员带头示范的一片丹心，连成了产业振兴的一股干劲，连成了共同富裕的一种情怀，连成了乡村振兴的一种模式。

"皖垦-大路"模式引起了长丰县委县政府的高度关注。县委书记李命山 2021 年先后 3 次到大路村调研，对"皖垦-大路"模式给予高度评价："大农垦、大情怀，垦与村想到一起、干在一起、成在一起，闯出了乡村振兴新大路。"

2022 年，长丰县投入 1 600 万元资金，实施大路模式配套仓储烘干中心项目，同时，

对大路村乡村振兴规划进行提档升级，借鉴农垦探索智慧农业的做法和经验，筹划农业物联网项目和农产品加工项目，致力打造乡村振兴新高地，并要求在其他乡村复制"皖垦-大路"模式。2022年1月24日，农垦农产品公司与杨庙镇大元村签订了4 000亩土地流转协议，继续推广这个模式发展现代农业。

安徽省委党校乡村振兴学院的教授、学者先后3次赴大路村考察调研，认为"皖垦-大路"模式转变了农民思想观念，改变了土地经营方式，提高了农民积极性，解决了耕地抛荒、非粮化问题。省委党校有意将"皖垦-大路"模式列入乡村振兴现场教学计划，并将其作为全省乡村振兴典型案例进行深度研究。

笔者手记：农垦带动乡村振兴，党建引领是关键，优势互补是要件，利益共享是硬核。"皖垦-大路"模式不仅为乡村振兴提供了新路径，同时也为农垦"出场进村"流转土地、深耕现代农业积累了可借鉴可复制的模式。

（本文发表于2022年4月）

云南农垦集团：深化垦地合作　共谋融合发展

陈　玲

开秧节过后，大理市洱海边 2 万亩田地上，一排排绿油油的秧苗正向阳而生，苗壮成长。

自 2021 年 1 月云南农垦集团有限责任公司（简称云南农垦集团）与大理市政府签订《大理市洱海流域绿色种植基地项目合作协议》后，农垦集团立即派驻工作队，成立大理苍洱留香农业公司，按照 5 年内种植 10 万亩计划，目前正有条不紊地推进第一年 2 万亩的绿色种植任务。这是近年来云南农垦集团深入推进垦地合作、实现互利共赢的一项重要成果。

政企分开以来，云南农垦集团深入贯彻落实《中共中央 国务院关于进一步推进农垦改革发展的意见》，以"创新、协调、绿色、开放、共享"新发展理念为指导，坚持因地制宜、创新科技、效益优先、合作共赢，持续推动垦地合作向全方位、多领域、高层次发展，坚持以产业项目为抓手，通过加强与各地州市的联系沟通，垦地互动，找准地方发展的切入点，主动以符合当地经济及自身发展的创新模式，整体推进农垦融入区域发展步伐，以共赢为目标，实现由"垦地合作"向"垦地融合"发展，全力推进农业增产、农民增收。

抓合作，加快区域发展

6 月的昭通，漫山遍野的洋芋花皎洁如云，绚丽绽放；微风吹过，花香飘溢。

昭通市资源富集，物产丰饶，是生产特色、优质、生态、安全农产品的天然宝地。2017 年，云南农垦集团与昭通市政府签订了《全方位战略合作框架协议》，共同谱写了新时期垦地合作的新篇章。

4 年来，双方组建了昭通农投公司，并发挥其在昭通高原特色农业示范引领、标准化建设、品牌打造等方面的先导作用，充分挖掘马铃薯的生产潜力，实施建设了万亩"洋芋帝国"马铃薯高标准示范基地，用绿色理念打造昭通市现代农业一二三产业融合发展，提升马铃薯影响力，让"土豆豆"真正变为昭通市经济发展的"金豆豆"。

一直以来，云南农垦集团秉承"绿色兴农，报国惠民"发展使命和"垦地一家人"的理念，把推动"垦地一体化"发展作为集团高质量发展中的一项重要工作抓紧抓实，积极与老挝、缅甸等国以及上海、青岛，云南大理、西双版纳、楚雄、德宏、保山、普洱、昭通等省内外城市紧密联系，探索合作模式，抢抓云南省委省政府打造世界一流"绿色食品牌"重大契机，突出绿色化、优质化、特色化和品牌化，实施项目带动模式，形成以产业带平台、以平台促产业的垦地互动发展格局。

茶产业是云南农垦集团推进垦地合作的突破口。云南农垦集团于 2017 年完成省内优质茶产业资源的整合工作，成立云南云垦茶业集团，并与普洱市政府联合，发挥集团高原特色绿色产品的种质资源优势，组建云南普洱国资有机茶叶有限公司，做优做强云南有机茶产业，为县域农业经济发展增效赋能。

2018 年，云南农垦集团所属兴农公司收购了保山市制糖龙头企业云南康丰糖业公司，促成了农垦兴农持股 70%，保山市、保山市龙陵县各持股 15% 的股权混改。3 年来，公司不断改革创新，地方经济、蔗农收益都实现了稳步提升。2020—2021 年榨季，康丰公司共入榨甘蔗 96.4 万吨，产糖 12.5 万吨，实现综合产糖率 12.96%，下属昌宁康丰公司实现产糖率 12.99%，创下了建厂 33 年来最高纪录。

UTZ 咖啡认证项目是云南农垦集团所属咖啡公司于 2019 年与普洱市政府联合开展的项目，该项目涉及普洱地区思茅港、六顺镇、龙潭乡 300 余农户 1.2 万亩的咖啡种植区域，严格规定了从栽种、交易、生产到销售等各环节标准。经 UTZ 认证的咖啡生豆，咖啡公司采购单价每公斤比普通咖啡生豆高出 0.3 元，有效提高咖农生产率，带动农户增收，提升普洱市乃至云南咖啡的知名度。

同时，云粮集团与大理市、云胶集团与西双版纳傣族自治区、农投公司与临沧市、高特公司与迪庆藏族自治州等均签订了《战略合作框架协议》，形成了共识共商共赢、垦地联动促发展的合作机制。

此外，咖啡公司还与安徽农垦、内蒙古呼伦贝尔农垦开展三合一速溶咖啡、焙炒咖啡豆及挂耳咖啡的合作；高特公司与云南 5 个垦区多个农场以及上海光明食品集团、北京首农食品集团、广东农垦、海南农垦等兄弟垦区开展"天使"薯片、"何其乐"香菇脆等高原特色绿色食品的合作；云胶集团与河口等农垦集团签订合作协议，推动橡胶产业发展，充分发挥集团在云南农业产业龙头企业的引领作用及高原特色现代农业的示范作用，在垦地实现优势互补、合作共赢的同时，也推进实现垦垦共同发展的良好局面。

抓产业，加速农民增收

普洱市江城县，一眼望不到边的橡胶林里，勤劳的胶农们正忙着收割乳胶，一辆辆运乳胶的摩托车穿梭在林间小道上，一桶桶洁白清香的天然乳胶让这个边陲小镇发生了新变化，胶农走上了致富路。

云南农垦集团所属江城公司成立于 1996 年，进驻江城县曲水镇 25 年来，公司始终坚持共融共生的发展模式，逢山开路，遇水搭桥，用"公司＋基地＋农户＋示范＋市场"的"五位一体"生产经营方式，带领着当地农民种橡胶、促发展、奔小康，形成了打造产业链、实施产业扶贫的"江城模式"，也得到了当地农民"公司稳、曲水稳；曲水稳、江城稳"的高度评价。

让当地百姓脱贫致富是江城公司的责任与义务，也是云南农垦集团的初心和使命。

近年来，云南农垦集团始终坚持"驻一方宝地、兴一方产业、富一方百姓、活一方经济"的发展目标，以产业扶贫为主，主动融入和服务于当地经济发展，不断同各地政府、州农垦局及各农场接洽，建立友好合作关系，充分发挥集团在经营管理、品牌打造和营销渠道等方面的优势，为地方经济发展、农民增收作出积极贡献。

云胶集团是云南省唯一的橡胶产业集团，近年来，该集团认真落实国家脱贫攻坚战略要求，把橡胶产业和垦地共建有效结合起来，带动橡胶种植 50 余万亩。在租赁当地农户土地，发展橡胶种植的同时，按照市场价收购农户种植的橡胶，解决了胶农土地零散、技术不强、特别是卖胶难的问题，确保胶农利益最大化，发挥了市场价格"稳定器"的作用。从 2018 年开始，所属景阳公司就与黎明农场、勐捧农场、景洪农场、东风农场等 8 个农场合作开展统一收胶试点工作，仅 2019 年合作试点单位累计收购干胶 3.64 万吨，占公司收购总量的 32.72%，平均收购价约高出私营收胶点 1 000 元/吨左右，直接为胶农增加收入约 3 641 万元。

同时，云胶集团还与上海期货交易所开展 800 万元覆盖 1 万吨天然橡胶产业扶贫试点合作项目，联合当地政府、扶贫办、发改委、农场管委会、保险公司等，通过"保险＋期货＋精准扶贫""场外期权"，把可能产生的收益以"二次结算"等方式直接补贴到收购天然橡胶原料收购价格上，有效保障割胶农户的收益。

兴农公司在怒江傈僳族自治州政府的支持下，在贡山县投入 12 万元购买 20 吨白砂糖，帮助农户进行"中华蜂"养殖，并在当地大力发展完善养蜂产业链，助推当地经济发展。同时，公司在怒江傈僳族自治州泸水市正投资新建年产 300 吨蜂蜜生产线，项目达产后，将有力巩固拓展怒江傈僳族自治州脱贫攻坚成果，助推乡村振兴。

昭通农投公司与昭通市鲁甸县政府合资组建的昭通远近农业科技有限公司，在鲁甸县文屏镇普芝噜村新建高标准核心扶贫产业示范苹果基地 1 260 亩，省级现代苹果产业示范园昭通苹果产业园标准化基地建设项目 2 500 亩，每年支付土地流转费近 500 万元，涉及当地土地流转户 4 260 户，带动就业 3 678 人，周边农民人均纯收入增加 2 000 余元，促进了昭通高原特色农业转型升级。

此外，茶业集团与镇雄坤农白茶业种植农民专业合作社签订了《合作协议》，投资 300 万元打造"镇雄红金龙"扶贫茶，助力镇雄县脱贫攻坚工作；普洱云橡公司与临沧市政府合作，共同推进临沧市辖区内农场产业及林产品开发，促进临沧市资源优势向经济优势转变……

值得一提的是，云南农垦集团境外企业云垦云橡公司在老挝南塔、沙耶武里、波乔、琅勃拉邦 4 省 9 县大力发展橡胶种植基地，带动当地村民种植橡胶，并与 29 个村寨、59 个客户签订合作协议，有效提高橡胶原料收购市场竞争力，规避市场风险，推进当地经济发展和生态系统平衡，获得老挝政府和村民的一致好评。2020 年 1 月，老挝国家主席通伦·西苏里（时任老挝总理）在访华期间，专程莅临云南农垦集团考察调研，不仅推动了滇老双方合作交流，同时也为集团推动国内国际双循环发展注入了强劲动力和信心。

抓两端，加强云品建设

云南农业发展具有独特的气候、资源、生态、区位等优势，但规模化生产基地配套设施不完善，优势特色产品不突出，一直是云南高原特色农业发展的短板。

作为云南省最大的农业龙头国有企业，云南农垦集团用责任和担当坚决扛起打造"云南高原特色现代农业领军企业"的大旗，紧紧围绕省委省政府打造世界一流"绿色食品牌"的战略部署，坚持一二三产业融合发展思路，依托云南资源禀赋和集团产业基础，加大投资力度，与省农科院、省中科院等科技研发机构及高校合作，持续抓好农业"头"和"尾"的种子端和电商端"两端"，构建了以产业为主导、企业为主体、基地为依靠、产学研相结合、育繁推一体化的现代农业发展体系。

2018年，为落实与昭通市政府签订的《战略合作协议》，云南农垦集团投资4 600万元，在昭通市建成年生产原原种1 000万粒的马铃薯科技育种中心，采用国内一流、世界领先的雾培生产技术，依托省农科院，培育出'云薯902''合作88''青薯9号''丽薯6号'等十余个马铃薯原原种品种，满足14万亩商品薯的用种需求，形成了产业发展、农民增收的新格局。

2021年3月，云南农垦集团与省农科院粮作所签订了《战略合作框架协议》《共建"云粮产业技术创新中心"合作协议》《环洱海优质水稻绿色生产合作协议》等，建立从源头品种筛选、中端良种繁育、后端生产加工、终端市场消费的从田间到餐桌全程可控可追溯的粮食产业链，并在大理市湾桥镇、喜洲镇、上关镇和洱海县种植绿色水稻，为保障云南粮食安全奠定坚实基础。

为解决国内花卉自主知识产权品种数量少、市场占有率低的现状，2020年，云南农垦集团所属云花运销公司与云南省农业科学院花卉所、昆明市呈贡区城市投资集团签署"三方协议"，投资4 700万元建设占地100亩的"国际花卉技术创新中心"，形成"育种者＋生产者＋消费者"的生态闭环。目前，本项目配套的"云南省花卉育种重点实验室"已建成并投入使用，通过开展种质创新、基因编辑、植物生理、病虫防控和肥水管理、绿色种植等技术研究，构建产学研协同创新的花卉育种体系。

云南农垦集团所属咖啡公司通过"转方式、调结构、促发展"和"走出去、引进来"的工作思路，让咖啡从"种子"到"杯子"都融入绿色概念，实现了"云啡"品牌的做大做强。同时，云南农垦集团积极响应省委省政府在全省加快实施创新驱动发展战略，联合云南青年创业协会，发起创立云南高校校园主题创客空间项目，实现了高校创新创业与云南咖啡产业的互融共赢发展。

目前，云南农垦集团已实现粮食、蔗糖、马铃薯、花卉、咖啡、茶叶、核桃等绿色食品产业"从田间到餐桌"的全产业链贯通发展，并建设出一批规模较大、档次较高、效益较好的优势农产品产业群，打造出一系列有特色、有口碑、高品质的"云南高原名品"。

此外，云南农垦集团始终不忘引领云南绿色食品走出深山、走向世界的初心使命，以打造"绿色食品牌"及"云品出滇"为发展目标，开发了"云垦优选"绿色食品电商平台，充分利用国企的自身优势，响应相关扶贫政策，重点推广集团绿色食品及扶贫助农商品，实现绿色食品空间信息资源的共享，为集团"数字云垦"建设奠定了坚实的基础。截至2020年底，该平台实现营业收入455万元，实现利润总额62万元。

同时，云南农垦集团通过与天猫、淘宝、京东等大型知名网络平台的深度合作，充分发挥网红传播效应，聚合云南绿色、生态、安全的优质农产品顺利进入电商大市场，让"云系"优质绿色产品走得远、走得好、走得响。

心有所信，方能远行。

云南农垦集团始终把加强垦地合作、融入区域发展作为新形势下转型跨越发展的风向标，持续发力，落实落细，不断扩大垦地合作领域，拓宽垦垦合作方式，达到互帮互促、互惠互利、互融互强、共同发展的目的，用实干实绩点燃集团高质量发展引擎。

（本文发表于 2021 年 8 月）

推动江西农垦产业发展　做乡村振兴领跑者

胡位淮　魏毕琴

党的十九大作出了实施乡村振兴战略的重大决策，作为国有农业经济的骨干和代表，江西农垦是全省农业农村的重要组成部分，更是实施乡村振兴战略的关键主体。2020 年，江西农垦系统工农业总产值 775.3 亿元，当年生产总值增加值为 280.8 亿元。在向第二个百年奋斗目标迈进的历史关口，当前农业农村工作全面转入乡村振兴，江西农垦需要厘清发展思路，抢抓发展机遇，制定发展战略，肩负起在农业全面升级、农村全面进步、农民全面发展、城乡全面融合上的责任担当，推动产业发展升级，做乡村振兴领跑者。

江西农垦领跑乡村振兴的优势

经过多年的开发建设和改革发展，江西农垦积极探索农业现代化和新型城镇化建设融合发展模式，充分发挥资源优势、体制优势和产业优势，将农垦建设成为农工商综合经营、一二三产业全面发展的经济社会系统，成了党和国家在关键时期调得动、靠得住、可应急的战略力量，在领跑江西乡村振兴中具有不可比拟的独特优势：

（一）产业基础好

江西农垦 2020 年共完成固定资产投资总额 261.6 亿元，粮食总产量 698 964 吨，在全国各垦区排第 8 位；油料总产量 29 624 吨，在全国各垦区排第 6 位。水稻种植面积152.3 万亩，蔬菜种植面积 14.1 万亩，水产品养殖面积 25.9 万亩，大牲畜存栏 4.04 万头，生猪出栏 50.89 万头，生羊出栏 1.38 万只。其中优质稻种植面积 20 万亩，现代农业示范基地 40 万亩，稻田综合种养面积超 10 万亩，广丰马家柚、南丰蜜橘、井冈蜜柚、泰和乌鸡、云山中华鳖等地理标志农产品的核心产区或育种基地均设在农垦场，这为推动品种培优、品质提升、品牌打造和标准化生产，提高农业质量、效益和竞争力提供了较好的发展基础。与农村集体土地和农户家庭经营相比，农垦国有土地在不改变土地用途和坚持发展农业生产的前提下，流转相对便利，具有比农村土地承包制度更高的资源配置效率，推进适度规模经营和招商引资基础较好。

（二）配套设施全

目前，江西农垦已建成现代农业园区 22 个（占地面积 14.8 万亩），农垦小城镇 87 个（占地面积 22.1 万亩），全省垦区耕种收综合机械化率超 80%，其中大中型拖拉机 1 856台、小型及手扶拖拉机 7 170 台，排灌动力机械 9 874 台，联合收获机 1 347 台。2020 年机耕面积 91.36 万亩，机播面积 45.73 万亩，机收面积 97.98 万亩，飞机病虫害防治面积28.44 万亩，农业社会化服务组织 165 家，农产品加工企业 215 家，农产品销售企业 271

家，服务业企业 833 家，这些企业和组织提高了农业生产、加工、流通等环节的效率，为农垦产业补链强链奠定了坚实的基础。同时，较为完备的现代农业生产设施为农垦资源优势、体制优势转变为生产优势提供了支撑条件。

（三）融合进展快

近年来江西农垦依靠特有的历史文化、区位条件、资源禀赋、产业特色等，从全产业链入手，以产业融合发展为路径，跨界配置农业与现代产业要素，促进了产业深度交叉融合，形成了各具特色的"农业＋"多业态发展格局，大力提升了垦区的高质量发展水平。庐山综合垦殖场承载农垦山水文脉，调结构、强产业、促融合，打造文旅综合体特色小镇，讲好"一杯云雾茶、半部庐山史"故事，唱好"庐山天下悠"歌谣，构建"环庐山经济带"，取得丰硕成果。黄岗山垦殖场建设果类采摘基地，深度挖掘服务潜力，统一经营旅游项目，打造了"旅游综合服务中心"和"一心六区"九天旅游国际度假区品牌。赛湖农场加快农业产业化进程，打造知青故里旅游点，举办荷花节，同步发展民宿、农家乐、农耕体验等项目，进一步完善了标准化种植、农耕体验、科普示范、生态涵养、观光休闲等农业功能。

（四）人力资源足

农垦场在建场之初就把立足点放在建设现代化农业上，一直非常重视产业发展人才队伍建设。目前，江西农垦共有从业人员 38.7 万人，其中在岗职工 19.3 万人；现有农业科研单位 3 个，科技人员 123 人，其中本科以上学历 30 人，2020 年投入的科研经费合计 2 686 万元。

（五）文化底蕴厚

据史料考证，井冈山垦殖场所在地罗浮的红军公田是井冈山革命斗争时期开创的农垦雏形，其间提出的"自食其力、自力更生"的口号，浓缩了红色农垦的精神实质，井冈山可以说是中国农垦事业诞生地。遍布全省各地的垦殖场具备极其丰富的红色文化资源，是农垦事业发展的文化遗产和精神财富，例如日东垦殖场前身是"瑞金农事试验场"；五里垦殖场前身是中共中央办公厅五七干校；云山垦殖场是共产主义劳动大学发源地；荷塘垦殖场树立了"农垦学荷塘"榜样。

实现江西农垦领跑乡村振兴的机遇与挑战

进入 21 世纪以来，农业增长贡献由主要依靠土地、劳动力等传统要素转入更多地依靠科技、人才、经营、管理、机制创新等现代要素，站在新的历史起点，现代农业发展与改革深入推进，为做大做强江西农垦提供了良好的机遇，同时也提出了新的、更高的要求。

（一）实现江西农垦领跑乡村振兴的机遇

1. 中央政策好。 2015 年中央一号文件《关于加大改革创新力度加快农业现代化建设的若干意见》明确提出要加快研究出台推进农垦改革发展的政策措施。同年 11 月《中共中央 国务院关于进一步推进农垦改革发展的意见》（中发〔2015〕33 号）发布，指出了"以推进垦区集团化、农场企业化改革为主线，全面增强农垦内生动力、发展活力、整体实力，切实发挥农垦在现代农业建设中的骨干引领作用""坚持市场导向，政府支持。着力深化农垦市场化改革，推进政企分开、社企分开，确立国有农场的市场主体地位""完善与农垦履行使命相适应的支持政策，解决国有农场实际困难，提升可持续发展能力""要从强化农业基础地位、切实保护国有土地资源、实现可持续发展的高度，深化农垦土地管理制度改革"，对新时期农垦改革发展作出了全面部署，明确了垦区集团化、农场企业化的改革要求，充分表明了新形势下党中央、国务院对农垦改革发展的高度重视。

2. 省级扶持实。 2016年12月中共江西省委、江西省人民政府印发了《关于进一步推进农垦改革发展的实施意见》（赣发〔2016〕23号），确定了"切实保障农垦在享受国家和省强农惠农富农及改善民生政策上实现全覆盖，建立和完善政策支撑体系，稳步加大财政投入力度，解决农垦场遇到的实际困难和问题，提升可持续发展能力""赋予农垦企业集团行使所属农垦场国有资产经营权、国有土地使用权和经营权，享有国有资产收益权""将农垦场承担的社会管理和公共服务职能纳入属地市、县（市、区）政府统一管理，妥善解决机构编制和人员安置等问题，所需经费在争取中央财政补助的同时，纳入属地政府财政预算"等一系列含金量很高的支持政策，为农垦企业发展注入了强大活力。

3. 金融支持大。 一是在《中国人民银行南昌中心支行、江西银保监局、江西省农业农村厅关于开展农垦国有农用地使用权抵押贷款试点工作的实施意见》（南银发〔2019〕53号）、《关于进一步加强和规范农垦国有农用地使用权抵押贷款试点工作的通知》（南银发〔2020〕41号）文件中，强调了"在不改变垦区国有经济属性和农用地性质的前提下，在遵循垦区自愿参与的原则下，有序开展抵押贷款试点，所贷款项用于农垦事业发展""通过配套制度、评估体系和流转平台等综合服务体系建设，为抵押贷款试点工作提供基础和系统保障""在贷款期限、额度、担保、风险控制等方面加大创新力度，在风险可控的前提下加大对垦区的金融资源投入、提升金融服务水平，有效满足垦区金融需求""省级银行机构应适当下放授信和贷款权限，提高农垦抵押贷款业务办理效率，实现借款人在有信贷需求时能够及时、便利获得贷款。完善和落实贷款授信尽职免责制度，提高从业人员积极性"，上述文件对盘活利用农垦土地资源、创新农垦土地资产配置方式提供了有力的综合保障。二是全省农垦目前已经全面完成675.78万亩的国有土地确权登记发证工作，实现了土地建库上图和土地管理信息化，为稳步推进农垦国有土地资源资产化资本化奠定了基础。

（二）制约江西农垦领跑乡村振兴的因素

当前，农垦事业发展迎来了前所未有的发展机遇，但与其他行业和系统比，也存在着一些发展的瓶颈和问题：

1. 企业规模偏小，竞争力不足。 企业规模普遍较小，资源要素分散，难以形成合力。缺乏有市场竞争力、造血功能强的支柱产业和拳头品牌，无法满足消费者的多元需求。

2. 产业发展单一，产业链不全。 产业链过窄过短，产业结构长期以传统种养业居多。产业发展优势特色不明显，经济效益难以提高，在创新发展和经营模式方面受到限制。

3. **债务包袱沉重，资产变现利用难。**农垦企业历史债务较重，资产负债率普遍偏高，阻碍了农垦企业的发展。

江西农垦领跑乡村振兴的路径思考与政策建议

新一轮农垦改革以来，江西农垦深入贯彻落实国有农场办社会职能改革、国有土地使用权确权登记发证等中央和省委的各项决策部署，较大程度减轻了农垦发展负担，激发了农垦的内生动力和发展活力，为帮助农垦企业提升整体实力、回归企业属性、轻装上阵参与市场竞争创造了条件。

（一）江西农垦领跑乡村振兴的路径思考

当前诸多改革政策叠加，有利于农垦从更广范围、更宽领域充分利用好市场与政府的双重作用，在谋划发展中扬长避短，探索新路径，寻求新突破。

1. 实施联合，走抱团发展之路。整合分散的农垦资源，推进更大范围、更广领域、更高层次的规划布局，破解农垦资源碎片化和经营管理各自为战的问题，通过抱团获得价格谈判权、标准制定权和利润分配权，提升农业供给的质量和效率，共同抵御市场风险。

2. 培育产业，走特色兴垦之路。培育农垦特色产业，推动农垦场充分发挥土地资源丰富、生产技术成熟、配套设施完善、管理体系完备的整体优势，集聚市场要素，促使农业特色产业聚沙成塔，实现特色产业向优势产业的跨越，逐步建立有规模、有竞争力的现代农业生产体系。

3. 加快融合，走多元经营之路。在抓牢主业，加大力度建设现代农业的大基地、大企业、大产业的同时，发展与农业生产相配套的农产品加工、冷链物流、休闲旅游、交易市场等二三产业，实现全产业链发展，提高自身经营体系抵抗自然风险和市场风险、持续稳健经营的能力。

（二）江西农垦领跑乡村振兴政策建议

新时代乡村振兴战略背景下，江西农垦领跑乡村振兴必须通过改革创新，整合资源，放大农垦优势，增强垦区经济实力、市场竞争力和示范带动能力来实现。

1. 出台兴垦政策，率先振兴农垦。尽管农垦是一个包含国防、经济和社会功能的复合性体系，但基本特征是以国有土地为依托、主要从事农业生产经营的经济实体。国有农场的发展既要强化市场在资源配置中的决定性作用，又要更好发挥政策、制度的支撑作用。一是加大政策支持力度。调动各级党委、政府和有关部门参与和支持农垦改革发展的积极性，并明确其职责。确保农垦在享受强农惠农和改善民生政策上与乡村同步且全覆盖，积极争取中央和地方各级财政对农垦在现代农业建设、基础设施建设、民生建设等方面的资金和政策扶持。二是分类推进农垦改革。江西农垦作为国有农场归属市县管理的非集团化垦区，要根据农垦管理体制、资源禀赋、发展水平的差异性进行分类指导。对已经完成改革的农垦场应继续积极稳妥推进企业转型，大力推进企业股份制改造，建立现代企业制度，完善公司治理结构，提高管理水平和市场竞争力；对目前具备一定条件的国有农场，可以推动小规模的合并重组，重新组建现代农业骨干企业；对暂不具备条件的国有农场，可以重点推动发展农业生产社会化服务组织，为家庭经营、合作经营、集体经营等农业经营提供专业的社会化服务。

2. 推进规划设计，优化发展布局。 在乡村振兴战略实施和国土空间规划体系改革的背景下，江西农垦系统及属地化管理的各级政府要深刻把握新时期乡村建设工作方向，编制具有前瞻性、指导性的产业布局规划。一是突出垦区实际。加强国有农（林、牧、渔）场规划建设，推进国有农（林、牧、渔）场现代农业发展，鼓励国有农（林、牧、渔）场在农业农村现代化建设中发挥示范引领作用。在区域和产业布局上，按照区域化布局、集群化发展的思路，突出垦区主体功能、配套优势，对人才、项目、资金、扶持政策等支持性要素进行全面统筹，因地制宜，分类施策。二是合理编制规划。充分发挥土地利用总体规划的统筹管控作用，将农垦用地纳入土地利用总体规划并同步组织实施，合理安排各类用地规模、结构、布局和时序，科学安排新增建设用地规模，服务农垦产业发展，严格执行土地用途管控制度。将国有和乡镇农（林）场居住点纳入农村人居环境整治提升范围统筹考虑、同步推进。

3. 补链延链强链，完善产业体系。 继续发扬"垦"的优势，围绕主导特色优势产业，通过引进补链、融合延链、金融强链相结合，促进农垦全产业链加快发展，提高综合效益和竞争力。一是引进社会资本、探索实施混合所有制改革弥补产业发展短板。以"农"为本，探索重点业务领域快速拓展与布局，鼓励和引进各类主体来垦区投资开发农业及农业产业化项目，发展现代高效农业，补充农业产业链薄弱环节，提高附加值，实现各种所有制资本之间取长补短、合作共赢。二是坚定不移走一二三产业融合之路。在既有基础上大力发展绿色、生态、高效农业；建设产地加工体系、仓储流通体系、产品销售体系；培育壮大农垦旅游业，构建特色鲜明的农垦旅游发展模式和产品体系，不断拓展农业多功能性，把发展现代服务业作为农垦经济发展的"助推器"和"催化剂"。三是实现农垦土地金融权能。用好土地确权登记发证成果，放大国有资本功能，通过农垦土地评估作价注入农垦企业资本金，或者开展国有土地使用权抵押担保，出租收益权质押担保等方式，增强农垦农用地资源效能和融资能力，稳步推进土地资源资产化和资本化。不断增强国有农业经济活力、控制力、影响力，确保农垦土地融资主要用于发展农垦现代化农业。

4. 弘扬农垦精神，增添发展后劲。 数代农垦人在江西省内各地留下了红色记忆，每一个红色景点都蕴含丰富的政治智慧和道德滋养，是农垦事业发展的不竭动力，江西农垦要继续弘扬农垦精神，汇聚起推动农垦改革发展的强大精神动力。一是搭建传播平台，用好媒介和载体。用通俗易懂的方式，运用报刊、广播、电视、新闻网站、微信公众平台等媒介，积极上网入校进馆，大力宣传农垦精神时代内涵和重大意义，增强宣传教育的针对性、有效性。二是创新农垦产品，开拓文化产业。依托农垦特色文化积淀，厚植发展动能，实施农垦文化战略；加快垦区文化产业建设，培育一批文化创意企业；打造文化产业链，多方式、多途径推动农垦文化产业发展，培育新的经济增长点。

江西省国有农场数量众多且分布广泛，与乡村在地理空间上紧密相连，这些农场与周边地区的要素流动不断加强，互相影响、互相依存，成为推动区域经济社会协调发展、统筹城乡一体化发展的重要力量。在实施乡村振兴战略中，国有农场要承担起在农业全面升级、农村全面进步、农民全面发展、城乡全面融合上的社会责任，将组织优势、资源优势、体制优势、服务优势转化为领跑优势，将探索的有益经验和模式辐射示范带动周边乡村和农户，为全面实现农村美、农民富、农业强贡献农垦力量。

（本文发表于 2022 年 2 月）

甘肃农垦集团：努力打造企业混改新样板

刘 珊

2021 年 6 月，甘肃省农垦集团有限责任公司（简称甘肃农垦集团）通过"定向增发＋间接受让"方式成功并购兰州庄园牧场股份有限公司（简称庄园牧场），完成了甘肃省首例国资并购民营上市公司项目，成为全省唯一拥有三家主板上市公司的省属现代农业企业集团。

并购以来，庄园牧场的经济效益和品牌效应得到了全面释放；而甘肃农垦集团则打通了畜牧养殖产业"种、养、加、销"的全产业链条，形成了区域乳品全产业链发展的格局，跻身全省乳业第一方阵。

聚焦主业，审慎做好"混"的文章

甘肃农垦集团拥有存栏量近 2 万头奶牛的天牧乳业，养殖条件非常先进，被评为"中国农垦标杆牧场"，所产原奶"国内一流、国际领先"。同时，甘肃农垦集团还以田园牧歌草业集团为核心，种植苜蓿、青贮玉米等超过 30 万亩，打造出国内最大的苜蓿草生产企业。但是，这两家企业都处产业链的中上游，对下游不具备议价能力，对甘肃农垦集团而言，亟须打通畜牧养殖产业"种、养、加、销"的全产业链条。

庄园牧场是一家有 21 年发展历程的乳制品企业，是农业产业化国家级重点龙头企业，也是甘肃省唯一一家"A＋H"股上市公司，公司治理体系和治理能力居同行前列。庄园牧场拥有新建的日处理液态奶 800 吨的生产线，自有奶牛存栏近 2 万头，其产品在省内和西北市场具有较好的市场口碑和较高的市场占有率。

借着甘肃省乳业三年倍增行动的东风，两家企业经沟通协商，以资本为纽带，甘肃农垦集团以 7.6 亿元的投资总额取得了庄园牧场的控制权，同步获得了 30 亿元资产总额、近 10 亿元的年销售额、1.6 万头奶牛存栏量和日处理液态奶 800 吨产能的产业集群，在全国奶源主产区之一的河西走廊形成了以规模种植为核心、以奶牛肉牛养殖为主体的两大核心产业。

至此，甘肃农垦集团成为拥有甘肃省最大的饲草料基地，奶牛养殖规模和液态奶加工能力的全产业链企业。

党建领航，着力打好"改"的硬仗

甘肃农垦集团并购庄园牧场后，如何在确保农垦集团实际控制权的同时，有效发挥民营企业的优势，成为混改后面临的第一道难题。

甘肃农垦集团以党建为突破口，开启了"改"的第一步。

庄园牧场的党组织原属非公党组织，在职能作用发挥上优势并不明显。并购后，按照《中国共产党国有企业基层组织工作条例》，甘肃农垦集团党委在第一时间成立了庄园牧场党委，同步成立纪委；任命了党委班子，明确了党组织在企业法人治理结构中的法定地位。通过组织融入、章程融入、机制融入，把党的领导深度融入上市公司治理机制，全面发挥上市公司党组织把方向、管大局、促落实的政治核心作用，全面落实"四同步""四对接"工作，确保党组织领导作用不空白、不断档、不弱化。做到既符合"三分开、两独立"要求，又实现了对上市公司的有效管控。

根据双方达成的交易协议和持股比例，庄园牧场召开股东会，及时改选董事会，甘肃农垦集团4名人员进入庄园牧场董事会；开展了公司章程、"三重一大"事项决策制度、董事会议事规则等制度体系的修订和完善工作，持续理顺和优化内控体系和工作流程；按照市场化选聘的方式，聘请了职业经理人，全部实行任期制和契约化管理，建立了以价值创造为导向的薪酬绩效机制，突出对混改企业的"差异化考核"和"强激励硬约束"；甘肃农垦集团提名和派遣了监事会主席、纪委书记和财务总监，从多个层面加强了对庄园牧场经营管理活动的监督力度。

一系列的"改"，在确保甘肃农垦集团实际控制权的同时，有效发挥了其他战略投资者在董事会中的权利和作用，有效激发混合所有制企业的活力和动力。同时，也筑牢了国资监管和风险防控屏障，确保国有资产的保值增值。

提质增效，全面推动"链"的跃升

通过资本的"引进来"和"走出去"，甘肃农垦集团和庄园牧场与相关战略投资者合作，优势互补，延伸产业链条，培育壮大养殖产业，迸发出了"强强联合、人有我优"的聚合效应。

在产业链协同上，甘肃农垦集团持续调整优化种植结构，扩大适合省内自然条件和规模化团队经营的紫花苜蓿、商用玉米、青储玉米种植面积，夯实奶牛养殖饲草料种植基地，为其种植业高质量发展增添新动能。同时，加快奶牛养殖项目落地实施，到2022年末预计自有奶牛养殖存栏规模将超过4万头，日产生鲜乳500吨。预计到"十四五"末，甘肃农垦集团饲草料种植面积将达到50万亩，可控奶源的奶牛养殖存栏规模将达到10万头。

围绕质量优先，甘肃农垦集团积极推进庄园牧场乳品加工基地数字化、智能化、规模化建设，整体乳品加工能力已达到1 000吨/日，并将通过定制产品等形式，持续释放基地产能，打造全省最大乳制品加工基地，将庄园牧场打造成为区域一流的全产业链乳品供应商，积极扛起"振兴甘肃乳业"的大旗，助力全省奶产业持续健康高质量发展。

（本文发表于2022年8月）

加强垦地合作　融入经济大循环

姚　犁

垦地合作是农垦系统改革发展的内生需求，也是地方政府经济社会发展全面要求在属地国有农场的生动实践。地方政府和农垦集团通过垦地合作，各扬其长，将土地资源、用地指标、产业资本、核心技术、人才力量等要素配置到效率更高、前景更广阔的项目。合作的目的是共同发展、互利共赢。安徽农垦聚焦主业主责积极主动协调属地政府，指导国有农场加强对周边农村的农事服务、流转经营农村土地、畜禽规模化养殖、拓展农产品深加工。同时，大力支持国有农场所在地政府公益性或基础性项目建设、合作共建工业园区。经过多年探索实践，形成了诸多成功的合作模式和有益经验，推动了农垦融入地方经济社会，促进区域发展。

垦地合作主要模式

（一）现代农业示范带动模式

安徽农垦坚持以农为本，对标提高土地产出率、劳动生产率和科技贡献率，整合资源加大国有农场农业全产业链建设，打造现代农业示范园（场），积极发挥农业组织管理、资金投入、技术装备、农业人才、产业链协同等方面优势进行示范带动，灵活使用市场化措施链接和组织社会力量合作经营地方农业资源。以安徽农垦在天长市的现代农业板块为例：安徽农垦将种植基地和加工企业整合进集团营销平台，不断扩大品牌原粮订单规模，提高农业生产水平和经营效益，通过"退场进村"活动引导农业职工走出农场承包经营，示范带动周边农村 20 万亩生产基地，并与天长市国家现代农业产业园所辖 4 个镇街和天长市大通镇签订了合作框架协议，为"整村推进"争取政府支持，截至目前已完成场外流转土地 1.5 万亩。倮倮米业公司和新建的 5 万吨糯米粉生产线分别落户天长市粮食产业园和天长市现代农业产业园（国家级），通过品牌粮食订单和优粮优价收购提高种粮农民收入，促进食品生产相关企业形成产业集聚，保证产品质量。稳定的销售渠道坚定了农场农业职工承包经营的信心，也放大了农垦种植环节技术和自有基地的优势，产业链协同对农垦现代农业示范带动地方产生积极作用。

（二）合作共建工业园区模式

安徽农垦自 2003 年开启首个工业园区合作共建以来，积极支持有关地方政府承接发达地区产业转移或重点产业集聚发展。截至目前，成功共建了 7 个省级以上工业园区，以淮南经济技术开发区为例：以淮南城市东扩发展战略的实施推进为契机，2008 年 12 月淮南市政府与安徽农垦签订合作开发淮南农场协议，垦地双方发挥各自优势共同推进淮南市经济技术开发区提档升格，合资成立平台公司并赋予一定政府职能，开展园区基础设施建设、征迁安置、土地运作上市等工作。淮南农场累计为园区建设提供土地5 606亩，配合属地政府招引了陕汽重卡、国瑞药业、文峰电缆等重大项目，有力地支持了淮南城市建设和经济发展；地方政府也通过合理的垦地合作收益分享机制，保障被征地职工利益、农场公司有关产业发展。

（三）产城融合发展模式

产业的集聚带来人口的集聚，有人就有对美好生活的向往，垦地合作也自然在提升和改善生活环境的新城区建设上找到突破口。安徽农垦在发展产业的同时，也重视职工生活水平的提高和生活配套的完善，比如宣城市政府与安徽农垦合作开发敬亭山茶场，通过代建水阳江大道西北段、迁建宣城中学和"优诗美地"等高品位住宅项目开发，扮靓了敬亭山南麓的城市形象，提升了文旅接待能力和文旅配套"软硬件"档次。安徽农垦获得了土地一二级市场联动开发的收益，茶场职工拥有了更好的生活环境和更高的生活质量，宣城市民也可以享受到更好的居住品质，形成一种多方共赢的局面。

（四）项目带动产业发展模式

安徽农垦充分利用其闲置土地，通过与能源央企和兄弟省属企业合作，参与非主业项目投资获得股权投资或其他资产变现收益，提高土地利用效益。安徽垦区内风电、光伏、加油加气站等合作项目不断拓展，逐渐形成安徽农垦能源板块，预期在未来成立产业公司运作存量项目、挖掘潜在资源，发展成为能有力支持安徽农垦主业发展的新发动机。

垦地合作主要成效

（一）基本实现与农场公司属地政府合作全覆盖，合作收益长效共享机制基本落地

安徽农垦始终把加强垦地合作、融入地方发展作为新形势下加快经济转型、促进产业升级的战略举措，先后与滁州、淮南、合肥等8市19个县（区）签订了合作框架协议，在现代农业、工业园区共建、城市服务和城镇化发展等方面开展不同类型的合作，垦地战略合作协议明确了合作方向和合作项目，在合作共建中充分发挥农垦比较优势，构建新发展平台，实现互利共赢。"十三五"期间垦地合作收益安徽农垦分享兑现为3.14亿元（包含长效受益分享和即时利益兑现），拓展了有关农场公司新的经济增长点，实现了职工稳步增产增收，支撑安徽农垦现代农业发展提质增效。

（二）实现安徽农垦"走出去"，在更大区域和更广范围开枝散叶

安徽农垦在地方政府的支持下先后创建4个省级现代农业示范园、1个国家级农业科技园、1个省级现代农业产业园，同时积极利用农业生产组织、技术、装备优势，与农场的土地资源优势相结合，大力推广皖垦"331"农业生产全程社会化服务模式，通过流转、托管、订单等方式整合周边农村土地资源，扩大农产品种植规模，"十三五"期间在地方实现托管服务面积32.5万亩。与桐城市、望江县、天长市、怀远县、宿松县等地方政府携手推动农业产业化，在富锌大米及衍生品加工、"六白"黑猪种质保护和开发、糯稻种植和精深加工、小麦种植和品牌粮基地建设、虾稻综合种养加工等方面展开合作，通过直接投资、股权收购、粮食产业园建设等方式为地方政府现代农业高质量发展贡献农垦力量。

（三）通过规划衔接引领垦地融合发展，深度参与新城区开发建设

安徽农垦因场施策，充分发挥城郊型农场的区位优势和土地资源优势，与政府合作进行土地一二级市场联动开发。垦地合作共享收益的来源主要为土地上市出让收益和商住项目开发收益，地方政府在改善城市面貌、提升住宅品质或者提高文旅接待能力等方面获益，安徽农垦也从积极参与融入城市的建设中提升和改善了职工的人居环境和生活配套。通过深度参与商住项目的投资运作，也壮大安徽农垦房地产板块和类金融板块，"两翼"逐渐丰满，反哺安徽农垦农业现代化发展。仅在宣城市垦地双方共同运作上市商住用地1 418.4亩，累计实现土地上市出让金收益9.82亿元，增强了该区域的活力和发展后劲，垦地合作产生的社会经济效益可见一斑。这种"宣城模式"在天长市、怀远县等地方也有体现，对当地房地产市场的繁荣和新城区建设都产生积极的推动作用。

（四）积极与能源央企、省企开展项目合作，构建农垦特有能源板块

安徽农垦梳理垦区加油加气站规划布点情况，与中国石油天然气集团有限公司安徽公司共同组建中油农垦销售公司。截至目前，已落地建设正阳关农场加油站项目，正在推进砀山果园场加油站项目、淮南农场加油站项目启动建设；与安徽省徽商长城能源有限公司拟成立合资公司，在G347望江至黄梅段道路南北两侧分别新建加油加气站一座。安徽农垦合理开发利用潜在新能源资源，积极与国家能源集团、皖能集团深入推进新能源合作项目。截至目前，垦区内风电项目已实现并网发电249兆瓦。通过对垦区新能源资源进行普查，发现各场蕴涵着较为丰富的风电、光伏能源发展资源，预计开发容量达50万千瓦以上，开发利用价值较高。后期将继续加强新能源合作，在参与兑现"碳达峰，碳中和"承诺中合作投资新能源项目并分享合理开发收益。

垦地合作主要问题

（一）园区建设征用农垦土地征地补偿兑现问题

由于工业园区前期土地征迁和基础设施投入资金多，入园企业投资强度未达预期等，造成有关政府财政紧张；同时受土地指标和国土空间规划等相关政策因素的限制，被征用的土地有些处于闲置状态，尚不能出让给拟入园企业，导致部分土地转让补偿费未能按垦地合作协议履行，转作政府借款时垦地双方也未制订还款计划和时间，造成土地转让农垦收益未兑现或清收困难。

（二）垦地合作长效收益分享机制落实不到位问题

存在与地方政府共建的工业园区入园企业投资强度未达预期，多数企业为中小企业，部分土地征而未用及税收优惠政策"三免三减半"等问题，导致垦地合作协议中约定的长效收益分享机制落实到位存在困难。

进一步加强垦地合作的几点思考

（一）土地是农垦的核心资产，要进行科学的要素配置，不能仅仅当作可交易资产

土地是发展现代农业不断提高产出质量和效益的基础，也是安徽农垦进行产业结构优化调整、优质合作项目落地的前提。要将土地作为重要的要素配置到效益更高的项目上

去，不断提升土地复合利用效率，尊重市场规律、逐步实现要素资源市场化配置。

（二）优化合作对接机制和收益分享机制等顶层设计，使垦地合作协议可操作、可执行

合作要选好切入点，要以优质项目为抓手，能切实发挥垦地双方的优势，找准利益目标的平衡点，要在诸如收益分享机制、项目运作权责利边界、收益来源保障和风险控制等核心条款设计上精准，切忌使用易产生不同理解的语言、句式；同时要明确双方违约责任，以防"新官不理旧账"等短期行为影响合作收益兑现。

（三）因地制宜，因场制宜，不断创新合作模式

坚持"实事求是"的原则持续拓展深化垦地合作，采取诸如合作共建工业园、农业示范带动、招商引资、城镇开发、综合改革等模式，在探索中求发展，在改革中求进步。安徽农垦对外合作中注意保障合作收益的长效性和稳定性，内部通过利益纽带平衡集团公司、农场公司、职工及开发企业等各方利益关系，激发合作发展的积极性。

（四）垦地合作是一个开创性的探索，其过程也是"试错"的过程

要坚持在发展中解决问题，遇到问题要本着"尊重历史，面向未来"的原则，还原问题发生时的政策背景，同时造成的损失要在谋划未来合作项目中寻求解决空间，总结经验作为优化后期合作的建设性意见。

（五）规划先行，垦地互融，不断增强垦地合作项目的造血能力

垦地合作中暴露出来的垦地合作收益兑现不到位或者共享机制落地难的问题，本质上是合作项目自身造血能力不足，要想避免陷入因合作收益兑现问题导致的合作进展缓慢或者停滞的恶性循环，就要从园区规划或者项目可研这个源头入手，要超前谋划，综合考虑地方产业空间规划和农垦产业发展需要，找准结合点，设计好合理的利益分享机制调动参与各方积极性，共同把合作项目做成可持续、可复制的好项目。

垦地合作在安徽垦区已经栉风沐雨18载，从起初单一模式、单向支持发展到现阶段的多种模式、多方协作、参与广泛、影响深远，有一些好的经验和做法确实为垦地双方的经济社会发展提供了动能、补充了营养，同时也为消化各自发展中积累的矛盾和问题创造了更大的空间。"十四五"时期，我们将继续以习近平新时代中国特色社会主义思想为指引，继续坚持"互利共赢、共同发展"的合作目标，在农业生产服务、城市服务业、农产品精深加工、农业旅游等领域寻求和谋划新的合作机会和合作项目，不断优化合作机制，不断拓展合作项目，不断提高合作收益，推动安徽农垦在更深层次更高水平上融入经济大循环，为打造长三角绿色农产品生产加工供应基地贡献力量。

（本文发表于 2021 年 9 月）

金融活水助力乡村振兴

广东粤垦农业小额贷款股份有限公司

广东粤垦农业小额贷款股份有限公司（简称粤垦小贷公司）自成立以来，积极响应中央"发展农村普惠金融，支持实体经济，加强对小微企业、'三农'和偏远地区的金融服务"的要求，以"为农业经济提供便捷的小微金融服务"为使命，深入乡镇村居，访农情、听农声、问农需、解农愁，积极探索开发适应"三农"生活特点的融资产品。面对当前传统金融难以惠及"三农""小微"等弱势群体和落后区域的问题，以及"三农""小微"发展融资需求迫切的实际，公司党支部提出——坚持以服务"三农"、支持"小微"作为战略定位，依靠专注与坚守，赢得发展空间；同时，助力乡村振兴战略，为全面建成小康社会添砖加瓦。

公司成立5年多以来，坚守初心，合规经营，累计投放贷款逾12亿元，服务5 000多户农户和中小微企业，90%的贷款为10万元以下的涉农贷款或小额经营性贷款。2021年，公司持续推进"学党史 办实事"实践活动，在田间地头、商铺作坊"零距离"提供金融服务，更好地满足"三农""小微"等实体经济"急、小、频"的金融需求，为经济末梢毛细血管增加供血量，有效提升基层信贷服务可得性和便利性。

辛勤创业，我们撑起"致富伞"

由于乡村距离中心城区较远，单笔贷款额度小、传统合格抵押物缺乏、经营信息不对称，许多种养殖户只能"望贷兴叹"。广东省江门市新会区崖门镇京梅村秀珍菇基地负责人陈先生，从事菌类养殖十余年。近年来，他以玉米粉、麦麸作为培养料，通过使用温室培植技术，提升了蘑菇口感，市场供不应求。他进而萌生了扩建出菇房的想法，但因为资金紧缺，扩建设想迟迟难以实现。了解到陈先生的用款需求，粤垦小贷公司为陈先生专门设计了贷款方案，快速发放10万元贷款，根据秀珍菇生产经营周期、收入情况等，设置还本付息的方式，缓解陈先生的还款压力。收到贷款后，陈先生迅速投入出菇房建设。

近期，秀珍菇进入采收期，单个出菇房的产量最高达到了2 500千克。陈先生和采菇工人们忙碌地采收、包装、过秤，将秀珍菇销往广州、深圳。陈先生对培养菌菇的行业前景充满信心，他表示，后续还会再扩充出菇房。今年6月，中央广播电视总台农业农村频道《我的美丽乡村》栏目组走进京梅村，采访并播出了陈先生和他的秀珍菇，小小的秀珍菇，就像朵朵"致富伞"。

带动发展，我们点亮"夜明灯"

从珠三角返乡创业的陈晓军，引进红心火龙果苗，成立了火龙果种植经营联合体，后来不断扩大种植面积，带动周边农户群众共同致富。为了增加产量，陈晓军计划给 300 亩火龙果挂灯，用夜间亮灯的方法调节果期。由于前期投入过多，资金一度十分紧缺。粤垦小贷公司启动贷审绿色通道，快速发放 30 万元贷款，为陈晓军火龙果场挂灯提供资金支持，并根据他的情况设计按月付息、分期还本的还款方案。挂灯之后，果场的夜晚一派灯火通明的景象，如璀璨明珠照亮夜空，蔚为壮观。

通过灯光促进果树更快开花结果，丰收在望，未来可期，陈晓军脸上满是笑意，果场工人们也倍感踏实、满足。坚忍执着、积极创业的陈晓军还曾荣获"湛江农垦十大杰出青年""第十一届全国农村青年致富带头人""新型职业农民"等荣誉称号，今年 4 月，他又获颁广东省五一劳动奖章。他表示要继续将所学到的种植技术、所积累的市场经验，更好地用于指导周边村民种植和销售，为乡村振兴贡献自己的力量。

像陈晓军这样通过涉农小微贷款撬动特色农业规模化生产、标准化管理、集约化经营的新型职业农民还有许多，这是他们的梦想，也是粤垦小贷人的梦想。

乡村振兴，我们灌溉"金融活水"

粤垦小贷公司坚持"送贷上门、快捷审批、灵活还款、阳光信贷"，为农户生产发展、消费升级寻找良方妙计，建立"365 天业务通"服务渠道，组建"金融小分队"深入各个农场，召开金融宣讲会 500 多场，有效打通农村金融服务"最后一公里"。在广州、湛江、阳江、茂名、揭阳、汕尾、肇庆、江门、东莞等地建立了 160 多个金融服务站，为农户开展科学种养、扩大产能、谋划创业、脱贫致富提供全面实用的金融信息咨询和融资服务支持。金融服务站还作为金融知识普及的阵地，开展农户信用信息采集，定期举办政策宣讲活动，把信贷、理财、保险等现代金融知识带到田间地头，让农民群众足不出村就可以享受到现代金融服务，提高了农户的金融意识特别是防金融诈骗意识，帮助农户更有效防范金融风险。

公司持续深化对农村小微金融规律的认识，在不断优化服务的同时，把主动防范化解小微信贷风险和加强农民信用建设放在更加重要的位置，分类做好农户春耕夏收、小型农业经营主体、特色产业、特色村品信贷服务。公司推出以个人信用、家庭成员担保、村民互保等为保证，用于生产经营、家庭消费的"小额快贷"产品，解决了小规模种养殖户的融资难题；推出租赁权、经营权、禽畜活体等抵质押担保方式，设计适应生产、销售周期的多样化信贷产品，支持农资经销、产品流通等商贸领域个体工商户和私营企业主发展，支持有机养殖、绿色休闲等新兴产业发展，努力做到服务到位、风险可控、发展可持续。

今后，粤垦小贷公司将继续推动"我为群众办实事"实践活动走深走实，以更优的产品和更好的服务为"三农"和"小微"经营实体办实事、做好事、解难事，践行普惠金融初心，助力乡村振兴，"贷"动美好未来！

（本文发表于 2021 年 9 月）

加快垦区集团化　促进资源整合

——福安市农垦集团有限公司构筑乡村振兴平台公司的实践

余成法

近年来，福建省福安市委、市政府高度重视农垦改革发展，加快垦区集团化，构筑乡村振兴平台公司，实施创新驱动，促进资源整合、产业做优，助力乡村振兴。

深化农垦改革，构建引领带动平台推进垦区集团化改革

2014年11月，在福建省农业农村厅支持指导下，福安市率先启动了福建省首个农垦改革试点工作。2016年，组建专业化农业产业公司列入农业农村部农垦改革专项试点范围，完成福安市三个茶场企业化改革、社会职能剥离，组建了福建农垦茶业有限公司。2017年6月，福安市进一步组建福安市农垦集团有限公司（简称福安农垦），成为市三大国企集团之一，确立了打造福安名优农产品供应商、全域农业链运营商、乡村振兴平台龙头公司的发展目标，推动企业壮大实力，助力乡村振兴发展。

搭建平台公司组织架构。围绕特色产业，福安市将辖区内12家国有农场等农业资源资产整合进入农垦集团，形成了坦洋工夫红茶核心区。其中，福建农垦茶业有限公司等4家全资二级公司，围绕茶产业高质量发展打造领军企业，对外合作投资，促进农文旅融合发展；福安市坦洋茶场有限公司等4家全资三级公司重点建设茶叶示范基地；宁德市金韩投资有限公司等4家参股公司，建设集茶叶研发、加工、文旅以及技术、人才、企业孵化为一体的坦洋茶谷，发展农产品冷链仓储、电商物流业，形成农业全产业链融合发展的平台，共同促进穆云畲族乡产业振兴。

聚焦地方特色，助力乡村产业兴旺创新提升品牌价值

采取制定标准、建设基地、提升品质、宣传发力等措施，引领提升福安名优特农产品品牌价值，做大做强茶产业，带动一方百姓共同致富。近年来，福安农垦下属福建农垦茶业公司（子公司）制定了《花果香坦洋工夫　福安红》《福安巨峰葡萄和穆阳水蜜桃鲜果标准》等6项企业标准，牵头制作花果香坦洋工夫茶标准样，逐步建立福安农垦产品标准体系；建设绿色食品茶叶原料基地、出口备案基地、有机茶转化基地和智慧茶园共计4 500亩，首期500亩5G智慧茶园投入运营，并上榜"中国茶业2020年度十大事典"。福安农垦logo、"富春"商标入选《中国农垦品牌目录（第二批）》；"坦洋红1915"被评为第十八届中国国际农产品交易会最受欢迎农产品。开展了网络茶叶直播电商带货活动，在

全国开设了 6 个农垦体验中心，宣传推广名优特产品。品牌价值提升带动了区域特色产业蓬勃发展，属地社口茶产业特色镇、赛岐葡萄特色镇成为国家农业产业强镇，促进全市茶农增收 1.2 亿元以上，福安葡萄产量 1.5 亿多斤，产值超 10 亿，被誉为"南国葡萄之乡"，已成为属地支柱产业。

农文旅融合创新业态。积极打造集旅游观光、教育科普和农事体验于一体的"农旅融合"生态农业综合体，助力乡村振兴。2020 年 7 月，作为政府方出资人代表，投资 6.91亿元建设坦洋茶谷文旅及基础设施 PPP 项目①，规划面积 6 660 亩，打造集产学研销、体验观光、文旅文创等多功能于一体的福安茶产业三产融合发展区。实施坦洋茶场农事体验区改造升级，开发"一旅茶乡""寻缘·坦洋工夫"两条旅游路线，获得"2019 中国美丽茶园"称号、入选首个国际茶日"春季踏青到茶乡——全国茶乡旅游精品线路"；成功承办"2020 年全国红茶加工（精制）大赛省选拔赛"，坦洋茶场成为当地中小学生研学和劳动教育的"网红打卡点"，成为研学、劳动教育"网红打卡点"，全年接待 1.1 万人次，辐射带动了全市乡村旅游业发展。同时，与穆云、社口等特色乡村合作，开发包装高品质的旅游商品，进一步提高文化利用价值和农产品附加值，带动乡村增收 5 000 万元以上。根据市委、市政府部署，拟成立福安市农垦文旅发展有限公司，重点全力建设 15 个金牌旅游村、穆阳旅游集散地、坦洋茶谷等，整合串联全市乡村、农业旅游资源，发展全域旅游。

多方融合发展，激发垦区乡村活力加快产学研合作

与中国农业科学院茶叶研究所、福建农林大学、福建省农业科学院茶叶研究所、宁波职业技术学院等开展合作，设立中国农技协科技小院、省老科协示范基地、国家非遗坦洋工夫传习所、茶叶专家工作站，入驻省"6·18"协同创新院茶产业分院，入选全国星级基层农技推广机构。年承办农业技术培训班 10 多期，受训 600 多人次。设立坦洋工夫非遗传承人工作室和党员技能大师工作室，建立传帮带师徒制，提升年轻员工能力，2 人入选宁德市天湖人才，其中 1 人参加"2020 年全国茶叶加工工职业技能竞赛总决赛"取得第 4 名，并获得"全国技术能手"称号。2022 年将在茶文化、茶产业、茶科技统筹发展示范区建设中发挥引领示范作用，构建茶产业科技服务公共平台；加强与宁德职业技术学院合作，全力配合申报茶产业学院。打造茶叶科教圣地。

创新融资方式。积极探索"支农资金＋公私合营（PPP）项目＋专项债"的融资模式，支持产业高质量发展。整合支农资金 6 000 多万元交给福安农垦，推动建设乡村农业基础设施并实施运营管理，既让国资增值，又让乡村增收，破解了农业基础设施有人建、没人管，只投入、没收入的难题。采取 PPP 项目模式融资 8.88 亿元，投资建设坦洋茶谷文旅及基础设施、福安市海上水产养殖综合整治 PPP 项目 2 个；与属地社口镇、晓阳镇、潭头镇合作申请到 2021 年乡村振兴专项贷 9 360 万元和亚行贷款 600 万美元，实施"福

---

① PPP 项目是指以提高公共基础设施的建设供给效率为目的，以分享利益和分担风险为主要特征的政府和社会资本合作模式。——编者注

安市茶叶出口示范基地生态茶园建设"项目，为属地乡村发展提供融资支持。开展农垦土地资本化试点，对福安农垦现有 4 290.12 亩农用地、88.25 亩出让工业用地分类评估，工业用地作价入股福安市农垦明福投资公司，合作建设坦洋茶谷。建立福安市农村资源管理有限公司，现已整合盘活有关农村土地、资产产权、劳动力等农村生产要素资源，开展农村产权流转交易服务，资产评估、产权质（抵）押及融资等相关服务，参与福安市创建国家级普惠金融改革试验区，为探路共同富裕、推进乡村振兴提供保障。

完善经营机制，有效衔接乡村农户集中优势聚力发展

"坦洋工夫"是福安最具影响力、带动力的区域公用品牌，在省农业农村厅、中国农垦茶产业联盟的支持指导下，积极引进战略投资者，培育上市企业，加速集聚福安乃至全国农垦优质茶产业资源，实现"抱团"发展，促进茶产业高质量发展，助力产业兴旺、茶农致富、乡村振兴。此外，将建立"全家福安"品牌运营中心，以福安特色农产品为核心，拓展文旅、大健康等产业。建立"全家福安"品牌管理、认证体系，加强质量监管，扩大宣传，拓展销路，促进增品种、提品质、创品牌，增加福安市名优特产品附加值，增加农民收入。

盘活农村资源。成立二级子公司福安市农村资源管理有限公司，设立福安市农村生产要素流转服务中心，开展农村生产要素流转信息发布、产权鉴证、政策咨询、组织交易等综合服务，促进农村资源变资产，资产变资金，增加农民财产性收入。2022 年流转福安市撂荒地 5 593.33 亩，采取"农垦＋N"的多种经营模式，即由福安农垦负责种子、技术、投入品、资金支持和保底收购，由乡镇、村负责组织专业合作社、农户生产管理，统筹利用撂荒地。流转低效茶果园、荒草地开展综合土地整理。促进农业增效、企业发展、村财增收、农民增收。

加强村企联结共享。按照"企业＋村委＋专业合作社＋农户"的联结乡村模式，与穆云乡产业薄弱村合作组建福安市农垦穆云农业发展有限公司。近年来，该公司在穆云乡建立茶叶示范基地 1 000 亩，建设智能化茶叶精制厂，开发线面、桃胶、粉扣等系列农产品，在宁德市区设立农垦穆云体验中心，茶叶销售价格由每斤 20 多元提升到 135 元，带动农民增收 1 000 多万元，助力穆云乡列入福建省乡村振兴重点特色乡（镇）、全国农业产业强镇。与湾坞镇徐江村签订战略协作协议，重点打造当地企业的优质食材直供基地；选派驻村科技特派员 5 名，争取项目资金 42 万元，建立示范基地 2 个，培训农民 500 人次；选派驻村第一书记 2 名，帮助村办实事 11 件。通过组织共建、资源共享、优势互补、党员共管、帮扶共促和发展共赢等方式，促进企业发展、村财增收、农民致富。有力推进脱贫攻坚与乡村振兴有效衔接，探索一条具有闽东特色的村企共建共促振兴新路子。

（本文发表于 2022 年 8 月）

努力成为区域现代农业发展的强大引擎

盘锦大洼农垦集团有限公司

盘锦市大洼区位于辽宁省西南部、辽东湾北岸，全域为国有农场体制，下辖 14 个国有农（苇）场和 1 个农业开发区，总人口 40 万人，其中农场总人口 24 万人，在籍职工9.2 万人，耕地面积 92.5 万亩。《中共中央 国务院关于进一步推进农垦改革发展的意见》印发以来，盘锦大洼农垦集团有限公司（简称集团）紧紧抓住垦区集团化、农场企业化改革主线，积极探索组建区域性农垦现代农业企业集团的路径方法，发挥集团引擎作用，推动垦区现代农业发展。

全面推进，奠定组建区域性现代农业企业集团基础

盘锦市委高度重视，将组建区域性现代农垦企业集团作为推进农垦改革发展的重要抓手。改革伊始，组建农垦改革工作领导小组，成立了综合组、清产核资组、土地确权组、组织人事组、企业体制组、投融资组、纪检监察组、宣传组和咨询维稳组 9 个专项工作领导小组。各级改革工作领导小组、专项工作组负责人不当"甩手掌柜"，亲力亲为，坚持亲自制订工作方案、亲自部署推进重要工作、亲自研究和分析解决问题、亲自调度和督查工作进展情况，形成了领导有力、推进有序、合谋共事、协同发力的良好工作局面。

一是清产核资工作全面完成。动手早、行动快，2017 年 9 月顺利完成了镇街、农场的清产核资工作。

二是土地确权全面完成。通过开展调查摸底、实地测量、公示签字等工作，于 2017年底全面完成了农（苇）场土地确权登记工作。

三是合同清理全面完成。2017 年 5 月，对镇街各类合同进行备案审查，重点针对耕地、水面等承包租赁中存在的承包期过长、承包费明显偏低等问题依法进行整改，确保清仓见底。

四是土地回收工作有序开展。对承包田、经济田、"黑"地进行摸底，回收合同到期的租赁土地、退休职工经济田和"黑"地。

完善机制，完成区域性现代农业企业集团组建工作

一是组建盘锦大洼农垦集团有限公司。集团于 2017 年 12 月注册成立，下设 14 个农场有限公司和 6 个子公司，形成了以资本为纽带、集团—子公司（农场有限公司、专业化子公司）—分公司三级组织架构。聘请国内知名咨询公司构建了集团组织管控、人力资源管理、品牌营销管理、财务融资管理、OA 办公管理五大管理体系，为企业按照现代企业制度运行提供保障。集团成立当年实现收入 1.6 亿元，净利润 4 386 万元。

二是实施了土地核实收费工作。2018年初集团开展全区国有农用土地核实收费工作，清理出台账外面积21.9万亩，其中水田面积9.6万亩，实现土地租金收益4 000多万元。开展了农用地信息录入，使管理工作更加细化、清晰、全面。

三是搭建了农垦国有资本投资运营平台。通过聘请专业公司评估，对集团24万亩土地进行了作价入资，集团注册资本由原来的1亿元增加至81亿元，成功搭建了农垦国有资本投资运营平台。集团将320亩国有农用地使用权进行抵押，在大洼恒丰村镇银行融资500万元，成为辽宁省首例利用土地使用权抵押担保成功融资的项目。与中国农业发展银行合作的土地规模化经营项目顺利融资2.6亿元，为辽宁省农发行首笔利用土地使用权抵押的形式获批的项目，成功形成了农垦改革中资源、资产、资本、资金"四资"联动。同时，集团入股大洼恒丰村镇银行9.49%的股份，达成授信2亿元。

突破难点，加快区域性现代农业企业集团发展

一是推进了国家现代农业产业园建设。大洼国家现代农业产业园于2018年获农业农村部批准，是辽宁省首家获批创建的国家级现代农业产业园。产业园总面积440平方公里，其中耕地面积37.5万亩，涉及农业人口16.7万人，总产值55.1亿元，已落实中央奖补资金5 700万元，带动社会资本投入4.7亿元。

二是推进了大米产业联盟和河蟹产业联盟建设。按照"企业联盟＋基地＋农户"模式，创新产业联盟经营方式。整合各农场有限公司水田面积31万亩、其中稻蟹混养面积12.4万亩，完成了与57个分场、4个管理站的20 377家农户24.6万亩土地签约工作，实现了土地集中连片，集团承担基地建设任务。

三是推进了规模化经营。王家农场有限公司、新立农场有限公司、唐家农场有限公司、新兴农场有限公司率先完成了约5万亩土地的流转工作，先后与盘锦光合水产有限公司、盘锦北方农业科技开发有限公司、辽宁省盐碱地研究所等合作，建立现代农业生产基地，开展稻蟹混养试点，统一作物和品种布局、种子和农资供应、农业生产措施、农机作业标准、农产品销售、质量追溯等，实现标准化生产。

四是完善了销售体系。坚持销售为王理念，组建农业发展有限公司，整合了域内优质特色农产品150种，统一"锦垦"商标标志，利用线上线下结合方式进行推广销售，努力打造农垦品牌。

（本文发表于2020年2月）

在盐碱滩上打造乡村振兴典范

——河北省中捷友谊农场改革发展调查

杨　康　李雅男

道路宽阔，高楼林立，一排排国旗在欧洲风格的世博馆前随风飘扬，还有别具一格的农垦历史博物馆、神秘的尼特拉干红酒庄……这里，就是河北省东南部渤海湾畔，周恩来总理亲自命名的中捷友谊农场。

站在宽广现代的捷克友谊广场上，目光所及，设施齐全的五星级高尔夫温泉酒店和多所大学簇拥在周围，明珠大桥像一道彩虹卧波，桥下波光粼粼，远处满目青翠，徐徐展出一幅"流动山水画卷"。这个昔日一望无际的盐碱滩，经过一系列改革和几代农垦人的不懈努力，如今已经建设成为一座现代化生态魅力产业新城。

全面推进农垦改革，打造全国第一农场

中捷友谊农场和河北省农垦系统其他农场一样，是五十年代国家为了巩固新生的人民政权，尽快恢复和发展经济，由转业官兵、知青以及地方抽调的干部群众，在人烟稀少的沿海滩涂、内陆洼淀开垦开发而逐步建立发展起来的。目前已发展成为农林牧副渔全面发展、农工商综合经营的经济实体和公检法司、文教卫生、计划生育、城管交通以及场管乡镇政府于一身的具有政企合一特点的区域性社会组织。

由于农垦独特的区域性、综合性、社会性，就履行的职责来讲，中捷友谊农场与县政府基本相同，县级政府所需履行的职能农场都要履行。但就应享有的权利而言，中捷友谊农场又被严格作为企业对待，其发展在市场经济条件下受到一定的制约。2015 年 11 月，《中共中央　国务院关于进一步推进农垦改革发展的意见》出台，明确农垦是中国特色农业经济体系不可或缺的重要组成部分，新形势下农垦承担着更加重要的历史使命，新一轮农垦改革拉开了序幕。截至目前，中捷友谊农场完成农垦国有土地使用权确权登记 23.86 万亩，农垦办社会职能改革移交 45 个社会职能机构，涉及 1 349 人；完成了农场企业化改革，2014 年 3 月在国家工商总局注册成立了中捷友谊农场集团有限公司（以下简称"中捷农场集团"），对农场资源进行全面承接，下属全资、控股及参股子公司 40 个，总资产达到 115 亿元（包括非国有资产 69.5 亿元），初步建立了现代企业运行机制，成为农垦改革前沿阵地。2019 年农场国内生产总值达到 136.5 亿元（2020 和 2021 年因统计口径调整，不具备可比性），连续 5 年稳居全国 1 780 个农场前列。基于独特的区位优势和外事背景，当前农场正迎来"一带一路"开放合作、中东欧"16＋1"合作、京津冀协同发展、环渤海合作发展、河北沿海率先发展等"五大战略"机遇，已成为继三十多年前的深圳、二十多年前的浦东和十多年前的滨海新区之后，国内最具发展活力的区域之一。

持续深化四个农业，实施全产业链发展

依托发展资源，中捷友谊农场形成了"五大生产力板块"，打造了现代农业、物流贸易等全面发展的产业格局，以规模农业、畜乳一体化、设施观光农业为主导产业，已成为省级现代农业园区。借鉴捷克"土地换年金"的模式，将农民、农工手中的土地予以协议收回，进行统一经营。农场土地的产业化经营和精细化管理，呈现一片现代农业发展新天地。

新科技催生新品牌。面对现代农业发展的大潮，为有效强化科技支撑，全力实施品牌战略，多维度提升品牌影响力，全力打造自主农业品牌。加强农业科技研发创新，投资3 000万元，建成了集农业研究、旱碱地农作物种子生产与加工、引进、推广、服务于一体的农科中心。农科中心自主培育的'冀麦32''捷麦19'已获省级认定推广。农科中心与中国农业科学院北京畜牧兽医研究所联合研发并在中捷推广的'中首2号'种植推广应用项目，成功培育出根系发达、早熟、耐盐碱性好及产草量较高的'中首2号'高产苜蓿品种，荣获"全国农牧渔业丰收奖（农业技术推广成果奖）一等奖"。积极助推农场"品牌"变"名牌"，犇放牧业、渤捷种业、罗非鱼养殖公司、海益水产养殖等企业申报市级龙头企业，金太阳绿色农业成功申报省级龙头企业；多家企业成功申报"省著名商标""省名牌产品"，沧州临港海益水产养殖有限公司的中国对虾和渤海三疣梭子蟹，被认证为"河北省名牌产品"。

绿色农业带来金色效益。推动农业与文旅产业深度融合，积极发展观光旅游业。创造性地将生态林建设与经济林建设相结合，利用5万亩盐碱荒地，因地制宜，建设万亩桑葚产业基地，依托万亩桑葚基地"接二连三"的效应，中捷友谊农场将桑葚销售与农业观光、采摘、体验相结合，积极发展观光旅游业，周边不少游客利用周末闲暇时间前来采摘桑果、体验观光。利用金太阳生态农庄、尼特拉葡萄酒庄、罗非鱼休闲渔业园等一批已有项目成功运营的良好契机，充分发挥"农业＋旅游"的效用，打造了一条具有中捷特色的生态旅游路线，年接待游客超20万人次，现已成为周边游客争相到访的"网红"景点。

结构调整延长产业链。在保持全区粮食总产量基础上，充分发挥奶牛养殖优势区域的资源、区位和政策优势，以产业为依托，以创新为手段，大力推进奶牛养殖产业联合体发展。目前，中捷友谊农场全株青贮玉米、苜蓿等饲料作物种植面积已达6.52万亩，为畜乳一体化奠定了坚实基础。

全面发展提升价值链。以集中流转的8万亩土地为平台，农业高新技术和大型农业机械正在广泛运用；饲草种植、光伏发电、沼气发电等衍生产业将"畜乳饲肥菌"一体化链条不断延伸拓展；乡谣乳业逐步成长为年处理原奶30万吨的大型乳业集团；荷兰华荷花卉种植项目将国际领先的设施农业技术成功引入中捷。规划面积20平方公里的建材物流区，致力于打造辐射整个北方地区的物流集散基地。域内总投资340亿元，占地17 000亩的万国（国际）石材商贸城已成为承接京津外溢产能的重要平台。与此同时，占地6 000亩的午易物流项目"互联网＋""泛家居"等新鲜元素引入中捷。尼特拉葡萄酒庄、捷克啤酒屋、世博欢乐园等一大批优质产业成功实施，与教育部共同组建的渤海新区大学

科技园，致力于打造京津冀一体化过程中河北省新兴经济增长极的科技创新发动机、中东欧 16 国国际技术产业转移和创新合作的桥头堡，目前已有与乌克兰文尼察国立技术大学共建的中乌新能源技术与应用创新中心、中国社会科学院过程所主导的海水淡化与膜工程技术研发中心、教育部重点实验室北京交通大学超快激光研发中心以及河北省唯一一家化工类研究所——河北省绿色化学工业产业技术研究院等科创平台落户。

践行新发展理念，推进"1＋N"发展模式

依托中捷友谊农场，中捷高新区（中欧产业园）和中捷农场集团形成了"一体两翼"的发展布局。2003 年，中捷友谊农场被赋予了开发区体制，成为了当时最具活力的发展平台；2013 年，获批省级高新区；2015 年，域内的中欧产业园获批省级开发区，并被省政府确定为河北面向中东欧开放合作的重要平台。中捷成为河北省唯一的同时拥有三个省级称号的开发区。2016 年，全省开发区体制改革中，中捷高新区和中欧产业园又以"区园同创"的形式得以保留，成为河北省唯一的兼具高新属性和国别元素的省级开发区，以中捷友谊农场为核心，形成"1＋N"多平台发展模式。

勇于创新，协调绿色发展，秉承"留白"发展理念。发展不仅仅是国民经济总产值（GDP）的增长，更是绿色的发展；生态环境方面的欠账必须补上，经济发展再也不能以牺牲环境为代价。改革之初，农场就像一张白纸，如何"作画"，中捷友谊农场将"留白"作为发展总基调，在农场规划建设开发中留有回旋空间。明确不是所有的亿元项目都可以上，生态含绿，就是发展含金，宝贵的土地资源应留有绿色发展空间，统筹协调经济增长和绿色发展。如今，中捷五星级温泉酒店、27 洞高尔夫球场、汽车客运站、三级医院、商业综合体及多个景观公园一应俱全，并拥有河北农大渤海校区、北京中医药大学东方学院、河北工程大学研究生院、中捷职业技术学院等 4 所高等院校，在校生 2.5 万人，河北工业大学城市学院年内将开工建设，北京师范大学渤海新区附属学校已正式开学运营，大学院校的汇集为农场发展提供了科技和智力支撑。

开放共享发展，将农场家门口变为国际市场。中捷友谊农场因友谊而生，多年来与捷克、斯洛伐克、波兰等中东欧国家保持着密切往来。近 5 年间，共接待各国政要和客商友人 400 余人次，组织和参加各类对外交流活动近百次。2013 年至今，农场连续派出 10 名优秀高中毕业生赴斯洛伐克留学深造，缔结了双方扩大交流合作的纽带。将农场丰厚的外事资源有效转化为现实生产力，自 2013 年起，连续成功举办中国捷克斯洛伐克友谊农场对外合作推介会暨驻华大使交往年会，吸引了 40 余个国家、地区和国际组织的驻华使节，全球 1 000 余位各界代表参会，在通用航空、装备制造、酒品合作、科技成果转化、招商代理等领域签署了总投资超 300 亿元的合作项目。目前，这一活动已得到外交部和河北省政府的高度认可，成为河北省保留的主打外事活动品牌。

为进一步扩大经贸合作，农场还专门设立了驻欧办事处，加强同捷克等中东欧国家的贸易合作，并与不少中东欧国家的企业、商会建立了招商代理合作关系。新冠肺炎疫情前期，农场赴捷克、斯洛伐克等中东欧国家采购各类防疫物资 22.5 吨，在国内疫情稳定后又分批次向拉脱维亚、保加利亚等 16 个中东欧国家捐赠医用口罩 7.95 万枚，驰援各国抗

击疫情，多国驻华使馆致信表示感谢，农场的知名度和美誉度有效提升。为推动中东欧国家中小企业复工复产，创新交流合作模式，采用线上方式，成功举办"中国-中东欧国家中小企业复工复产视频信息交流与洽谈会"和"'创客中国'国际中小企业创新创业大赛中东欧分站赛线上决赛暨中国-中东欧中小企业线上对洽会"，累计签订46个合作备忘录，达成49个合作意向，取得了丰硕成果，活动盛况先后登上中央广播电视总台一频道《晚间新闻》《新闻联播》栏目，活动期间启动的"中国-中东欧"中小企业合作线上服务平台、成立的"中国-中东欧"中小企业研究院为后续合作区扩大面向中东欧国家在更多领域的务实合作搭建了平台。

统筹推进区域发展，打造乡村振兴典范

近年来，中捷友谊农场按照产业兴旺、生态宜居、乡风文明、治理有效、生活富裕的总要求，不断健全融合发展体制机制和政策体系，加快推进农场现代化建设步伐，打造乡村振兴的典范。

2021年，中捷友谊农场深入开展"百乡（镇）联创、千村示范"活动，创建示范村4个，高质量推进农村人居环境整治工作，清理农村生活垃圾243吨、农业生产废弃物104吨，绿化村庄面积30万平方米，社区环境更加优美，农场周围水系环绕，仿佛城在水中。

富裕路上，一个都不能少。发展为了人民，发展依靠人民，发展成果由人民共享。既要实现"整体富裕"，又要让每一个人过上幸福生活。多年来，中捷友谊农场秉承"让中捷百姓生活在一个幸福层面上"的庄严承诺，努力将红利惠及于民，建立了"学有所教、病有所医、弱有所扶、难有所助"的全覆盖民生体系，实现了养老、教育、医疗、生活就业、住房等方面的福利保障。全民性养老保障，立足实际，通过先转型、后纳入城镇职工保险、再全民退休的方式，破解了15个自然村的养老难题。所有55岁以上女性、60岁以上男性均有了养老保障。2012年起，中捷友谊农场开始实施十五年义务教育，并通过高考统一录取的中捷籍大学生给予2 000～3 000元的一次性资助，对贫困学生实行常态化资助。实施全民式医疗保障，区域内无论是城区还是村队，无论是职工医保还是城合、农合，都可获得80%以上的报销，加之"善达基金"的兜底，彻底解决了特殊困难家庭的就医难题。多层次生活保障，残疾人月享受生活补贴200～500元，并由财政代缴养老保险；给予低收入家庭低保和救助；同时，中捷友谊农场坚持"就业是最大的民生"，多层次推进劳动就业。实施普惠式居住保障，在城市运营中，农场按照"保基本、惠低端、广覆盖"的原则，以高置换比例推行平房改造，让老百姓住得起楼、住上好楼。至今累计投资17亿元，完成搬迁楼房近万套，建筑面积达120万平方米，80%的家庭居住条件得到彻底改变，2020年前，完成了全部棚户区改造任务，实现全域城镇化。

目前，中捷友谊农场总部经济、商业休闲、文化旅游、医疗保健、健康养老、教育培训、家政服务等生活类服务产业和金融、中介、保险、咨询等生产性服务产业也不断取得突破，产城融合效应正逐步显现。城市管理加快提升，有效实施精细化、智慧化、网格化管理，全面营造"洁净、整齐、有序、绿色、美丽"的城市环境。

抢抓系列改革发展契机，未来5年内，中捷友谊农场将争取实现"千亿产出、百亿财

政"的发展目标。长风破浪会有时，中捷友谊农场正华丽蝶变为渤海湾畔创新创业的发展热土、宜居宜业宜游的美丽生态新城，作为河北农垦乃至全国农垦的一面旗帜，创造出一个又一个可能。在当前政策背景下，中捷友谊农场的发展经验可以为地方乡村建设、农业建设和涉农企业发展带来启发，农场也将继续勇担起推进乡村振兴和推动农业走出去的使命，继续乘风破浪，奋勇前进。

（本文发表于 2022 年 8 月）

推行模拟股份制经营模式
提升土地资源增效能力

杜文东

北大荒集团八五一〇农场有限公司（简称农场）位于黑龙江省东南部的穆棱河、兴凯湖冲积平原上，北倚完达山，东傍兴凯湖，南与俄罗斯接壤，区域面积76.43万亩，其中：耕地面积28.7万亩（旱田26.2万亩、水田2.5万亩），林地面积32.6万亩，种植业以玉米、大豆等旱作植物为主。农场在推进企业化改革进程中，人地矛盾、地租增收、产能提升等矛盾日益突出，亟待探索一条土地资源集约管理、高效利用、收益分配科学的高质量发展道路。

近年来，农场党委领导深入贯彻新发展理念，因地制宜创新发展模式，按照"自愿参股、合资种地、统一管理、利益共享、风险共担"原则，引进股份制管理模式，尝试开展耕地股份制经营，初步构建起要素股份化、发展规模化、生产标准化、管理规范化为主要特征的模拟股份制经营模式。2020年、2021年，分别开展模拟股份制经营面积13 360亩、25 483亩，分别吸纳股民335人、1 077人，2020年实现亩均分红392元，2021年预计亩均分红突破400元，形成稳定持续的经营管理模式。

抓问题、建模式，扭住经营增效"关键点"

（一）以问题为导向

推行"两田制"后，原本经营和发展优势就较为明显的种植户有了更加广阔的竞争空间；而一些经济实力较弱、种植土地面积较小的种植户竞拍时无力争取到更多耕地资源，没法通过规模化经营提高效益，同时又不能摆脱耕地束缚，进而导致出现"人地紧张"的矛盾。公司通过组织种植户入股，既有效解决土地"供不应求"的矛盾，保障种植户们的基本权益，还把一部分人从土地中分离出来，让农业不再成为种植户们赖以生存的唯一产业，种植户们可以利用闲暇时间从事二三产业，这不仅达到了增加基础收入的目的，同时也提高当地经济发展水平。以新垦管理区职工李海涛夫妻二人为例，2021年李海涛夫妇入股土地面积120亩，预计纯收益4.42万元。二人外出务工，获得收入7万元，合计年纯收入11.42万元。

据统计，1 077名股民中有854人外出务工，人均年增加收入3.5万元，这对于经济的稳定发展和职工生活的改善而言无疑是十分有利的，也能够打开经济发展的新局面。同时，由于近两年土地竞拍价格偏高，种植户收益降低，通过模拟股份制土地的价格平衡调节，可以适当调整土地价格，既保障了农场收入，又保证了种植户的收益。

（二）宣传引导到位

针对职工们对过去"大锅饭"的质疑，农场积极采取有效的方式使人们更加深入地了解土地模拟股份制，让人们能够明确将土地模拟股份制与以往落后的生产制度区分开来，以群众思想为突破口，通过实地调研、开展座谈、组织培训、入户走访等方式，让广大职工群众认识到土地模拟股份制经营的益处。同时，班子成员为充分了解职工们的看法，深入基层收集职工意见35条，用群众更愿意接受的入股方式、合作模式统一思想，让群众发自内心愿意干、乐意干，让群众能够主动地参与到模拟股份制经营模式落实的过程当中。

（三）优化管理模式

采取"土地模拟股份制合作组织＋股民＋基地"的发展机制，形成理顺一个关系、制定一套流程、建立四项机制的"114"管理模式（即：理顺农场、管理区、土地模拟股份制经营组织、股民、市场五大要素的发展关系，制定"三服务、四提供、六统一"的产供销流程，建立利益分配、利益联结、网格管理服务、激励机制的四项机制），形成制度化、一体化的管理体系，切实发挥模拟股份制经营组织的自我组织、自我管理、自我发展、自我监督职能。这种一体化管理模式能够集中采取委托管理的方法，在原有的基础之上扩大经营规模，降低相关参与主体承担的风险，赢得更高的经济效益。

抓标准、重提升，打好管理服务"到位牌"

（一）"双控一服务"到位

模拟股份制经营实现"三统一"（即统一生产资料供应、统一生产技术服务、统一产品销售），降低了生产与交易成本。2021年，由于农场25 483亩模拟股份制土地实现生产经营统一模式，种子肥料每吨比市场价降低28元。

（二）农业机械效率提高

实现土地连片经营管理（即统一整地、统一播种、统一施肥、统防统治、统一收获），有效提高机械效率。当壁镇管理区和黑背山管理区模拟股份制经营组织采取竞标方式确定作业机车，并与机主签订作业质量合同，既保证作业质量标准，又大大降低机械作业费，在整个生产周期内，各项机械作业费平均降低19元/亩。

（三）标准作业水平提升

土地经营以管理区为单位，整个生产全过程严格执行农业生产部制定的生产技术规程，大大提高了农业标准化水平。2021年全年，农场各管理区模拟股份制地号的作物长势良好，作物单产明显提高，粮食销售价格得到保障。杨木林子管理区在持续40多天高温的不利因素下，创造了玉米平均单产潮粮1 500斤/亩，平均收益1 384.7元/亩的"双高"记录。

抓机制、强保障，激活改革发展"内生力"

一是制度机制到位。对于模拟股份制经营，农场各管理区成立董事会、监事会和经营层。不同的管理层各司其职，承担不同的责任，肩负不同的义务，其中，董事会负责制定预算方案、决定生产经营方案、决定各项管理制度、通过各项决策。监事会主要对模拟股份公司的经营活动进行全程监督。模拟股份制的经营层人员通常由农场直接选派，主要负责做好农业生产经营管理的一切工作。

二是管理运行到位。按照每亩地为一股，每股核定股金为850元（含土地承包费450元、保险费、生产成本等），最低入股为20股，最高入股为50股（可根据实际情况调整），按实际入股份额确定股权。一个生产周期结束，根据整体效益，按其持股比例分红或承担风险。

三是保障机制到位。由农场财务科对模拟股份公司进行单独核算，实行报账制，由执行董事审签，报农场领导审批，后由农场财务科统一结算。模拟股份公司的运营，接受监事会全程监督。农场由组织、纪委、财务、审计、农业等相关部门组成联合考核组，制定考核办法，对经营管理层进行全方位考核，切实调动管理区人员领办土地模拟股份制经营的积极性和主动性。

经过两年的经营实践，以股连心、连责、连利的土地模拟股份制经营体制已基本形成。2022年，农场将扩大模拟股份制经营面积至35 000亩，并计划利用3至5年时间，形成"40％土地面积股份制统营＋60％面积种地大户合作经营"的格局，引导职工走规模化、集约化、标准化、机械化、智能化的振兴道路，构建起现代农业发展的"三个体系"，即：在经营体系上，变分散经营为规模经营；在生产体系上，综合应用新技术，培育新产业、新业态、新模式，将质量兴农、绿色发展贯穿于产前、产中、产后各个环节；在产业体系上，一头联起广大职工，一头联起龙头企业，实现与大市场、现代农业的有机衔接。

从长远发展的角度上来看，农场推行的模拟股份制经营模式，着眼于解决企业化改革发展进程中的主体矛盾，有效提高种植资源的利用率，充分保障作物的质量，打造出集标准化种植、销售一体的产业发展链条，对培育新型经营组织、释放资源活力，提升经营增效能力将起到积极意义。

（本文发表于2021年11月）

夯实生态底板　打造世界级殷实农场

张国江

光明食品集团有限公司旗下上海崇明农场，自 20 世纪 50 年代末开始围垦造地创办副食品生产基地起，已走过 60 余年岁月。回顾崇明农场的发展，第一次创业"围垦造地"奠定了农场产业的基础，主要是以发展农副产业为主，并陆续开办了厂办工业及相应的配套服务业。上世纪 90 年代开启第二次创业"走出农场"，增强了农场的市场意识，主要通过发展都市服务业抢占上海滩。

进入新时代，崇明农场秉持"绿水青山就是金山银山"的生态发展理念，积极参与崇明世界级生态岛建设，全面落实光明食品集团有限公司"产业先进、环境优美、生活优越"的殷实农场战略，进行第三次创业"回归农场"，夯实农场发展的底板，专心致志建设殷实农场。并以推进"光明田原"（突出田野里产品原汁原味之意）建设为突破口，以"高科技生态农业，高品质休闲服务"为抓手，提出了"夯实农场发展的生态底板，充分发挥农场生态新优势，增加发展新动能，拓展农场发展新空间，打造与崇明世界级生态岛相匹配的殷实农场"的发展愿景。

聚焦光明田原，涵养生态环境

光明田原综合体项目位于崇明农场长征地区，是崇明农场依据国家乡村振兴战略、崇明世界级生态岛建设战略、光明食品集团有限公司殷实农场发展战略，会同上海良友集团有限公司和上海牛奶集团有限公司共同参与崇明世界级生态岛建设的标志性项目，也是殷实农场理想探索实践地。借助 2021 年中国第十届花卉博览会在崇明农场东风地区召开的契机，以光明田原综合体为重点，崇明农场紧紧围绕夯实生态底板，从提高农场区域水面率、森林覆盖率入手，推进河道水系、林业绿化以及路桥房屋建筑的环境综合治理。

一是清洁农场河道，打造"大水面"。崇明农场共有河道 96 条、183.65 公里，每年投入资金进行整治的河道占 30% 左右。截至 2019 年底，全区域基本消灭了劣五类河道。组建河道水务管理中心，与农场区域内东平镇、新海镇共同落实河长制，并建立河道水系治理长效机制，确定了目标，落实了经费，完善了机制，做到整治一条、维护养护一条。在光明田原项目核心区域，更是下大力气整治不规则鱼塘及低洼田，疏浚了多条河流，形成了 3 000 亩左右纵横交叉的"大水面"，不仅清洁了河道，美化了环境，还大大提升了农场水面率，并为后续开展水上运动项目奠定了基础。整治后的农场河道和形成的大水面，不仅是一道景观，更提升了农场防台风防汛、抗洪救灾的能力，并为农场生产水稻、大闸蟹等优质生态农产品提供了支撑。

二是美化农场家园，打造"大色块"。花博会是崇明人民、更是农场职工热切期盼的盛事。崇明农场一方面联合东平镇，在场部连接花博园区的北沿公路沿线进行 10 公里房屋"穿衣戴帽"整修工作，以及在场部地区重点打造"前进花街"。联手新海镇在连接花博园区与光明田原之间的东风公路、长征公路、鸽龙港路沿线进行房屋整修、道路清洁、植树种花等相关环境整治、优化美化提升工作。同步开展"农村生活污水纳管"工程，项目总投资 11 205.8 万元，涉及崇明农场全域 149 个生活区、8 040 户居民，在 2020 年底全部完工。另一方面，在光明田原核心区的高坡地种植向日葵、鼠尾草等草花，并沿着大水面陆续建设海棠科普园、樱花观赏园、薰衣草试验园，再配套外围连片的 30 000 余亩油菜花，打造美丽农场的"大色块"景观，在第十届中国花卉博览会期间向世人展示。

三是绿化农场大地，打造"大森林"。崇明农场在既有 30 000 亩左右林地的基础上，配合崇明世界级生态岛"海上花岛"项目建设，不断提升生态岛森林覆盖率。从 2019 年冬季开始，围绕"绿化、彩化、珍贵化、效益化"苗木要求，着手重点廊道、一般廊道及公益林建设，并引进了薄壳山核桃、红心柚等高端经济果林，规划建设 500 亩左右银杏片林、樱花片林及 3 000 亩的光明植物园。总之，用两年左右时间，努力使农场区域森林覆盖率达到 30% 左右，而且林木品种更为丰富、适宜性树种大为增加。高端经济果林的导入，将为农场创收增效增加途径；彩色树种成片规模化种植，以及大森林的形成，将为农场发展"森林休闲旅游"提供契机。

大水面、大色块、大森林集聚，不仅呈现出极具"江南韵味、海岛风格、光明元素"的乡村振兴美景，而且为农场产业可持续发展夯实了基础。

拓展生态农业空间

以高科技农业为鲜明特征，发展农场生态农业产业，着重凸显光明田原高科技农业技术集成创新平台的功能定位。在光明田原综合体 7 平方公里核心区域进行现代农业技术集成、中试、创新、应用，并拓展到农场 230 平方公里区域的瓜果设施农业种植基地、大闸蟹水产养殖基地、油菜水稻生产基地、生态公益林养护基地，实现以科技拓展农场生态农业产业发展空间。

一是搭建现代农业技术集成创新平台，做实科技兴农文章。引进吸收国内外先进农业技术进行集成创新，以"创新平台＋智慧农业＋实验基地"模式，重点围绕水生态修复与土壤改良和农业信息技术集成应用，依托扬州大学、上海海洋大学、上海农业科学院等，从千亩无农药无化肥水稻基地、千亩清水大闸蟹养殖基地、千亩彩色化树苗繁育基地以及瑞华特色农产品设施化栽培基地入手，推动大闸蟹养殖用水、水稻灌溉用水与光明田原大水面的涵养、净化、交融形成闭环，提高水资源利用率；推动水稻种植基地、树苗繁育基地以及设施化栽培瓜果蔬菜的土地肥力动态跟踪监测，不断优化土壤改良技术措施，有针对性地进行土壤复配，持续有效提升土壤肥力，提高农产品优品率；推动彩色化树苗繁育工作与农业科普融合发展，携手南京林业大学等，打造以海棠、樱花、红枫等彩色化树苗为主的科普园，不断提升广大市民对彩色化树种的认知率。把现代农业技术集成创新平台做实，扩大示范效应，并陆续辐射到农场场域乃至上海光明集团有限公司旗下农场与崇明全岛。

二是扩大崇明特色农产品设施栽培规模，做足精致农场文章。充分发挥瑞华实业平台作用，选择部分基础条件较好的团队，以"特色产品＋休闲元素＋垦拓文化"等都市农业发展理念，学习日本、台湾地区精致农业运营模式，以生态绿色农业、观光休闲农业、市场创汇农业、高科技现代农业为标志，以园艺化、设施化、工厂化为手段，融生产性、生活性、生态性于一体，打造市民参与度高的精致农场。农场都市农业设施化、精致化的发展不仅体现在大闸蟹、番茄等特色瓜果的优良品种上，而且还体现在"用心为客户"的光明瑞华品牌培育上，丰富精致农场产品线。以"交易网络化、运输集约化、仓管智能化、容器标准化、服务个性化"为原则打造的冷链物流配送体系，让顾客始终感受到"原味""新鲜"，体验到高品质的服务，做足精致农场特色品种、特色栽培、特色体验文章，为打造世界级生态概念的殷实农场奠定扎实的基础。

三是推进"油菜与绿肥＋优质水稻"的轮茬种植模式，做大绿色粮食文章。从"大小麦＋水稻"轮茬模式，到今天建设世界级生态岛调整为"油菜＋水稻"轮茬模式，粮食生产一直是农场的传统基础产业。农场粮食生产始终贯彻生态优先理念。一方面，确保农场区域12万亩左右耕地全部采用绿色耕作方式，坚持秋收水稻播油菜或绿肥，春收油菜播水稻或休耕，持续涵养土地、培肥土地，深化"沃土工程"的广度与深度，并确保所产粮食"绿色食品"认证率达到100％；另一方面，推进农业面源污染控制工作，尤其是采用稻田排水污染物快速拦截净化装置，确保水稻田排水达标排放，做到水、土、气生态循环，人与自然和谐发展。

提升都市服务能级

崇明农场良好的区位优势以及二次创业在市区创下的基业，加之农场广阔天地，以及部分存量资产，都是崇明农场拓展工业服务产业的基础条件。要以高品质服务为核心要素发展农场工业服务产业，以市场为导向打造农场工业小巨人。

一是打造招商及服务园区，增加创新创业载体。充分利用"集林"招商平台，会同农场区域的新海、东平两镇，盘活旧厂区，共同推进园区式招商，为干事创业者提供场所。在推进集约化创新创业园区建设中，一方面，可以将农场现有租赁企业纳入园区管理，对不规则、单点的、尤其是非集建区的，厂区厂房可以通过复垦来美化农场；另一方面，可为向明轴承、宏盾防伪、达华药业等农场控股企业提供发展空间。从事鸡鸭加工的"大瀛食品"，以成为上海市禽类第一品牌为己任，不断扩大市场份额，压实主体渠道，扩展新零售市场，加大与光明集团企业内部协同，打响农垦企业品牌。

二是提升农场社区服务，回应农场员工期待。崇明农场10年前已经剥离农场办社会事务，交由新组建的新海、东平两镇承担。近10年来，崇明农场在光明集团支持下，切实践行"爱与尊重、崇尚奋斗、员工第一"的光明文化，以退休职工每户有一套产权房为目标进行了旧房改造工作。截至2019年底，已建职工产权房3 301套，并适度建造了租赁房，满足农场产业发展、人才引进住房之需。雅苑物业围绕"环境优美"目标，细化农场居民小区管理服务，并把创城创卫、垃圾分类融入环境优美实际工作之中。同时，对农场33 000名左右的退休职工划分若干个片区，配备30多名专职人员进行服务管理。于

2019 年 6 月启动了"光明员工大家访"活动。班子成员、青年志愿者、党员志愿者带上慰问品，走访退休员工家庭，登记信息摸清情况，带去集团党委、农场党委对退休老同志的关心关爱，让离退休职工共享殷实农场建设成果。

三是探索休闲旅游服务，讲好服务游客故事。崇明农场有 60 余年的历史文化沉淀，再加上这几年崇明世界级生态岛和殷实农场建设成果，旅游资源日益丰富。可以把农场的农业旅游资源适度整合打造"崇明农场一日游""崇明农场二日游"及崇明全岛生态游等旅游线路，为上海乃至长三角地区市民休闲赏景提供一个打卡地。

2021 年，以"花开·中国梦"为主题的第十届中国花博会将在崇明农场东风地区开幕。花博盛会不仅有力推动崇明花卉产业发展，提升世界级生态岛建设能级，同时也为农场探索休闲旅游提供难得的契机。可将花博园区、东平镇与光明田原协同发展，规划建设两地之间 10 公里绿色林带、林间步道，创造条件建设森林小火车，推动农垦游的升级换代。而且，光明田原综合体"大水面、大色块、大森林"的建设方略为休闲旅游发展奠定了基础，可积极引进或培育类似户外运动俱乐部、钓鱼俱乐部、骑行俱乐部、水上运动等体育运动类参与式休闲项目。

可以主推与高科技农业相关的节庆活动以及四季蔬果采摘类体验式休闲项目，实现"春看油菜花，赏樱花、薰衣草，吃胖头鱼，喝崇明老白酒；夏看向日葵，赏荷花，喝啤酒，吃崇明龙虾；秋看落羽杉，赏银杏落叶，喝黄酒，吃光明湖大闸蟹"，讲好农场故事。

还可以着力利用农场的林业资源，开展"光明森林节"主打"森林氧吧"绿色主题游。扩大精致农场数量，提升服务能级，增加农场旅游元素，打造"50 亩主题农场"概念。例如：台湾宜兰县员山乡，有一个以"水草"为主题的农场，占地面积仅 50 亩。从单纯水草养殖，扩大到拥有水草文化馆、户外园区、生态观察区、水草餐厅、水草商店、DIY 区……一年吸引游客 10 万人。还有一个"袁夫稻田农场"，全部水稻面积有 800 多亩，但核心区只有 50 亩左右，而正是这 50 亩的创意与用心，让它运营几个月就成为网红打卡地，一个月有 6 万人打卡，运营一年多就开始盈利。

（本文发表于 2021 年 2 月）

垦地融合发展的苏垦南通经验

陈　飞

《中共中央 国务院关于进一步推进农垦改革发展的意见》指出，要引导农垦企业开展多种形式的垦地合作，加大区域资源共享共建力度，推动垦地城镇融合发展。江苏农垦集团南通有限公司（简称苏垦南通公司）前身为江苏省南通农场，是江苏农垦系统18家农场中率先实现社企分离和公司制改造的企业。社企分离后，公司持续加强与地方党委政府交流合作，大力推动垦地融合发展。

经济建设一体化

"江苏农垦和南通农场在南通开发区开发建设中有着不可替代的重要作用，期待双方以推动产业发展、项目落地为重点，探索打造共同发展的新平台、新机制、新模式。"时任南通经济技术开发区党工委书记张建华表示。

2021年3月22日，江苏省农垦集团有限公司与南通开发区签订《"垦地一体化融合发展"会议纪要备忘录》（简称《备忘录》），内容主要涵盖土地开发、支持农垦发展、市政基础设施投资、农旅项目等多领域合作。通过垦地强强联手，充分发挥双方政策调控、资产资源优势，促进互惠互利、共谋发展、合作共赢。《备忘录》的签订，标志着垦地双方一体化合作进程迈上新台阶。

2021年5月24日和9月6日，垦地双方再次细化合作内容，签订《合作会议纪要》《推进落实垦地合作有关事项纪要》。南通开发区同意分4年拨给苏垦南通公司发展奖励资金1.08亿元。2021年12月，苏垦南通公司与南通开控集团签订战略合作框架协议。在开发区牵线搭桥下，农垦以155亩工业用地作价入股，与大明公司合作成立新材料科技公司，收到回购股权履约保证金5132万元。

2021年，南通开发区完成地区生产总值842.4亿元，同比增长13.3%；苏垦南通公司全年实现利润总额9308万元，创历史新高，获"江苏农垦集团突出贡献企业"荣誉称号。在量质并举、追赶超越的新赛道上，垦地通过空间再造的"支点"，撬动了合作共赢的示范效应，探寻出一条既有"含金量"又有"含新量"的垦地合作高质量发展新路径。

农业发展一盘棋

"农垦在农业全产业链方面优势突出，把南通开发区内1万亩土地交给农垦种植，我们放心。"南通开发区农村工作局副局长孙颖表示。

2022年5月26日，南通开发区大安村种植基地1700亩小麦进入收获季节。一台台联合收割机来回穿梭，苏垦南通公司"三夏"大忙拉开序幕。

公司加强与地方农业合作，抢抓国家鼓励多种形式参与农村土地承包经营流转的历史机遇，积极与地方政府开展农业战略合作。苏垦南通公司已先后与南通开发区新农村建设有限公司、苏锡通园区控股发展有限公司、苏锡通园区江海街道签署多项《土地耕种承包合同》，计划流转面积达 22 000 亩，为快速做大做强和可持续发展拓展了空间。

近年来，地方政府进一步整合区域内的农保地，由苏垦南通公司进行承包经营，着力打造成所在区域集种植业、林业、观光农业于一体的现代农业示范园，强化现代农业基础支撑，推动区域农业产业提档升级。随着农垦对兴农项目和区域生态农业建设的持续加大投入并取得良好效果，地方政府也逐步通过财政补贴、优农助农政策优惠等形式给予公司支持。

苏垦南通公司将进一步落实集团"强核"战略，借助国家乡村振兴、高标准农田建设、"万企联万村、共走振兴路"等契机，灵活采取土地流转、托管种植、合作经营等多种模式，力争在"十四五"期间新增拓展种植基地 1 万亩，进一步提高粮食综合生产能力。

社会民生一家亲

"连续 9 年，每年捐赠 49.8 万元。"南通开发区慈善总会会长周健激动地说，"苏垦南通公司用行动诠释了国企担当。"2021 年 10 月 27 日上午，南通开发区慈善总会会议室传来阵阵掌声。

苏垦南通公司与江海街道、开发区慈善总会签订三方协议书，连续第 7 年向"情暖江海助困基金"定向捐资 49.8 万元，专门用于原场域范围内困难职工群众救助，开展助学、助医、助困、助贫、助残、助老等公益性社会民生事业，多年来累计帮扶 4 000 多人次，获得街道居民的一致好评。

增进民生福祉是垦地融合发展的重要目标。在社会事务管理移交地方后，苏垦南通公司积极配合所属江海街道为民办实事、解难题，为保障地方百姓安居乐业贡献农垦力量。

志愿服务暖民心、惠民生，苏垦南通公司一直在行动。2020 年 5 月，南通市文明办为苏垦南通公司"莫文隋"志愿服务大队授旗，苏垦南通公司也成为南通市第一家被冠名"莫文隋"[①] 称号的省属国企，彰显了对苏垦南通公司多年来志愿服务工作的充分肯定。服务大队成立 2 年来，相继组织了慈善"爱心粥"、关爱留守儿童、"创城"我先行等志愿服务活动共计 80 余次，参与 1 000 多人次，服务职工群众 4 000 多人次，服务时长 5 000 多小时，社会反响良好，极大地提升了苏垦南通公司的美誉度。

苏垦南通公司从细节着手坚持"为民办实事"。职工反映办理退休手续不方便，苏垦南通公司立刻响应，在一楼门厅旁开设劳资窗口；职工群众因病致贫，苏垦南通公司时刻关心他们的生活状况，定期组织走访慰问；街道居民精神文化需求日益丰富，苏垦南通公司每年牵头举办"江风海韵"晚会，成为区域内最大的文艺活动。

危急时刻显国企担当。临近区域发现新冠肺炎疫情后，苏垦南通公司与江海街道建立

---

① "莫问谁"的谐音，指做好事不留名。——编者注

联防联控工作机制，全力支持地方政府做好路口值守、物资调配、疫苗接种、工作督查等。2022 年 4 月南通市疫情防控形势升级以来，苏垦南通公司员工坚守在公路、社区各个卡口的防疫第一线，积极参加各自小区的防疫志愿服务。垦地精诚合作，筑牢安全防线，共同守护职工群众生命安全和身体健康。

党建共建一条心

"党建联盟的成立，对于强化党建引领、发挥优势、形成合力意义重大。"苏垦南通公司党委书记、董事长严忠说，"要用好平台，推动各成员单位坦诚相待、互帮互助、共同提高，让党建联盟真正成为推动发展的有力举措。"

2021 年 12 月 16 日，苏垦南通公司、南通市工业与信息化局、南通市江海街道、中国农业银行南通开发区支行共同签订"政企"四方党建联盟协议。这已经是苏垦南通公司连续第三年牵头开展垦地党建共建活动。

党建共建活动始于 2019 年 4 月，苏垦南通公司与驻地江海街道率先启动"垦地党建结对共建"活动，此举开创了南通市范围内省属国企与地方政府结对共建的先例。2020年 7 月，苏垦南通公司与江海街道开展"垦地党建结对共建"合作提升行动，推动党建共建向纵深发展。

共建活动中，垦地基层党组织按照"试点探索、典型示范、完善推广、有机融合"的思路，积极探索新时期党建共建新模式，整合垦地各单位的党建阵地资源、优秀人才资源、特色活动资源，实现优质资源合理流动、统筹利用、共同分享，强化党组织在单位的政治核心作用和发展引领作用，更好地发挥垦地党支部的战斗堡垒作用和党员的先锋模范作用。

党建共建的开展，使得全体党员干部更加自觉地以习近平新时代中国特色社会主义思想武装头脑，以实际行动拥护"两个确立"，以实绩实效做到"两个维护"。党建共建促进了企地多方资源优势互补和人员、文化融合，增强了党员干部的大局意识、发展意识、服务意识，涌现出一批先进个人和先进团队，营造了争先创优的浓厚氛围。

垦地双方既优势互补又唇齿相依，苏垦南通公司与属地共同推进垦地融合发展的实践表明，垦地合作大有可为、也必定大有作为。

（本文发表于 2022 年 8 月）

产业人才双轮驱动　高质量发展走在前列

聂　杰

习近平总书记指出，硬实力、软实力，归根到底要靠人才实力。近年来，江苏省东辛农场有限公司（简称东辛）牢固树立人才是第一资源的理念，大力实施人才兴场、人才强场战略，坚持产业与人才协同发展、双轮驱动，努力构建以产聚才、以才兴产、产才共融互进的良好格局。

由于地理位置偏僻、产业以农为主等特点，东辛农场一度面临人才队伍建设薄弱、培养断层，成熟性人才、高层次人才引进难，人才"塔基"与"塔尖"比例失衡的问题。如何更好地集聚人才资源，推动企业高质量发展走在前列，近年来东辛进行了积极有益的探索和实践。

政策引才，增强互促共生"磁吸效应"

干事创业，关键在人。东辛精准对接产业结构调整，实施靶向"招才引智"行动。

一是坚持按需选人。把"选择什么人才"作为首要问题。采取"订单式"招聘机制，由用人单位根据工作需要"下单"，人力资源部门"接单"制订年度招聘计划，统一对外公开招聘。对急需紧缺、产业对口的成熟性人才，采取一人一策、一事一议的做法。水产公司育苗场外聘技术员刘世全，创新采用对虾育苗分级淡化标粗技术，使得虾苗质量和成活率大幅提升，被授予农场公司"科技创新奖"，获2万元奖金，并被破格高薪录用。突出政治合格为第一标准，修订完善干部管理规定和选拔任用操作规程。2017年至今，共引进应届大学生和成熟性人才近百名，新提拔中层干部136人，很大程度地改善了农场人才队伍的文化和年龄结构，为产业发展注入了新鲜血液。

二是坚持待遇留人。出台工作人员薪酬管理办法，建立薪酬待遇向关键岗位、生产一线和紧缺急需人才倾斜的鲜明导向和管理考核机制，对引进的研究生、本科生、大专生，分别按副主管三级、主办一级、主办二级给予相应待遇。出台专业带头人评聘办法，对从事专业技术岗位、具有较强业务能力和专业技能的人员，通过评聘享受相应职位职级待遇，先后评聘专业带头人19人，充分发挥了专业技术人员和能工巧匠在各行各业中的示范带头作用。强化创新引领，对职务发明获得实用新型专利、知识产权的，给予创新团队1万～2万元奖励；对获评江苏农垦"首席"称号和考取职称、职业资格的，给予每年1万元的岗位津贴；鼓励员工参加职业资质培训，对取得工程类省级及以上执业资格的，给予一次性奖励5 000元。目前，东辛拥有苏垦首席农艺师、首席工程师、首席技师4人，有各类专业技术职称和职业资格的员工332人。

培训育才，提升产才融合"乘数效应"

认真落实江苏农垦"人才新政12条"，切实加强对各层次人才的综合培养，制订完善各类人才培训计划，强化经费保障，完善培训机制，开展专业化培养、多元化教育。

一是内外结合，引进来走出去。实施"五个一"人才培育计划，即每年选一批优秀中层管理人员赴名校和知名企业学习培训，选一批优秀中青年干部和管理人员实施学历素质提升培训，选一批优秀基层管理人员实施班组长专业培训，选一批一线工作人员实施职业技能提升培训，选一批优秀技术人员实施职称、职业资格提升指导培训。近年来，每年邀请专家来场或自主组织办班，全行业、分层次开展全员培训；先后组织中青年干部200余人次赴浙江大学、复旦大学开展乡村振兴和创新能力提升培训，到首农食品集团、正大集团等国内知名企业参观学习；累计选派120余名优秀人才参加淮阴工学院、江苏海洋大学在职学历教育，提升专业素质和学历层次。

二是学习实践结合，产学研相促进。把培训与生产经营相结合，针对不同行业特点，扎实开展实用理论知识培训。每年围绕农业生产、水产、奶牛及肉鸡养殖等开展集中教育培训30余期，参训员工达3 000余人次。实施"321"年轻干部培养工程，即每年重点培养企业中层管理及专业技术人才不少于30人，引进与新培养提升的人才总量不少于20人，提升学历、职称和职业技能的管理人员不少于10人。积极推动促成"校企合作、产学双赢"，东辛成为南京农业大学农业科学创新创业实践教学基地、江苏海洋大学等高校大学生暑期实践基地及江苏省省级高校毕业生就业见习基地。"产学研"的良性循环，推动了东辛的科技进步，下属企业创新团队先后获得国家实用新型专利8个，为高质量发展提供了强大动能。东旺奶牛公司牧场团队研制的"挤奶厅保定架控制系统"和"奶牛乳头擦拭专用卷纸分切机"先后获得国家实用新型专利证书，大大提升了企业的工作效率。

服务聚才，营造成长发展"梧桐效应"

坚持"政治上信任、工作上支持、生活上关爱"的服务宗旨，全方位营造人才成长发展的绿色生态圈。

一是政治上"给位子"。坚持年轻干部及人才选拔培养与后备干部工作有机衔接，建立中层后备干部人才库，把年轻干部培养作为领导班子考核的重要内容。出台"鼓励激励、容错纠错、能上能下"三项机制，完善青年人才培养措施，有计划选派高素质专业化的优秀青年人才到基层一线"墩苗"历练、到急难险重岗位磨砺培养。目前东辛的中层干部中，"80后""90后"占比40%以上，已成为东辛干事创业的中坚力量。特别是2020年，在全场上下的共同努力下，东辛各大产业齐头并进，生产经营指标逆势增长，全年实现国有营业收入10.57亿元、国有利润1.92亿元，同比增长13.6%，在疫情防控和复工复产中，5名表现突出的优秀干部得到了提拔使用。

二是生活上"铺路子"。及时把脉服务盲点，为引进人才安家落户当好"全职保姆"。加强走访调研，召开大学生座谈会，征求意见建议，尽力为其解决工作、生活难题。提高生活待遇，为外来未婚大学生免费提供宿舍、给予就餐补贴，对生活困难大学生购买农场开发的集中居住小区房屋给予一定补助。稳定青年人才队伍，组织开展青年人才团建、交友联谊等活动，积极为青年人才"当红娘""搭鹊桥"。加大"传帮带"力度，当好青年人才"金牌导师"，开展"青蓝工程"师徒结对活动，从思想、工作、生活上全方位关心关爱青年人才。近年来，每年都有数十名外地大学生扎根农场、结婚成家。

从昔日人烟稀少的盐碱荒滩，发展到如今种养加一条龙、贸工农一体化的国有大型农业综合企业，从"看天吃饭"到"知天而作"，在东辛 70 年的艰苦创业史上，能力过硬的高素质人才队伍起到了关键性的作用。特别是党的十九大以来，东辛围绕产业发展要求，以政策、培训、服务为抓手，不断集聚人才资源，推动了种植业提档升级和以水产、奶牛、林业为核心的"3＋X"新型产业体系建设，助推东辛成为江苏农垦高质转型发展排头兵、全国农垦系统百强农场。东辛先后被评为全国粮食生产先进单位、全国首批无公害农产品生产基地、江苏省农业产业化重点龙头企业。

（本文发表于 2021 年 8 月）

产业兴旺的"华阳河样板"

郭 旭 李 龙

华阳河农场公司（简称农场公司）地处皖鄂赣三省交界的宿松县境内，南临长江，北倚华阳河湖泊群，是安徽农垦集团土地规模最大的农场公司。近年来，农场公司以土地调整推动种植结构调整，把稻渔综合种养作为支撑产业来发展，种养面积达5.5万亩，稻渔种养产业已初具规模、蓄势待发。农场公司2019年荣获全国农业农村系统先进集体、中国最美村镇产业兴旺奖和安徽农垦产业发展奖。

结构调整，引得源头活水来

"华阳河农场稻渔产业的转型和发展，是2018年4月集团公司党委书记詹先豪来农场调研时明确提出的产业定位和发展方向。"农场公司党委书记谢广和这样回忆稻渔产业发展的初期情况。土地调整前，一家一户的小规模经营不仅土地产出率低和职工收益低，职工私自转包、无序挂靠现象也很严重，甚至出现了不劳而获的"二地主"乱象。碎片化分散承包导致农业种植结构调整和稻渔综合种养难以推进。要改变这种局面，土地调整势在必行。

华阳河农场立足场情，思变破局，克难攻坚，2018年底，以新一轮土地调整为契机，全力打好土地调整和农业结构调整攻坚战。通过土地调整，碎片化分散承包等一系列问题迎刃而解，在实施种植结构调整的同时，农场公司推进土地适度规模经营，探索稻渔综合种养新模式。通过招标竞标机制，农场公司当年新增收益2 400多万元，扣除支付职工的养老保险补贴后，土地净收入增加1 200万元，实现了职工增收、企业增效、国有资产增值。农场公司稻渔种养面积也迅速发展，仅2019年，稻渔种养面积就新增2.75万亩。新一轮土地调整为稻渔产业发展引来了"源头活水"。

培训宣传，标准化种养有方向

农场公司过去以旱地种植为主，发展稻渔综合种养时，生产技术成为制约农场产业转型发展的瓶颈。农场公司从四个方面入手，不断提升农户种养水平。在培训上"不断电"，邀请专家进课堂、到田头，依托职业农民培训等载体，2019年开展稻渔专题培训共8期2 000余人次，提升种养户种养技能；在绿色种养上下工夫，在安徽省水产总站指导下，编制出适合本地的《小龙虾健康养殖模式》和《稻虾田水稻绿色种植模式》口袋书，分发给全体农户，推行标准化种养；在服务上不间断，与中化化肥安徽分公司签订技术服务合作协议，由中化公司人员常年驻场开展技术指导；在党建上树品牌，创建稻渔综合种养"党员责任田"，开展十佳稻渔综合种养专项劳动竞赛，促进党建与生产经营的深度融合。

农场公司还不断提升稻渔产品的影响力。2019年申请注册"华阳河"小龙虾等商标。派员工到江南大学参加营销培训,在合肥罍街举办"华阳河"小龙虾推介会,两次参加中国安徽名优农产品暨农业产业化交易会,进一步提升了农场公司稻渔产品的品牌影响力。

加大投资,产业转型有保障

"农场公司5万多亩稻虾田,都是按照省农业农村厅相关标准规范统一建设和改造的,确定田块边沟、鱼凼面积,确保占用耕地符合规定。"农场公司小龙虾交易中心主任常超说。

农场公司把稻渔综合种养列为首位产业,2019年初出台《稻虾综合种养田建设管理办法》,2019年投入2 500万元,新建稻渔田2.75万亩。以"统一农田规划建设、统一作物品种布局、统一农业技术措施、统一投入品管理使用、统一农产品回收"五统一措施,集中在五场、三场打造两个万亩稻渔种养示范片,发包给种养户,并配套基础设施。通过示范,带动其他种养户自建稻渔田1.25万亩,农场公司分三年对自建稻虾田给予补贴,每年补贴约400万元。

农场公司在五统一的基础上,加强投入品监管,两次对水产饲料、田间土壤、水体、空气和稻米产品进行了检测,环境和产品检测结果良好。开展5个大米绿色食品认证,实施5万亩全国绿色食品原料(水稻)标准化生产基地创建。将稻渔综合种养产前、产中、产后服务纳入全程社会化服务范畴;投资220万元建成2 500平方米小龙虾交易中心和制冰车间,日生产冰块30吨,搭建起农户养殖、市场交易、物流销售一条龙服务平台。

"以前每亩纯收入也就800多块钱,现在每亩稻虾田总效益都快3 000块了。"农场职工吴先宏算了一笔账。而第九农业分公司的稻虾种养大户陈多四的"效益成绩单"更亮眼:红米稻亩产量超过700公斤,小龙虾亩产值超过3 000元,2019年纯收入50多万元。

如今,华阳河农场公司5.5万亩稻虾田,年产小龙虾约7 000吨,产值近2亿元,亩均产值比传统农业增加2 000元以上。

展望未来,风好正是扬帆时

2020年,农场公司计划投资2 000万元,建设小龙虾养殖研发实验区和特色水产养殖示范区,实施小龙虾种苗繁育和特色水产研究,开展稻虾、稻蟹、稻螺、稻鳖及澳洲龙虾等特色种养试验,重点推广应用"一稻三虾"高产高效综合种养模式,计划发展澳洲龙虾200亩、稻蟹4 000亩、稻鳖300亩、稻螺200亩,探索水稻和多种水产品共生的绿色发展模式;谋划稻渔产业链的延伸,做实小龙虾冷链物流和熟食加工冷藏销售。加快推进产业创新和产业升级,把小龙虾做成对接长三角的大产业,计划到2022年,发展稻渔种养7.5万亩,把华阳河农场打造成安徽省小龙虾种养示范基地和种苗繁育基地,以稻渔种养带动一方经济发展、富裕一方百姓。

"农场有日处理1 200吨的粮食烘干线,这解决了农产品的烘干问题,10万吨国家粮食储备库实现了收购、储存和销售三产融合发展目标,而农服公司的全程社会化服务'331'模式有效化解了农业生产的风险,确保了稻渔综合种养的顺利实施。"华阳河农场公司总经理齐广鹏信心满满地说。

虾稻米承载着大量的绿色生态信息。2020年4月，安徽农垦虾稻米生产工作推进会在华阳河农场公司召开，农场公司将以生态虾稻米加工为切入点，大力发展绿色虾稻米生产，大力发展订单农业，辐射周边农村，走一二三产融合发展之路，逐步培育出安徽农垦新的优质粮品牌。

春风又绿华阳河，风好正是扬帆时。

（本文发表于2020年6月）

"全链条"服务是这样铸成的

——淮南农场公司打造农服产业升级版

李　超

"报告，6 号机即将收割完成！"

"好的，6 号机收完转到 8 号地继续收割，注意安全！"

……

对讲机里，不时传来农机手与农服公司作业领队的对话。5 月 28 日上午，随着一阵机械的轰鸣声，淮南垦地农业服务公司 9 台约翰迪尔大型收割机驶入金黄的麦田展开收割作业，安徽省农垦集团淮南农场公司（简称淮南农场公司）午收工作全面展开。

"今年我家麦子品质和产量都挺好，农服公司大收割机帮我收割完直接送种子公司，省时又省事，后面就准备夏种了。"看着自家快收割完的麦田，站在一旁的农场职工常乃旺脸上满是笑容。根据种子公司磅房反馈的信息，常乃旺家 45 亩小麦田，过磅入库种子粮 5.064 万斤，折合标准水分后亩产达 1 095.6 斤。

近年来，淮南农场公司围绕农业供给侧结构性改革，探索"全链条"式农业服务模式，进一步优化农业生产流程，不断强化产前、产中、产后全方位服务保障，用方式的创新和理念的更新创造了农业发展的新模式。

高产栽培技术成丰产"催化剂"

早在 2005 年，淮南农场就开始研究秸秆还田培肥地力的课题，试验中发现，秸秆全量还田不仅可以解决秸秆处理问题，更可以改良土壤、提高农作物产量。多年来，该农场始终坚持全面实施秸秆全量还田，并在总农艺师王玉叶带领的技术团队持续努力下，探索出一套秸秆全量还田新常态下的高产栽培技术。

"打通稻茬麦防灾减灾的技术路径痛点，有四个要诀：抢茬精耕细作，适量播种，镇压保墒，一播全苗；明暗沟结合，鼠道洇灌防旱，排水降湿防渍；科学施肥，提防倒春寒，叶面喷肥及时补救；严控病虫草害，科学'一喷多防'。"王玉叶介绍道。

淮南农场通过多年努力探索出的秸秆全量还田新常态下麦稻均衡增产的栽培模式，符合农场种植实际，促进了粮食增产、职工增收、农场增效，也保护了生态环境，推动了农业绿色可持续发展。

"田保姆"全程服务为丰收护航

今年午收战役打响后，淮南农场公司所属淮南垦地农服公司的员工格外繁忙。据垦地农服总经理陈永胜介绍，随着种植户对大型收割机抛洒率较低的认同感的提高，垦地农服小麦收割的订单越来越多，他们一方面忙着调度农机参加农场午收会战，一方面还积极联合"农机联盟"的机械，准备利用错峰时节，"北上"开展小麦跨区收割作业。

淮南垦地农服公司一直是安徽农垦农服"331"模式的忠诚践行者，现拥有先进的收割机、拖拉机、旋播机、开沟机、搂草机、打捆机、植保机、挖掘机等机器40多台套，总动力达2 200多千瓦，可为农户提供优质快捷高效、全程一体化的"保姆式"农机农艺服务。2015年，公司顺利通过"全国农机标准化创建示范单位"AAA级验收。

农服公司在开展农机作业服务的同时，还向种田大户推广农场高产栽培的良方良法，积极开拓农资销售业务。辛勤耕耘赢得了广大用户的口碑，如今，服务范围已拓展至河南南阳，以及本省的淮北、蚌埠、安庆等地。2019年，公司实现农业社会化服务面积近20万亩，农资销售1 400多吨，营业收入876万元，利润100多万元，在为农业丰产夺丰收保驾护航的同时，取得了较好的社会效益、经济效益和生态效益。

强支撑，订单生产让销路更宽

"订单生产、优价回收，解决了职工生产小麦种子粮销路难题。"种业淮南分公司常务副经理宗维弟介绍道。在安徽农垦种子产业链完备体系的支撑下，淮南农场公司农业职工按照皖垦种业淮南分公司的品种统一布局要求和种植标准生产订单小麦，双方按照合同履行各自责任和权力。

多年来，淮南分公司一直坚持"推育繁一体化"的发展思路，小麦品种基本做到当年种植一批、试种一批、跟踪小麦品种特征储备一批。经过多年的良性发展，小麦繁材生产面积、经营数量稳步增加，为分公司持续发展奠定了坚实基础。

销售环节，坚持"不转商少转商"营销目标的种业分公司，依托"皖垦"品牌优势，通过走访新老客户、召开现场观摩会、订货会，邀请客户及种植大户进行交流与培训等多种形式，积极开展种子营销工作。认真总结与种植大户合作的经验，加大宣传力度，将销售渠道下沉到乡、村，扩大直销区域和直销数量，不断拓宽销售渠道。

今年，早在农场午季小麦开镰收割前，皖垦种业淮南分公司就提前谋划、做足准备，积极应对午收期间可能出现的各种不利情况。公司加强种子粮收购宣传，提前与各农业分场和种子粮繁殖大户沟通，发放收购明白纸，明确收购入库标准，制订收购预案，根据库容科学绘制各品种小麦的入库路线图。收购环节质检人员坚持每车抽样，认真检测，严把收购标准；入库环节针对不同品种、运粮车、初清设备，实行分区停放，种子粮严格分库入库、严格隔离、严防混杂。午收以来，全体员工团结协作，岗位24小时有人值守，收割、清选设备，开足马力不间断作业，确保颗粒归仓。

近年来，随着农业现代化步伐的不断迈进，淮南农场公司小麦生产已基本实现"统一品种布局和供种，统一生产资料供应，统一农艺措施，统一机械作业方式和标准，统一原粮购销和统一核算"，高产栽培技术不断推广，农业社会化服务体系不断完善，种子销路不断拓宽，做到了产前、产中、产后全方位服务保障，落实了"六稳""六保"任务要求，实现了促丰产、保丰收、颗粒归仓，以及职工增收、企业增效，为打造"百亿"安徽农垦贡献力量。

（本文发表于 2020 年 7 月）

向"中原农业航母"的目标进发

尹向进

素有"中原明珠"美誉的河南省黄泛区农场是 1951 年 1 月根据周恩来总理的指示创建的。建场几十年来,黄泛区农场为国家和社会作出了突出贡献,先后获得"全国八大样板农场""全国农业先进单位""全国粮食生产先进单位""农业产业化经营重点龙头企业""全国种业五十强""全国五一劳动奖状"等荣誉称号。2018 年,根据《中共中央 国务院关于进一步推进农垦改革发展的意见》文件精神,黄泛区农场全力推进垦区集团、农场企业化改革,优化组建河南省黄泛区实业集团有限公司,巩固农垦支柱产业,培育新的经济增长点,增强了广大干部职工干事创业的内在动力和创新激情。

巩固壮大支柱产业,迈出现代农业发展新步伐

在做好主业的同时,黄泛区农场凭借农垦特有的组织化优势,围绕"突出特色、彰显示范、做大产业、做强企业"的发展目标,在现代农业建设中进行了不懈的探索,迈出了坚实的步伐。

一是加大投入,建立促进现代农业建设的保障机制。为确保农业增产、职工增收,农场实施了农业自然灾害救助、小麦生产资料垫支、测土配方施肥、农机更新、盐碱地改良、水利工程建设等方面的优惠、扶持政策。如农场每年的小麦生产资料垫支额,仅钾肥、尿素、磷肥三项就高达 1 100 余万元。总场还设立了每年 50 万元的农业风险基金,从制度上提高了职工种地的积极性,为现代农业建设提供了保障。

二是完善基础设施,建设高标准农田。2006 年以来,农场利用国家项目支持和自筹资金,先后投入 6 000 多万元,用于完善农业基础设施,基本建成了适合农场实际,设施配套、功能齐全的机电排灌设施及农田水利工程体系,搭建起能有效保持水土的绿化屏障,抗御自然灾害的能力大大增强。全场 10 万亩耕地全部实现喷灌浇水,3 天能浇一遍水,且用水量比大水漫灌节约 60%,灌溉成本节约 50%,速度提高近 3 倍。

三是加强农业机械化建设,不断提高现代物资装备水平。近年来,全场先后投资 7 000 余万元用于农机设备更新改造。目前,全场拥有大中型拖拉机 500 多台,大中型收割机 500 台,机械总动力达 14 万千瓦,大型配套农机具 1 600 多台,机械作业率达到 99% 以上,居全省领先水平,彰显了国有农场在现代农业建设和运用新技术方面的示范带动作用。

四是加大科研投入,农业科技进步与创新能力不断增强。农场现有农业技术人员 1 768 人,其中农业技术推广研究员 5 人,高级农艺师 32 人,农艺师 95 人。地神种业农科所拥有 300 亩高标准试验田,每年科研经费投入 200 多万元,主产品小麦种子畅销豫、

皖、苏、鄂、鲁、陕等省 200 多个县市。同时，在全场及周边地区成功推广了秸秆还田、配方施肥、土壤深松、种子包衣、精量播种、化学除草、节水灌溉、绿色食品、无公害农产品生产等重大技术。全场 16 个农业生产单位的 31 名农业技术人员都建立了科技示范田，通过"示范工程"推广农业科技。

五是坚持标准化生产，用标准打造品牌。为确保生产管理和操作的科学化、标准化，农场严格按照标准规范进行全过程的生产和管理，对黄金梨、生猪等产品建立了质量追溯系统，确保了农产品的质量安全。在农业上坚持"六统一"（统一品种布局、统一种子供应、统一重大技术措施、统一机械化作业、统一晒场管理、统一回收销售），并配套实施了"统一供应农药化肥生产资料、统一免费土壤化验和配方施肥指导、统一免费职工技术培训、统一兴建大型农田水利工程、统一对农机购买进行补助、统一对合格种子进行加价回收"的"六统一"辅助措施，打造了黄泛区农场特有的"六统一"品牌。

六是扩大产业规模，延长产业链条，优化种养结构，保持和提升种植业、养殖业优势，积极发展农产品加工业。通过集成创新，提高农产品附加值和市场竞争力，逐步实现农产品由粗加工向精深加工的转变。大力发展现代农业服务业，成立了锐垦农业发展公司，建立以集中采购、统一配送、电子商务为核心的新型营销体系，为发展现代农业提供了全程服务。同时，不断完善农业经营机制，完善土地租赁制度，规范土地流转办法，推进和发展了多种形式的适度规模经营。

培育"奇、特、新"林果业，农业功能不断完善

黄泛区农场在林果生产方面有着悠久的历史和雄厚的基础。早在上世纪 80 年代，黄泛区农场果园面积就达 30 000 多亩，并且围绕果园，大力兴建冷库，从事水果冷藏。如今，黄泛区水果种植以黄金梨、苹果、桃、葡萄为主，年产黄金梨、苹果、桃、李子等水果 13 000 多吨，产品销往全国各地。"黄泛区"牌黄金梨连续五年在中国国际农产品交易会上获参展农产品金奖，并顺利通过地理标志专家评审会评审，成为地标产品，产品质量追溯精度可到每一家农户。蔬菜方面，以特色蔬菜的生产、销售为主，代表企业河南省黄泛区绿色农业发展有限公司是一家集特色蔬菜生产、示范、加工、销售为一体的大型国有控股企业，在郑州中牟和周口西华建有两个保温大棚蔬菜种植基地，技术力量雄厚，产品销往香港、澳门、北京、广州、上海等地，甚至远销海外，年销售收入 1.5 亿元。2014 年 6 月，该公司被农业部批准为国家级蔬菜育苗中心。

黄泛区农场"奇、特、新"林果业为打造观光、旅游、休闲采摘等特色农业提供了较好的基础。如今，黄泛区农场立足农垦特色，科学规划产业布局，投资建设了农业观光采摘园、设施农业示范展示园，被纳入了周口市沙颍河生态旅游重点景点。同时，建设"黄泛区农业公园"，发展独具特色的旅游产业，把农业生产场所、农产品消费场所和休闲旅游场所融为一体，突出现代农业、生态旅游、红色旅游特色，深度开发农业休闲观光、农事体验、田园休闲度假等产品，将产业优势、生态环境优势、文化资源优势转化成旅游发展优势。

下一步，黄泛区林果业将依托黄金梨等优势水果品牌效应，执行严格的绿色生产标

准，完善优质水果生产、加工、物流产业链。同时，在黄泛区黄金梨地理标志农产品的基础上，为目前新引进的秋月梨、红酥蜜、丹霞红等新品种积极申报绿色食品或有机食品认证。强化品牌建设，注重品牌宣传，扩大"黄泛区"品牌的知名度和美誉度。蔬菜业依靠设施农业、智慧农业，展示应用农业新科技、新成果，发展绿色有机专用产品。

精心培育"豫农优品"，市场影响力不断提高

农业是黄泛区农场的基础产业。经过长期的发展和国家扶持建设，黄泛区农场已形成了小麦、玉米、大豆等粮食作物商品粮生产基地，粮食平均单产高出本区域和全国的10到20个百分点，显著高于本区域和全国平均水平。

种子产业是黄泛区农场的特色优势产业，代表企业河南黄泛区地神种业有限公司年均种子销售量5 000万公斤以上，连续二次荣获"河南名牌农产品"和"中国种业50强"荣誉称号，2012年被河南省人民政府评定为"全省粮食生产优秀种子企业"，"地神"商标深深根植于豫、皖、苏、京、鲁、鄂等地区广大农民朋友心中。

在生产过程中，黄泛区农场严格执行"六统一"政策，实行标准化生产，规范化管理，有效保证了产品的产量和品质。2021年6月，黄泛区农场小麦被国内权威机构南京国环有机产品认证中心认证为有机产品。其中"泛麦8号"是黄泛区农场小麦主打品种，以高产稳产、品质优良获得了商家的青睐，并于2019年被茅台酒厂指定为酿酒专用小麦，河南省黄泛区农场黄泛区地神种业有限公司成为茅台酒厂重点供应商之一。

经过数年的快速发展，黄泛区实业集团已经成为河南省最大的农作物良种繁育基地、果蔬贮藏基地，建立了一整套成熟的企业管理制度，培养了一大批农业管理、种植、养殖、农机等方面的专业技术人才，掌握了标准化、规模化、产业化经营模式，发展稳健，经营状况良好，先后被列入第一批省级农业产业示范区建设、小麦优势特色产业集群、玉米育种创新等国家级现代农业产业实施项目。尤其是中央农垦改革发展文件实施以来，黄泛区实业集团立足做强主业，大力发展二三产业，构建农产品加工体系、农业综合服务体系，开展农业金融服务和农产品贸易，延伸产业链，打造供应链，推进产业融合发展，品牌知名度和市场竞争力不断提升，"黄泛区"牌黄金梨和大黑豆以及鑫欣牧业公司"泛区"牌生猪成功入选河南省级特色农产品品牌100强，"黄泛区"牌黄金梨成功申报地理标志农产品。

为扩大"黄泛区"品牌的市场影响力，在省农业农村厅的大力支持下，黄泛区实业集团多次参加全国农产品博览会、豫沪农业合作展销会、中国—东盟博览会等大型会展，使得来自农垦的优质农产品逐步走向上海、深圳、南宁、香港等地市场，"豫农优品"的影响力已经深入人心。

推进精细化管理，创新和盈利能力持续攀升

黄泛区农场是河南省唯一的农林牧全面发展、农工商综合经营的国有大型农垦企业，除16个农业分公司、3个境外控股公司外，还下辖9个控、参股工商企业。由于多方面的原因，各工商企业发展较为滞后，普遍处于亏损状态，企业存在较多问题。一是观念陈

旧，还一定程度上存在等、靠、要思想，开拓市场不大胆，奖罚机制不完善，改革思想不开放；二是技术乏力，人才普遍短缺，企业发展后劲不足；三是企业管理存在不精不细、不严不实、不规范不科学的现象；四是营销手段落后，不能很好地利用新模式、新思维去开展营销工作，还停留在传统的行销和坐销阶段，手段单一。

新一轮农垦改革以来，集团股权投资部在主管领导带领下，通过充分调研，在工商企业全力推进精细化管理，引进"阿米巴"管理模式，取得了显著的成绩，工商企业全面扭亏为盈，走上了良性发展的轨道。在管理方面，股权投资部重点做了以下工作：一是注重提质增效，强化品牌建设，致力于提升员工的质量意识和工作技能，充分调动员工的积极性和创造性，提高工作效率，保证产品质量、服务质量和工作质量；二是重视细节管理，盯紧看牢做实重点环节和领域，为客户提供满意的产品、优质的服务和良好的体验，赢得市场竞争优势；三是重视品牌建设，鼓励企业争创知名品牌，扩大市场效应；四是强化营销措施，拓展营销渠道，明确规定公司董事长（总经理）为营销工作第一责任人，销售副总为销售目标具体责任人，销售区域经理为直接责任人；五是制定并落实营销纪律，加强对应收账款的回收和管理，同时完善销售合同，认真落实"赊销损失责任人员全额赔偿并加付12%以上年息"的追究制度。

新的管理模式的推广为企业的发展注入了新鲜血液和活力。当前，企业管理日渐规范和科学，企业发展劲头十足，工作目标明确，思路清晰，企业盈利能力明显提升，有望进入一个新的发展阶段。天鹰公司一改连续多年亏损的颓势，产品质量、现场管理较往年都有较大改观，铸造车间改革圆满成功，减员增效、毛坯减重收效显著，企业扭亏为盈，职工收入显著增加。地神公司结合单位实际，规范公司各项管理程序、制度或操作规程，进行了ISO 9000质量管理体系1次内审和1次管理评审，同时进行了内控评价和风险梳理，确保了公司管理体系的有效运行。在做好种业的同时，积极培育新的经营业务，加强酒曲小麦的宣传和营销，同时，建立小麦有机基地，为提供有机小麦种子打好了基础。金果公司在做好代存的同时，积极拓展业务范围，以"公司+个人"的形式将公司利益与个人利益紧密联系在一起，大胆尝试自存自营，寻求新的利润增长点，企业盈利能力不断提高，职工收入明显增加。农业开发公司在郑州市组建河南省优质农产品展销中心，大大增加了农垦企业的知名度，展示了农垦新形象，扩大了产品销量。境外两个公司经营形势趋于向好，特别是经过种植结构调整，效益明显增加，开始扭亏为盈。国际贸易公司积极跑市场、跑业务，寻求合作伙伴开展农产品进口业务，企业效益逐年增加。

（本文发表于2022年4月）

改革破困局　合作促发展

张美玉　陈玉湘

广东农垦织篢农场有限公司（简称织篢农场公司）成立于 1960 年 10 月，以天然橡胶为主产业，土地总面积 6.32 万亩，总人口 2 268 人，在职职工 249 人。2016 年之前，橡胶产业面临价格低、招工难、成本高等问题的严峻挑战，织篢农场公司生产经营一度陷入困境，创新经营管理机制迫在眉睫。

2016 年，作为阳江垦区当时的三个贫困农场之一，织篢农场公司主动寻求突破，积极破解困局，探索橡胶经营体制改革路径，挖掘土地资源优势，调整产业结构。仅用 3 年多时间，农场公司"一胶独大"的单一产业格局得到扭转，土地开发、光伏等产业齐头并进，企业实现扭亏增盈，2017 年在阳江农垦率先实现脱贫摘帽。2020 年，织篢农场公司的营收更是突破 8 000 万元、利润总额突破 1 000 万元，多项经营指标创历史新高，企业核心竞争力大幅提升。

推行橡胶管理体制改革　优化提升橡胶主业

要实现对橡胶产业的有效管理，关键是要发挥好基层生产队管理人员的积极性和创造性。自织篢农场公司成立以来，生产队管理人员的薪酬分配制度都是采取固定月基础薪酬模式，不与岗位职责、工作业绩和实际贡献挂钩，不承担经营风险，旱涝保收。这种分配制度严重制约了管理人员主动性的发挥，导致基础管理严重缺位、橡胶产能低下。

为解决这一难题，2017 年初，织篢农场公司以改革生产队管理人员薪酬分配制度为核心，打响广东农垦橡胶经营体制改革"第一枪"。到 2019 年，干胶总产从 2016 年的 362 吨增至 648.8 吨，增幅 79.2%；人均单产从 4.11 吨增至 6.7 吨，增幅 63%；直接生产成本从每吨 1.65 万元降至 1.35 万元，降幅 18.2%；职工劳均收入由 3.78 万元增至 5.4 万元，增幅 42.9%。

（一）推行联产计酬分配方案，充分激发生产管理主动性

取消生产队管理人员固定月基本薪酬，其收入直接与本队干胶产量挂钩，联产计酬，多产多得，收入无上限、不保底，实现收入多少与贡献大小挂钩。根据各队定产任务完成率分三档结算，完成率越高结算单价越高，每档每吨差额 0.7 万元。同时根据各队橡胶品系、产胶能力、岗位有效株数等情况，合理定产、定价，确保在全面完成本队定产任务的情况下，队与队之间收入水平相对平衡。

（二）加大割技考核在薪酬分配中的比重，倒逼割技管理责任的落实

以经济手段倒逼割技管理的强化，在产量挂钩的基础上，增加本队胶工割技考核，全年割技二级率未达 85% 以上的，降低一档、甚至二档结算，割技管理收益在年薪收入中

占比达 27%，有效防止违规割胶。

（三）适度扩岗减员，有效降低人力成本

通过管理和技术创新，逐步提高员工岗位规模和生产效率。推行五割制，胶工岗位割株由改革前的 1 281 株扩大到 2 566 株，人均增加割株 1 285 株，减员 11 人，每年节约人工成本 46.2 万元，吨产胶成本降低 0.5 万元。

（四）推行撤队并区，解决发展不平衡问题

针对薪酬分配制度改革中出现的管理水平不一、各队生产发展不平衡问题，织篢农场公司进一步深化改革，于 2021 年初推行生产队撤队并区管理，进一步整合资源，先进队搭配落后队，将全场 16 个生产队并为 5 个作业区，取消按队定产定单价模式，采取同区同定产同单价的"三同"模式，使同区各生产队形成命运共同体，从原来各队单兵"作战"到并区后"联合作战"，生产模式实现质的跨越，先进队带动了后进队，全场形成齐头并进的良好局面。

盘活土地资源　实现产业转型升级

2017 年之前，织篢农场公司土地的承包租赁存在"租金过低、租期过长、面积过大"的问题，严重制约了企业发展。盘活利用土地资源是破解橡胶农场当前经营难题最便捷最有效的举措，织篢农场公司把做好土地文章作为企业转型的首要工作来抓，充分发挥城郊型农场的区域优势，不断加强土地管理与开发利用，通过盘活低效土地，加快合作项目引进步伐，改变了以橡胶为唯一支柱产业的被动局面，将光伏农业产业打造成农场第二大经济支柱。

（一）清理低效土地，挖掘土地潜力

为发挥土地最大效益，织篢农场公司加大了土地清理力度，建立健全风险评估预警机制和土地资产监管体制，探索建立土地资产收益考核责任机制和国有土地资产流失追责机制，确保国有土地资产保值增值。及时完成全场区域数据、图库等修改完善、更新录入等工作；开展国土管理巡视问题整改、土地使用费专项整改工作，加强对承包合同"三过"问题、超面积合同、无合同土地等问题的清理。通过清理，陆续回收了一批低效、闲置土地，储备可开发利用土地近万亩，进行集中规划、挖掘潜力、全面盘活。

（二）坚持因地制宜，谋划产业转型

根据土地地类现状，合理规划国有土地资源布局，引进光伏复合项目，与广东能源集团合作开发农光互补项目，分三期推进，合作项目总面积达 7 394 亩，年亩均收益 900 元，土地产出创历史新高，2020 年土地租金收入 855 万元，是 2016 年的 14 倍。农光互补项目为农场带来了持续、稳定、可观的收益，在织篢农场公司经营性收入占比中超过 50%，成为织篢农场公司第二大经济支柱，使织篢农场公司由单一产业顺利转型为多产业并进，也为巩固拓展脱贫攻坚成果与乡村振兴有效衔接奠定了坚实的基础。

加强垦地合作　全面融入地方发展

近年来，织篢农场公司充分发挥城郊型农场的区域优势，不断加强垦地合作，积极融

入地方发展，寻求地方支持，将织篢农场纳入阳西县总体区域规划，实现合作共赢，农场公司实现了由"城郊农场"到"城市后花园"、再到"城中农场"的转型。

（一）主动作为，破解困局

企业的健康发展离不开地方政府部门的大力支持。过去很长时期，织篢农场公司认为自己属两级农垦直管，缺乏与当地政府沟通的主动性，导致一些土地项目的实施进程较慢。为破解这一困局，织篢农场公司党委班子主动作为，积极到县委县政府协调沟通、汇报工作，邀请地方政府领导到织篢农场公司指导工作，全力支持配合地方政府部门的工作。通过不懈努力，终于打破了长期以来形成的僵局，场地关系逐渐"破冰"，联系日趋紧密，建立了良好的合作基础。在地方政府的支持下，织篢农场公司小城镇项目立项，光伏项目推进，土地纠纷、民政低保事业、学校移交、社区管理等难题一一化解。

（二）抢抓机遇，融入地方

抢抓阳西县域发展机遇，协调推进垦地融合发展，先后引进中山产业转移工业园项目，争取到每平方米 1.5 元的征地工作经费，每亩 3 000 元的产业扶持发展资金；协调推进粤西天然气管网项目，土地租金收益、工作经费合计超 300 万元；积极统筹开展垦造水田工作，保障建设用地占补需求，24 队垦造水田项目面积达 444.51 亩，获得项目建设经费 320 万元；104.39 亩居住兼容商服用地的留用地规划选址事宜已完成审批、公示等，得到阳西县人民政府正式批复。同时充分发挥资源、区域优势，不断加强国有土地资产监管，开展国土空间规划工作，将场部纳入阳西县城市规划，与县、镇协同发展。随着阳西县中山火炬产业工业园、绿色食品产业园等地方系列重点项目的进驻，织篢农场公司将迎来新一轮发展机遇，届时农场区位优势尽显，真正成为阳西县"城中场"，更为织篢农场公司"十四五"时期的发展带来巨大机遇。

（本文发表于 2020 年 4 月）

打造新疆优势特色农业发展新高地

唐 平

新疆天苗农业集团有限公司（简称天苗集团）是新疆巴音郭楞蒙古自治州（简称巴州）将州直属的 7 家农牧场整合组建的国有独资现代农业企业集团。天苗集团注册资金 5 亿元，下辖 7 家农牧场子公司和 6 家产业子公司，拥有已确权农用地 49.58 万亩、草场 75.79 万亩。

天苗集团组建以来，坚持垦区集团化、农场企业化改革主线，建立健全现代企业制度和法人治理结构，推进特色林果业标准示范园、冷链物流园、畜牧产业示范园、有机肥加工厂、种业科技产业园等重点项目落地实施，做强做优做大特色林果业、畜牧业和种业 3 大产业，构建大集团、大基地、大产业，全力打造国家级现代农业示范园。集团及子公司先后获得全国乡村旅游重点村、中国美丽休闲乡村荣誉称号，并被自治区评为现代农业示范场、农业产业化重点龙头企业、肉羊标准化示范场。2021 年天苗集团实现总收入 12.1 亿元，利润 3.5 亿元。

持续深化改革，强化管控能力

天苗集团准确把握改革大势，着眼长远发展，充分整合优势资源，引进战略投资者，以大项目推动大发展，做强做优做大特色林果业、畜牧业和种业，带动农旅融合发展。通过持续的实践与创新，企业效益大幅提升，改革成效不断凸显，改革红利不断释放。

（一）高位推动，推进集团化改革

巴州党委、政府落实垦区集团化农场企业化改革主线要求，于 2019 年 4 月将巴州直属阿瓦提农场、清水河农场、种畜场、乌拉斯台农场、沙依东农场等 7 家农牧场实施改制并整合组建天苗集团，形成以资本为纽带的母子公司体制，为新疆地方国有农牧场改革提供样板。

（二）深化改革，转型集团化经营

天苗集团组建以来，深化体制机制改革，建立"集团公司＋基地公司＋产业公司"的管理模式，推动实现"五个统一"（即统一管理、统一品牌、统一营销、统一融资、统一投资）。以集团公司为决策、利润和投融资中心，基地公司有效发挥产区资源优势，强化产品经营和高质量产品开发的能力，逐步构建包括土地流转、产权交易、农资供应、自动化作业、物联网管理、农牧产品质量可追溯的现代农业生产体系；产业公司以市场需求为导向，以高产、绿色、优质高效品种为研发目标，走好生态优先绿色发展之路。以自有品牌"阿瓦缇娜"为依托，携手优质企业成立合资公司，在重点城市设立旗舰店，对接线上平台，构建"线上线下＋新零售"营销模式，以绿色"菜园子"守护百姓"菜篮子"。

（三）党建引领，建立健全现代企业制度

天苗集团充分发挥党委把方向、管大局、促落实的领导核心作用，修订党委前置研究讨论重大经营事项清单，把党建引领融入公司治理各环节，加强党对国有企业的领导；修订完善《董事会议事规则》《投资管理办法》《全面预算管理制度》等，明确议事流程和权责边界；坚持用制度管人、流程管事，建立财务管控体系，搭建内部审计信息化平台，实行战略管理为主、运营管理为辅的方针，基地公司和产业公司分而治之，构建集团化财务垂直管理、集团化人力资源"一盘棋"、集团统一审计监察机制，有效提升集团企业管理水平，确保国有资产安全和保值增值。

优化布局，培育产业精品

优化产业布局，整合优势资源，把多元、分散的产业资源重新梳理整合为种业、特色林果业、畜牧养殖业、现代农业等板块，按照产业发展规模及成熟度，分别推进子公司产业转型升级，产业链条不断延伸，产业范围不断拓展，产业功能不断丰富，产业层次不断提升，从而实现创新发展。

（一）挖掘特色资源，做强特色林果产业

依托库尔勒香梨主产区优势，采用"集团＋科研＋基地＋合作社＋农户"模式，推进特色林果向标准化、智能化方向发展；与清华大学团队合作，带动和提升10万亩高标准香梨核心示范区建设，并以所属产业公司阿瓦缇娜公司为中心，申报库尔勒市国家级农业科技示范园，不断发挥示范引领带动作用。以发展香梨核心示范区为主，多元化发展苹果、西梅、红枣、葡萄、蟠桃、工业番茄和色素辣椒等农副产品和特色林果产业，做强特色林果业，逐步形成一批发展前景好、核心竞争力强的优势产业集群。

（二）构建养殖体系，做大畜牧产业

依托75.79万亩天然草场，整合畜牧业资源，以畜牧产业示范园为抓手，建设以种羊、肉羊、肉牛为主的畜牧业产业基地和饲草种植基地，通过科学培育、规模养殖等方式，实现畜牧业全产业链提质增效新突破；与江苏乾宝牧业有限公司合作，引进良种湖羊，大力发展湖羊产业，推进示范园区建设，由良种繁育延伸至打造湖羊全产业链生产体系。

（三）提升基地水平，做优种业

以巴州（九圣禾）种业科技产业园和巴州（国欣）种业创新园为中心，发挥基地种质资源优势，发展棉花育种，配套发展玉米、小麦、蔬菜等制种板块。

（四）创新发展理念，拓展产业新业态

以建设库尔勒香梨小镇和乌拉斯台"小新疆"为抓手，打造"农旅结合、以农促旅、以旅强农"的"创新田园综合体＋特色小镇业态"，建设一批设施完备、功能多样的休闲观光园区，形成以休闲观光、乡村民宿、农事体验、农家餐饮、健康养生为一体的生态农业观光园，持续打造休闲农业和乡村旅游精品工程。

突出项目引领，点燃创新引擎

（一）项目落地，大力提升发展质量

依托农垦产业资源和历史积累，在不改变国有土地用途的前提下，以作价出资、投资经营、产业创新与培育等方式推动项目合作，以大项目促进产业大发展。集团组建以来已

推动实施了冷链物流园、畜牧产业示范园、有机肥加工厂、种业科技产业园等一批特色优势项目。这些重点项目的落地实施，促进了天苗集团农业高质高效发展，并带动当地农牧民稳步增收。

（二）科技支撑，深度打造产学研平台

在增强产业核心技术、加快科技资源统筹、发挥企业创新主体作用上下工夫，促进人才、资金、技术、土地等要素高效配置。一是依托河北院士专家站，与科研院所结对开展全方位、多层次的产学研合作。二是与清华大学、新疆大学等开展战略合作，实施土壤生态修复，建立智慧农场、三木子葡萄新疆资源圃，构建以产业为主导、企业为主体、基地为依靠、产学研相结合的现代农业体系；与南昌大学合作成立新疆农产品果蔬发酵益生菌技术研究中心，致力于水果乳酸发酵领域新突破，提高农产品精深加工能力。三是建立农业信息化平台。平台涵盖农事服务、农资销售、产业金融与保险、农产品溯源及购销、土地监管及流转等内容，同时接入全国农产品数据，为农户提供病虫害防控会诊、天气预警服务，组织专项资金为农户提供农资无息贷款，显著提升了农业生产经营和服务的信息化水平。

坚持模式创新，强化营销推广

按照"买新疆、卖全国，买全国、卖新疆"的营销思路，进一步优化营销模式，推动内外贸融合发展，做强"阿瓦缇娜"自有品牌，促进新疆优质特色农产品销售。

（一）做强自有电商平台

将天苗集团旗下新疆农垦商城、盒马鲜生平台店铺交由专业团队运营，提升专业水平和运营效益，做强自有电商平台。

（二）"牵手"优质企业做好内贸

与巴州区域内营销能力强、信誉好的电商企业合作，通过电商企业销售平台，将优质农产品销售至全国各地；与内地优质企业合作，由天苗集团提供新疆优质农畜产品，合作企业在重点城市开设新疆餐饮旗舰店，实现农产品直供餐桌，让消费者品味新疆特色美食，展示新疆文化。

（三）借渠道开拓国际市场

天苗集团与外贸企业合作，借力对方渠道开拓国际市场，天苗集团负责采购、供货，并与中国出口信用保险公司、中外运物流新疆有限公司签订协议，确保交易安全和运输安全。

任重道远虽艰辛，策马扬鞭正当时。"十四五"时期，天苗集团将结合区域经济、生态、文化等优势，以职工持续增收和建设宜居宜业的美丽乡村为目标，深度开发农业多种功能，全力打造新疆优势特色农业发展新高地。

（本文发表于 2022 年 10 月）